全国交通高级技工学校通用教材

Qiaohan Shigong Yu Yanghu Jishu

桥涵施工与养护技术

（公路施工与养护专业用）

李新梅　主编
赖　强　主审

人民交通出版社

内 容 提 要

本书以桥梁施工与养护的基本程序为顺序，采用由下而上、由易到难、由表及里逐项升级的方法进行编写。全书内容包括绪论、施工准备工作、桥梁基础施工、桥梁墩台施工、钢筋混凝土梁桥的施工、预应力混凝土桥的施工、拱桥施工、大跨径桥梁施工简介、桥面系施工、涵洞施工和桥涵养护技术，共10个单元，29个课题。每一个单元按上下分部及桥梁类型进行划分，每个课题以施工方法为中心，以应知、应会为主导，理论讲解与实操训练相结合，重点、难点解析分明，纲本一致，点面结合，对9种主流桥梁和4种常用涵洞的施工与养护技术的原理、程序、具体方法与手段以及工艺要求、安全注意事项进行了代表性的介绍。

本书是全国交通高级技工学校公路施工与养护专业教学用书，也可供公路工程技术人员学习和参考，或作为公路系统职工进行高级工、技师、高级技师培训的选用教材。

本教材配套多媒体课件，可通过加入职教路桥教学研讨群（QQ561416324）索取。

图书在版编目（CIP）数据

桥涵施工与养护技术 / 李新梅主编 .—北京：人民交通出版社，2005.11（2007．7重印）

ISBN 978－7－114－05794－6

Ⅰ．桥… Ⅱ．李… Ⅲ．①桥涵工程－工程施工②桥涵工程－养护 Ⅳ．U44

中国版本图书馆 CIP 数据核字(2005)第 114170 号

全国交通高级技工学校通用教材

书　　名：桥涵施工与养护技术（公路施工与养护专业用）
著 作 者：李新梅
责任编辑：钱悦良
出版发行：人民交通出版社
地　　址：(100011) 北京市朝阳区安定门外外馆斜街 3 号
网　　址：http：//www.ccpress.com.cn
销售电话：(010) 59757973
总 经 销：人民交通出版社发行部
经　　销：各地新华书店
印　　刷：北京鑫正大印刷有限公司
开　　本：787×1092　1/16
印　　张：19.5
字　　数：485 千
版　　次：2005 年 11 月　第 1 版
印　　次：2017 年 8 月　第 9 次印刷
书　　号：ISBN 978-7-114-05794-6
定　　价：32.00 元

交通职业教育教学指导委员会公路类（技工）学科委员会
和交通技工教育研究会公路专业委员会

前言

FOREWORD

为了适应交通新的跨越式发展，积极推进一体化教学改革，进一步加快高级技工学校公路类专业教材建设，交通职业教育教学指导委员会公路类（技工）学科委员会和交通技工教育研究会公路专业委员会组织制订了高级技工学校公路施工与养护和公路工程机械使用与维修两个专业的教学计划与教学大纲，并依此确定了教学改革和教材改革的模式。2004 年 3 月启动教材的编写工作，2005 年 7 月交稿。

本套教材用于培养公路类专业高级技工和技师，具有以下特点：

1. 教材内容与高级工等级标准、考核标准相衔接，适应现代化施工与养护的基本要求，教材全部采用最新的标准和规范，符合先进性、科学性和实用性的要求。

2. 教材编写满足理实一体化和模块式的教学方式，以操作技能为主，体现职业教育特色，使学生具备较高的实用技能。

3. 教材与作业、题库配套。各课程均编写了“习题集和答案”，汇成题库和题解，供学生做作业和练习，也可供命题参考。

本套教材由柯爱琴担任责任编委。

《桥涵施工与养护技术》是全国交通高级技工学校公路施工与养护专业通用教材之一，内容包括：施工准备工作，桥梁基础、墩台的施工，钢筋混凝土梁桥及预应力混凝土桥施工，拱桥施工，大跨径桥梁施工简介，桥面系施工，涵洞施工，桥涵养护技术。

参加本书编写工作的有：广东省交通高级技工学校李新梅（编写绪论，单元五、七、八，单元十的课题四），山西交通高级技工学校李改娥（编写单元一、四），浙江公路机械技工学校蒋龙德（编写单元二、六），内蒙古交通学校侯翠荣（编写单元三、九，单元十的课题一、二、三）。全书由李新梅担任主编，广西公路技工学校赖强担任主审。

本套教材在交通技工教育研究会理事长卢荣林的指导下进行，在编写过程中得到了全国 16 个省市交通技工学校领导的大力支持和帮助，共有 60 余名公路类专业教师参与了教材的编审工作，在此表示感谢。

由于我们的业务水平和教学经验有限，书中有不妥之处，恳切希望使用本书的教师和读者批评指正。

交通职业教育教学指导委员会公路类（技工）学科委员会

交通技工教育研究会公路专业委员会

二〇〇五年八月

目录

CONTENTS

绪论…………………………………………………………………………1
单元一　施工准备工作 ……………………………………………………11
单元二　桥梁基础施工 ……………………………………………………18
课题一　扩大基础施工 ……………………………………………………18
课题二　桩基础施工 ………………………………………………………28
课题三　其他类型基础施工 ………………………………………………37
单元三　桥梁墩台施工 ……………………………………………………42
课题一　圬工砌体墩台的施工 ……………………………………………42
课题二　混凝土墩台的施工 ………………………………………………54
课题三　墩台附属工程的施工 ……………………………………………65
单元四　钢筋混凝土梁桥的施工 …………………………………………73
课题一　支架与模板的施工 ………………………………………………73
课题二　钢筋加工与安装 …………………………………………………85
课题三　混凝土施工 ………………………………………………………98
课题四　装配式构件的起吊、运输和安装 ………………………………111
单元五　预应力混凝土桥的施工…………………………………………127
课题一　先张法施工………………………………………………………127
课题二　后张法施工………………………………………………………139
课题三　悬臂浇筑施工……………………………………………………148
课题四　悬臂拼装施工……………………………………………………154
课题五　顶推法施工………………………………………………………162
单元六　拱桥施工…………………………………………………………169
课题一　拱桥有支架施工…………………………………………………169
课题二　拱桥无支架施工…………………………………………………181
课题三　拱桥其他施工方法………………………………………………186
单元七　大跨径桥梁施工简介……………………………………………191
课题一　悬索桥施工………………………………………………………191
课题二　斜拉桥施工………………………………………………………195
单元八　桥面系施工………………………………………………………209
单元九　涵洞施工…………………………………………………………224
课题一　施工准备工作……………………………………………………224
课题二　涵洞施工…………………………………………………………229

单元十　桥涵养护……………………………………………………………………………… 254
课题一　桥梁养护的基本知识……………………………………………………………… 254
课题二　桥梁上部构造养护、维修与加固 ………………………………………………… 264
课题三　桥梁下部构造养护、维修与加固 ………………………………………………… 280
课题四　涵洞养护…………………………………………………………………………… 297
参考文献………………………………………………………………………………………… 303

绪　论

【内容提要】 桥梁工程施工技术发展简史及我国桥梁建设成就；施工技术在桥梁建设中的地位和作用及影响因素；桥梁施工方法的分类和选择。

【教学要求】 了解施工技术发展简史、桥梁施工的影响因素及桥梁施工方法的分类和选择，能够识别常见桥梁的类型及其施工方法。

【教学建议】 结合录像或实物投影，采取以讲述法为主实施教学。

一、桥梁工程施工技术发展简史及我国桥梁建设成就

1. 桥梁工程施工技术发展简史

桥梁施工技术的发展过程一般可分为古代、近代和现代三个阶段。但不论哪个阶段，技术水平都与同时代的生产力发展水平密不可分，古今中外，莫不如是。

早在公元前3000年的新古器时代，瑞士"源居人"就在湖泊和沼泽地里打桩搭台作为水上住所，从而创造了打桩法，为桥梁建设的基础施工开创了先河。我国古代桥梁建造技术有着辉煌的成就，大量保存至今依然完好的古桥是极好的例证：距今3000多年前的周文王时代，就已在宽阔的渭河上架设过大型浮桥，而建于隋代的赵州安济桥（图0-0-1）、宋代的卢沟桥（图0-0-2）、清代颐和园内的玉带桥、十七孔桥等则堪称石桥中经典之作，其精巧的程度和高超的建造技术确令人赞叹，在世界桥梁设史上留下了光辉的一页。建造难度大、施工技术复杂的古代桥梁当数宋代的福建漳州江东桥（图0-0-3）、潮阳广济桥和漳州虎渡桥等。特别是漳州虎渡桥，重达200t的巨大石梁在当时是采用何种方法架设安装就位的，至今仍无从考证，足见我国古代桥梁建造技术的高超。

图0-0-1　赵州桥

图 0-0-2　北京宛平卢沟桥

图 0-0-3　福建漳州江东桥

19 世纪中期，钢材的出现使钢结构桥梁得到蓬勃发展。美国在 19 世纪 50 年代，从法国引进近代悬索桥技术后，于 19 世纪 70 年代发明了"空中纺线法"（A. S 法），编纺桥缆。在现代的悬索桥建造中，则多采用工厂预制的平行钢丝来作为主缆，其架设方法（P. P. W. S 法）更简便、快速。

20 世纪初，钢筋混凝土得到广泛应用。随后在 1929 年法国工程师弗莱西奈（Freyssnet）发明了预应力技术，使各种新颖的桥式结构不断涌现，相应的各种桥梁施工方法也应运而生。

悬臂施工技术最早是在原德意志联邦共和国采用，特别是在 1952 年采用这种方法成功地建造了莱茵河上的沃伦姆斯 T 形刚构桥后，很快就传播至全世界。悬臂施工方法的出现，使大跨径预应力混凝土桥梁得到了迅猛地发展。

20 世纪 50 年代末，顶推法问世，并于 1959 年首次在奥地利的阿格尔桥上成功采用。50 年代世界上出现了第一座现代钢斜拉桥，到 60 年代，预应力混凝土斜拉桥已开始大量修建。到 60 年代后，又创造了逐孔施工法、转体法等技术。

20 世纪 80 和 90 年代，世界各国的桥梁建设事业方兴未艾，特别是大跨径桥梁日益增多，到 20 世纪末，在世界各国已建成的桥梁中，悬索桥的最大跨径已达 1990m（日本明石海峡大桥），斜拉桥已达 890m（日本多多罗桥），混凝土拱桥已达 420m（中国万县长江大桥），预应力混凝土桥梁已达 301m（挪威 Stolmasundet 桥）。通过这些大型桥梁的建造，极大地提高了当今桥梁施工的技术水平。

桥梁施工技术发展到今天，随着社会生产力水平的提高，各种施工的方法和工艺也在不断创新。可以预计,未来的桥梁建设将更注重新技术、新工艺、新材料、新设备等方面的广泛应用,同时对施工过程中的自动控制管理和质量管理也更加重视。

2. 新中国公路桥梁建设成就

桥梁施工技术的先进与否,在一定程度上能反映一个国家的技术水平和工业发展水平,同时也代表了桥梁工程技术人员的水平。20 世纪是世界桥梁发展的辉煌世纪,特别是后半个世纪,各国均掀起了建桥热潮。当然,我国也不例外,改革开放以前,我国建造的桥梁主要以钢桥(图 0-0-4)、双曲拱桥(图 0-0-5)、钢筋混凝土梁桥(图 0-0-6)为主。

图 0-0-4　南京长江大桥

图 0-0-5　无锡卫东双曲拱桥

图 0-0-6　开封黄河大桥

改革开放以后我国的桥梁建设达到新的高潮,到 2004 年底,全国公路桥梁的数量已达 31 万座,总长度为 1250 万延米。在最近的 10 年的时间里,我国桥梁建设实现了跨径的“三级跳”:从 1994 年建成的汕头海湾大桥(跨径 450m),到香港回归的 1997 年建成的珠江虎门大桥(跨径 888m),到 1999 年建成的江苏江阴长江大桥(跨径 1385m),每一步跨越都是 450m。尤其是一些技术复杂大桥的建造水平，已跻身于世界前列，有些桥型则处于世界领先的地位。例如：

（1）润扬长江公路大桥是我国第一座由悬索桥和斜拉桥构成的现代化组合桥梁，南汊钢悬索桥主跨长1490m，目前为“中国第一，世界第三”大跨径桥梁（图0-0-7）。

图0-0-7　润扬大桥

（2）位处同—三（同江—三亚）南北主干道的江阴长江大桥，是一座主跨为1385m的悬索桥，是横跨长江的第一座单跨过千米的桥梁，其排名为中国第二，世界第四（图0-0-8）。

图0-0-8　江阴长江大桥

（3）与威远炮台擦肩而过的广东虎门大桥1997年5月1日通车，该桥全长5.54km，主桥1538.5m，主跨为888m，净空60m，可通10万吨级货船（图0-0-9）。

图0-0-9　虎门大桥

（4）在斜拉桥方面，主跨超过600m的钢梁斜拉桥在中国有4座，即武汉长江三桥（图

0-0-10),南京长江二桥(图0-0-11),上海杨浦大桥(图0-0-12)和福建青州闽江大桥,其主跨分别602m、608m、618m和605m。

图0-0-10 武汉长江三桥

图0-0-11 南京长江第二大桥

图0-0-12 上海杨浦大桥

(5)在拱桥方面,石拱、桁架拱、混凝土肋拱与箱拱、钢管拱桥多种多样,并拥有多项跨径的世界级纪录:石拱桥146m(山西丹河大桥)、双曲拱桥150m(河南前河大桥)、桁架拱桥330m(贵州界江河大桥)(图0-0-15)、钢管混凝土拱桥360m(广东丫髻沙大桥:平竖转体合龙,有7项指标在国内领先)(图0-0-14)和箱式拱桥420m(重庆万县桥:其主拱圈是采用劲性骨架法进行施工,推广潜力很大)(图0-0-13)等。

(6)在T形刚结构方面,最有代表意义是1997年建成的虎门大桥辅航道桥,该桥主跨270m,目前在世界排名第三;另外值得一提的是1997年建成的贵州乌江大桥,该桥是世界上第一座吊拉组合式的缆索承重桥梁,主跨为288m,其连续加劲薄壁箱梁采用了高强钢筋、钢丝

图 0-0-13　重庆万县长江大桥

图 0-0-14　广州珠江丫髻沙大桥

图 0-0-15　贵州界江河大桥

网和钢纤维混凝土(P. J. D)等新材料,它的建成为未来桥梁向更大跨度领域发展进行了成功的尝试,填补了国内外的空白,处于世界领先水平,对世界桥梁建设做出了贡献。

21 世纪的中国将发生更为深刻的巨大变化,公路交通事业也会向更高水平发展,一批越江跨海的桥梁工程,如正在建设的江苏苏通大桥(图 0-0-16)、浙江杭州湾跨海大桥(图 0-0-17)、上海东海跨海大桥(图 0-0-18)、广东伶仃洋跨海工程等,都将列入新世纪桥梁建设的宏伟蓝图。并且梁式桥梁跨径有望突破 300m,拱式桥梁跨径迈向 600m,斜拉桥正在冲击 1000m,悬索桥跨径瞄准了 2000m 以上的目标。

图 0-0-16　江苏苏通大桥

图 0-0-17　杭州湾跨海大桥 2300t 主梁吊装

a)起梁;b)移梁;c)就位

图 0-0-18　上海东海跨海大桥

二、施工技术在桥梁建设中的地位和作用及影响因素

施工技术包含了施工组织设计、施工的方法,手段和工艺等方面的内容。在桥梁的施工阶段,施工技术占据了主导地位。技术的先进与否,直接影响到施工所能采用的方法和手段,甚至将左右工程的进展。任何一项结构复杂的桥梁工程,都必须依据相应的施工技术,才能制订出切实可行的施工方案,确定具体的施工方法,来指导施工。但施工技术能否充分的体现出来,与下列因素有密切关系。

1. 施工组织与施工技术的关系

桥梁的施工过程是一项庞大的系统工程,涉及到大量的人力、资金、材料和机具设备。施工组织的任务是根据工程产品生产的技术经济特点以及国家基本建设方针和各项具体的技术政策,实现工程建设规划和设计的要求,提供各阶段的施工准备工作内容,对人力、资金、材料、机械和施工方法等进行科学合理的安排,协调各施工单位,各项工程之间,资源与时间以及各项资源之间的关系。为施工技术的实施"打通关系",使整个施工过程,能按照客观的技术、经济规律,作出科学合理的安排,而取得相对最优的效果。由此可见,施工技术与施工组织之间关系应是相辅相成,互为一体的。

2. 机械设备与施工技术的关系

随着工业制造水平的提高,在现代化的桥梁工程施工中,已普遍、大量地使用各种机械设备,特别是一些桥梁工程的专用设备代替以往的手工操作,极大地提高了工作效率,缩短了工期。因此,先进的施工技术应以先进的机械设备作为保证手段。实际上,技术复杂大桥在确定施工方法时,往往是以相配套的机械设备为依据的。先进机械设备的大量应用,使各种类型桥梁可供选择的施工方法和施工手段更加丰富,可供选择的施工方案的范围也更加广泛,由此推动了先进施工技术的发展。另一方面,先进施工技术发展的同时,又促进了机械制造业水平不断的提高。

3. 桥梁工程造价与施工技术的关系

建造一座桥梁特别是大型桥梁工程,其投资是巨大的。根据桥梁工程在规划、工程可行性研究、勘测设计、征地拆迁、施工等阶段的资金分配情况来看,施工费用一般可占工程费用的60%以上(拆迁量大的城市桥梁除外)。近年来,在桥梁建安费用中,占大比例的材料费,不论国内还是国外均有所下降,而人工费和机械费的比例在上升,特别是对于大跨径和结构比较复杂的桥梁。因此,施工费用对工程造价有着举足轻重的影响。以后张法预应力混凝土简支梁的制造为例,1972 年的材料费用占 82%,人工与机械费用占 18%;而在 1987 年材料费用下降为占 79%,人工和机械费上升为占 21%。在施工阶段为降低工程造价、节省投资,除采取加强施工的组织管理、节约材料,提高机械设备的利用率等措施外,一条重要的途径就是在施工中应用新技术、新工艺来改善施工条件,减少人工费,以达到降低工程成本、节省投资的目的。合理地采用先进的施工技术,对降低工程造价的作用是明显的,即使是同一项工程,所采用的施工方法和手段不同,其所需费用也必然不同,科学合理的先进施工技术不仅能保证施工质量和进度,也使施工费处于最合理的水平;反之会造成极大浪费,导致工程成本升高。因此,施工的组织管理者和工程技术人员都必须高度重视施工技术的合理应用,在制订施工方案,确定施工方法和施工工艺、选择机械设备时,要使之更好地服务于工程建设,减少不必要的浪费,节省施工费用,以提高经济效益。

4. 施工技术与设计的关系

桥梁施工与设计有着十分密切的关系,在确定设计方案时,必须要考虑施工的可行性,经济性与合理性。在结构设计中要计算施工各阶段的强度、变形和稳定性,桥梁设计要同时满足施工阶段与营运阶段的各项要求。在施工中,通过各种途径和公式来校核与验证设计的准确性,形成设计与施工互相配合、相互约束、不断发展的关系。桥梁结构的施工应忠实地按设计要求完成。在施工之前,施工人员需要对设计图纸,说明书,工程预算和施工计划,主要施工阶段的强度、应力、挠度等有关文件和图纸进行详细地研究,掌握设计的内容与要求,进行必要的复算，按照设计要求处理施工方法的一些细节，编制施工计划、购置施工设备和机械进行施工。而在进行桥梁设计时，必须根据实际情况，确定施工方法和步骤。由于设计与施工的不可分割关系，在我国当前的工程招标中，很多部门已经实行设计单位与施工单位结合起来作为一个投标实体，互相合作，共同制订投标方案，这样的标书能较全面地反映设计思想，可用性强，对工程设计也更有实际意义。

三、桥梁施工方法的分类和选择

1. 施工方法的分类

桥梁的形式是多种多样的，这就决定了桥梁施工法的多样性，但根据各种方法的特点可以归纳分类，如图 0-0-19 所示。

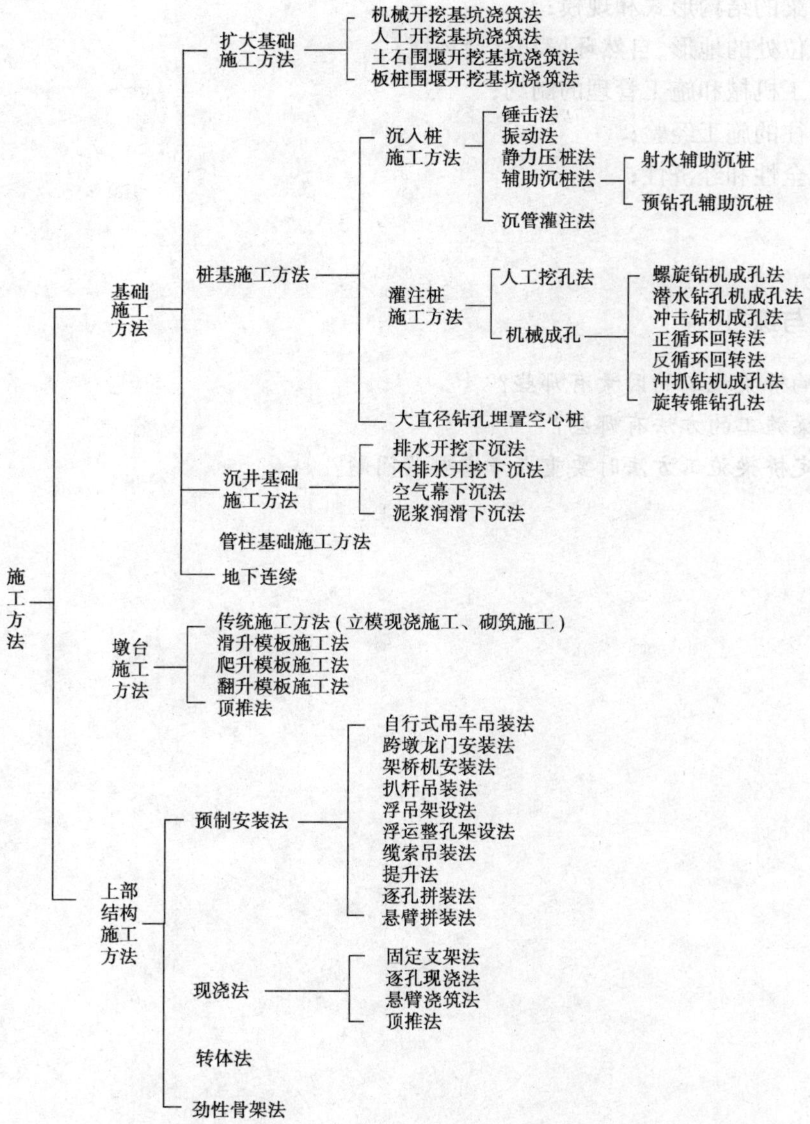

图 0-0-19

2. 桥梁施工方法的选择

选择确定桥梁的施工方法，需要充分考虑桥位的地形、环境、安装方法的安全性，经济性、施工速度等。因此在桥梁设计时就要对桥位条件进行详细的调查，掌握现场的地理环境，地质条件，气象条件。施工场地处在市区内、平原、山区、跨河道等，其各方面的条件差别很大，运输条件和环境约束也不相同，这些条件除作为选择施工方法的依据外，同时也涉及到设计方案的考虑，桥跨及结构形式的选定。

在选择施工方法时，桥梁的类型、跨径、施工的技术水平、机具设备条件也是应考虑的重要因素。虽然桥梁的施工方法很多，但对于不同的桥梁类型，有的适合，有的就不适合，有的则在指定的条件下可以使用。在实际施工中不大可能仅采用分类中某一种施工方法，多数情况下是将几种方法组合起来应用的。在确定施工方法时，要考虑以下几点：

(1)桥梁的结构形式和规模；

(2)桥位处的地形、自然环境和社会环境；

(3)施工机械和施工管理的制约；

(4)以往的施工经验；

(5)安全性和经济性；

思考与练习

1. 影响桥梁施工的因素有哪些？

2. 桥梁施工的方法有哪些？

3. 确定桥梁施工方法时要重点考虑哪些问题？

1 单元一　施工准备工作

【内容提要】 本课题主要介绍施工准备工作的基本任务、基本要求以及施工准备工作的主要内容。

【教学要求】

应知:1. 明确施工准备工作的基本任务;2. 了解施工准备工作的工作内容;3. 了解技术准备的目的和要求;4. 了解劳动组织准备和物质准备的主要工作内容;5. 了解施工现场准备的主要工作内容和施工准备工作计划的编制方法。

应会:1. 能参与施工现场的施工准备工作;2. 会编制施工准备工作计划。

【教学建议】 用多媒体教学,有条件时可进行现场教学。

施工准备工作的基本任务是为桥梁工程的施工建立必要的技术和物资条件,统筹安排施工力量和施工现场,是施工企业搞好目标管理,推行技术经济承包的重要依据,也是施工得以顺利进行的基本保证。

施工单位在承接了施工任务后,要尽快做好各项准备工作,创造有利的施工条件,使施工工作能连续、均衡、有节奏、有计划地进行,从而按质、按量、按期完成施工任务。

施工准备通常包括技术准备、劳动组织准备、物资准备和施工现场准备等工作。

一、技术准备

技术准备是施工准备的核心。由于任何技术上的差错和隐患都可能危及人身安全和造成质量事故,带来生命、财产和经济的巨大损失,因此必须认真做好技术准备工作。

1. 熟悉设计文件、研究施工图纸和现场核对

施工单位在收到拟建工程的设计图纸和有关技术文件后,应尽快组织工程技术人员熟悉、研究所有技术文件和图纸,全面领会设计意图;检查图纸和其各组成部分之间有无矛盾和错误;几何尺寸、坐标、高程、说明等方面是否一致;技术要求是否正确;并与现场情况进行核对,同时要作出详细记录,记录应包括对设计图纸的疑问和有关建议。

2. 原始资料的进一步调查分析

对拟建工程进行实地勘测,进一步获得有关原始数据的第一手资料,这对于正确选择施工方案、制定技术措施、合理安排施工顺序和施工进度计划是非常必要的。

1)自然条件的调查分析

(1)地质

应了解的主要内容有:地质构造、墩(台)位处的基岩埋深、岩层状态,岩石性质、覆盖层土质、土的性质和类别、地基土的承载力、土的冻结深度、妨碍基础施工的障碍物、地震级别和烈度等。

(2)水文

应了解的主要内容有:河流流量和水质、年水位变化情况、最高洪水位和最低枯水位的时期及持续时间、流速和漂浮物、地下水位的高低变化、含水层的厚度和流向;冰冻地区的河流封冻时间、融冰时间、流冰水位、冰块大小;受潮汐影响河流或水域中潮水的涨落时间、潮水位的变化规律和潮流等情况。

(3)气象

调查的内容一般包括:气温、气候、降雨、降雪、冰冻、台风(含龙卷风、雷雨大风等突发性灾害)、风向、风速等变化规律及历年记录;冬、雨季的期限及冬季地层冻结厚度等情况。

(4)施工现场的地形地物

2)技术经济条件的调查分析

主要内容包括:施工现场的动迁状况、当地可利用的地方材料状况、水泥和钢材等材料供应状况、地方能源和交通运输状况、地方劳动力和技术水平状况、当地生活物资供应状况、可提供的施工用水用电状况、设备租赁状况、当地消防治安状况及分包单位的实力状况等。

3. 施工前的设计技术交底

设计技术交底一般由建设单位(业主)主持,设计、监理和施工单位(承包商)参加。先由设计单位说明工程的设计依据、意图和功能要求,并对特殊结构、新材料、新工艺和新技术提出设计要求,进行技术交底。然后施工单位根据研究图纸的记录以及对设计意图的理解,提出对设计图纸的疑问、建议和变更。最后在统一认识的基础上,对所探讨的问题逐一做好记录,形成“设计技术交底纪要”,由建设单位正式行文,参加单位共同会签盖章,作为与设计文件同时使用的技术文件和指导施工的依据,以及建设单位与施工单位进行工程结算的依据。当工程为设计施工总承包时,应由总承包人主持进行内部设计技术交底。

4. 制定施工方案、进行施工设计

在全面掌握设计文件和设计图纸,正确理解了设计意图和技术要求,以及进行了以施工为目的的各项调查之后,应根据进一步掌握的情况和资料,对投标时初步拟定的施工方法和技术措施等进行重要评价和深入研究,以制订出详尽的更符合现场实际情况的施工方案。

施工方案一经确定,即可进行各项临时性结构的施工设计,诸如基坑围堰,浮运沉井和钢围堰的制造场地及下水、浮运、就位、下沉等设施,钻孔桩水上工作平台,连续梁桥顶推施工的台座和预制场地,悬浇桥梁的挂篮,导梁或架桥机,模板支架及脚手架,自制起重吊装设备,施工便桥便道及装卸码头的设计。施工设计应在保证安全的前提下,尽量考虑使用现有材料和设备,因地制宜,使设计出的临时结构经济适用、装卸简便、通用性强。

5. 编制施工组织设计

施工组织设计是施工准备工作的重要组成部分,也是指导工程施工中全部生产活动的基本技术经济文件。编制施工组织设计的目的在于全面、合理、有计划地组织施工,从而具体实现设计意图,优质高效地完成施工任务。施工组织设计文件用文、图、表三种形式表示,互相结合,互相补充。施工进度图是施工组织设计文件的重要组成部分,是对全部施工过程进行的时间组织成果的反映。施工进度图按其形式可以分为横线式施工进度图、斜线式施工进度图和网络式施工进度图三种,图1-0-1为网络式施工进度图示例。

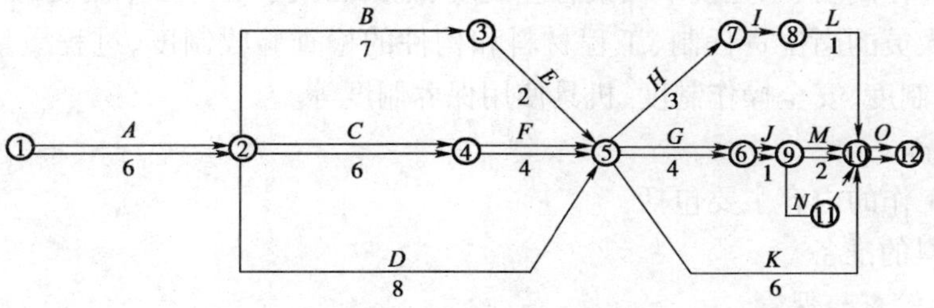

中桥活动明细表

代号	活　动	代号	活　动	代号	活　动
A	施工准备	F	下部构造	K	调治工程
B	T梁预制	G	T梁安装	L	引道路面
C	灌注桩	H	桥头回填	M	桥面铺装
D	材料运输	I	引道路基	N	栏杆系
E	T梁养生	J	人行道安装	O	现场清理

单位:周

×××桥 施工进度图	设计	
	复核	
	负责	
图号	日期	

图1-0-1　网络式施工进度图

6. 编制施工预算

施工预算是根据施工图纸、施工组织设计或施工方案、施工定额等文件进行编制的。施工预算是施工企业内部控制各项成本支出、考核用工、签发施工任务单、限额领料以及基层进行经济核算的依据,也是制订分包合同时确定分包价格的依据。

二、劳动组织准备和物资准备

1. 劳动组织准备

1)建立组织机构

确定组织机构应遵循的原则是:根据工程项目的规模、结构特点和复杂机构中各职能部门的设置,人员的配置应力求精干,以适应任务的需要。坚持合理分工与密切协作相结合,使之便于指挥和管理,分工明确,责权具体。

2)合理设置施工班组

施工班组的建立,应认真考虑专业和工种之间的合理配置,技工和普工的比例要满足合理的劳动组织,并符合流水作业方式的要求,同时制订出该工程的劳动力需要量计划。

3)集结施工力量,组织劳动力进场

进场后应对工人进行技术、安全操作规程以及消防、文明施工等方面的培训教育。

4)施工组织设计、施工计划和施工技术交底

在单位工程或分部工程开工之前,应将工程的设计内容、施工组织设计、施工计划和施工技术等要求,详尽地向施工班组和工人进行交底,以保证工程能严格按照设计图纸、施工工艺、安全技术措施、降低成本措施和施工验收规范的要求进行施工;新技术、新材料、新结构和新工

艺的实施方案和保证措施得以落实；有关部位的设计变更和技术措施等事项贯彻执行。

5）建立健全各项管理制度

通常有以下内容：

技术质量责任制度、工程技术档案管理制度、施工图纸学习与会审制度、技术交底制度、技术部门及各级人员的岗位责任制、工程材料和构件的检查验收制度、过程质量检查与验收制度、材料出入库制度、安全操作制度、机具使用保养制度等。

2. 物资准备

物资准备工作的内容主要包括：

1）工程材料的准备

（1）水泥的检查与保管

①水泥进场之前应抽取样品进行检验，并报请建设、监理工程师检验，经监理工程师同意后才能进场。进场的水泥应按其品种、强度等级、证明文件（质保书）以及出厂时间等情况分批进行检查、验收。

②入库的水泥应按品种、强度等级、出厂日期分别堆放，并竖立标志。做到先到先用，并防止混掺使用。

③为了防止水泥受潮，现场仓库应尽量密封。包装水泥存放时应垫离地面 30cm，离墙亦在 30cm 以上。临时露天暂存水泥时应用防雨篷布盖严，底板需垫高。

④水泥储存时间不宜过长，以免结块降低强度。常用水泥出厂日期超过 3 个月应视为过期水泥，使用时必须重新检验确定等级，因为水泥在正常环境存放超过 3 个月强度会降低 10% ~20%，存放 6 个月，强度会减低 15% ~30%。

⑤受潮、结块水泥一般不得用在结构工程中。

（2）细集料

①细集料的选择

选择细集料时，应优先选择级配良好、质地坚硬、颗粒洁净的河砂或海砂，当没有河砂或海砂时，也可用山砂或机制砂。砂中不得含有泥土及其他杂物，细砂不宜单独用于混凝土中。无论哪一种砂均应分别检验，各项指标均满足《公路桥涵施工技术规范》（JTJ 041—2000）方可使用。

②试验

对细集料进场使用前，根据规范应完成：筛分、含泥量、有机质以及压碎值试验，必要时还要进行坚固性试验。试验应按《公路工程集料试验规程》（JTJ 058—2000）的规定进行。

（3）粗集料

混凝土用的石子，有碎石和卵石两种，要求质地坚硬，有足够的强度，表面洁净，符合级配要求，若附有泥土，应用水冲洗干净；若混入煤渣、白灰、碎砖或煅烧过的石块以及被矿水特别是酸水侵蚀过的石灰岩碎石等均禁止使用。针状、片状颗粒以及泥土杂物含量不得超过规范的规定。石料应尽量采用较大的粒径，但最大粒径不得超过结构最小边尺寸的 1/4 和钢筋最小净距的 3/4；在两层或多层密布钢筋结构中不得超过钢筋最小净距的 1/2；同时最大粒径不得超过 100mm。

同细集料一样，选用的粗集料必须满足《公路桥涵施工技术规范》（JTJ 041—2000）中的各项指标要求,并且现场取样进行筛分、杂质含量、强度、针片状含量等试验,只有当试验结果满足规范要求时才能使用。

(4)水及外加剂

拌制混凝土用水必须是人畜可用的洁净水,水中不得含有妨碍水泥正常硬化的有害杂质、油脂、糖类及游离碳等。污水、pH 值小于4的酸性水和含硫酸盐量按 SO_4 计超过水重1%的水均不得使用。

主要的外加剂类型有普通和高效减水剂、早强减水剂、缓凝减水剂、引气减水剂、抗冻剂、膨胀剂、阻锈剂和防水剂等。

2)工程施工设备的准备

3)其他各种小型生产工具、小型配件等的准备

三、施工现场准备

施工现场的准备工作,主要是为工程的施工创造有利的施工条件和物资保证。其具体内容如下:

1. 施工控制网测量

按照勘测设计单位提供的桥位总平面图和测量控制网中所设置的基线桩、水准标高以及重要桩的保护桩等资料,进行三角控制网的复测,并根据桥梁结构的精度要求和施工方案补充加密施工所需要的各种标桩,建立满足施工要求的平面和立面施工测量控制网。

2. 补充钻探

桥梁工程在初步设计时所依据的地质钻探资料往往因钻孔较少、孔位过远而不能满足施工的需要,因此必须对有些地质情况不甚明了的桩位进行补充钻探,以查明墩位处的地质情况和可能的隐蔽物,为基础工程的施工创造有利条件。

3. 搞好"四通一平"

"四通一平"是指水通、电通、通信通、路通和平整场地。为了蒸气养生的需要以及在寒冷冰冻地区,还要考虑暖气供热的要求。

4. 建造临时设施

按照施工总平面图的布置,建造所有生产、办公、生活、居住和储存等临时用房,以及临时便道、码头、混凝土拌和站、构件预制场地等。图1-0-2为某大桥施工总平面图。

5. 安装调试施工机具

对所有施工机具都必须在开工之前进行检查和试运转。

6. 材料的试验和储存堆放

按照材料的需要量计划，应及时提供材料的试验申请计划，如混凝土和砂浆的配合比和强度、钢材的机械性能等试验。并组织材料进场，按规定的地点和指定的方式进行储存堆放。

7. 新技术项目的试制和试验

按照设计文件和施工组织设计的要求,认真组织新技术项目的试验研究。

8. 冬雨季施工安排

按照施工组织设计要求,落实雨季施工的临时设施和技术措施,做好施工安排。

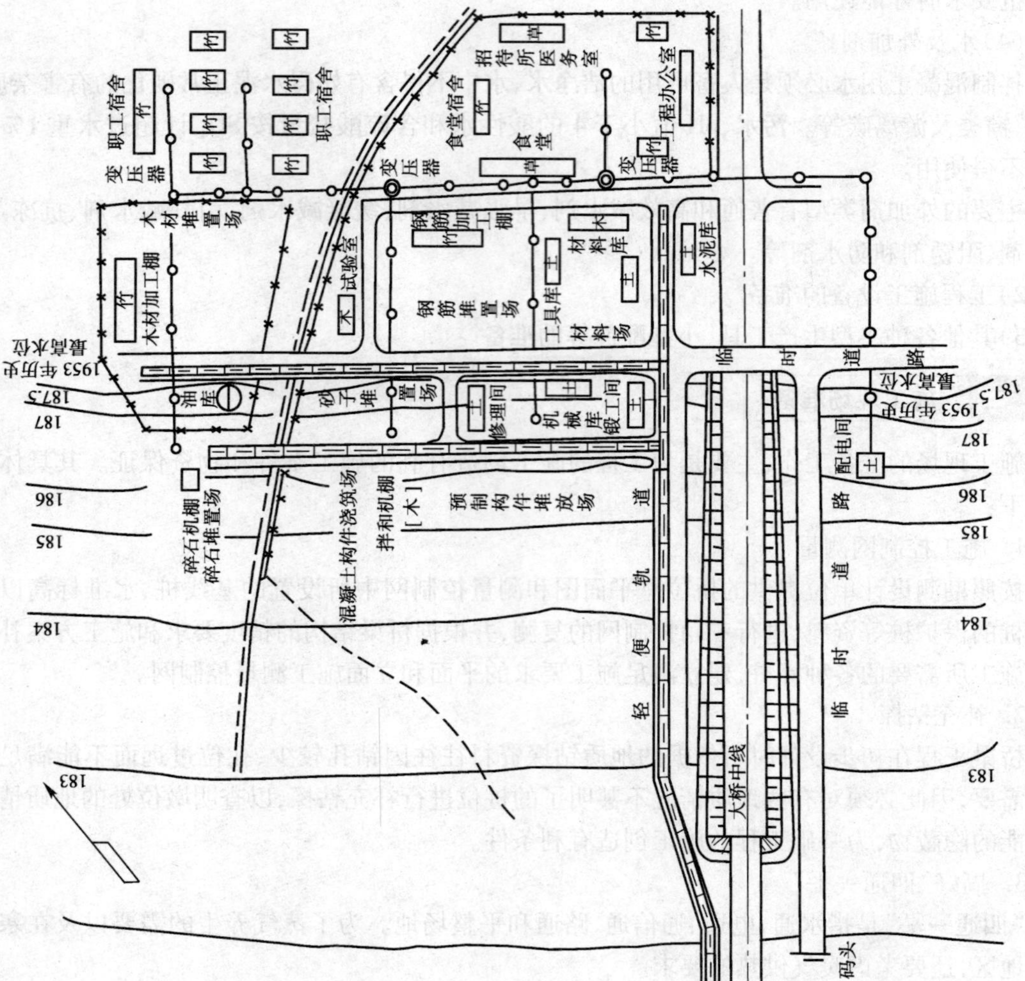

图 1-0-2　某大桥施工总平面图

9. 消防、保安措施

建立消防、保安等组织机构和有关的规章制度，布置安排好消防保安等措施。

10. 建立健全施工现场各项管理制度

根据工程特点，制定施工现场必要的各项规章制度。

四、施工准备工作计划

为较好地落实各项施工准备工作，应根据各项准备工作的内容、时间和人员，编制出施工准备工作计划，责任落实到人，并加强计划的检查和监督，以使准备工作能如期完成。

施工准备工作计划可参考表 1-0-1。

施工准备工作计划　　表 1-0-1

序　号	施工准备项目	简要内容	负责单位	负责人	起止期限		备　注
					月　日	月　日	

思考与练习

1. 施工准备工作的内容有哪些？
2. 物质准备工作主要包括哪些内容？

单元二 桥梁基础施工

课题一 扩大基础施工

【内容提要】 基坑开挖;基底检验与处理;基础施工。

【教学要求】

应知:基坑工作面布置要求;坑壁坡度与防护方法;常用的支撑方式;围堰的种类及适用条件;基底检验与处理方法。

应会:能确定基坑开挖线;掌握基坑开挖与围堰施工方法,基坑开挖质量控制标准与方法;基底检验与处理方法选择。

【教学建议】 采用一体化教学法,以训带学。

一、基坑开挖

1. 一般规定和施工要求

(1)基坑顶面应设置防止地面水流入基坑的拦水(土埂、围堰)和排水(沟道)设施。

(2)基坑顶面有动荷载时,坑顶边缘与动荷载间应有不小于1m宽的护道;如荷载过大时宜设宽护道;如工程地质不良应采取加固措施。

(3)为减轻基坑坡壁顶面静荷载,沿基坑顶面四周至少在1m范围内不得堆置土方、物料。

2. 基坑底部工作面

在基坑的底部,为了施工方便应留有一定宽度的工作面。其宽度因土质的不同而取不同值,表2-1-1列出了常见的几种情况。

3. 坑壁坡度与防护措施

(1)基坑坑壁坡度,应按地质条件、基坑深度、施工经验和现场具体情况等确定。

(2)当基坑深度在5m以内,施工期较短、基坑底在地下水位以上、土的湿度正常(接近最佳含水量)、土层构造均匀时,基坑坑壁坡度可参考表2-1-2。

(3)基坑深度大于5m时,应将坑壁坡度放缓或加设平台(台阶)(图2-1-1)。

基坑底部工作面宽度　　表 2-1-1

项　目	简　图	说　明
地下水位低于基坑底面标高的工作图	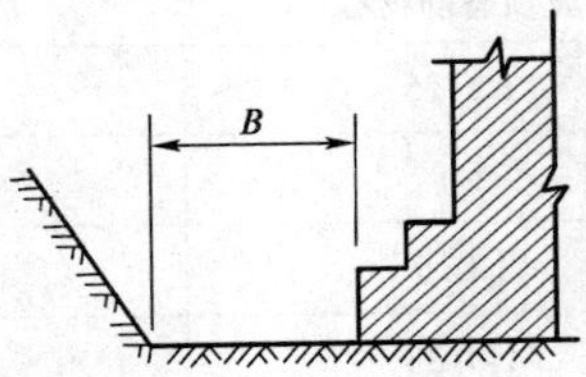 砌筑砖石时:$B=25\sim40$cm 混凝土及钢筋混凝土时:$B=30\sim50$cm	基坑大小应满足基础施工的要求,有渗水土质的基坑坑底尺寸,应根据排水设计(包括排水沟、集水坑、排水管网等)和基础模板设计所需基坑大小而定,一般基底应比设计平面尺寸各边增宽 50～100cm。 左图所示在不同情况下的基坑底部工作面宽度,可供参考
采用集水坑明排水时	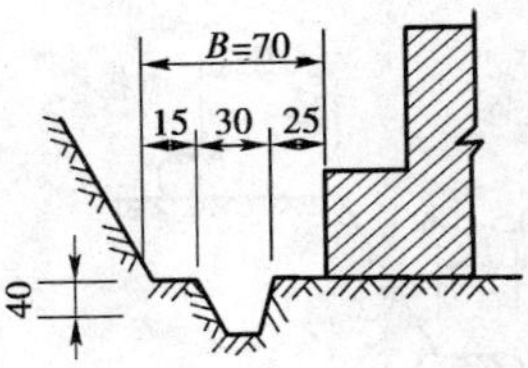 尺寸单位:cm	一般土质 $B=70$cm
采用集水坑明排水时	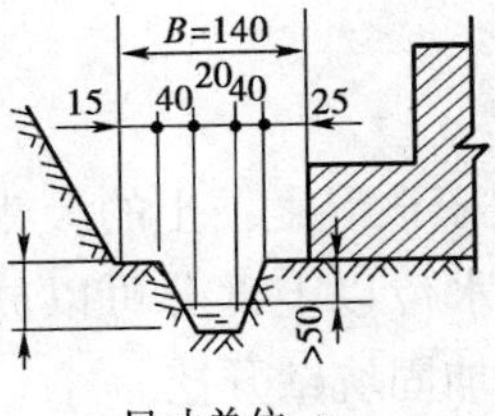 尺寸单位:cm	软土时 $B=140$cm
无支撑挖土时板桩内挖土时	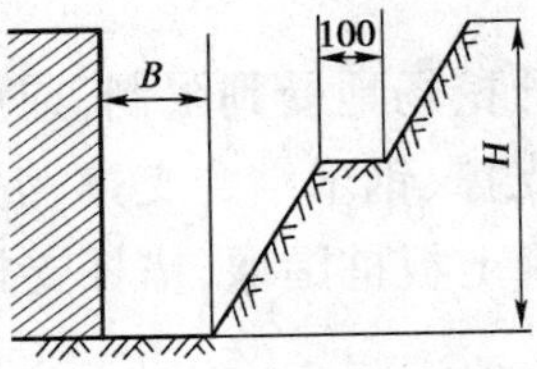	基坑(槽底部坑土净宽 B,即工作面宽度)的规定:(见下表)
板桩内挖土时	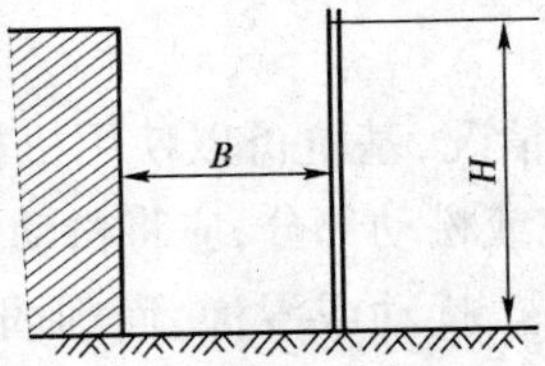	

土质	挖土深度 H(m)	B(m) 无支撑挖土	B(m) 板桩内挖土	说明
软土	$H\leqslant2$	0.5	—	边坡每 3m 高设置一道 1m 宽台阶
普通土、硬质土	$2<H\leqslant5$ $H>5$	1.0 1.0	1.5 1.5	
软岩、硬岩	$H\leqslant2$ $2<H\leqslant5$ $H>5$		— — —	边坡每 3m 高设置一道 1m 宽台阶

基坑坑壁坡度 表2-1-2

坑壁土类	坑壁坡度		
	坡顶无荷载	坡顶有静荷载	坡顶有动荷载
砂类土	1:1	1:1.25	1:1.5
卵石、砾类土	1:0.75	1:1	1:1.25
粉质土、粘质土	1:0.33	1:0.5	1:0.75
极软岩	1:0.25	1:0.33	1:0.67
软质岩	1:0	1:0.1	1:0.25
硬质岩	1:0	1:0	1:0

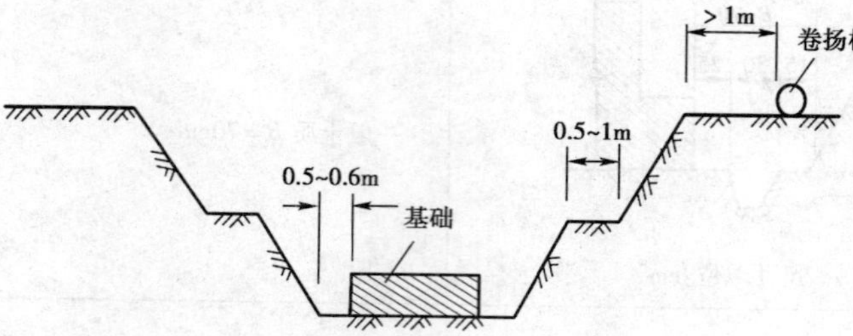

图2-1-1 基坑布置

(4)土的湿度可能引起坑壁坍塌时，坑壁坡度应缓于该湿度下土的天然坡度。

(5)没有地面水，但地下水在基坑底以上时，地下水位以上部分可以放坡开挖；地下水以下部分，若土质易坍塌或水位在基坑底以上较深时，应加固坑壁开挖。

(6)须防止基坑周围地面水流入坑内，应采取措施，如坑口筑小的土埂引水排除；基坑顶有动载时，坑顶与动载间至少应留有1m宽的护道；如工程地质和水文地质不良或动载过大，宜增宽护道或采取加固措施。

(7)基坑壁坡不易稳定并有地下水影响，或放坡开挖场地受到限制，或放坡开挖工程量大、不符合技术经济要求时，可按具体情况，采用挡板支撑、钢木结合支撑、混凝土护壁(喷射混凝土护壁、现浇混凝土护壁)、钢板桩围堰、钢筋混凝土板桩围堰、锚杆支护及地下连续墙等。

4. 无水基坑开挖方法

一般小桥、湿基础，工程量不大的无水基坑，可用人力施工法；大、中桥基础工程，基坑深、平面尺寸大，挖方量也相应增加，可用挖掘机械或半机械施工，以降低劳动强度和提高工作效率。

5. 挖基注意要点

(1)根据施工期限、设备条件、工地环境及地质情况，基坑可以使用机械或人工开挖，但不论采取何种方法施工，基底均应避免超挖，已经超挖或松动部分，应将松动部分予以清除。

(2)任何土质基坑，挖至标高后不得长时间暴露、扰动或浸泡，而削弱其承载能力。一般土质基坑，挖于接近基底标高时，应保留10~20cm一层(俗称最后一锹土)在基础施工前以人工突击挖除，并迅速检验，随即进行基础施工。

(3)弃土堆置应按指定地点堆放,不得妨碍基坑挖掘或影响其他作业,基坑上口附近不应堆土,以免影响边坡稳定。

二、 基坑支撑

当坑壁土质不易稳定,并有地下水等影响,或者放坡工程量过大,或者施工现场与邻近建筑物靠近,不能采用放坡开挖时,可采用坑壁有支撑的基坑。常用的坑壁支撑形式及适用条件见表2-1-3。

常用支撑方式

表2-1-3

支撑方式	简图	适用条件
断续的水平支撑(一挖到底再行支撑)	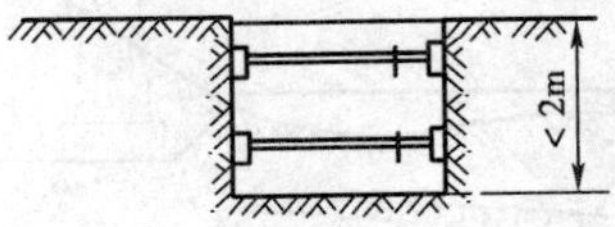	能保持直立的干土或天然湿度的粘土类土,地下水很少,坑深<2m
带间隔的水平支撑(井撑)	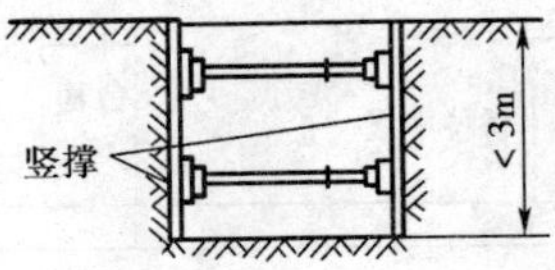	能保持直立的干土或天然湿度的粘土类土,地下水很少,坑深<3m并随着坑深的开挖相应设置支撑
连续的水平支撑(密撑)	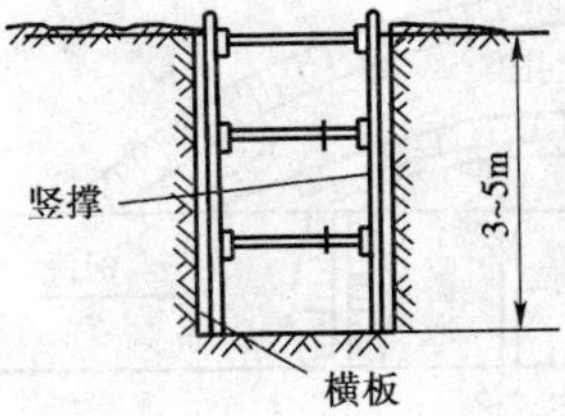	在可能坍落的干土或天然湿度的粘土类土中,地下水较少,坑深一般在3~5m之间
深基坑(沟)二层支撑(挖至一定深度后再向下挖掘时进行第二层撑固)	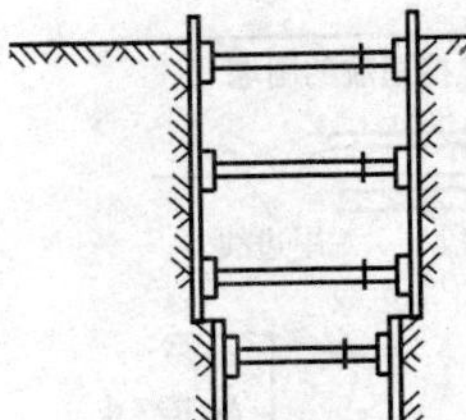	挖土深度较大,基坑(沟槽)下部又有含水层,下部坑宽应考虑工作面,为此,开挖前要留有余裕尺寸(可按土质好坏和地下水影响确定)
基坑上部放坡达一定高度后直立坑壁支撑加固	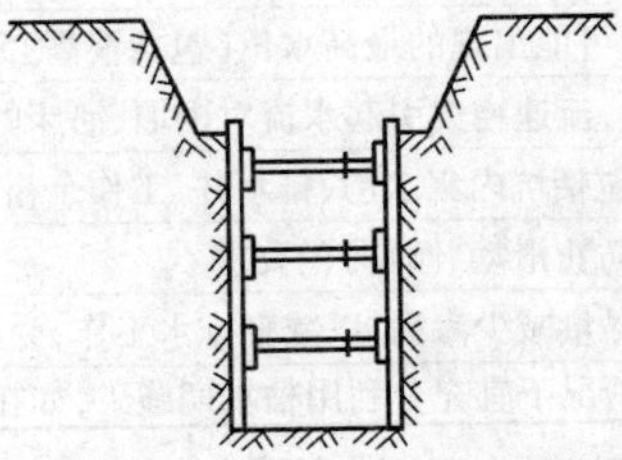	挖土较深,现场亦较开阔,上部可放坡后再直立往撑固

三、 围堰施工

桥梁墩台基础常常位于地表水位以下，有时流速还比较大，施工时总希望在无水或静水的条件下进行。桥梁水中基础最常用的方法是围堰法。围堰的作用主要是防水和围水，有时还起着支撑基坑坑壁的作用。

围堰的结构形式和材料要根据水深、流速、地质情况、基础形式以及通航要求等条件进行选择。表 2-1-4 列出围堰实例和一般要求。

围堰实例和一般规定

表 2-1-4

项　目		围堰布置及一般要求	
围堰使用布置实例	墩台施工围堰	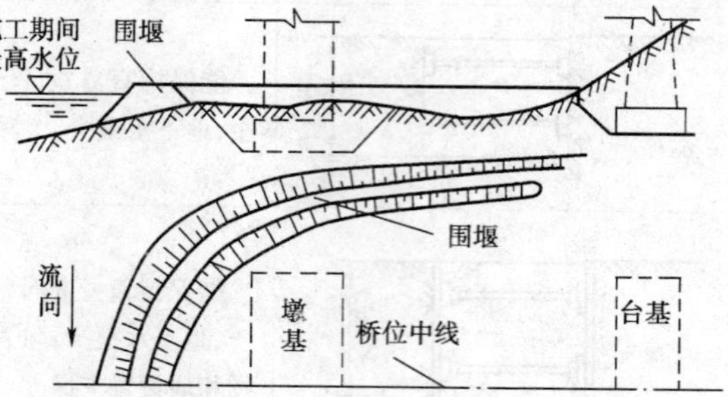	为保持主航道通航，墩、台基在围堰内施工
	河宽限制上下游围堰	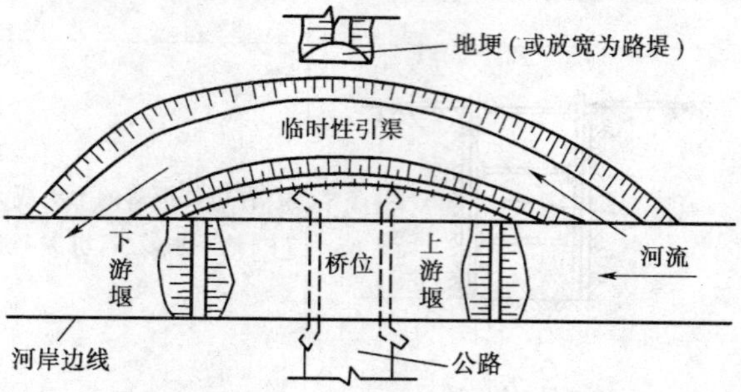	中、小桥梁受地形限制，为维持水流与正常通航，临时引渠
	驳岸挡墙施工围堰	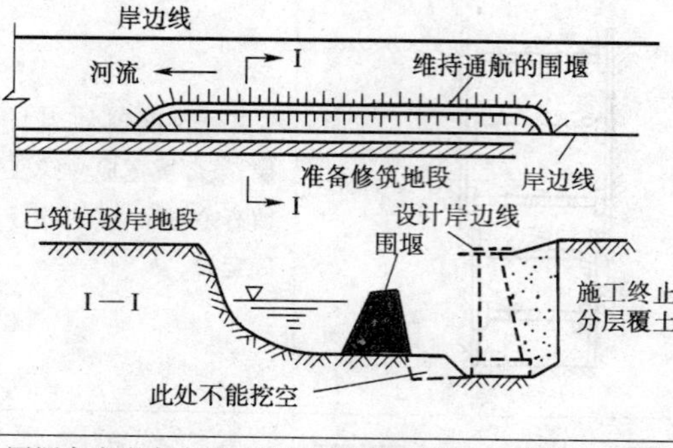	沿河流修筑土墙、驳岸时，为防止水侵，施工地段修建临时围堰
一般规定和要求	堰高	围堰高度应高出施工期间可能出现的最高水位(包括浪高)50～70cm	
	围堰外形	应考虑河流断面被压缩后，流速增大引起水流对围堰、河床的集中冲刷及影响通航、导流等因素	
	堰内面积	应满足基础施工的需要(包括坑内集水沟、排水井、工作余裕空间等所必需的工作面)	
	围堰断面	应满足堰身强度和稳定(防止滑动、倾覆)的要求	
	围堰质量	围堰修筑要求防水严密，尽量减少渗漏，以减轻排水工作，为此，须注意堰身修筑质量	
	季节影响	除工程本身需要外，一般情况下宜充分利用枯水期施工，如在洪水、高潮时期，应作好周密防护	

注：围堰坡脚距离基坑边缘的宽度，根据土质和坑深酌定，但一般不应小于 1m。

公路桥梁中应用的围堰类型有许多种，其中常用的形式见表 2-1-5。

围堰种类和使用条件　　表 2-1-5

围堰种类	堰型简图	适用条件	说　明
土围堰	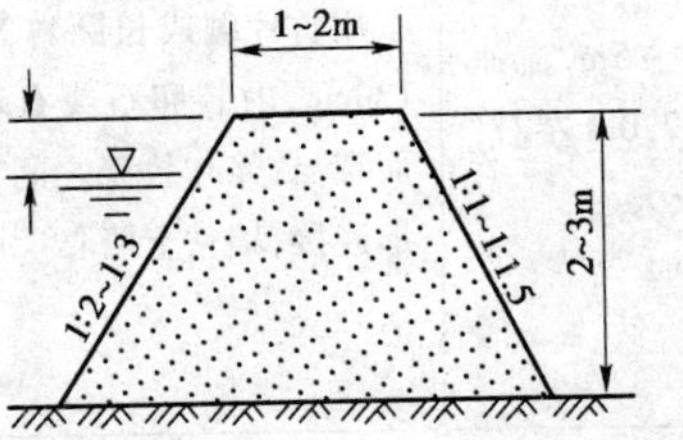	水深 1.5m 以内、流速 0.5m/s 以内，河床土质渗水性较小	筑堰宜用粘质土或砂夹粘土，填土出水面后应进行夯实；堰底河床上的树根、石块、杂物应予清除；筑堰时由上游开始向下游合龙
土袋围堰	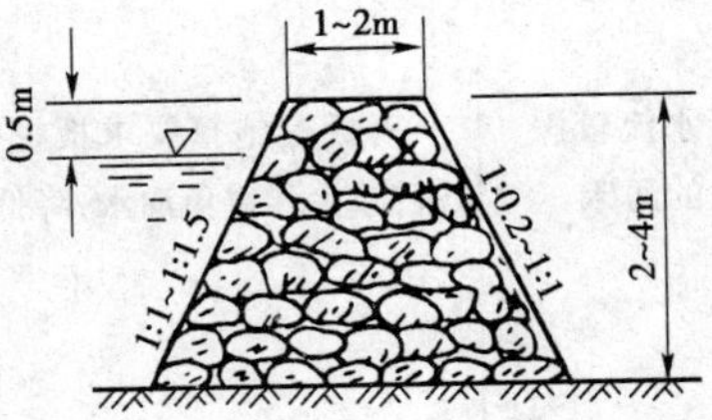 有粘土心墙时，顶宽 2~2.5m	水深 3.0m 以内、流速 1.5m/s 以内，河床土质渗水性较小	堆码在水中的土袋，其上下层和内外层应相互错缝，尽量堆码密实整齐；必要时可由潜水配合进行，并整理坡脚
单行板桩围堰	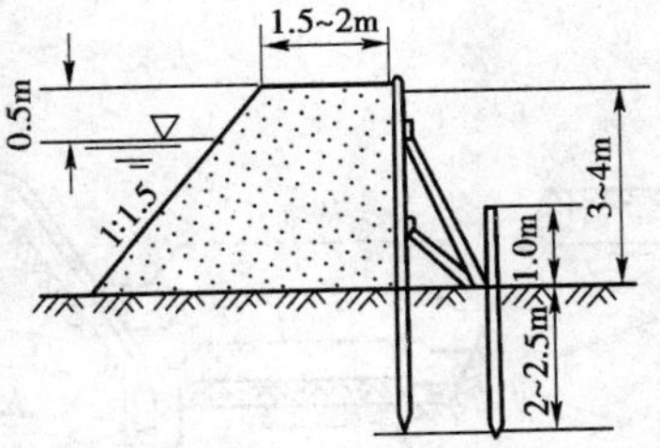	水深 3~4m，土质河床	可节省部分筑堰用土量，增加打拔木板桩工作量，由于支撑关系，坑内工作面尺寸加大
双行板桩围堰	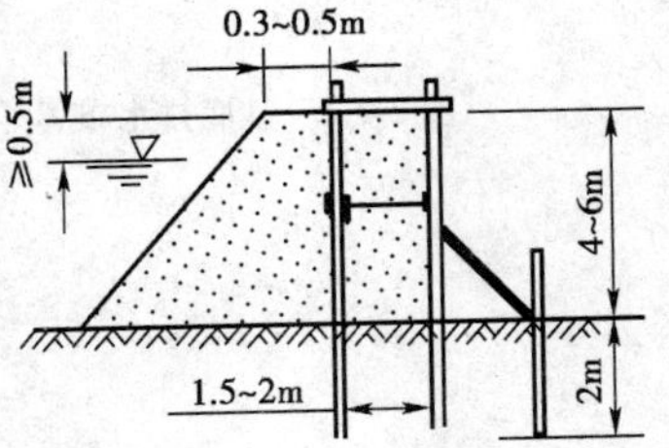	水深达 4m 以上，河床土质松软	板桩与板桩之间应尽量严密，沉入时注意防止歪斜，随时校正位置，行与行之间用金属拉系拉结牢固
木桩土围堰	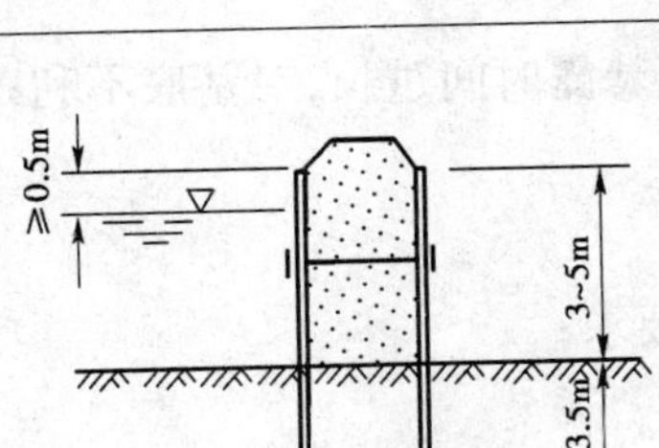	水深 3~5m，流速在 1.5m 以上	先打入两排木桩，桩与桩在一排中的间距为 1.0~1.5m，排与排之间为 1.5~2.0m，并以金属螺栓（拉条）或 8 号铁丝拉紧，插入竹笆填土

续上表

围堰种类	堰型简图	适用条件	说明
竹笼围堰	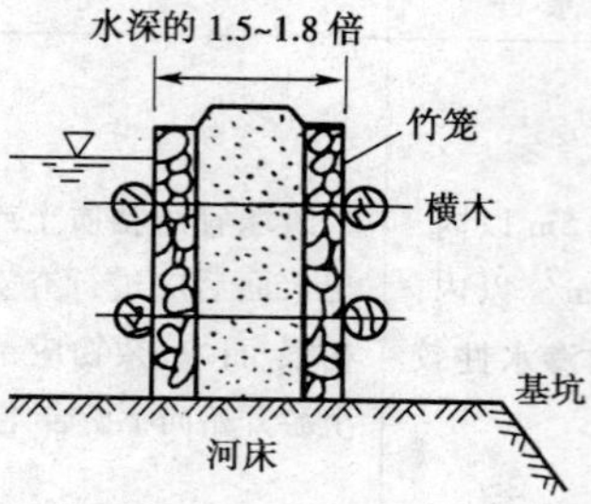	水深4~5m，流速在1.5~2.0m左右，或风浪较大	用竹片编成长圆竹笼，直径为80~120cm，内装卵石或石块，笼长视堰高而定，竹笼与竹笼之间，以铁丝成十字形连接，填粘土墙心
钢板桩围堰	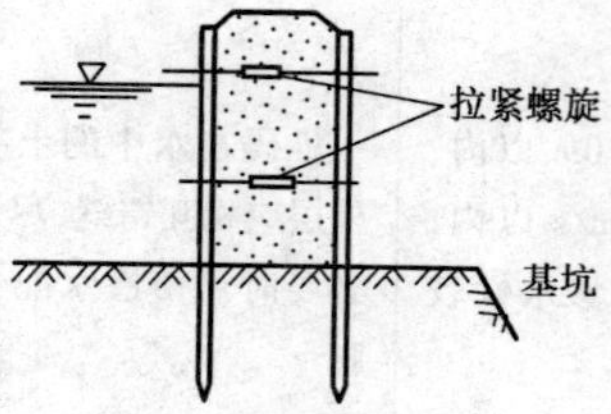	适用于水流较深，流速较大的河床	钢板桩施打要求板桩竖直，接口严密，减少和避免渗水，降低排水工作量

四、明排水法与基坑布置

明排水法是指从基坑内直接排除(用泵汲抽除和人工降低地下水位两类)，并持续至基础工程完成进行回填土后才停止。

为防止地面水流入基坑，一般在坑口四周筑截水土堰(可利用弃土作土埂)，并将抽出水引开。在坑内基础范围外设排水沟和集水井，每隔20~40m设一个，井的直径或边宽一般为60~80cm，深度可为80~100cm(潜水泵抽汲时，必须保证在水中抽汲故不宜太浅)(图2-1-2)。

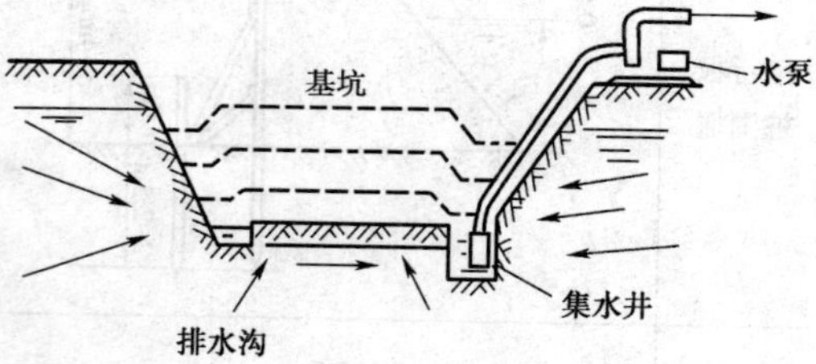

图2-1-2　基底排水布置

五、基底检验与处理

1. 一般基底检验内容

(1)基底挖至设计标高时，须及时进行检验，以免暴露时间过长，对基底不利；检验符合要求后方可砌筑基础或进行其他工序；

(2)检查基底地质情况，是否与设计文件相符合；

(3)检查基坑开挖标高、尺寸是否满足设计规定要求；

(4)基坑中线位置、形状是否与设计文件相符；

(5)基坑尺寸、形状、位置、基底标高、中线位置如有变化，须查明设计变更依据文件；

(6)对基坑的排水及地下水处理，必须确保基坑圬工的质量；

(7)对土质基底须检查有否超挖回填、扰动原状土的情况;

(8)对石质基底应检查岩层风化程度,对倾斜的基底还需检查台阶开挖情况;

(9)在永冻基底,应检查防融温层的敷设是否良好;

(10)对土质基底有疑问时,应作土壤分析或其他试验进行核实,以便确定是否进行基底加固等处理。

2. 基底地质及其处理

根据基底不同地质情况,分别处理:

岩层:应先将岩面清洁,再筑基础;在风化的岩层基底上建筑基础时,应按基础尺寸凿除已风化的表面岩层,在砌筑基础圬工的同时将基坑填满、封闭;岩层倾斜时,应将岩层面凿平或凿成台阶,使承重面与重力线垂直。

碎石类或砂类土层:整修平整基底后在基底上铺筑一层15~25cm厚的碎石或片石,然后在其上砌筑基础;并保持新砌筑的基础圬工不受水浸。

粘土层;铲平基底,(不得用回填土);必要时,于基底上加铺一层10~15cm厚的夯填碎石,碎石面不得高出基底设计标高;当基底土的含水量较大,出现松软“弹簧”现象,不得夯填,须另作加固处理。

软土层:可根据软土层的厚度和力学性质及施工条件,采用换填土、砂砾垫层、袋装砂井、塑料排水板、土工织物(土工布)、生石灰桩、真空参压或粉体喷射搅拌等处理方法。

湿陷性黄土:基底必须有防水措施;根据土质条件,使用重锤夯实、换填、挤密桩等措施进行加固,改善土层性质;基础回填不得使用砂、砾石等透水土壤,应用原土加夯封闭。

冻土层:按保持冻结的原则设计的明挖基础,其多年平均地温等于或高于-3℃时,应于冬季施工;多年平均地温低于-3℃时,可在其他季节施工,但应避开高温季节;.按容许融化的原则设计埋置在季节冰层以下的基础,应防止冻层继续加深。

溶洞:暴露的溶洞应用浆砌片石、混凝土填充,或填砂、砾石后,压注水泥浆充实加固;对大的溶洞除可采用混凝土掺片石灌填外,亦可用钢筋混凝土加盖处理。

泉眼:基底地基及基础圬工不得受水浸泡,对基底的泉眼应加以处理,再筑基础圬工。处理方法为:(1)堵眼断流;(2)引流排出。

附:实训模块

1. 实训项目

基坑开挖。

2. 实训目的

通过实训练习掌握基坑开挖的施工要求,理解施工注意点,确定基坑工作面宽度。

3. 实训内容

(1)根据场地大小、地质状况、实习时间选定合适的基础大小、基底高程。

(2)参考题目:某桥1号桥墩桩号3K+652.830,基础平面2m×4m,基底高程12.753。已知:桥位桩A3K+633.780,桩B(方向桩);施工水准点BM(14.611)。完成基坑开挖施工。

4. 实训准备

(1)场地:广阔荒地(旱地)。

(2)水准点:场地附近设置一临时水准点。

(3)仪器工具:水准仪、钢尺、白灰及人工挖土工具等。

教学讲解:地质情况;基础、基坑放样;高程控制。

5. 实训组织与实施

1)组织

(1)学生分组:6~8人为一组,每二组设一组(二人组成)监理组。

(2)指导老师:每二组一名指导老师。

2)实施

(1)根据施工图放出基础平面。

教学讲解:轴线定位,尺寸丈量。

注意:基础平面位置、尺寸检验。

(2)根据土质、开挖深度确定边坡或支撑方式;根据施工方式确定坑底工作面;依据前二者放出开挖线。

教学讲解:土质边坡确定(支撑方式选择);坑底工作面确定;开挖线尺寸计算。

注意:开挖线平面位置、尺寸检验。

(3)挖基。

教学讲解:a.边坡控制:拉线。

b.高程控制:挖至离基底1m左右时在坑壁立标杆,控制挖深。

注意:a.弃土堆位置和坑顶保护。

b.保留最后一锹土。

c.排水措施。

d.安全。

(4)检验基底并根据基底情况提出基底处理方式。

教学讲解:基底检验内容;各种地质地基处理方法。

注意:资料保存。

3)检查与评定

项目	坑顶荷载	基坑尺寸	基坑边坡	坑底工作面	基底高程	基坑排水	基底处理
存在问题							
得分							
总分							

6. 收尾工作

仪器、工具检查清点与归还;实训场地整理等。

7. 注意事项

(1)宜在晴天进行。

(2)安全:

a.注意控制挖土过程中工具使用时相互之间的距离;

b.注意坑壁稳定。

(3)准备适当的排水工具。

(4)每组学生分工轮换。

8. 实训报告

实 训 报 告

<table>
<tr><td>实训项目</td><td colspan="3"></td></tr>
<tr><td>实训时间</td><td colspan="3"></td></tr>
<tr><td>指导老师</td><td colspan="3"></td></tr>
<tr><td>组别</td><td></td><td>组员</td><td></td></tr>
<tr><td colspan="4">实训记录(组织过程、操作过程、仪器工具、实训数据等)</td></tr>
<tr><td colspan="4">实训总结
报告人:(签名)
年　月　日</td></tr>
<tr><td colspan="4">实训评定
指导老师:(签名)
年　月　日</td></tr>
</table>

六、基础施工

1. 砌石基础施工

砌石基础所采用的片石应质地坚实,无风化剥落和裂纹,强度、尺寸满足规范要求。砌筑一般用 M5 水泥砂浆,灰缝厚度一般为 20 ~ 30mm。

砌石基础扩大部分做成阶梯型,每阶内至少砌二皮片石。上级阶梯的石块应至少压砌下级阶梯石块的1/2。

砌筑基础前,必须用钢尺校核片石基础放线尺寸,其允许偏差不应超过规范的规定。

砌石基础用的第一层石块应选用比较方正的大石块,大面朝下,放平、放稳。在土质基槽上砌石时,在基槽内将片石大面朝下铺满一层,空隙处用砂浆灌满,再用小石块填空挤入砂浆,用手锤打紧;在垫层上砌石时,先铺一层砂浆,再铺石块。基础第二层以上的石块,应铺浆(座浆)砌筑。

砌石基础应分层卧砌,上下错缝,内外搭砌。一般每层厚约 30cm,上下层片石间搭接不小于 10cm,不得有通缝。每砌完一层后,其表面应大致平整,不可有尖角、驼背现象,以使上一层容易放稳,并有足够的接触面。不得采用外面侧立石块,中间填心的包心砌法。基础最上面一层,应选用较大的片石砌筑。

渗水基坑应注意排水,保证砂浆的凝结和砌体的强度。

2. 混凝土基础施工

混凝土基础的特点是体积大而高度较小。施工用模板一般由木模或钢模拼装成环型基础模板,四周支撑于土壁上。土质好时最下面一级基础可采用土模(原槽灌筑),不用模板。

混凝土浇筑见单元三课题3.1和单元四课题4.3。

思考与练习

1. 简述挖基注意要点。
2. 简述各种基坑支撑方法的适用条件。
3. 围堰有哪些方法？各适用什么条件？
4. 各种地质地基的处理方法有哪些？

课题二　桩基础施工

【内容提要】　灌注桩基础施工程序方法。

【教学要求】

应知：了解钻孔方法和主要机具设备；掌握钻孔灌注桩施工工艺流程和事故预防处理方法；掌握钻孔灌注桩主要施工工艺；了解挖孔桩的施工要点。

应会：掌握灌注桩施工程序和事故预防处理方法；能进行灌注桩施工质量控制。

【教学建议】　播放录相、展示图片等多媒体教学和参观施工现场教学相结合；尽可能进行实训练习。

一、钻孔方法和机具设备

常用的钻孔方法和适用条件：

机动推钻：适用于粘质土，砂土，砾石粒径小于10cm，含量少于30%的碎石土，孔径60～160cm。

回转钻机：适用于粘质土，砂土，砾卵石粒径小于2cm，含量少于20%的碎石土，软岩，孔径80～250cm。

潜水钻机：适用于淤泥，粘质土，砂土，砾卵石粒径小于10cm，含量少于20%的碎石土，孔径60～150cm。

冲(击)抓锥；适用于各类土层，孔径60～200cm。

主要钻孔机及性能：

ZKL-400(600)(800)：长螺旋，钻削，钻孔深度12～18m。ZUY1500：伸缩钻杆，短螺旋，钻斗，钻削，钻孔深度42m。QJ250、XF-3、ZJ150-1、红星400：转盘式，正反循环钻销，最大钻孔深度：红星40～400m。GZQ-800(1250)(1500)：潜水钻机，潜水钻削，钻孔深度50m。BDM-08(1)(2)(3)：转盘式，正反循环钻削，钻孔深度40～60m，其中BDM4达100m。

二、施工工艺流程

钻孔灌注桩施工因成孔方法的不同和现场情况各异，施工工艺流程不会完全相同。在施工前,要安排好施工计划,编制具体的工艺流程图,作为安排各工序施工操作和进度的依据。参照各地的实践经验,钻孔灌注桩的工艺流程一般如图 2-2-1 所示。

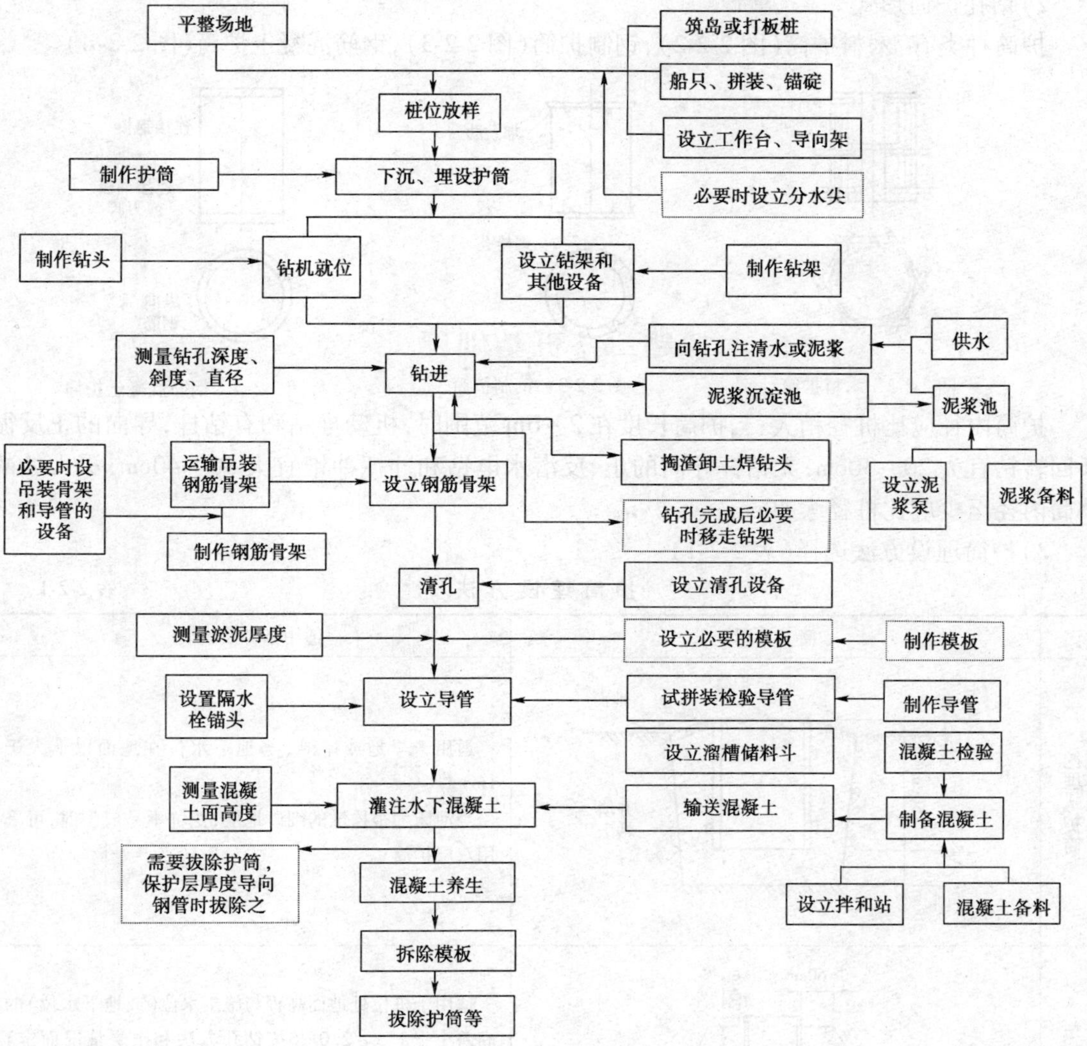

图 2-2-1　钻孔灌注桩施工工艺流程

注:虚线方框表示有时采用的工序

1. 钻孔准备工作

1)钻孔场地准备

(1)场地为旱地时,应清除杂物,换除软土,整平夯实。

(2)场地为陡坡时,可用枕木、型钢等搭设工作平台。

(3)场地为浅水时,宜采用筑岛施工,筑岛面积应根据钻孔、设备大小等要求确定。

(4)场地为深水或淤泥层较厚时,可搭设工作平台,平台须牢固稳定,能承受工作时所有静、动荷载,并考虑施工机械能安全进出。

如水流平稳,水位升降缓慢,全部工序可在船舶或浮箱上进行,但须锚碇稳固,桩位准确。

如流速较大,但河床可以整理平顺时,可采用钢板或钢丝网水泥薄壁浮运沉井,就位后灌水下沉至河床，然后在其顶部搭设工作平台，在其底部安设护筒；浮运沉井的要求可参照有关浮式沉井要求处理；在某些情况下，可在钢板桩围堰内搭设钻孔平台。

2）钻孔护筒形式

护筒种类有：木料护筒（图 2-2-2），钢制护筒（图 2-2-3），钢筋混凝土护筒（图 2-2-4）。

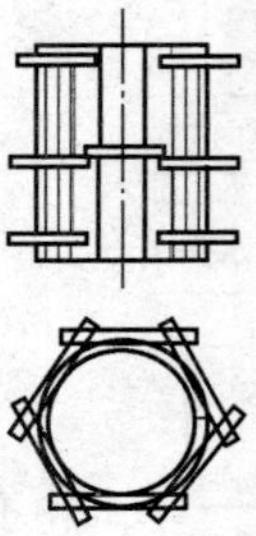

图 2-2-2　木料护筒

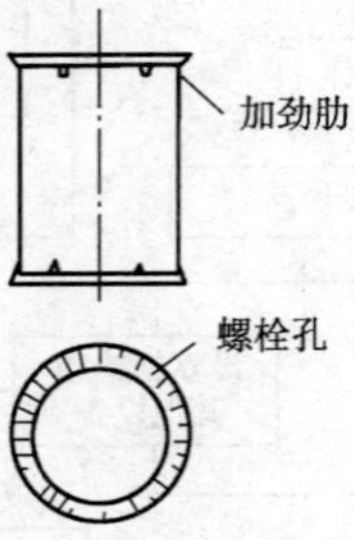

图 2-2-3　钢制护筒

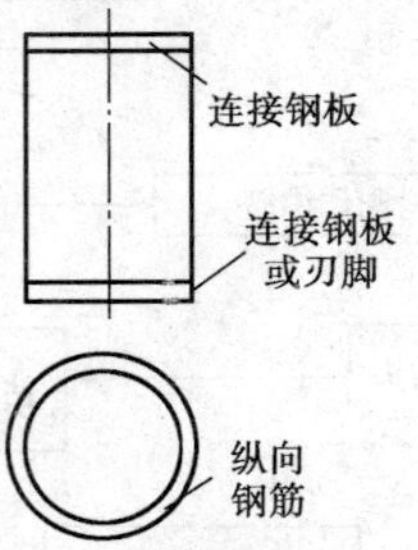

图 2-2-4　钢筋混凝土护筒

护筒内径应比桩径稍大；当护筒长度在 2 ~ 6m 范围时，机动推钻和有钻杆，导向的正反循环回转钻宜大 20 ~ 30cm；无钻杆导向的正、反潜水电钻和冲抓冲锥宜大 30 ~ 40cm；深入处的护筒内径至少应比桩径大 40cm。

3）护筒埋设方法选择（表 2-2-1）

护 筒 埋 设 方 法　　　表 2-2-1

	简　图	适用条件及说明
挖埋式护筒	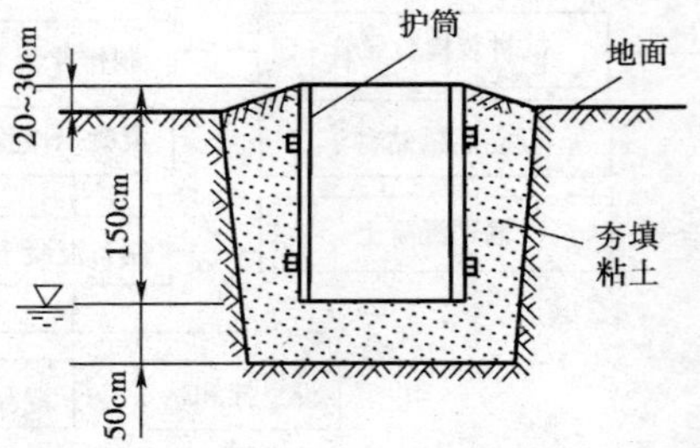	适用于旱地或岸滩（当地下水位在地面以下大于 1m）。 当河床为很松散的细砂地层，挖坑不易成型时，可采用双层护筒
填筑式护筒	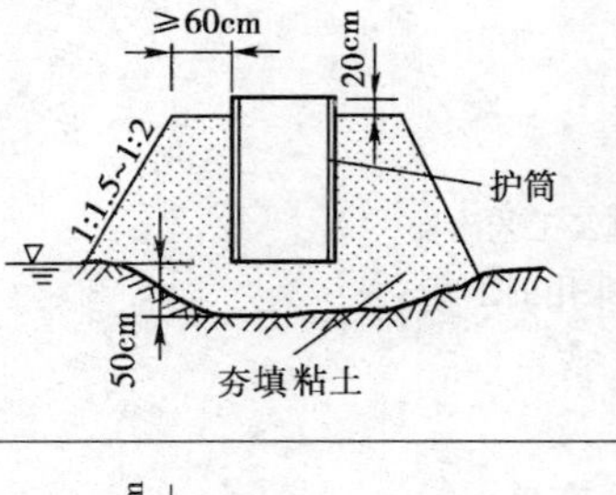	适用于桩位处地面高程与施工水位（或地下水位）的高差小于 1.5 ~ 2.0m（按钻孔方法和土层情况而定）时，宜采用本法（如图示），填筑的土台高度，应使护筒顶端比施工水位（或地下水位）高 1.5 ~ 2.0m。土台边坡以 1:1.5 ~ 1:2.0 为宜
围堰筑岛护筒	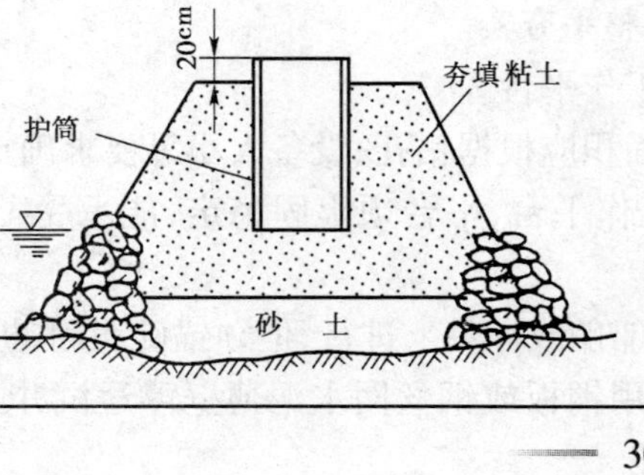	当水深小于 3m 的浅水处，一般须围堰筑岛埋设护筒。岛面应高出施工水位 1.5 ~ 2.0m。亦可适当提高护筒顶面高程，以减少筑岛填土体积。若岛底河床为淤泥或软土，应予挖除换以砂土；若排淤换土工作量较大，则可采用长护筒，使其沉入河底土层中

续上表

	简　图	适用条件及说明
深水护筒	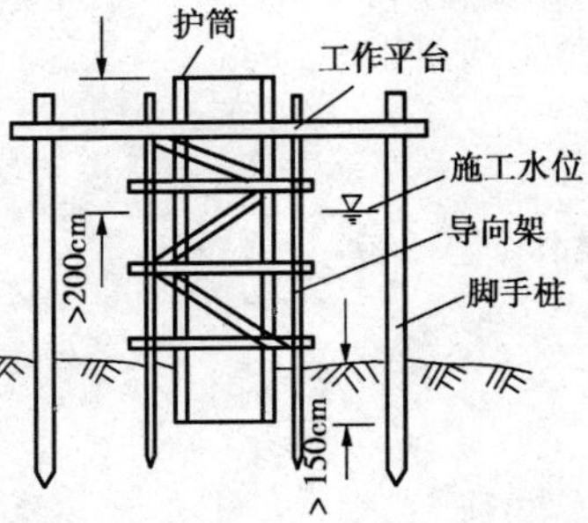	适用于水深在3m以上的深水河床中。其主要工序为搭设工作平台(有搭设支架、浮船、钢板桩围堰、浮运薄壳沉井、木排、筑岛等方法),下沉护筒的定位导向架与下沉护筒等

附:实训模块

1. 实训项目

护筒埋设

2. 实训目的

通过实训练习掌握护筒埋设的要求和方法。

3. 参考题目

某桥墩1号桩直径80cm,位于旱地,地下水位在地面以下3m,亚粘土地质。请完成该桩的护筒埋设。

4. 实训准备

(1)场地。

(2)钢筋混凝土护筒(可用钢筋混凝土圆管代替)。

(3)工具:人工挖土工具、皮尺、垂球等。

教学讲解:护筒类型、护筒内径选择、工具选用。实训内容:挖埋式护筒和填筑式护筒二套题目。

5. 实训组织与实施

1)组织

(1)学生分组:6~8人为一组,每二组设一组(二人组成)监理组。

(2)指导老师:每二组一名指导老师。

2)实施

(1)确定埋设方法,定出桩心位置。

教学讲解:埋设方法选择。

(2)挖坑或筑台。

教学讲解:坑或台的基本尺寸确定;护筒垂直控制方法。

注意:护筒的位置、尺寸、垂直、稳定检验;安全保障。

3)检查与评定

项目	方法选择	场地准备	护桶尺寸	垂直度	稳定性	其他要求
存在问题						
得分						
总分						

4)收尾工作

仪器、工具检查清点与归还;实训场地整理等。

5)注意事项

(1)宜在晴天进行。

(2)注意运转护筒、挖埋土、定位过程的安全。

(3)每一步骤经检验合格后方可进行下一步骤操作。

6. 实训报告

见单元二课题一基坑开挖实训模块。

2. 钻孔

1)注意事项

(1)采用正、反循环钻造孔时,开孔第一钻的位置是否正确,对桩位的准确度和竖直度的影响很大,需十分注意。采用冲击法造孔时,应以小冲程开孔,使初成之孔坚实、竖直、圆顺,能起导向作用,并防止孔口坍塌。钻进深度超过钻锥全高加冲程后,方可施行正常冲程的冲击。

(2)每孔开钻前应检查钻锥直径,如过小应及时焊补,不宜在钻进中焊补,以免卡钻。

(3)起、落钻锥速度应均匀,不得突然加速,以免碰撞孔壁,形成坍孔。

(4)停钻时,孔口应加护盖,并严禁钻锥留在孔内,以防埋钻。

(5)在抽渣或停钻时,应保持孔内具有规定的水位和泥浆密度、粘度等,以防塌孔。

2)事故原因及处理(表 2-2-2)

灌注桩施工故障处理 表 2-2-2

类别	原因分析	预防及处理措施
塌孔	1. 护筒埋置过浅,周围封填不密漏水; 2. 操作不当,如提升钻头、冲击(抓)锥或掏渣筒倾倒,或放钢筋骨架时碰撞孔壁; 3. 泥浆稠度小,起不到护壁作用; 4. 泥浆水位高度不够,对孔壁压力小; 5. 向孔内加水时流速过大,直接冲刷孔壁; 6. 在松软砂层中钻进,进尺太快	1. 坍孔部位不深时,可改用深埋护筒,将护筒周围回填土,夯实,重新钻孔; 2. 轻度坍孔,可加大泥浆相对密度和提高水位; 3. 严重坍孔,用粘土泥膏投入,待孔壁稳定后采用低速钻进; 4. 汛期或潮汐地区水位变化过大时,应采取升高护筒,增加水头或用虹吸管等措施保证水头相对稳定; 5. 提升钻头,下放钢筋管架应保持垂直,尽量不要碰撞孔壁; 6. 在松软砂层钻进时,应控制进尺速度,并用较好泥浆护壁
钻孔偏斜	1. 桩架不稳、钻杆导架不垂直,钻机磨耗,部件松动; 2. 土层软硬不匀,致使钻头受力不均; 3. 钻孔中遇有较大孤石、探头石; 4. 扩孔较大处,钻头摆动偏向一方; 5. 钻杆弯曲,接头不正	1. 检查、纠正桩架,使之垂直安置稳固,并对导架进行水平与垂直校正和对钻孔设备加以检修; 2. 偏斜过大时,填入土石(砂或砾石)重新钻进,控制钻速; 3. 如有探头石,宜用钻机钻透,用冲孔机时,用低速,将石打碎,倾斜基岩时,可用混凝土填平,待其凝固后再钻

续上表

类别	原 因 分 析	预防及处理措施
卡钻	1. 孔内出现梅花孔、探头石、缩孔等未及时处理； 2. 钻头被坍落下的石块或误落入孔内的大工具卡住； 3. 入孔较深的钢护筒倾斜或下端被钻头撞击严重变形； 4. 钻头尺寸不统一，焊补的钻头过大； 5. 下钻头太猛，或钢绳过长，使钻头倾斜卡在孔壁上； 6. 冲击钻孔，尤易产生卡钻情况	1. 对于向下能活动的上卡，可用上下提升法，即上、下提动钻头，并配以将钢丝绳左右拔移、旋转； 2. 卡钻后不宜强提，只宜轻提，轻提不动时，可用小冲击钻锥冲或用冲、吸的方法将钻锥周围的钻渣松动后再提出； 3. 施工中注意保持护筒垂直，防止倾斜；钻头尺寸应统一，下钻应控制钻进速度，不要过猛过快
掉钻	1. 卡钻时强提强拉、操作不当，使钢丝绳或钻杆疲劳断裂； 2. 钻杆接头不良或滑丝； 3. 马达接线错误，使不应反转的钻机反转，钻杆松脱	1. 卡钻时应设有保护绳方能适度强提，严防钻头空打； 2. 经常检查钻具、钻杆、钢丝绳和联结装置； 3. 掉钻落物时，宜迅速用打捞叉、钩、绳套等工具打捞，若落体已被泥沙埋住，则应用冲、吸的方法，先清除泥砂，使打捞工具接触落体后再打捞
扩孔及缩孔	1. 扩孔是因孔壁坍塌或钻锥摆动过大所致； 2. 缩孔原因是钻锥磨损过甚，焊补不及时或因地层中有软塑土，遇水膨胀后使孔径缩小	1. 注意采取防止塌孔和防止钻锥摆动过大的措施； 2. 注意及时焊补钻锥，并在软塑地层采用失水率小的优质泥浆护壁； 3. 已发生缩孔时，宜在该处用钻锥上下反复扫孔以扩大孔径
安全要求	在任何情况下，严禁施工人员进入没有护筒或其他防护设施的钻孔中处理故障。当必须进入护筒或其他防护设施的钻孔时，应在检查孔内无有害气体，并备有防毒、防溺、防坍埋等安全设施后，方可行动	

3. 清孔

(1)抽浆清孔法：适用于各种方法钻孔的柱桩和摩擦桩，一般用反循环钻机、空气吸泥机、水力吸泥机或离心吸泥泵等进行。如图2-2-5所示为空气吸泥机清孔，图2-2-6所示为离心吸泥泵清孔。

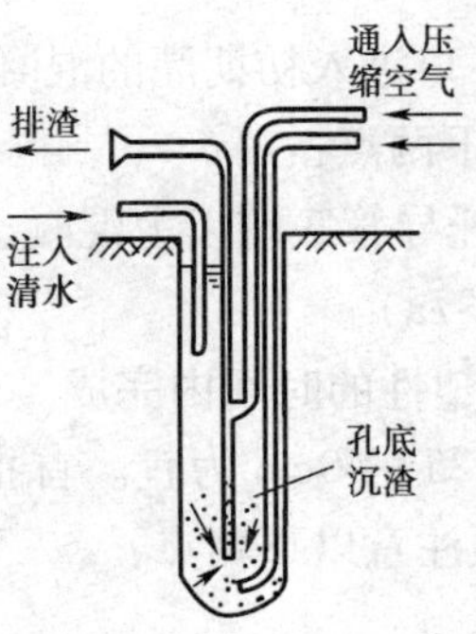

图2-2-5　空气吸泥机清孔

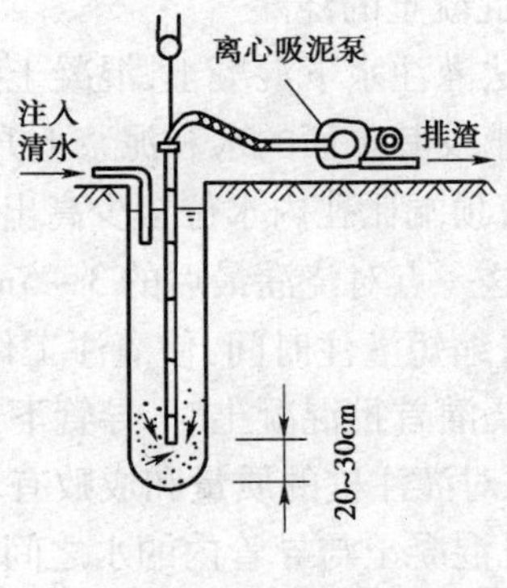

图2-2-6　离心吸泥泵清孔

(2)换浆清孔法:适用于正循环钻孔法的摩擦桩,于钻孔完成后,提升钻锥距孔底10~20cm,继续循环,以相对密度较低(1.1~1.2)的泥浆压入,把钻孔内的悬浮钻渣和相对密度较大的泥浆换出。

(3)掏渣清孔法:用抽渣筒、大锅锥或冲抓钻清掏孔底粗钻渣,仅适用于机动推钻、冲抓、冲击钻孔的各类土层摩擦桩的初步清孔,掏渣前可先投入水泥1~2袋,再以钻锥冲出数次,使孔内泥浆、钻渣和水泥形成混合物,然后用掏渣工具掏渣。当要求清孔质量较高时,可使用高压水管插入孔底射水,使泥浆相对密度逐渐降低。

(4)喷射清孔法:只宜配合其他清孔法使用,是在灌注混凝土前对孔底进行高压射水或射风数分钟,使剩余少量沉淀物飘浮后,立即灌注水下混凝土。

注意要点:

(1)不论采用何种清孔方法,在清孔排渣时,必须注意保持孔内水头,防止塌孔;

(2)柱桩应以抽浆法清孔,清孔后,将取样盒(即开口铁盒)吊至孔底,待灌注水下混凝土前取出检查沉淀在盒内的渣土,渣土厚度应符合规定的要求;

(3)用换浆法和掏浆法清孔后,孔口、孔中部和孔底提出的泥浆的平均值应符合质量标准要求,灌注水下混凝土前,孔底沉淀厚度应不大于设计规定;

(4)不得用加深孔底深度的方法代替清孔。

4. 水下混凝土的灌注

清孔结束后,随即吊放钢筋笼。钢筋笼应每隔2.0~2.5m设置加强箍筋一道,钢筋笼的主筋外侧应设置控制保护层厚度的部件。钢筋笼太长时可分段制作,于吊放时进行焊接。

钢筋笼应及时、准确地吊放、焊接、就位,就位后应牢固定位。

钢筋笼安装完成后,就可安装导管。

导管是灌注水下混凝土的重要工具。其直径一般为20~30cm。每节长1~2m,最下端一节宜为4~6m,并焊有2只吊环。导管制作要求准确、坚固、圆滑、顺直、内径一致,安装后保证不漏水。

在钢筋笼和导管安装完毕后,开始浇灌水下混凝土前应再次测定孔底沉淀厚度,如沉淀超过设计规定,应再次进行清孔。所以应当配备吸泥机、高压水泵,作为再次清孔和处理灌注事故之用。

1)水下混凝土的浇灌

用导管法灌注水下混凝土,混凝土拌和物是通过导管下口进入初期灌的混凝土的下面,托着初期混凝土及其上面的水和泥浆上升。所以必须做到以下两点:

(1)导管顶端比孔内水位至少高出4m以上,以保证升托导管底端以上混凝土及泥浆所必需的压力。这一点对浇灌最后的3~5m时尤为重要(图2-2-7a)。

(2)尽量缩短灌注时间,使灌注工作在首批混凝土仍具塑性的时间内完成。

在开始浇灌首批混凝土时,导管下口至孔底的距离,以25~40cm为宜。首批混凝土的浇灌是否顺利,对灌注桩的质量和成败有着重要关系。故必须注意以下两点:

(1)首批混凝土与导管内的水之间,必须采取隔离措施。

(2)首批混凝土的储运量应满足初次埋深不小于1.0m的要求。其浇灌应连续不断快速进行(图 2-2-7a)。

灌注水下混凝土时,必须认真作记录。

在灌注过程中,应经常探测混凝土面的高度,及时提升和拆除导管,使导管在混凝土内埋置深度为 2.0 ~ 4.0m,最大埋深不得大于 6.0m(图 2-2-7b)。

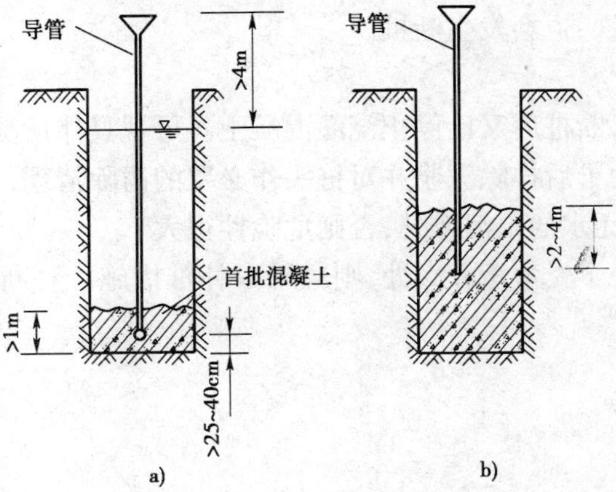

图 2-2-7　导管位置

混凝土拌和物运到灌注地点时,如有离析、坍落度不符合要求等现象,应在不提高水灰比的原则下重新拌和。重新拌和后仍达不到要求时不得使用。

在灌注过程中应注意防止钢筋笼被混凝土顶托上升,或提升导管时被法兰盘带上来。

探测混凝土顶面的测深锤应有足够的重量、合适的密度和形状,一般可用不小于 4kg 的锥形锤。系锤之绳宜用轻质、拉力强、遇水不伸缩、标有尺度的测绳。

灌注将近结束时,泥浆沉淀增厚,泥浆密度、粘度和静压力增加,混凝土面的位置用测深锤不易鉴别,此时应该用可分节接长的钢管,下端安一活盖铁盒,插入混凝土内取样鉴别。

灌注桩顶标高应比设计高出 0.5 ~ 1.0m,以清除浮浆,确保桩头质量。在灌注过程中,应经常观察管内情况,正确组织施工,避免发生故障。

2)事故原因和处理

(1)卡管

混凝土堵塞在导管内下不去叫做卡管。其原因有以下几种:①混凝土坍落度太小,流动性差,且夹有大粒径石料。②混凝土拌和不均匀,或运输中产生严重离析。③导管漏水,混凝土受冲洗后,粗集料集中在一处而卡住。④混凝土在导管中停留过久。

为防止卡管,必须做到:

①组装导管时,螺栓要拧紧,且各个螺栓的拧紧程度要均匀,以防法兰盘处漏水。②材料规格要严格,严禁过大粒径的石料拌入混凝土中。③混凝土混凝土坍落度及拌和时间要按规定掌握。④开始浇灌混凝土时,速度要快,要连续。中间拆除导管时间要短,不要停留太久。⑤混凝土在运输中若发生离析,应重新进行拌和后,才能使用。

(2)断桩

泥浆把灌注的混凝土隔开,或使截面积严重受损,称为断桩。断桩是严重质量事故,常见原因有以下几种:①灌注时间太长,表面混凝土失去流动性,浇灌的混凝土顶破表层而上升,将混有泥浆的表层覆盖包裹,就成为断桩。②导管提升过多。当导管没有提离混凝土面,只是埋入太浅,则可能有泥浆混入,形成夹泥。如导管提离混凝土面,就成为断桩。③当发生卡管或漏水,拔出导管处理事故后,未将已灌注的混凝土彻底清除,就恢复灌注,也形成断桩。④测深不准或导管埋深计算错误,也会发生断桩。

断桩处理:

如断桩处靠近地面,断桩后又已停止浇灌混凝土。可视具体情况,用打入长的钢护筒或沉入小沉井等办法,将水抽干后排除泥浆并对桩头作必要的凿除清理,再浇筑普通混凝土达到桩头。这种方法只适用于无水的干河滩处,否则危险性很大。

如断桩处较深,又处于受弯矩较大处,则应采取补桩措施。对断桩的处理,必须经监理工程师同意后方能进行。

三、挖孔灌注桩

1. 一般要求

1)适用范围

挖孔灌注桩适用于无地下水或少量地下水,且较密实的土层或风化岩层。若孔内产生的空气污染物超过现行《环境空气质量标准》(GB 3095)规定的三级标准浓度限值时,必须采取通风措施,方可采用人工挖孔。

2)挖孔直径

应按照设计规定。挖孔过程中,应经常检查桩孔尺寸、平面位置和竖轴线倾斜情况,如有偏差应随时纠正。

2. 技术要求

挖孔施工应根据地质和水文地质情况,因地制宜选择孔壁支护方案报批,并应经过计算,确保施工安全并满足设计要求。孔内遇到岩层须爆破时,应专门设计,宜采用浅眼松动爆破法,严格控制炸药用量并在炮眼附近加强支护。孔深大于5m时,必须采用电雷管引爆。孔内爆破后应先通风排烟15min并经检查无有害气体后,施工人员方可下井继续作业。挖孔达到设计深度后,应进行孔底处理。必须做到孔底表面无松渣、泥、沉淀土。如地质复杂,应钎探了解孔底以下地质情况是否能满足设计要求,否则应与监理、设计单位研究处理。挖孔内无积水时,可不采用水下灌注混凝土施工,当不采用水下灌注混凝土时要按有关章节所述要求施工。

思考与练习

1. 各种钻孔设备的适用性如何?
2. 简述钻孔灌注桩工艺流程。
3. 简述护桶埋设程序及质量控制要点。
4. 简述钻孔灌注桩施工钻孔、混凝土浇筑事故原因分析及故障处理方法。

课题三　其他类型基础施工

【内容提要】 沉井基础、管桩基础、大直径灌注桩。

【教学要求】

应知：了解沉井基础、管柱基础、大直径灌注桩基础施工特点及工艺。

应会：掌握主要工序的施工方法。

【教学建议】 根据当地的实际情况任选其中一部分实施教学；尽可能采取"参观教学法"。

一、沉井基础

1．基本要求

沉井施工前，应对沉井入土地层及基底岩面地质资料切实掌握，并据以进行分析研究，制定确切可行的下沉方案。

沉井下沉前，须对附近构筑、建筑物和施工设备采取有效的防护措施，并在下沉过程中，经常进行沉降观测。出现不正常变化或危险情况，应立即进行加固支撑，确保安全，避免事故。

沉井施工前，应对洪讯、凌讯、河床冲刷、通航及漂流物等作好调查研究，需要在施工中渡讯、渡凌的沉井，应制定必要的措施，确保安全。

沉井位于浅水或可能被水淹没的岸滩上时，宜就地筑岛制作沉井；在制作至下沉过程中无被水淹没可能的岸滩上时，可就地整平夯实制作沉井；在地下水位较低的岸滩，若土质较好时，可开挖基坑制作沉井。

位于深水中的沉井，可采用浮式沉井。根据河岸地形、设备条件，进行技术经济比较，确定沉井结构，制定场地及下水方案。

2．沉井制作

沉井制作方法及适用条件见表2-3-1。

沉井制作方法及适用条件　　表2-3-1

方法		图示	说明
就地制作的沉井	干旱滩岸沉井浇筑法	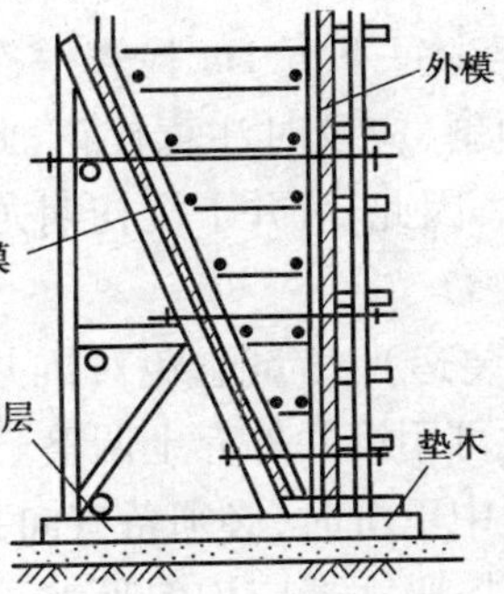	墩、台基础位于干旱滩地，沉井就地制作。施工时就地下沉。如土质松软，则在平整场地并夯实后，在其上铺垫0.3~0.5m的砂垫层，其上铺置垫木，垫木之间用砂填平，不得在垫木下垫塞木块、石块来调整顶面高度，以防压重后沉降不均

续上表

方法		图示	说明
就地制作的沉井	水中筑岛沉井浇筑法	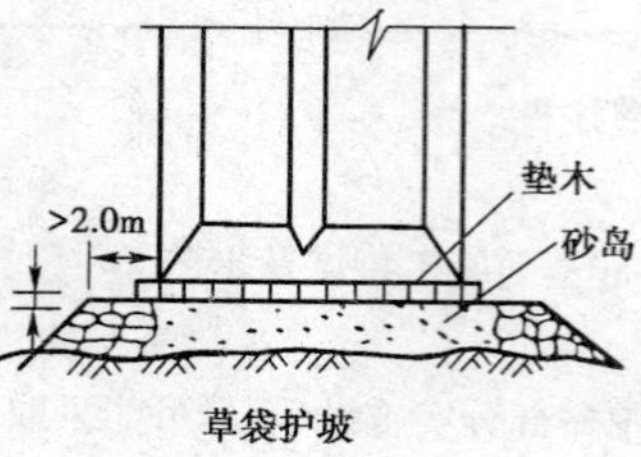	当水深在3~4m以内，流速(考虑筑岛后影响)较小时，可用筑岛法。筑岛材料应用透水性好，易于压实的砂土或碎石土等，不得用粘土、淤泥、泥炭和黄土类土填筑，四周应留有护道，宽度一般大于2m(在有围堰的情况下，最小不得小于1.5m)，岛面标高应高出施工期最高水位0.5~0.7m，有流冰时，应再适当加高
浮式沉井	浮运沉井法	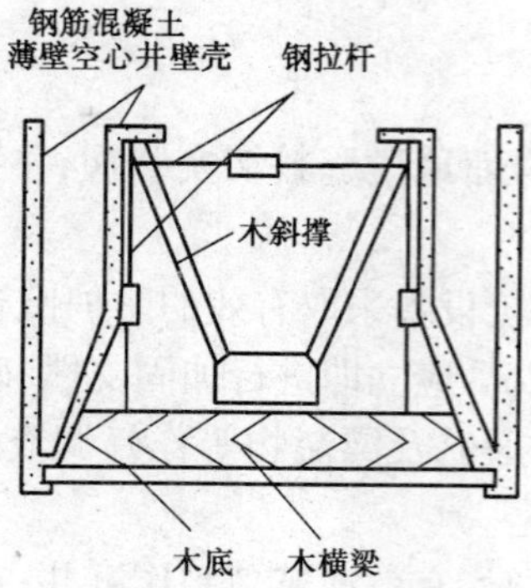	当水流较深(一般在3.5~4m以上)，围堰筑岛施工困难较多时，可用浮式沉井法。沉井在岸边浇筑后，利用滑道或其他方法下水，浮运到墩位。浮式沉井有采用钢丝网水泥薄壁沉井、钢筋混凝土薄壁沉井、钢壳沉井、装配式钢筋混凝土薄壁沉井以及带有临时井底沉井和带气筒沉井等多种

3. 沉井入土下沉

下沉方法分为不排水下沉和排水下沉两种，一般宜用不排水下沉法。当限于设备条件，在稳定的土层中，亦可采用排水除土下沉。但均应注意安全措施，特别是排水除土下沉，更应有安全措施防止发生人身安全事故。

沉井入土下沉过程中，必须掌握土层情况，并作好下沉测量记录，随时分析和检验土的阻力与沉井重力的关系，选用下沉最有利的下沉方法。

在沉井正常下沉时，应自中间向刃脚处均匀对称除土，不使内隔墙底部受到底土顶托，对于排水除土下沉的底节沉井，设计支承位置处的土应在分层除土中同时挖除；由几个井室组成的沉井，应控制各井室的除土高差基本接近，一般不宜大于30~50m。

下沉时应随时注意正位，保持竖直下沉，至少每下沉1m检查一次；沉井入土深度尚未超过其平面最小尺寸的1.5~2倍时，最易出现倾斜，应及时注意校正，此时纠偏亦较易，但偏斜时的竖直校正，一般均将引起平面位置的移动。因此，沉井下沉初期尤应特别注意严格保持垂直下沉。

合理安排沉井外弃土的堆放地点(或直接装运)，尽量避免对沉井引起偏压；在水中下沉时，应注意河床因冲淤引起的土面高差，必要时可用沉井外弃土调整。

采用吸泥吹砂等方法在不稳定土质或砂土中下沉时，必须备有向井内补水的设施，保持井内外的水位相平或井内略高于井外，以防止翻砂；吸泥器应均匀吸水，防止局部吸泥过深，造成沉井下沉偏斜。

沉井下沉至设计标高以上2m左右时，宜适当放慢下沉速度，并注意控制井内除土量和除土位置，使沉井竖直平稳下沉，正确就位。

沉井下沉遇障碍物时应立即停止下沉，进行详细检查，针对产生原因，采取措施排除障碍后方可继续下沉。

4. 基底处理

沉井沉达设计标高后，应检验基底的地质情况，是否与设计相符。排水下沉时，可直接检验，处理；不排水下沉时，应由潜水员进行水下检查、处理，必要时取样鉴定。

基底在应尽量整平，高差要保证水下封底混凝土在刃脚和内隔墙下满足设计要求的最小厚度，以提高水下混凝土的灌注质量。

防止封底混凝土和基底间掺入有害夹层。基底为岩层时，岩面残留物（风化岩碎块、卵石、砂）应清除干净，清除后的有效面积（即沉井底面积扣除在刃脚下一定宽度不可能完全清除干净的面积）不得小于设计要求。基底为砂质或粘质土时，应铺以碎石或砾石垫层，以铺至刃脚尖以上20cm为好。对排水下沉的沉井，还须沿刃口周边下面以碎石或砾石填平夯实。

井壁隔墙及刃脚与封底混凝土接触面处的污泥应予清除。

基底检验合格后，应及时进行封底。对于排水下沉的沉井，在清基时，如渗水量上升速度小于或等于6mm/min，可按普通混凝土浇筑方法进行封底；若渗水量大于上述规定时，宜采用水下混凝土（导管法灌注）进行封底。

二、管柱基础

1. 施工程序

设置防水围堰管柱基础主要施工程序

准备工作（设置定位船、导向船、拼装船；锚碇抛设）→围笼结构拼装浮运就位→围笼结构下沉定位→管柱下沉→插打钢板柱→管柱内钻孔清孔→管柱内装钢筋骨架、灌注水下混凝土→围堰内吸泥填充水下混凝土→管柱及围堰内抽水→拆除围堰内钢支架部分杆件→承台施工。

2. 管柱制作

钢筋混凝土和预应力混凝土管柱应根据施工具体条件，分节预制。可采用普通浇筑法或旋转浇筑法。

为提高管壁的抗裂性能，须注意：①粗集料以碎石为宜；②竖立浇筑时，管壁顶部混凝土必须浇筑密实，并与法兰盘粘着良好；③每节管柱必须一次浇成；④注意按有关规定严格进行养护。

对需要钻岩嵌固的管柱，在钻头冲击升降范围内的管柱内壁周围应用钢板保护。

3. 导向设备

下沉管柱过程中，为使管柱固定于设计位置，须采用导向设备。导向设备的形式、高度根据基础尺寸、管柱直径、管柱下沉深度、河水深度及流速等条件决定，通常可分为两类：一为浅水中的导向框架（图2-3-1），二为深水中的整体围笼结构（图2-3-2）。框架或围笼的一般杆件，多由万能杆件拼装。

4. 管柱下沉

管柱下沉施工应根据覆盖层土质和管柱下沉的深度，用振动、管柱内除土（吸泥）和管柱内射水等方法交替进行使管柱下沉，必要时还可采用管柱外射水、射风等措施。

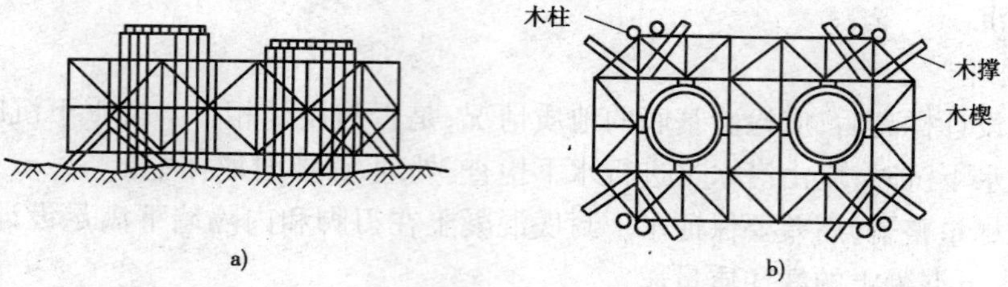

图 2-3-1 导向框架

a）立面；b）平面

当两台振动沉桩机并联使用时，要求选用同型振动沉柱机及电机，并同步运转。

管柱下沉应根据土质，下沉深度，结构特点，振动力大小及其对周围建筑设施的影响等具体情况，规定振动下沉速度的最低限值。

管柱群下沉顺序，要考虑悬挂围笼、下沉相互影响以及便于施工等因素确定，为避免相互干扰和保证顺利施工，须在施工组织设计文件中标明。

5. 管柱钻岩与清孔

1）管柱钻岩

钻岩设备和相应的技术措施根据岩石性质、岩面标高及其倾斜度、风化层厚度等确定。

管柱刃脚接近岩面时，应查明刃脚周围与岩面接触情况，并采取必要措施。

管内钻岩成孔的孔径及有效深度应符合设计要求。

2）清孔

钻孔完毕后，应将附着于管柱孔壁的泥浆清洗干净，并将孔底钻渣及泥砂等沉淀物取出。

管柱下沉至岩面（不需钻岩）者，应对岩面风化层予以清除。

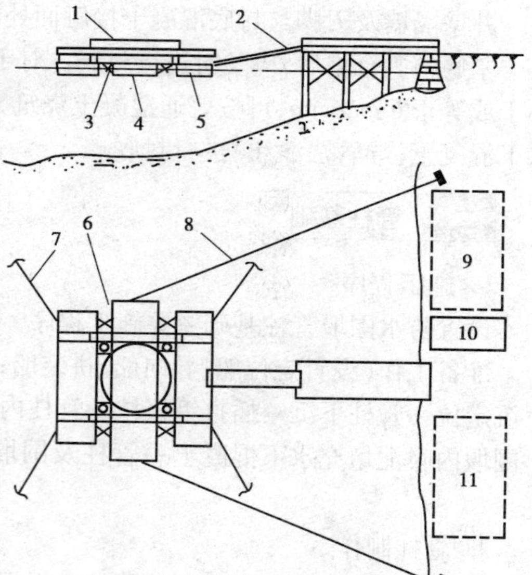

图 2-3-2 整体围笼结构

1-联结梁；2-跳板（码头端铰接）；3-导向船木撑架；4-拼装船；5-导向船；6-钢丝绳；7-锚缆；8-地锚缆绳；9-万能杆件；10-工具零件库；11-内外导环

6. 管柱内水下混凝土灌注

按灌注桩有关要求进行管柱内混凝土灌注。

每孔钻岩完成后，应尽快进行清孔和灌注混凝土。灌注混凝土前应先射水冲刷孔底，使泥砂和沉渣悬浮，然后立即开始灌注混凝土。

灌注混凝土开始后，应连续进行，使导管下口以上的混凝土经常处于塑性状态，直至预定标高。

三、大直径桩的施工

大直径钻孔一般均采用反循环旋转钻进，用泵吸式或气举式排渣，其成孔工艺与小直径的大致相同。现介绍扩大桩身直径的钻孔工艺：

(1)充分利用已有钻机，采用分级扩孔工艺，完成覆盖大直径孔。

(2)变截面桩，下部为紧密砾石、卵石、漂石、岩石，如用小钻机完成上部桩孔之后，再利用原钻机，更换小直径钻头，完成进一步下部钻空。有时候，小直径桩可以采用冲击钻。

大直径钻孔技术要求及注意事项：

1. 终孔时泥浆性能指标要求

(1)粘度20；相对密度1.05～1.08；胶体率99%～100%；含砂率小于2%；pH值7.5～8。

(2)检测孔深指标及泥浆指标符合要求后，再从钻杆中灌入不分散、低固相PHP泥浆到孔底，置换4m高的原泥浆，保持岩面清洁。

2. 钻进时注意事项

(1)钻岩层上有覆盖时进尺不宜过快，特别在护筒底时，为防止孔壁不稳，宜采用减压钻进。

(2)有条件选用大直径钻机可全断面一次成孔钻进。若钻机扭矩不足可分级扩钻钻进。

(3)接长钻时先提升钻头距孔底10～20cm，再停机接长钻杆。

(4)钻杆连接间端面处理时，应涂油、垫橡胶防水圈，并对称平衡紧固，要严防机械配件螺栓工具等掉入孔中阻钻。

思考与练习

1. 简述沉井基础施工要点。
2. 简述管柱基础施工程序。
3. 大直径桩钻孔时注意事项有哪些？

3 单元三 桥梁墩台施工

课题一 圬工砌体墩台的施工

【内容提要】 本课题主要介绍圬工材料及规格、圬工砌筑方法和要求、砌体勾缝的有关内容及圬工砌体墩台的施工。

【教学要求】

应知:1. 了解圬工结构的特点;2. 掌握圬工砌筑的有关知识;3. 掌握圬工砌体墩台施工程序及方法。

应会:1. 能参与圬工砌体墩台的施工;2. 能参与圬工砌体墩台的质量检验。

【教学建议】 本课题宜采用理论讲解与实操训练相结合的方法进行授课。有条件可放映录像或到现场观摩圬工砌体墩、台的施工。

一、圬工砌筑

1. 圬工结构特点

采用天然石料浆砌或干砌而成的结构,称为砌石结构;用整体浇筑的混凝土、片石混凝土或预制混凝土块构成的结构,称为混凝土结构。砌石、混凝土结构统称为圬工结构。

1)圬工结构的主要优点

(1)便于就地取材,价格低廉,并可节约钢材和木材。

(2)石料、混凝土材料的抗压强度,耐久性和耐火性较好,并有一定的隔热、隔音性能。

(3)施工简便,施工技术容易掌握。

(4)养护维修费用低,使用寿命长。

2)圬工结构的缺点

(1)抗拉、抗弯强度低,仅适用于建造受压构件。

(2)自重大、对地基要求高,从而会增加整个结构物的建筑费用。

(3)不利于机械化施工,施工劳动强度高,生产效率低,施工周期长。

(4)抗震性差,在地震区需要增加抗震措施。

为克服圬工结构缺点,应加强高强轻质材料的研究,以减轻结构自重,同时不断地研究新型圬工结构型式,采用装配式结构,使施工工业化和机械化。

2. 圬工材料

圬工砌体是指用石料及混凝土预制块砌筑的桥涵拱圈、墩台、挡土墙及其附属工程等的砌体。所用材料如表 3-1-1 所示。

圬工砌体常用材料规格　　表 3-1-1

<table>
<tr><th colspan="2">类　别</th><th colspan="3">砌体用料有关规定和要求</th></tr>
<tr><td rowspan="7">石料</td><td>石料的要求</td><td colspan="3">石料应符合设计规定的类别和强度，石质应均匀、不易风化、无裂纹。石料的强度、试件规格及换算应符合设计要求</td></tr>
<tr><td>石料的等级</td><td colspan="3">确定石料的技术等级的指标有单轴饱水抗压强度和磨耗率。
石料按技术性质分为 4 个等级：1 级—最坚强的岩石；2 级—坚强的岩石；3 级—中等强度的岩石；4 级—较软的岩石</td></tr>
<tr><td rowspan="3">石料及混凝土材料抗冻性指标</td><td colspan="3">1 月份平均气温低于 －10℃ 的地区，除干旱地区的不受冰冻部位或根据以往实践经验证明材料确有足够抗冻性者外，所有砖石及混凝土材料须通过抗冻融试验证明符合抗冻性指标，方可使用
石料及混凝土材料抗冻性指标</td></tr>
<tr><td>结构物类别
镶面或表层</td><td>大、中桥
50</td><td>小桥及涵洞
25</td></tr>
<tr><td colspan="3">注：抗冻性指标系指材料在含水饱和状态下经 －15℃ 的冻结和融化的循环次数。试验后材料应无明显损伤（裂缝、脱层），其强度不低于试验前的 0.75 倍</td></tr>
<tr><td>片石</td><td colspan="3">片石一般指由爆破或楔劈法开采的石块，厚度不应小于 150mm（卵形和薄片者不得使用）。用于镶面的片石，应选择表面平整、尺寸较大者，并应稍加修整
桥涵附属工程采用卵石代替片石时，其石质及规格须符合片石的规定</td></tr>
<tr><td>镶面块石</td><td colspan="2">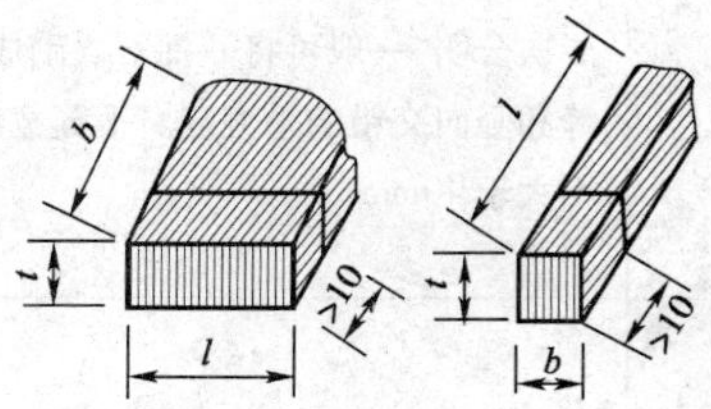</td><td>块石形状应大致方正、上下面大致平整，厚度为 200～300mm，宽度约为厚度的 1.0～1.5倍，长度约为厚度的 1.5～3.0 倍，（如有锋棱锐角，应敲除）。块石用做镶面时，应由外露面四周向内稍加修凿，后部可不修凿，但应略小于修凿部分</td></tr>
<tr><td></td><td>粗石料</td><td colspan="2">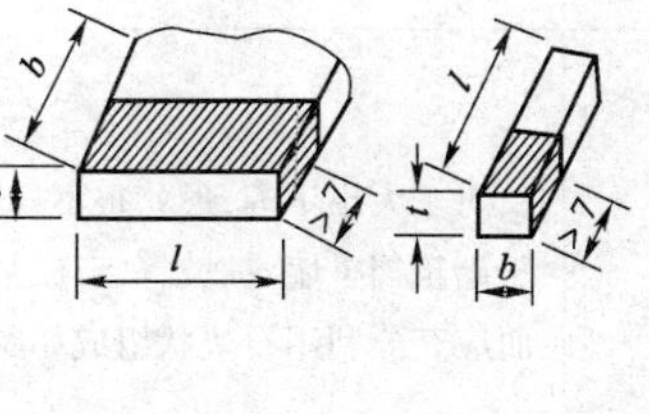</td><td>粗料石是由岩层或大块石料开劈并经粗略修凿而成，外形应方正，成六面体，厚度 200～300mm，宽度为厚度的 1.0～1.5 倍，长度为厚度的 2.5～4 倍，表面凹陷深度不大于 20mm。加工镶面粗料石时，丁石长度应比相邻顺石宽度至少大 150mm，修凿面每 100mm 长须有錾路约 4～5 条，侧面修凿面应与外露面垂直，正面凹陷深度不应超过 15.0mm</td></tr>
</table>

续上表

类别		砌体用料有关规定和要求	
石料	拱石	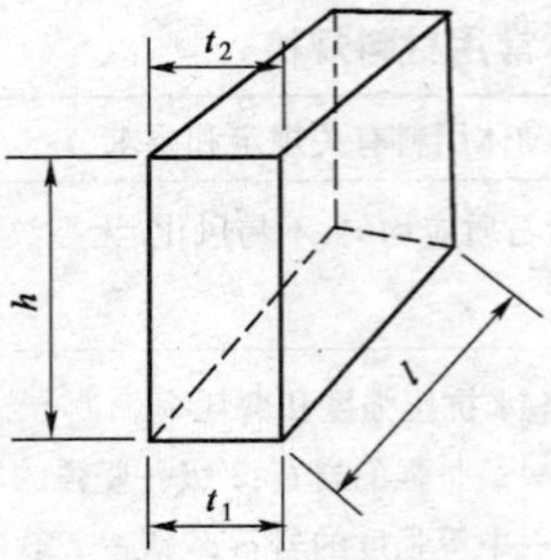 尺寸要求： 1. $t_1 \nless 20$，t_2 按设计或放样； 2. $h = 1.2 \sim 2.0t_1$； 3. $l = 2.5 \sim 4.0t$	拱石可根据设计采用粗斜石、块石或片石；拱石应立纹破料，岩层面应与拱轴线垂直，各排拱石沿拱圈内弧的厚度应一致。 用粗料石砌筑曲线半径较小的拱圈，辐射缝上下宽度相差超过30%时，宜将粗料石加工成左图所示的楔形，其具体尺寸可根据设计与施工条件确定，但应符合左图的要求
混凝土预制块		混凝土预制块砌体形状、尺寸应统一，其规格应与粗料石相同，砌体表面应整齐美观	

3. 砌筑方法与要求

1）浆砌石料及混凝土预制块砌筑方法和要求

浆砌石料及预制块砌筑方法概括起来分为分层法、断层法、乱层法等三种，砌筑时，在符合有关要求的前提下，要因"材"而用。对砌体的基本要求是：位要"准"、体要"稳"、缝要"错"、浆要"饱"、形要"好"。但砌体的砌筑能否成功，其关键工序就是挂线放样，详见表3-1-2。

表3-1-2

项目		示意图	砌筑方法和要求
石料砌体的层次	分层砌体	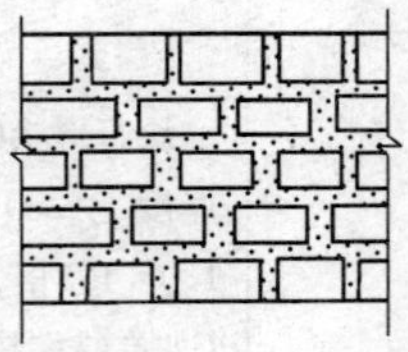	石料砌筑应有一定工作层次，对形状规则的块石砌体，其层次分明，一般可将一批石块砌成一个工作层，平整的水平缝和竖向交错的垂直缝。平缝宽应不大于30mm，竖缝宽应不大于40mm
	断层砌体	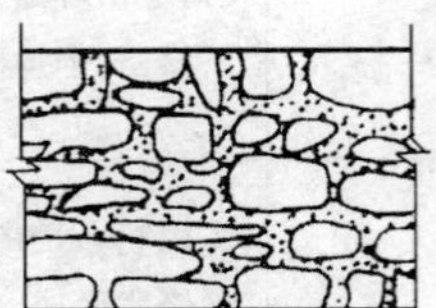	片石亦应分层砌筑，宜以2～3层砌块组成一工作层，每一工作层大致找平，各工作层竖缝要大致错开，不得贯通，但在一个工作层加有断层，如左图所示
	乱层砌筑	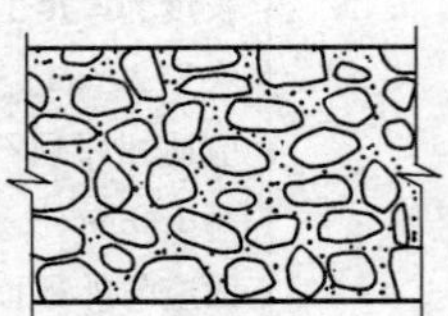	对于大小不等，形状很不规则的石块，除去尖凸棱角外用于砌筑挡土墙、护坡等，形成乱层，浆砌时应注意避免同缝，而应充分利用石块状组成如图所示的相互交错的接缝

续上表

项　　目		示　意　图	砌筑方法和要求
砌石墩台放样	挂线放样	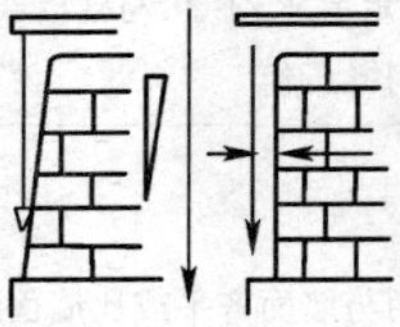	块石浆砌墩台时，可采取挂线放样法，当有斜度时以垂线和样板检校；如为垂直墩、台身则放线距离外移10～20mm，按垂线向后缩进10mm或20mm为准，由放线时确定即可
	架立样架	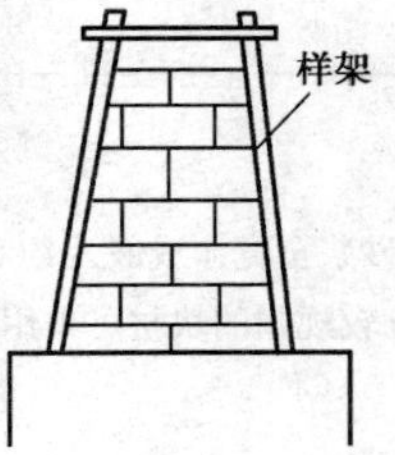	根据设计横截面尺寸，用竹、木扎成样架作砌筑时的尺寸依据，样架可按墩、台宽度（即横桥向之长）设置2～3只，样架之间可随时（固定）拉线以利控制检校
浆砌块石桥墩砌筑实例	圆端形桥墩	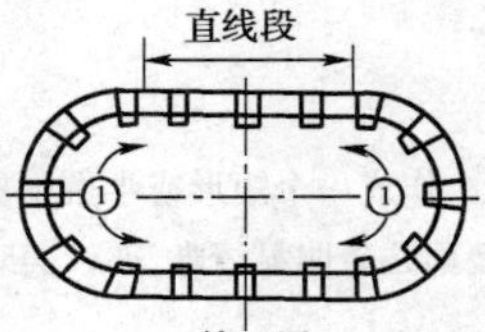 第一层	桥墩砌石时一般先从桥墩的上下游圆头石①或分水尖开始，然后砌镶面石，最后再砌腹石如左图所示
		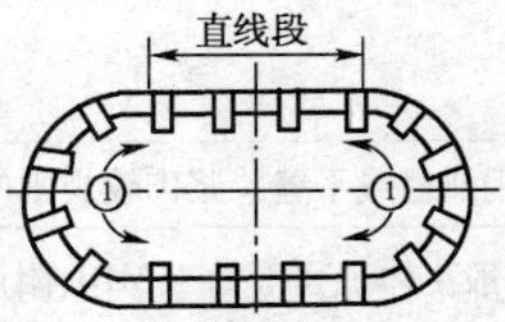 第二层	圆端桥墩的圆端顶点不应有垂直灰缝，砌石应从顶端开始先砌石块（左图①），然后以丁顺相间排列，接砌四周镶面石。圆端底层顺石宜稍长，以利于逐层减短收坡，使丁石位置保持不变
	尖端形桥墩	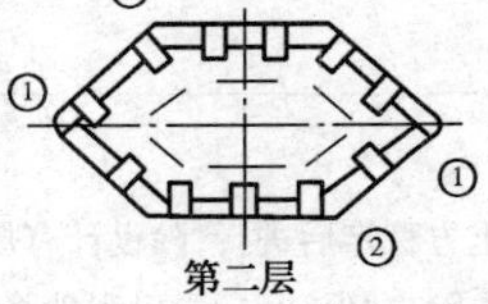 第二层 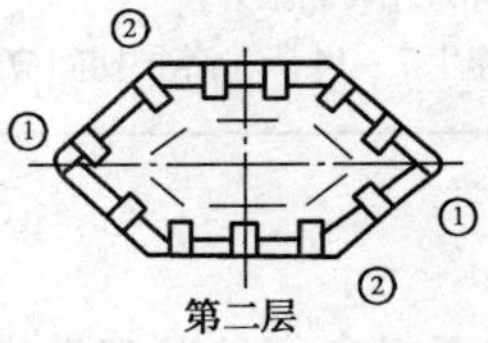 第二层	尖端及转角不得有垂直接缝，同样应先砌石块①，再砌转角石②。然后丁顺相间排列，接砌四周镶面石。砌石时应将大面平面朝下，安放稳定，砂浆饱满，并不得在石块间垫塞小石块

2）砌体勾缝（表3-1-3）

在砌筑中应经常检查平面外形尺寸及侧面坡度是否符合设计要求，砌筑完后所有砌体应勾缝及养护。

圬工砌体勾缝形式和要求　　表 3-1-3

<table>
<tr><th colspan="2">项　目</th><th colspan="2">勾缝主要形式和要求</th></tr>
<tr><td colspan="2">砌体勾缝的作用</td><td colspan="2">圬工砌体工程砌筑完成后，必须根据设计规定要求勾缝、勾缝既美观，又可防水和减少砌体遭受浸蚀。因此，无论为浆砌或干砌时，都须进行勾缝工作</td></tr>
<tr><td rowspan="3">勾缝主要形式</td><td>平缝</td><td>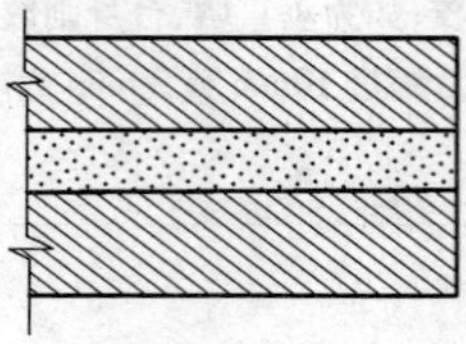</td><td>一般采用与墙面齐平或比墙面缩进 3～5mm，多用于砌体外溶的砌缝，操作简便，不易剥落，防雨水作用较好，但外观比较单调</td></tr>
<tr><td>凹缝</td><td>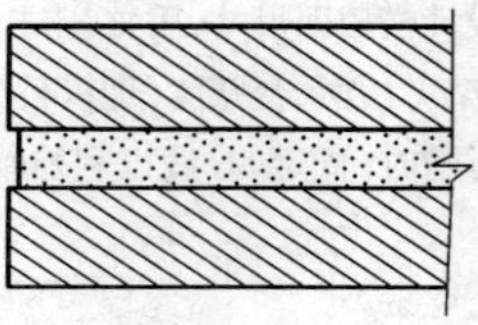</td><td>勾缝时将砂浆全宽作成嵌入约 5mm 的凹槽，砂浆缝呈向内的半圆形，浆砌较规则的块材可采用凹缝</td></tr>
<tr><td>凸缝</td><td>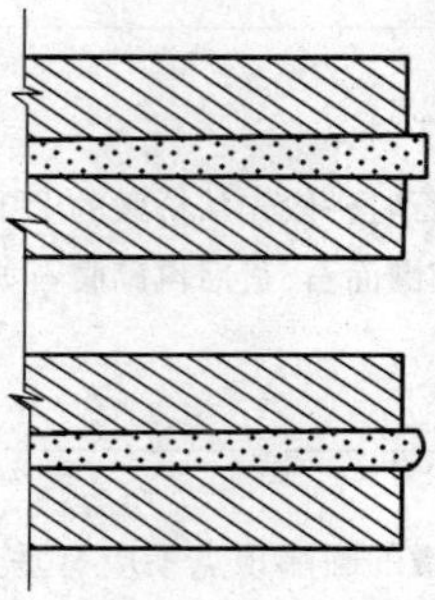</td><td>在砌缝上作成一个矩形或半圆形的凸缝，凸出墙面约 5mm 左右，凸缝墙面线条明显清晰，亦较美观，如浆砌或干砌片石勾缝，即常用凸缝</td></tr>
<tr><td colspan="2">勾缝形式的选择</td><td colspan="2">砌体勾缝，除设计有规定者外，一般可采用凸缝或平缝。浆砌较规则的块材时，可采用凹缝</td></tr>
<tr><td colspan="2">勾缝用砂浆等级</td><td colspan="2">勾缝砂浆强度不应低于砌体砂浆强度，一般主体工程不低于 M10，附属工程不低于 M7.5；流冰和严重冲刷部位应采用高强度水泥砂浆</td></tr>
<tr><td colspan="2">勾缝砂浆嵌入深度</td><td colspan="2">石砌体的勾缝砂浆应嵌入砌缝内约 20mm 深。缝槽深度不足时，应凿够深度后再行勾缝。干砌片石勾缝时，应嵌入砌缝 20mm 以上</td></tr>
<tr><td colspan="2">砌体勾缝注意事项</td><td colspan="2">砌体勾缝时须注意以下几点：
1. 干砌片石护坡、锥坡的勾缝，宜待坡体土方稳定后进行，除设计有规定外，一般可做平缝；
2. 砌体勾缝时，应将砌缝扫净，松浮砂浆去除，并保持湿润，以利砂浆与砌缝粘结；
3. 勾缝时应砂浆嵌缝密实，可用铁片等压密，并勾嵌整齐
4. 浆砌砌体，应在砂浆初凝后，洒水覆盖养生 7～14 天。养护期间应避免碰撞、振动或承重</td></tr>
</table>

二、圬工砌体墩、台的施工

石砌墩台具有就地取材和经久耐用等优点，在石料丰富地区建造墩台时，在施工期限许可的条件下，为节约水泥，应优先考虑石砌墩台方案。

1. 施工脚手架

施工脚手架应环绕墩、台搭设，用以堆放石料，砌块和砂浆，并支承工人砌筑、镶面及勾缝。

1) 常用脚手架的类型

(1) 固定式轻型脚手架

轻型脚手架（图 3-1-1）系环绕墩、台表面架设，材料用吊机输送到每层脚手板上，再用手推车分送至墩、台四周，或用长伸臂吊机把石块与砂浆直接送到墩、台的铺砌处。此种脚手架的缺点是用木材太多。

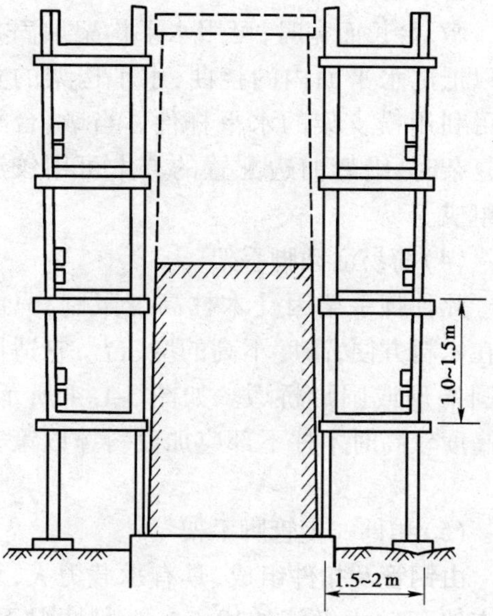

图 3-1-1　固定式轻型脚手架

(2) 梯子式脚手架

梯子脚手架（图 3-1-2）结构简单，它沿着墩、台表面搭设，在梯子踏步的需要高度处设三脚撑架并铺设脚手板。这种脚手架多用于镶面勾缝，但只能用在高度 6m 以下的墩、台。

(3) 螺旋升高式滑动脚手架

图 3-1-3 所示为适用于断面为矩形的墩、台滑动脚手架，升高脚手架按下列次序进行：

①拧紧下面方木的拉杆，放松上面的拉杆；

②顺时针旋转螺旋杆，使上面的一对方木连同横支架及脚手板一同升高；

③拧紧上面的拉杆，放松下面的拉杆；

④逆时针旋转螺旋杆，使下面的一对方木升高；

⑤继续重复全部操作。

个别横支架的立柱向上伸出可用以固定悬臂吊机。此种脚手架可以用于很高的墩、台的

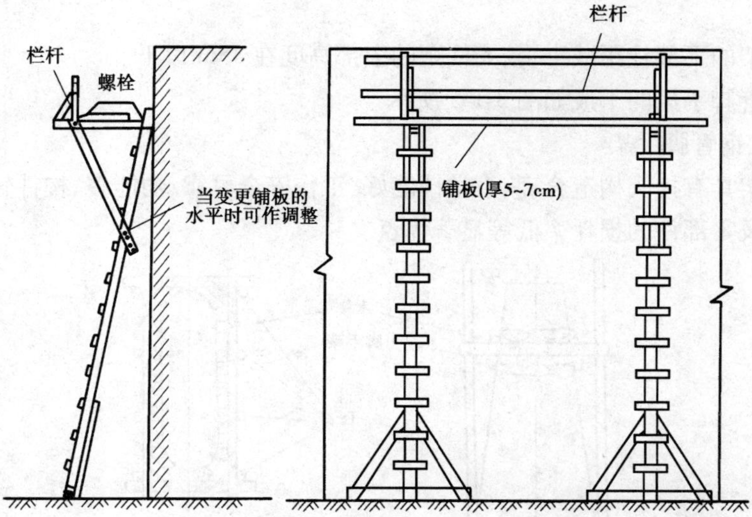

图 3-1-2　梯子式脚手架

砌筑工作。

圬工勾缝工作在砌筑终了后脚手架向下降落前进行。

墩、台长而宽时，可用水平构架加固方木以抵抗水平面内的挠曲，水平构架的立柱可利用横支架的水平杆件。当墩、台平面复杂时，沿弯曲边配置的方木可用铰连接组成。

(4)简易活动脚手架

此种脚手架因受木柱高度限制，只能用在木料方便，高度不高的墩、台。它适用于圆端形或圆形桥墩。如图 3-1-4 所示。当高度较高时木柱下部应加设斜撑以策安全。

(5)扣件式钢管脚手架

由钢管及扣件组成，具有承载力大，装拆方便和较为经济的优点。一般情况下，脚手架单管立柱的承载力可达 15～35kN。

单排扣件式钢管脚手架仅适用于高度小于 24m 的墩、台。单管立柱的扣件式脚手架搭设高度不宜超过 50m。50m 以上的高架，有以下两种作法：

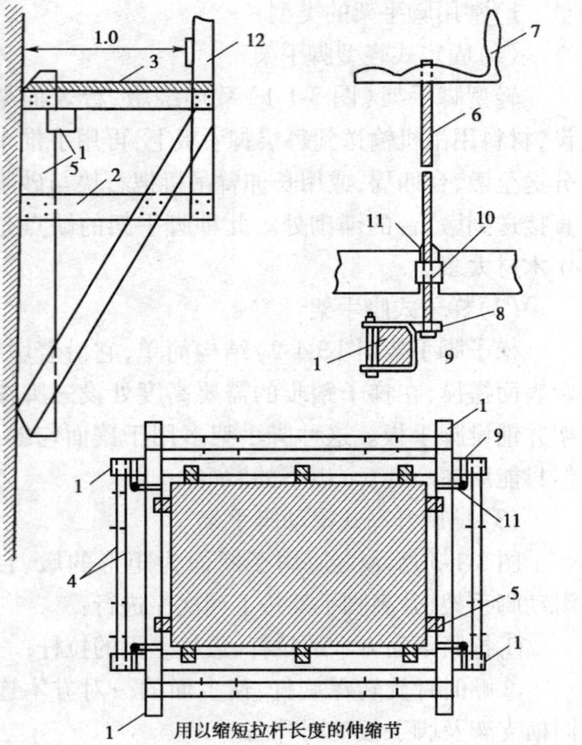

图 3-1-3　滑动脚手架

1-方木；2-横支架；3-脚手板；4-螺栓拉杆；5-垂直杆；6-螺旋杆；7-手把；8-支承轴；9-枢纽；10-螺旋帽；11-枢纽；12-栏杆

①脚手架的下部采用双管立柱，上部采用单管立柱，单管立柱部分高度应在 35m 以下。

②将脚手架的下部柱距减半，较大柱距的上部高度在 35m 以下。

扣件式钢管脚手架的组成如图 3-1-5 所示。

(6)碗扣式钢管脚手架

此种脚手架具有接头构造合理、力学性能好、工作安全可靠、功能多、构件轻、装拆方便、作业强度较低以及零部件的损耗率低等显著优点。

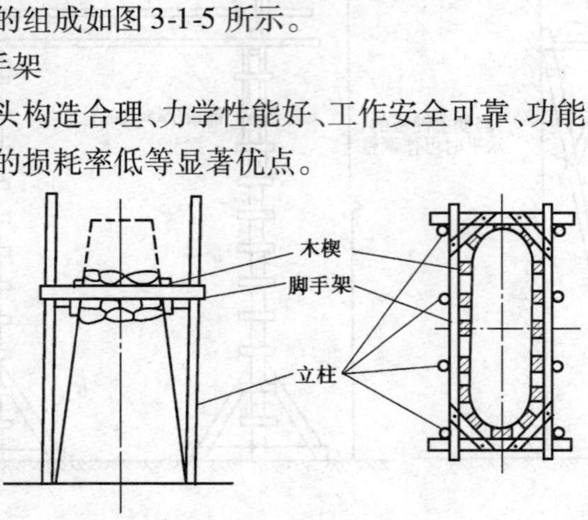

图 3-1-4　简易活动脚手架

碗扣接头是该脚手架系统的核心部件,它由上、下碗扣、横杆接头和上碗扣的限位销等组成,如图3-1-6所示。

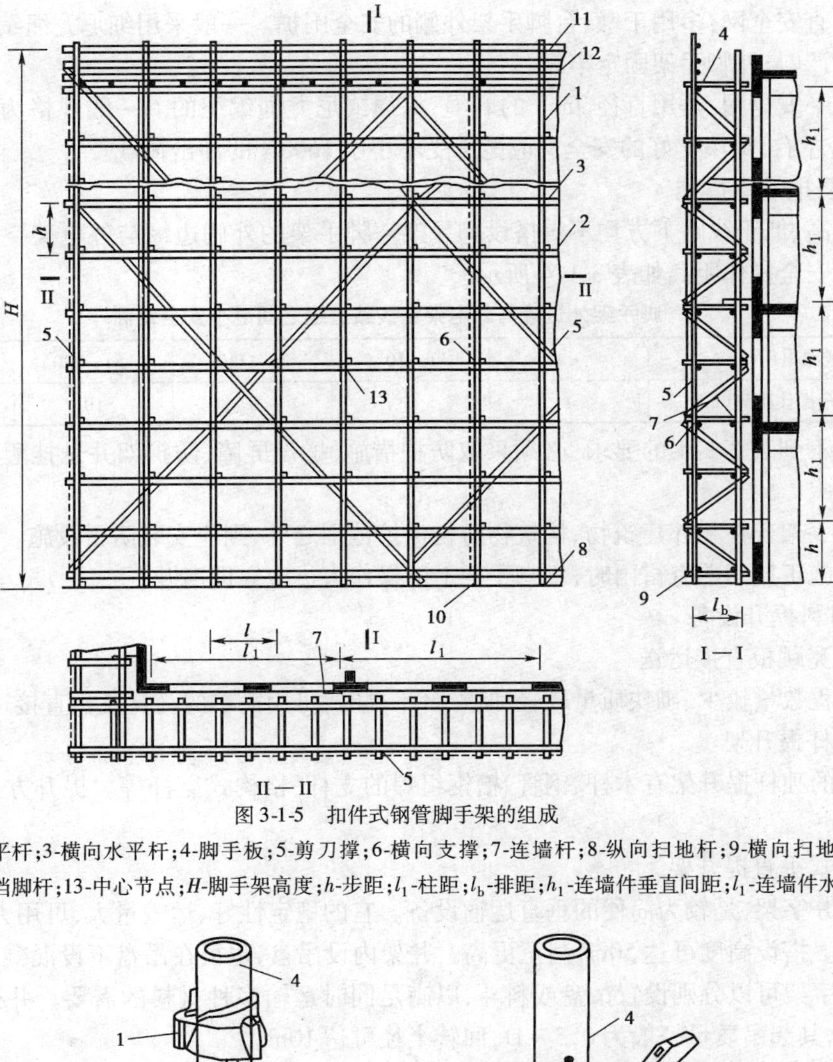

图3-1-5　扣件式钢管脚手架的组成

1-立柱;2-纵向水平杆;3-横向水平杆;4-脚手板;5-剪刀撑;6-横向支撑;7-连墙杆;8-纵向扫地杆;9-横向扫地杆;10-底座;11-栏杆扶手;12-挡脚杆;13-中心节点;H-脚手架高度;h-步距;l_1-柱距;l_b-排距;h_1-连墙件垂直间距;l_1-连墙件水平间距

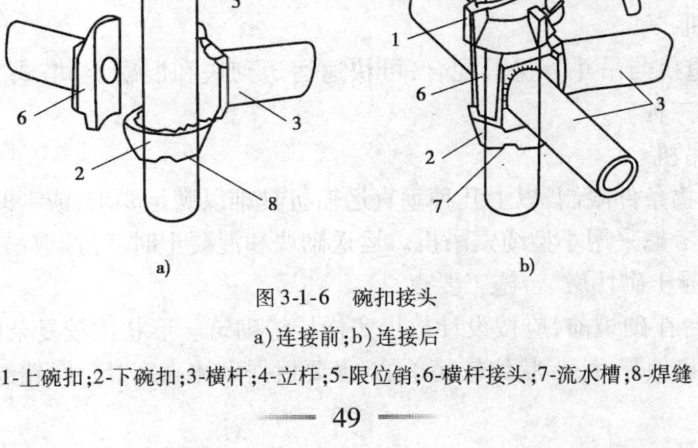

图3-1-6　碗扣接头

a)连接前;b)连接后

1-上碗扣;2-下碗扣;3-横杆;4-立杆;5-限位销;6-横杆接头;7-流水槽;8-焊缝

2)脚手架安全围护设施

(1)安全网

安全网按悬挂方式分为垂直设置与水平设置两种。

①垂直安全网:多用于墩、台脚手架外侧的安全围护。一般采用细尼龙绳编织安全网。安全网应封严,与外脚手架固定牢靠。

②水平安全网:是用直径9mm的麻绳、棕绳或尼龙绳编织的。一般规格为宽3m,长6m,网眼5cm左右,每块支好的安全网应能承受不小于1600N的冲击荷载。

(2)防电避雷措施

①在高、低压线路下方均不得搭设脚手架。脚手架的外侧边缘与外电架空线路的边线之间的最小安全操作距离如表3-1-4所示。

脚手架外边缘与外电架空线路边缘之间最小安全距离 表3-1-4

外电线路电压(kV)	<1	1~10	35~110	154~220	330~500
最小安全操作距离(m)	4	6	8	10	15

如达不到表3-1-4的要求,必须采取防护措施,增设屏障、防护架并悬挂醒目的警告标志牌。

②脚手架若在相邻建筑物、构筑物防雷保护范围之外,则应安装防雷设施。

③在施工期间遇有雷雨时,钢脚手架上的操作人员应立即离开。

2. 材料提升设备

1)马凳跳板直接运送

在工程数量较少、砌块质量较轻和墩、台不高时,可用简单的马凳跳板直接运送。

2)独杆提升架

常用的独杆提升架有木杆、钢管、槽钢组焊的立杆、格构式立杆等。提升方式有吊笼与摇臂两种。

3)井式垂直提升架

亦称井字架,是较为简便的垂直运输设备。它的稳定性好、运输量大,可用大杆件、钢管或型钢架设。搭设高度可达50m,甚至更高。井架内设吊盘,也可在吊盘下设混凝土料斗。两孔或三孔井字架可以分别设置吊盘或料斗,以满足同时运输多种材料的需要。井架上可视需要设置拔杆,其起吊质量一般为0.5~1t,回转半径可达10m。

使用中要注意井字架的承载性能和稳定性,确保吊盘和料斗升降的安全。

4)塔式起重机

利用塔式起重机与吊斗等机具配合,可快速运送砌块和混凝土,塔式起重机通常有行走式、附着式和爬式三种。

5)小型缆索吊机

当受地形、地物条件限制,以上几种垂直运输机具难以满足要求,或者既有垂直运输,又有水平运输时,可以考虑采用小型缆索吊机。运送砌块和混凝土时,可选取吊斗式缆索吊机。

3. 石料及混凝土砌块墩、台施工要点

(1)石砌墩、台在砌筑前,应按设计放出实样挂线砌筑。形状比较复杂的墩、台,应先做出配料设计图,注明砌块尺寸;形状比较简单的,也要根据砌体高度、尺寸、错缝等,先行放样配好材料。

(2)石块在使用前必须浇水湿润,表面如有泥土、水锈,应清洗干净。

(3)在砌筑基础的第一层砌块时,如基底为岩层或混凝土基础,先将其表面清洗、湿润,再坐浆砌筑。如基底为土质,可直接坐浆砌筑。

(4)砌筑斜面墩、台时,斜面应逐层收坡,以保证规定坡度。若用块石或料石砌筑,应分层放样加工,石料应分层分块编号,砌筑时对号入座。

(5)墩、台应分层砌筑,砌体较长时可分段分层砌筑,但两相邻工作段的砌筑差不超过1.2 m。分段位置宜尽量设置在沉降缝或伸缩缝处。

(6)混凝土预制块墩、台安装顺序应从角石开始,竖缝应用厚度较灰缝略小的铁片控制。安砌后立即用扁铲捣实砂浆。

(7)墩、台砌筑的方法和要求如下:

①砌体中的石块或预制块均应以砂浆粘结,砌块间要求有一定厚度的砌缝,在任何情况下,不得互相直接接触。上层石块应在下层石块上铺满砂浆后砌筑。竖缝可在先砌好的砌块侧面抹上砂浆。所有砌缝要求砂浆饱满。若用小块碎石填塞砌缝时,要求碎石四周都有砂浆。不得采取先堆积几层石块,然后以稀砂浆灌缝的方法砌筑。

②同一层石料及水平灰缝的厚度要均匀一致,每层按水平砌筑,丁顺相间,砌石灰缝互相垂直。砌石顺序为先角石,再镶面,后填腹(砌筑图例参见表3-1-2)。填腹石的分层高度应与镶面相同。

③为使砌块稳固,每处应选取形状尺寸较适宜的石块并铺好砂浆,再将石块稳妥地砌搁在砂浆上。

④分层砌筑前时,宜将较大石块用于下层,并应用宽面为底铺砌。

⑤砌筑上层时,应避免震动下层砌块。砌筑工作中断后重新开始时,应先将原砌层表面清扫干净,适当湿润,再铺浆砌筑。

⑥浆砌片石的砌缝宽度一般不应大于40mm,用小石子混凝土砌筑时,可为30~70mm。

⑦浆砌块石的砌缝宽度一般不应大于30mm,上下层竖缝错开距离不小于80mm(图3-1-7)。砌体里层平缝不应大于30mm,竖缝宽度不应大于40mm,用小石子混凝土砌筑时不应大于50mm。

⑧浆砌粗料石的砌缝宽度不应大于20mm,混凝土预制块的砌缝宽度不应大于10mm;上下层竖缝错开距离不应小于100mm,同时在丁石的上层或下层不宜有竖缝。砌体里层为浆砌块石时,其要求同⑦。

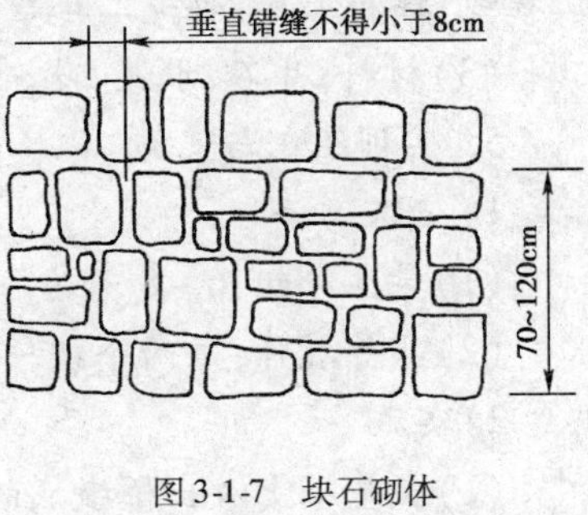

图3-1-7　块石砌体

(8)桥墩破冰体镶面的砌筑应符合下列要求:

①破冰棱与垂线的夹角大于20℃时,破冰体的镶面横缝应垂直于破冰棱(图3-1-8b);夹角小于20℃时,镶面横缝可成水平(图3-1-8a)。

②破冰体的镶面的砌筑层次应于墩身一致。

③砌缝宽度应为10~12mm。

④不得在破冰棱中线上及破冰棱与墩身相交线上设砌缝。

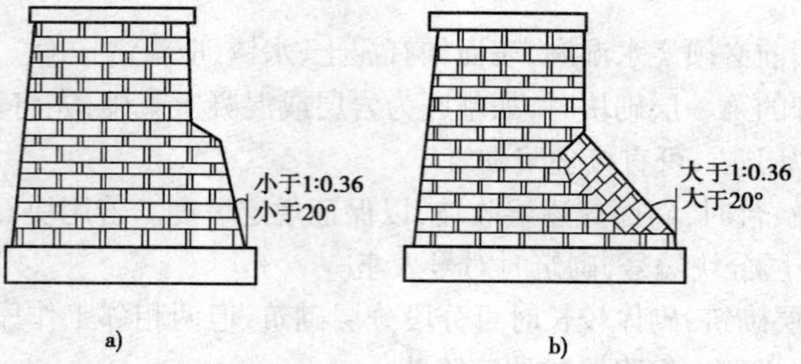

图 3-1-8 桥墩破冰体镶面的砌筑
a)夹角小于 20°时;b)夹角大于 20°时

附:实训模块

1. 实训项目

圆端形实体桥墩的砌筑。

2. 实训目的

通过实训,使学生掌握桥墩的构造和砌筑工艺,能进行桥墩的砌筑,且熟悉桥墩砌体质量的控制。

3. 实训内容

(1)根据材料的准备情况、实习时间确定桥墩的尺寸,进行桥墩的砌筑。

(2)参考题目:某圆端形实体桥墩,墩身高度为 100cm,墩顶横桥向宽度为 160cm,顺桥向宽度为 60cm,墩身侧坡为 20:1;基础顶面的标高为 100.000m。

4. 实训准备

(1)场地:操场或篮球场;

(2)仪器工具:全站仪或经纬仪、水准仪、塔尺、花杆、2m 直尺、脚手架、样架、木桩、铁锤、工程线;拌和工具、砌筑工具等。

(3)材料;片石、水泥、砂。

5. 实训组织与实施

1)组织

(1)学生分组:6 ~8 人为一组;

(2)指导教师:每两个组一名指导教师。

2)实施

(1)在基础上放出桥墩底的平面形状(把操场当作基础)。

教学讲解:a. 桥墩中心、纵横轴线及桥墩底平面形状的放样要领;

b. 仪器的正确使用。

(2)桥墩的放样。

教学讲解:样架的安设、挂线放样的要领。

(3)桥墩的砌筑。

教学讲解:桥墩砌筑的程序、工艺及注意事项。

注意:a. 每砌筑 2~3 层找平一次;

b. 桥墩侧坡的控制。

(4)测量桥墩顶面高程。

3)检查与评定

学生在砌筑过程中,教师要进行巡回检查与指导,认真负责,及时发现学生操作中存在的问题,以便及时更正。教师根据学生完成情况,及时进行总结,指出学生的不足和存在的问题,避免在今后工作中出错。

项　目	轴线偏位	墩台宽度与长度	大面积平整度	坡　度	桥墩顶面高程
存在问题					
得分					
总分					

4)收尾工作

检查清点与归还仪器、工具;整理实训场地、保护环境等。

5)实训注意事项

(1)实训前应充分做好各方面准备工作;

(2)学生必须严格按测量仪器操作规程和桥墩的砌筑程序进行,要注意安全;

(3)各小组学生要互相配合,团结合作。

(4)每组学生分工轮换。

6. 实训报告

实训结束后,每个学生根据老师的要求完成实训报告(实训报告参见单元二课题一基坑开挖实训模块)。

4. 质量检验及质量标准

对砂浆及小石子混凝土的抗压强度应按不同强度等级、不同配合比分别制取试件,重要及主体砌筑物,每工作班应制取试件 2 组;一般及次要砌筑物,每工作班可制取试件 1 组。

1)小石子混凝土抗压强度评定方法同一般混凝土,砂浆抗压强度合格条件如下:

(1)同等级试件的平均强度不低于设计强度等级。

(2)任意一组试件最低值不低于设计强度等级的 75%。

2)砌体质量应符合下列规定:

(1)砌体所用各项材料类别、规格及质量符合要求。

(2)砌缝砂浆或小石子混凝土铺填饱满,强度符合要求。

(3)砌缝宽度、错缝距离符合规定,勾缝坚固、整齐,深度和型式符合要求。

(4)砌筑方法正确。

(5)砌体位置、尺寸不超过允许偏差。其允许偏差参见《公路桥涵施工规范》。

思考与练习

1. 圬工结构的优、缺点有哪些?

2. 砌体勾缝的作用是什么?

3. 砌体勾缝的注意事项有哪些?

4. 简述石料及混凝土砌块墩、台施工要点。

5. 砌体质量应符合哪些规定?

课题二　混凝土墩台的施工

【内容提要】　本课题主要介绍混凝土,片石混凝土或片石混凝土砌体墩台,装配式混凝土桥墩,墩台帽的施工,支座的安设。

【教学要求】

应知:1. 掌握各种墩台施工程序和施工要点;2. 了解墩、台帽中的预埋构件的安装;3. 掌握各种支座的安装。了解支座安装时的注意事项。

应会:1. 能参与各种混凝土墩台及墩台帽的施工,能进行支座的安设;2. 能参与各种混凝土墩台的工程质量检验。

【教学建议】　本课题宜采用多媒体与放映录像相结合的方法进行授课。有条件可进行现场教学或组织现场参观。

一、混凝土墩台的施工

就地浇筑的混凝土墩台施工有两个主要工序,一是制作与安装墩台模板,二是混凝土浇筑。

1. 墩台模板

常用模板类型有:

(1)固定式模板。一般用木材或竹材制作,又称组合式模板。其各部件均在现场加工制作和安装。主要由立柱、肋木、壳板、撑木、拉杆(或钢箍)、枕梁与铁件等组成,其构造见图3-2-1。根据墩、台外形的不同,模板可由竖直平面、斜平面、圆柱面和圆锥面等组成。立柱、肋木、拉杆和钢箍形成骨架。骨架的立柱安放在基础枕梁上,肋木固定在立柱上,木模壳板竖直布置在肋木上,立柱两端用钢拉杆连接,使模板有足够的刚度。固定式模板整体性好,模板接缝少,适应性强,能根据墩、台形状进行制作和组装,不需要起重设备,运输安装方便。但其存在显著的缺点,就是重复使用率很低,材料消耗量大,装拆、清理费时费工,不甚经济,一般只宜用于中小规模的个别墩、台。在竹林产区,也可用竹材制作。

(2)拼装式模板。是用各种尺寸的标准模板利用销钉连接,并与拉杆、加劲构件等组成墩台所需形状的模板,如图3-2-2所示。

将墩台表面划分为若干小块,尽量使每部分板扇尺寸相同,以便于周转使用。板扇高度通常与墩台分节灌注高度相同,一般可为3~6m,宽度为1~2m,具体视墩台尺寸和起吊条件而定。由于模板在厂内加工制造,因此板面平整,尺寸准确,体积小,质量小,拆装容易,运输方便。它适用于高大桥墩或在同类墩、台较多时,待混凝土达到拆模强度后,可以整块拆下,直接或略加修整即可周转使用,拆装模板可用钢材或木材加工制作。钢模用2.5~4mm厚的薄钢

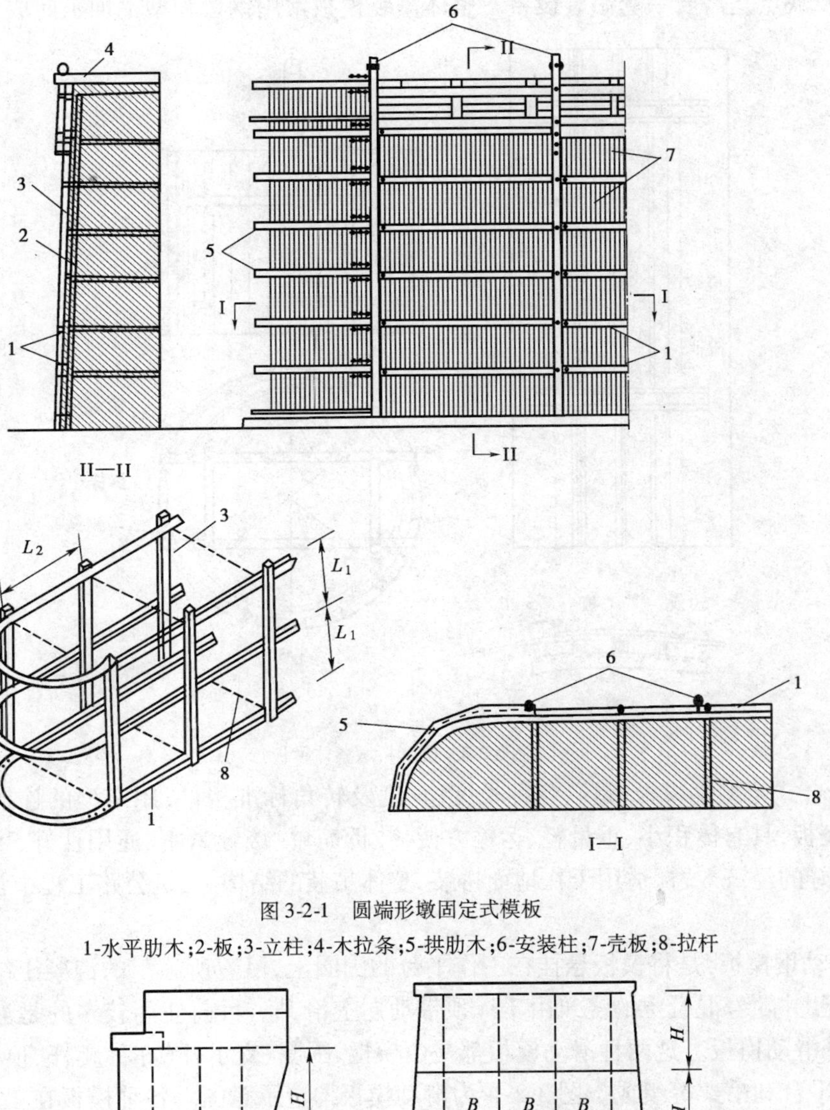

图 3-2-1　圆端形墩固定式模板

1-水平肋木;2-板;3-立柱;4-木拉条;5-拱肋木;6-安装柱;7-壳板;8-拉杆

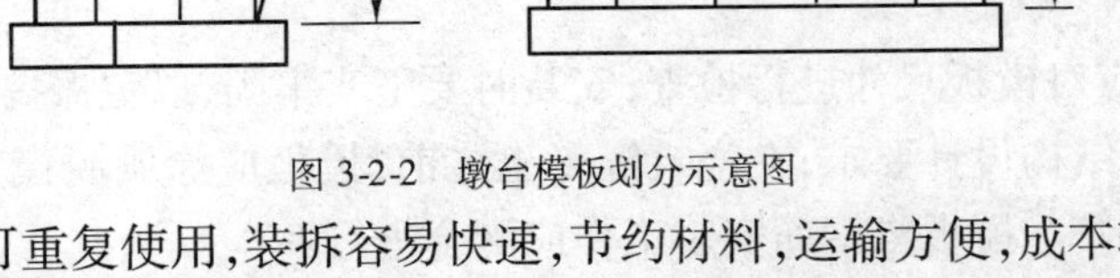

图 3-2-2　墩台模板划分示意图

板并以型钢为骨架,可重复使用,装拆容易快速,节约材料,运输方便,成本较低,故应用广泛。

(3)整体吊装模板:是将墩台模板水平分成若干段,每段模板组成一个整体,在地面拼装后吊装就位,如图 3-2-3 所示。分段高度可视起吊能力而定,一般可为 2 ~ 4m。整体式模板安装时间短,无需设施工接缝,加快施工进度,提高施工质量;将拼装模板的高空作业改为平地操作,有利于施工安全;模板刚性较强,可少设拉筋或不设拉筋,节约钢材;可利用模板外框架作简易脚手架,不需另搭施工脚手架;结构简单,装拆方便,可重复使用,对建造较高的桥墩较为经济。主要缺点是需要一套吊装设备。整体吊装模板常用钢板和型钢加工而成。

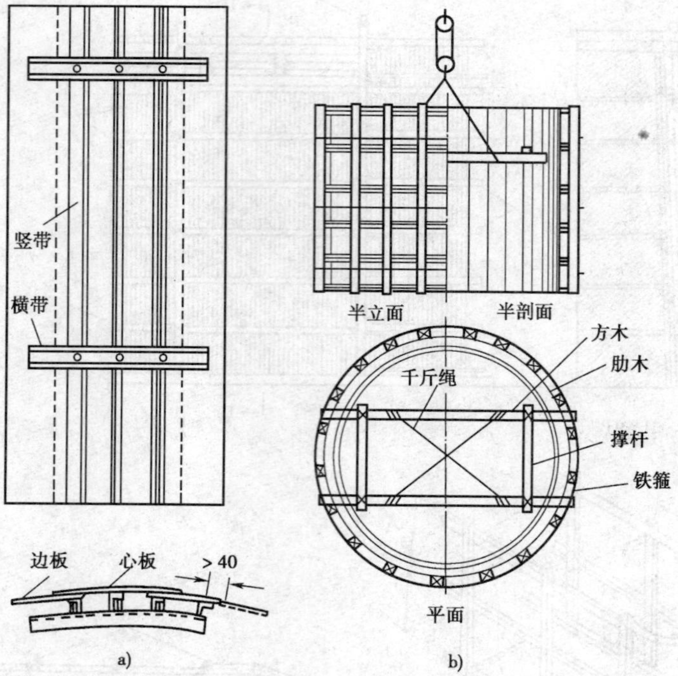

图 3-2-3　圆形桥墩整体模板

(4)组合式定型钢模板:是以各种长度、宽度及转角标准构件,用定型的连接件将钢模拼成结构用模板,具有体积小、重量轻、运输方便,装拆简单、接缝紧密、通用性好,可多次周转使用,具有较好的经济效益,适用于在地面拼装,整体吊装的结构上,是公路工程中常有的模板之一。

(5)滑动钢模板:是将模板悬挂在工作平台的围圈上,沿着所施工的混凝土结构截面的周界组拼装配,并随着混凝土的浇筑由千斤顶带动向上滑升。目前使用较多的是液压滑升模板和人工提升滑动模板。这两种滑动模板都是由模板、围圈、支承杆(亦称爬杆、顶杆)、千斤顶、顶架、操作平台和吊架等组成。图 3-2-4 为滑动模板构造示意图。各种模板在工程上的应用,可根据墩台高度,墩台形式,机具设备,施工期限等条件,因地制宜,合理选用。

模板、支架应根据设计要求确定模板的型式及精度要求,在设计无规定时,可按单元四表 4-1-2 执行。

模板在安装前应对模板尺寸进行检查;安装时要坚实牢固,以免振捣混凝土时引起跑模漏浆;安装位置要符合结构设计要求;在浇筑混凝土之前,模板应涂刷脱模剂;重复使用的模板、支架应经常检查、维修。模板与钢筋安装工作应配合进行。

模板、支架安装的允许偏差,在设计无规定时,应符合单元四表 4-1-3 的规定。

模板、支架的拆除期限应根据结构物特点、模板部位和混凝土所达到的强度来决定。

有关模板的具体内容参见单元四课题一。

2. 混凝土浇筑施工要点

(1)墩台混凝土施工前,应将基础顶面冲洗干净,凿除表面浮浆,在基础顶面放出墩、台中线和墩、台内外轮廓线的准确位置。

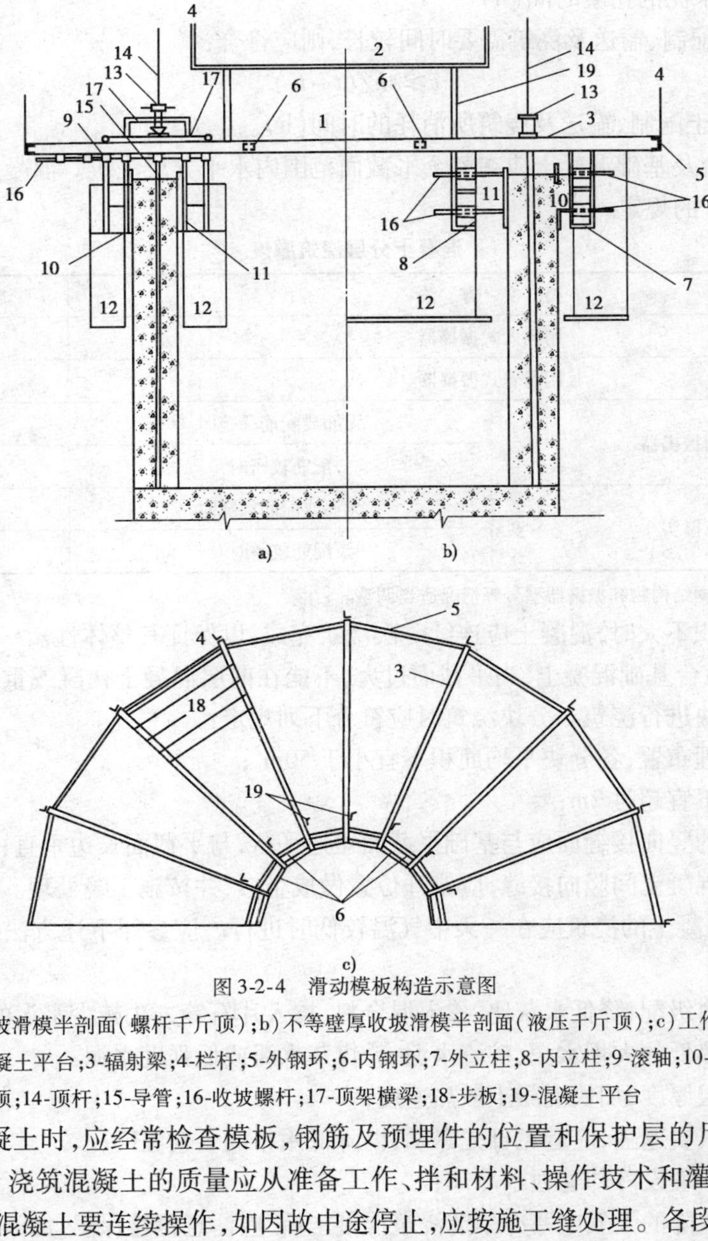

图3-2-4　滑动模板构造示意图

a)等壁厚收坡滑模半剖面(螺杆千斤顶);b)不等壁厚收坡滑模半剖面(液压千斤顶);c)工作平台半平面

1-工作平台;2-混凝土平台;3-辐射梁;4-栏杆;5-外钢环;6-内钢环;7-外立柱;8-内立柱;9-滚轴;10-外模板;11-内模板;12-吊蓝;13-千斤顶;14-顶杆;15-导管;16-收坡螺杆;17-顶架横梁;18-步板;19-混凝土平台

(2)浇筑混凝土时,应经常检查模板,钢筋及预埋件的位置和保护层的尺寸,确保位置正确,不发生变形。浇筑混凝土的质量应从准备工作、拌和材料、操作技术和灌后养生这四方面加以控制。浇筑混凝土要连续操作,如因故中途停止,应按施工缝处理。各段的浇筑应距模板上缘100~150mm处为止。采用插入式振捣器时,应插入下层混凝土50~100mm。脱模后表面不平整或有其他缺陷要予以修补。

(3)注意掌握混凝土的浇筑速度。

混凝土的配制、输送及灌筑速度应符合:

$$v \geqslant Ah/t$$

式中:v——混凝土配制、输送及浇筑的容许最小速度(m^3/h);

A——浇筑的面积(m^2);

h——浇筑层的厚度(m);

t——所用水泥的初凝时间(h)。

如混凝土的配制、输送及浇筑需要时间较长,则应符合:

$$v \geqslant Ah/(t - t_0)$$

式中:t_0——混凝土配制、输送及浇筑所消耗的时间(h)。

(4)一般墩台及基础混凝土应在整个平截面范围内水平分层浇筑。混凝土浇筑层厚度 h,不宜超过表 3-2-1 的规定。

混凝土分层浇筑厚度　　表 3-2-1

捣实方法		浇筑层厚度(mm)
用插入式振捣器		300
用附着式振捣器		300
用表面振捣器	无筋或配筋稀疏时	250
	配筋较密时	150
人工捣实	无筋或配筋稀疏时	200
	配筋较密时	150

注:表列规定可根据结构物和振捣器型号等情况适当调整。

若墩台截面积不大时,混凝土应连续一次浇筑完成,以保证其整体性。

(5)大体积墩台基础混凝土,当平截面过大,不能在前层混凝土初凝或重塑前浇筑完成次层混凝土时可分块进行浇筑。分块浇筑时应符合下列规定:

①分块宜合理布置,各分块平均面积不宜小于 $50m^2$;

②每块高度不宜超过 2m;

③块与块间的竖向接缝面应与基础平截面短边平行,与平截面长边垂直;

④上下邻层混凝土间竖向接缝,应错开位置做成企口,并按施工缝处理。

(6)大体积混凝土的浇筑应在一天中气温较低时进行。应参照下述方法控制混凝土水化热温度:

①用改善集料级配、降低水灰比、掺入混合料、掺入片石等方法减少水泥的用量;

②采用水化热低的大坝水泥、矿渣水泥、粉煤灰水泥或低强度水泥;

③减小浇筑层厚度,加快混凝土散热速度;

④混凝土用料要遮盖,应避免日光曝晒,以降低用料的入仓温度;

⑤在混凝土内埋设冷却管通水冷却;

⑥在遇气温骤降的天气或寒冷季节浇筑混凝土后,应注意覆盖保温,加强养生。

(7)混凝土浇筑过程中,应随时观察所设置的预埋螺栓、预留孔、预埋支座的位置是否移动,若发现移位应及时校正。浇筑过程中还应注意模板、支架情况,如有变形或沉陷应立即校对并加固。

(8)为防止墩台基础第一层混凝土中的水分被基底吸收或基底水分渗入混凝土,对墩台基底的处理,除应符合天然地基的有关规定外,尚应符合下列规定:

①基底为非粘性土或干土时,应将其润湿。

②基面为岩石时,应加以润湿,铺一层厚 20 ~ 30mm 的水泥砂浆,然后于水泥砂浆凝结前

浇筑第一层混凝土。

(9)高大的桥台,若台身后仰,本身自重力偏心较大,为平衡台身偏心,施工时应随同填筑台身四周路堤土方同步砌筑或浇筑台身,防止桥台后倾或向前滑移。未经填土的台身施工高度一般不宜超过4m,以免偏心引起基底不均匀沉陷。

(10)现浇混凝土墩、台钢筋的绑扎应和混凝土的浇筑配合进行。在配置垂直方向的钢筋时应有不同的长度,以便同一断面上的钢筋接头能符合有关规定。水平钢筋的接头也应内外、上下互相错开。钢筋保护层的净厚度,应符合设计要求。如无设计要求时,则可取墩台身受力钢筋的净保护层不小于30mm,承台基础受力钢筋的净保护层不小于35mm。墩台身混凝土宜一次连续灌筑,否则应按桥涵施工规范的要求,处理好连接缝。墩台身混凝土未达到终凝前,不得泡水。

二、片石混凝土或片石混凝土砌体墩台施工要点

在浇筑实体墩台和厚大无筋或稀疏配筋的墩台混凝土时,为节约水泥,可采用片石混凝土或片石混凝土砌体。

(1)用片石混凝土时,混凝土中允许填充粒径大于150mm的石块(片石或大卵石),并应遵守下列规定:

①填充石块的数量不宜超过混凝土结构体积的25%;

②应选用无裂纹、夹层和未锻烧过的并具有抗冻性的石块;

③石块的抗压强度不应低于30MPa及混凝土的强度;

④石块在使用前应清洗干净,应在捣实的混凝土中埋入一半左右;

⑤受拉区混凝土或当气温低于0℃时,不得埋放石块;

⑥石块应在混凝土中应分布均匀,两石块间的净距不应小于100mm,以便捣实其间的混凝土,石块距结构侧面和顶面净距不得小于150mm,具有抗冻要求的表面不得小于30mm,石块不得接触钢筋与预埋件。

(2)当采用片石混凝土砌体时,石块含量可增加到砌体体积的50%~60%,石块净距可减为40~60mm,其他要求与片石混凝土相同。

三、装配式混凝土桥墩的施工

装配式桥墩多用于预应力混凝土、钢筋混凝土薄壁空心墩或轻型桥墩,主要采用拼装法施工。拼装式桥墩主要由就地浇筑实体部分墩身、拼装部分墩身和基础组成。实体墩身与基础采用就地现浇施工,但是在浇筑实体墩身与基础时应考虑其与拼装部分的连接、抵御洪水和漂流物的冲击、锚固预应力筋、调节拼装墩身的高度等问题。装配部分墩身由基本构件、隔板、顶板和顶帽等部分组成,在工厂制作,运到桥位处拼装成桥墩。装配部分墩身的分块,要根据桥墩的结构形式、吊装、起重和运输能力决定。要尽可能使分块大、接缝小,按照设计要求定型生产为宜。加工制作出来的拼装块件要质量可靠、尺寸准确、内外壁光洁度高。拼装要根据施工现场的地形、水文、土质、运输条件以及墩的高度、起吊设备等具体情况拟定施工细则,认真组织实施。决定拼装方法时应注意预埋件的位置,接缝处理要求牢固密实,预留孔道要畅通。

预应力混凝土空心墩的主要施工工艺流程为:

(1)浇筑桥墩基础。

(2)浇筑实体墩身(包括预埋锚固件和连接件)。

(3)安装预制的墩身块件,包括以下内容:

①预制构件分块;

②模板制作及安装(在工厂进行);

③制孔(在工厂进行);

④预制块件浇筑(在工厂进行);

⑤预制块件运输至桥位;

⑥安装墩身预制块件。

(4)施加预应力。

(5)孔道压浆。

(6)封锚。

四、墩、台帽施工

墩、台帽是用来支承桥跨结构的,其位置、高程及垫石表面平整度等,均应符合设计要求,以避免桥跨结构安装困难,或使顶帽、垫石等出现破裂或裂缝,影响墩台的正常使用功能和耐久性。墩(台)顶帽施工的主要工序为:

1. 墩、台帽放样

墩、台混凝土浇筑至或砌石砌至离墩、台帽下缘约30~50cm高度时,即需测出墩、台纵横中心轴线,并开始竖立墩、台帽模板,安装锚栓孔或安装预埋支座垫板,绑扎钢筋等。桥台台帽放样时应注意不要以基础中心线作为台帽背墙线。模板立好后,在灌筑混凝土前应再次复核,以确保墩、台帽中心、支座垫石等位置、方向和高程不出差错。

2. 墩、台帽模板

1)混凝土和钢筋混凝土墩、台帽模板

墩、台帽系支承上部结构的重要部分,其位置、尺寸和高程的准确度要求较严。墩、台身混凝土灌筑至墩、台帽下约30~50cm处就应停止灌筑,以上部分待墩、台帽模板立好后一次灌筑,以保证墩、台帽底有足够厚度的紧密混凝土,图3-2-5所示为混凝土桥墩墩帽模板图,墩帽模板下面的一根拉杆可利用墩帽下层的分布钢筋,以节省铁件。

台帽背墙模板应特别注意纵向支承或拉条的刚度,防止灌筑混凝土时发生鼓肚,侵占梁端空隙。

2)石砌墩、台帽模板

在墩、台帽高程以下25~30cm处即停止填腹石的砌筑,开始安装墩、台帽模板。先用两根大约15cm×15cm的方木用长螺栓拉夹于墩帽下,如图3-2-6所示。然后再在方木上安装墩帽模板。台帽模板亦可用木料支承在墩体上。

3)悬臂墩帽

当桥墩不高时,可利用桥墩基础襟边竖支架,在悬出的支架上立模,如图3-2-7a)所示。如桥墩较高时,可预先在墩身上部预埋螺栓2~3排,以锚定牛腿支架、承托模板,如图3-2-7b)所示。模板的安装程序为:在支架上安装好底模板;墩上绑扎或整体吊放墩帽钢筋;竖立侧面模

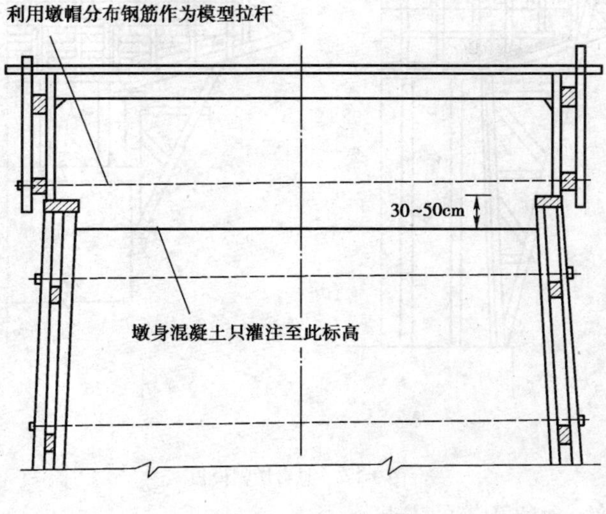

图 3-2-5　混凝土桥墩墩帽模板

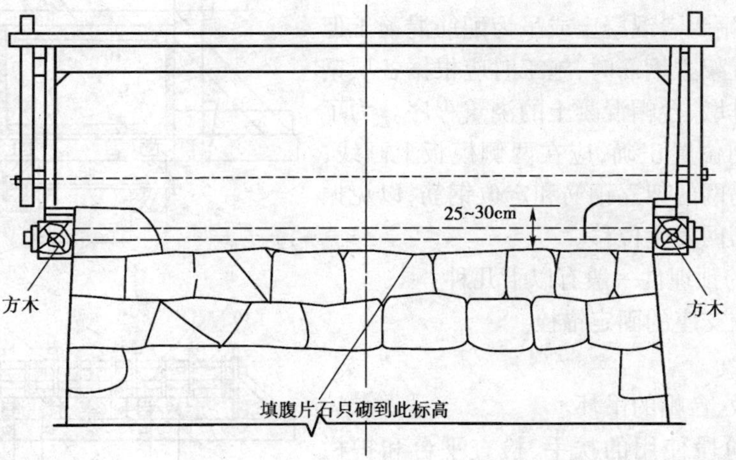

图 3-2-6　石砌桥墩墩帽模板

板；装横档螺栓、横向支撑、拉杆和斜撑。

悬臂墩帽混凝土应由墩中部向悬臂端顺序浇筑。帽高在 50cm 以上时，应分层浇筑，使模板受力较均匀，并便于混凝土振捣密实。

4）桩柱墩墩帽

桩柱墩帽亦称盖梁，除装配式的以外，需要现场立模浇筑。盖梁圬工体积小，有条件利用钢筋混凝土桩柱本身作模板支承。其方法是用两根木梁将整排桩柱用螺栓相对夹紧，上铺横梁，横梁间衬以方木，调节间距，也可用螺栓隔桩柱成对夹紧，在横梁上直接安装底模板。两侧模板借助于横梁、上拉杆和一对三角撑所组成的方框架来固定。所有框架榫眼及角撑均预先制好，安装时只用木楔打进框构四周，就能迅速而正确地使模板定位，如图 3-2-8 所示。

这种模板拆装方便，有利于重复使用。对于双排桩墩，只须调整整横梁长度和榫眼间距，也同样可以应用。

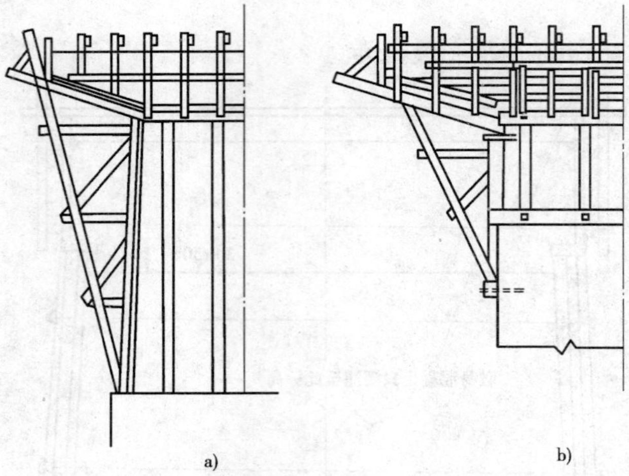

图 3-2-7　悬臂墩帽模板

3. 钢筋网、预埋件、预留孔等的安装

(1)梁桥墩、台帽支座处一般均布设1～3层钢筋网。当墩、台帽为素混凝土或虽为配筋混凝土但对钢筋网未设置架立钢筋时,施工时应根据各层钢筋网的高程安排墩、台帽混凝土的浇筑程序。为了保证各层钢筋网位置正确,应在两侧模板上画线,并加设固定钢筋网的架立钢筋和定位钢筋,以免振捣混凝土时钢筋网发生位移。

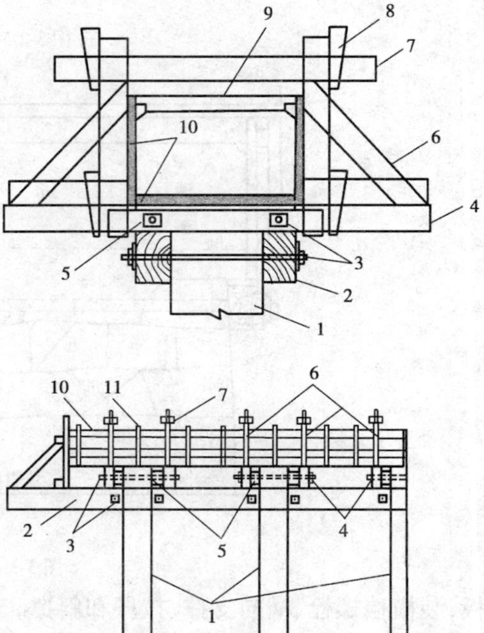

图 3-2-8　桩柱墩墩帽整体式模板

1-钢筋混凝土桩柱;2-木梁;3-螺栓;4-横梁;5-衬木;6-角撑;7-拉杆;8-木楔;9-内撑;10-模板;11-肋木

(2)墩、台的预埋件一般有以下几种:

①盆式橡胶支座的固定锚栓。

②防震锚栓。

③装配式墩、台帽的吊环。

④供运营阶段使用的扶手、检查平台和护栏等。

⑤供观测用的标尺。

⑥防震挡块的预埋钢筋。

(3)预埋件施工应注意下述各点:

①为保证预埋件位置准确,应对预埋件采取固定措施,以免振捣混凝土时发生移动。

②预埋件下面及附近的混凝土应注意振捣密实,对具有角钢锚筋的预埋件尤应注意加强捣实。

③预埋件在墩、台帽上的外露部分要有明显标识,浇至顶层混凝土时,要注意外露部分尺寸准确。

④在已埋入墩、台帽内的预埋件上施焊时,应尽量采用细焊条、小电流,分层施焊,以免烧伤混凝土。

(4)墩、台帽上的预留锚栓孔须在安装墩、台帽模板时,安装好锚栓预留孔模板,在绑扎钢筋时注意将预留孔位置留出。预留孔应该下大上小,其模板可采用拼装式,如图3-2-9所示。模板安装时,顶面可比支座垫石顶面约低5mm,以便垫石顶面抹平。带弯钩的锚栓的模板安装时应考虑弯钩的方向。为便于安装锚栓后灌实锚栓孔,可在每一锚栓孔模板的外侧上部用三角木块预留进浆槽。

锚栓孔模板可在支座垫石模板上放线定位。支座垫石混凝土强度达2.5MPa时,即可拆除锚栓孔模板。当上部梁板为现浇整体结构时,墩台帽上的预埋锚栓可直接浇筑在墩台帽中,并按设计尺寸留出外露部分。

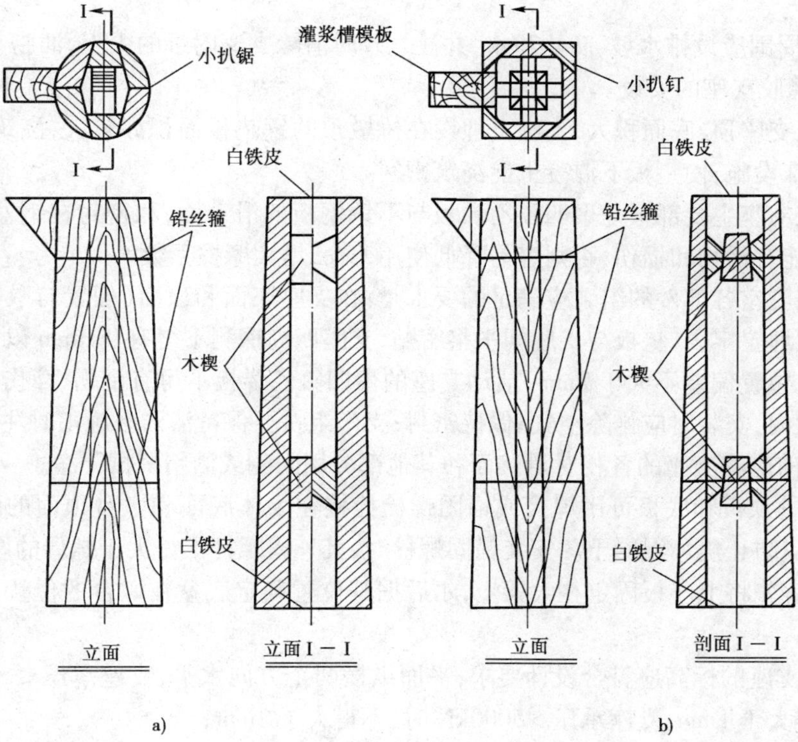

图3-2-9　锚栓孔模板

a)圆形模板;b)方形模板

五、支座的安设

目前国内桥梁上使用较多的是橡胶支座,有板式橡胶支座、聚四氟乙烯板式橡胶支座和盆式橡胶支座三种。前两种用于反力较小的中小跨径桥梁,后一种用于反力较大的大跨径桥梁。

1. 板式橡胶支座的安设

板式橡胶支座在安装前的全面检查和力学性能检验,包括支座长、宽、厚、硬度(邵氏)容许荷载、容许最大温差以及外观检查等,如不符合设计要求,不得使用。如设计未规定,其力学性能可参考下列数值:硬度 HRC $=55°\sim60°$;压缩弹性模量 $E=6\times10^2$MPa;允许压应力$[\sigma]=$ 10MPa;剪切弹性模量 $G=1.5$MPa;允许剪切角 $\tan\gamma=0.2\sim0.3$。支座安装时,支座中心尽可

能对准梁的计算支点,必须使整个橡胶支座的承压面上受力均匀。为此,应注意几点:

(1)安装前应将墩、台支座支垫处和梁底面清洗干净,除去油垢,用水灰比不大于0.5的1:3水泥砂浆仔细抹平,使其顶面标高符合设计要求。

(2)支座安装尽可能安排在接近年平均气温的季节里进行,以减小由于温差变化过大而引起的剪切变形。就位不准时,必须吊起重放,不得用撬杠移动梁、板。

(3)梁、板安放时,必须细致稳妥,使梁、板就位准确且与支座密贴,勿使支座产生剪切变形。

(4)当墩台两端标高不同,顺桥向或横桥向有坡度时,支座安装必须严格按设计规定办理。

(5)支座周围应设排水坡,防止积水,并注意及时清除支座附近的尘土、油脂与污垢等。

2. 盆式橡胶支座的安设

盆式橡胶支座顶、底面积大,支座下埋设在桥墩顶的钢垫板面积亦较大,浇筑墩顶混凝土时,必须有特殊设施,使垫板下混凝土能浇筑密实。

盆式橡胶支座主要部分是聚四氟乙烯板与不锈钢板的滑动面,和密封在钢盆内的橡胶垫块,两者都不能有污物和损伤,否则容易降低使用寿命,增大摩擦系数。

盆式橡胶支座各部件的组装应满足的要求是:在支座底面和顶面(埋置与墩顶和梁底面)的钢垫板必须埋置牢固,垫板与支座间平整密贴,支座四周探测不得有0.3mm以上的缝隙;支座中线、水平、位置偏差不大于2mm;活动支座的聚四氟乙烯板不得有刮伤、撞伤;氯丁橡胶板块密封在钢盆内,安装时应排除空气、保持密封;支座组拼要保持清洁。施工时注意下列事项:

(1)安装前应将支座的各相对滑移面和其他部分用丙酮或酒精擦拭干净。

(2)支座的顶板和底板可用焊接或锚固螺栓栓接在梁体底面和墩台顶面的预埋钢板上。采用焊接时,应防止烧坏混凝土。安装锚固螺栓时,其外露螺杆不得大于螺母的厚度。上下支座安装顺序,宜先将上座板固定在大梁上,尔后据其位置确定底盆在墩台的位置,最后予以固定。

(3)安装支座的标高应符合设计要求,平面纵横两个方向水平,支座承压≤5000kN时,其四角高差不得大于1mm;支座承压>5000kN时,不得大于2mm。

(4)安装固定支座时,其上下各个部件纵轴线必须对正;安装纵向活动支座时,上下各部件纵轴线必须对正,横轴线应根据安装时的温度与年平均的最高、最底温差,由计算确定其错位的距离。支座上下导向挡块必须平行,最大偏差的交叉角不得大于5′。

另外,桥梁施工期间,混凝土将由于预应力和温差引起弹性压缩、徐变和伸缩而产生位移量,因此,要在安装活动支座时,对上下板预留偏移量,使桥梁建成后的支座位置能符合设计要求。

3. 其他支座安设

对于跨径较小(10m左右)的钢筋混凝土梁(板)桥,可采用油毡、石棉垫或铅板支座。安设这类支座时,应先检查墩台支承面的平整度和横向坡度是否符合设计要求,否则应修凿平整并以水泥砂浆抹平,再铺垫油毡、石棉垫或铅板。梁(板)就位后梁(板)与支承间不得有空隙和翘动现象,否则将发生局部应力集中,使梁(板)受损,也不利于梁(板)的伸缩与滑动。

六、质量检查与质量标准

墩、台施工过程中的各种材料、各工程项目和各个工序应经常检验，保证符合设计和施工技术规范的要求。混凝土、钢筋混凝土基础及墩台的位置及外形尺寸允许偏差见表3-2-2。

混凝土、钢筋混凝土基础及墩、台允许偏差（mm）　　表3-2-2

序号	项目		基础	承台	墩、台身	墩、台帽
1	断面尺寸		±50	±30	±20	±20
2	垂直或斜坡				0.3%H，且不大于20	
3	基底高程	土质	±50			
		石质	±50，-200			
4	顶面高程		±30	±20	±10	
5	轴线偏位		25	15	10	10
6	预埋件位置				10	
7	相邻墩、台柱间距				±15	
8	支座处顶面高程	简支梁				±10
		连续梁				±5
		双支座梁				±2

注：表中的H为墩、台的高度。

思考与练习

1. 大体积混凝土分块浇筑时应符合哪些规定？
2. 简述混凝土浇筑施工要点。
3. 墩台用片石混凝土时，应遵守哪些规定？
4. 墩台的预埋件施工应注意什么？
5. 各支座的安装应注意什么？

课题三　墩台附属工程的施工

【内容提要】　本课题主要介绍锥体护坡，台后填土等桥后附属工程的构造与施工要点，以及水中桥墩的防撞设施。

【教学要求】

应知：1. 掌握锥体护坡的放样与施工方法；2. 初步掌握台后填土、台后塔板及台后泄水盲沟的施工要点。3. 了解水中桥墩防撞设施的种类和构造。

应会：1. 能参与墩台附属工程的施工。2. 会进行锥体护披的放样。

【教学建议】　本课题宜采用理论讲解与实操训练相结合的一体化教学方法进行授课。

一、翼墙、锥体护坡的作用和构造

翼墙、锥坡是用来连接桥台和路堤的防护建筑物，它的作用是稳固路堤，防止水流的冲刷。

设翼墙的桥台称为八字形桥台。翼墙设于桥台两则，在平面上形成"八"字，立面上为一变高度的直线墙，其坡度变化与台后路堤边坡的坡度相适应，翼墙的竖直截面为梯形，翼墙顶设帽石。翼墙一般为浆砌片石或浆砌块石结构。根据地基情况，翼墙基础采用浆砌片石或片石混凝土。

锥坡底一般为椭圆形曲线，锥体坡面沿长轴方向与路基边坡相同，一般1:1.5，沿短轴方向为1:1，锥体坡顶与路基外侧边沿同高。当台后填土高度大于6m，路堤边坡采用变坡时，锥坡也应作相应变坡处理，以相配合，见图3-3-1。

锥坡内部用砂土或卵砾石填筑夯实，表面用片石干砌或浆砌，一般砌筑厚度为20～35cm。坡脚以下根据地基情况及流速大小设置基础，或将坡脚伸入地面以下一段，并适当加厚趾部，如图3-3-2所示。

在受水流冲刷影响的地方，锥体可以考虑采用铺盖草皮或干砌片石网格代替满铺的片石铺砌，也可以将锥坡的下段用片石满铺，但上段铺草皮，以节约圬工数量。

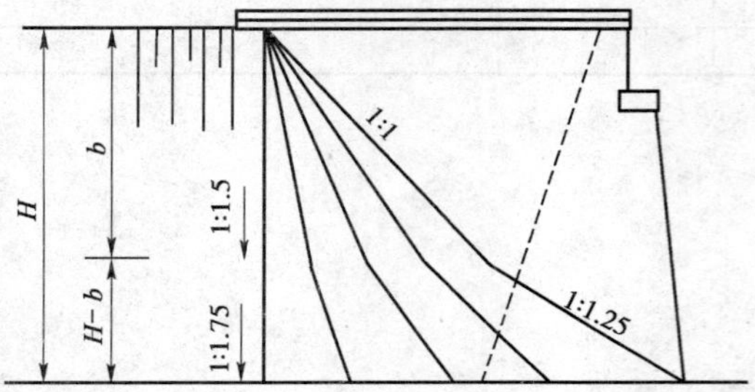

图3-3-1　$H>6$m 锥体护坡的变坡处理

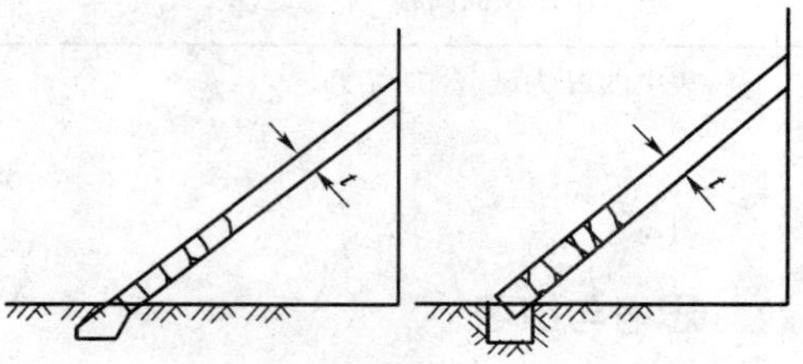

图3-3-2　片石护坡及基础处理

二、锥体护坡的放样

锥体护坡常用的放样方法有：图解法、直角坐标法。

1. 图解法

1）双圆垂直投影图解法

根据锥体的高度 H 和坡率 m 及 n 计算出锥坡底面椭圆的长半轴 a 和短半轴 b，从桥台前墙角点 E 沿纵向量取短半轴 b 值得 O 点，以 O 为圆心，以 a 和 b 为半径，画出四分之一同心圆，然后将圆同分成若干等份，由等分点1，2，3，…分别与圆心相连，得到若干条径向直线，从各条径向线与两个圆周的交点互相垂直交于 P_1，P_2，P_3，…等点，为椭圆上的点，连接 E，P_1，P_2，P_3，…，F 即为所需四分之一椭圆曲线。如图3-3-3所示。

2）交会图解法

自桥台前墙角点 E 沿桥台宽（横桥向）量取长半轴 a，得 D 点，从 D 点作 ED 的垂直线 OF，使 $OF=b$（短半轴），将 ED、DF 分别等分得等分点1，2，3，…及1′，2′，3′，…，然后将各等分点分别相连得各连线 $E1'$，$12'$，$23'$，$34'$，…，$6F$ 的交点 P_1，P_2，P_3，…，连接 E，P_1，P_2，P_3，…，F 各点得锥坡底的边线，即1/4椭圆曲线。如图3-3-4所示 。

以上两种方法只能用于锥体护坡坡角在同一水平面上。当地形起伏变化较大时，可先在图纸上以1:50或1:100的比例尺，用图解法画出椭圆，并求出椭圆曲线上若干点的定位距离

（双距），再把这些点拿到实地放样。

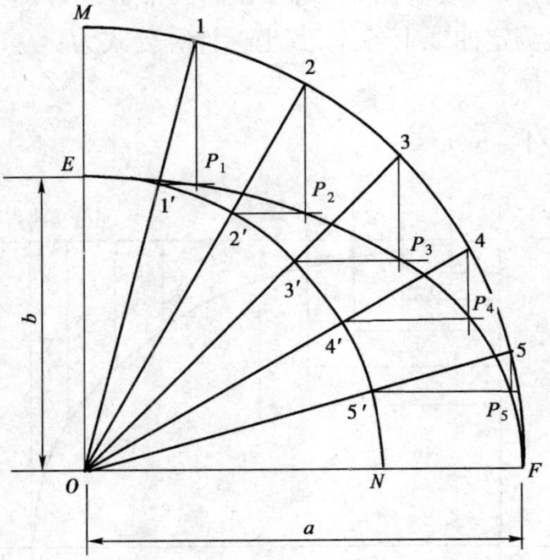

图 3-3-3　双圆垂直投影简图

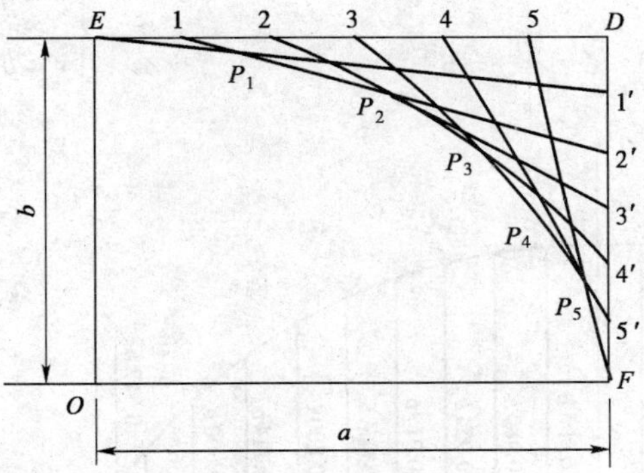

图 3-3-4　交会法简图

2. 直角坐标法

1）椭圆曲线内侧量距法

先根据锥形护坡的高度和坡率 m 及 n，计算出锥坡底面的长、短半轴。

长半轴为 a，短半轴为 b，坐标计算公式为：

$$\begin{cases} x = na \\ y = b\sqrt{1-n^2} \end{cases}$$

式中：n——等分值，若长半轴等分 10 份，则 $n_i = i/10, i = 1,2,3,\cdots,10$。

一般把 a 分成 10 等份，每一等份的长度等于 $a/10$。第一等分值为 $n_1 = 1/10$，第二等份值为 $n_2 = 2/10$，以此类推 $n_3, n_4, \cdots$，将等分值代入上列公式可计算各纵坐标 $y_1, y_2, y_3, \cdots$ 的值列于表 3-3-1。由此坐标值，从椭圆曲线内侧量距，即可放出椭圆曲线，如图 3-3-5 所示。

椭圆内侧量距坐标表　　表 3-3-1

等分 n 值	横坐标	x 值	纵坐标	y 值
1/10	x_1	$0.1a$	y_1	$0.995b$
2/10	x_2	$0.2a$	y_2	$0.980b$
3/10	x_3	$0.3a$	y_3	$0.954b$
4/10	x_4	$0.4a$	y_4	$0.917b$
5/10	x_5	$0.5a$	y_5	$0.866b$
6/10	x_6	$0.6a$	y_6	$0.800b$
7/10	x_7	$0.7a$	y_7	$0.714b$
8/10	x_8	$0.8a$	y_8	$0.600b$
9/10	x_9	$0.9a$	y_9	$0.436b$
9.5/10	$x_{9.5}$	$0.95a$	$y_{9.5}$	$0.312b$
10/10	x_{10}	a	y_{10}	0

2)椭圆曲线外侧量距法

在桥梁施工时,有时将弃土堆在锥坡内,内侧量尺,发生困难,则可在椭圆形曲线外即 OF 轴对面的平曲线 ED 上(图 3-3-6),按直角坐标值测定曲线上各点,其坐标计算公式为:

$$\begin{cases} x = na \\ y = b(1 - \sqrt{1 - n^2}) \end{cases}$$

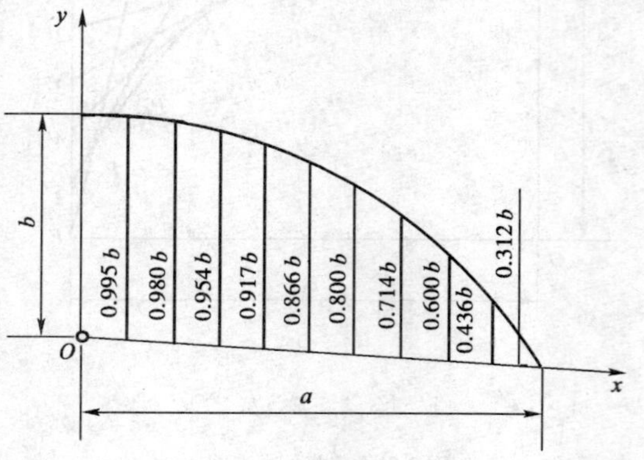

图 3-3-5　椭圆曲线内侧量距简图

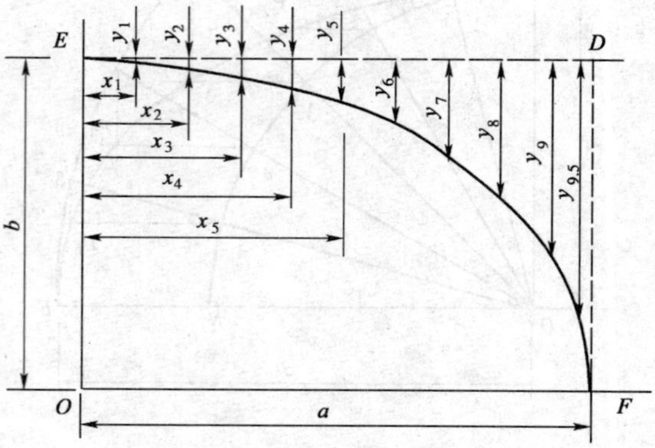

图 3-3-6　椭圆曲线外侧量距简图

为了校核 ED 线长度和方向是否正确,可用皮尺连 EF 和 DF,构成直角三角形 EFD 定出 D 点。

3)对角线上量距法

有时按上述方法量距离遇障碍时,很难确定出 y 值,可以 AB 连接为基线,分 AB 线为 10 等分,在此线上由 B 点量出 n_c 距离,并在平行于 OB 轴线方向量 y_n 值得 P_n 点,$y_n = b(\sqrt{1-n^2}+n-1)$,用同样的方法定出各点,连接曲线,如图 3-3-7 所示,曲线上各点的坐标值如表 3-3-2。

对角线上量距表　　表 3-3-2

距 B 点距离	0.1c	0.2c	0.3c	0.4c	0.5c	0.6c	0.7c	0.8c	0.9c	0.95c	A 点
纵向 y_n 值	0.095b	0.180b	0.254b	0.317b	0.366b	0.400b	0.414b	0.400b	0.336b	0.262b	0

4)斜桥锥坡放样法

地形平坦,干地、高度不大的锥坡,椭圆曲线仍可采用坐标值量距法定点放样,但不能直接使用前述直角坐标值,必须根据桥梁与河道间的交角大小,将 a 值乘以不同的角度系数值 c,只要知道斜度 α,算出 $c = \sec\alpha$,然后用 c 值乘以表 3-3-1 中的横坐标值,即 $x = na\sec\alpha$,纵坐标 y 值与表 3-3-1 的 y 值完全相同,如图 3-3-8 所示。

三、锥体护坡的施工要点

(1)石砌锥坡、护坡和河床铺砌层等工程,必须在坡面或基面夯实,整平后,方可开始铺砌,以保证护坡稳定。

(2)锥坡填土易采用透水性的土壤,不得采用含有泥草,腐植物或冻土块的土。

(3)填土应在接近土料最佳含水量的情况下,采用分层填筑,分层夯实、每层压实厚度不超过25~30cm,密实度一般达到90%~98%。砂砾土类,可以洒水、夯填;采用不易风化的块石填料,应注意层次的均匀、铺填密实,不可自由堆砌。有坡面防护的锥坡,在锥坡填土时,应留出坡面防护的砌筑位置。

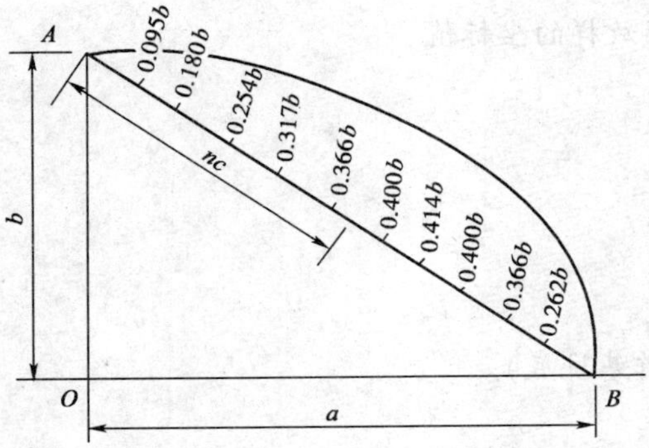

图3-3-7　对角线上量距简图

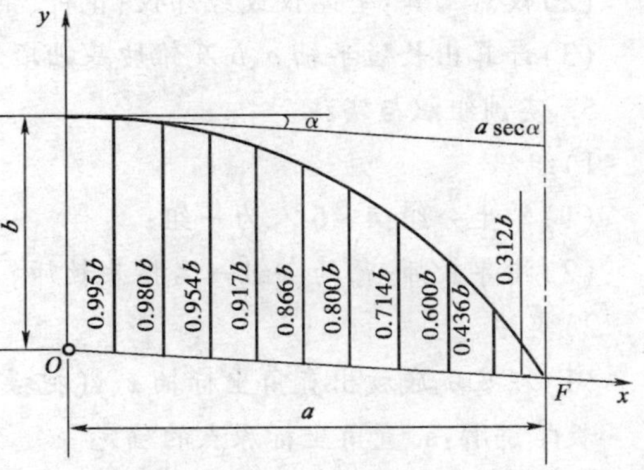

图3-3-8　斜桥锥坡放样简图

(4)锥体填土应按设计高程及坡度填足,砌筑片石厚度不够时再将土挖去,不允许填土不足,临时边砌石边补填土。锥坡拉线放样时,坡顶应预先放高约2~4cm,使锥坡随同锥体填土沉降后,坡度仍符合设计规定。

(5)砌石时,放样拉线要张紧,表面要平顺,锥坡片石背后应按规定做碎石倒滤层,防止锥体土方被水侵蚀变形。坡面砌筑一般采用干砌或浆砌片石,并以碎石或砂做垫层,随砌随垫,保证垫层厚度。砌筑时,必须做到垫层密实,石块相互挤紧,砌缝砂浆饱满,防止出现空洞,以免雨水风浪袭击,造成坍塌;特别是坡角部分与基础衔接处更加注意。

(6)锥坡与路肩或地面的连接必须平顺,以利排水,避免砌体背后冲刷或渗透坍塌。

(7)在大孔土地区,应检查锥坡基底及其附近有无陷穴,并彻底进行处理,保证锥坡稳定。

(8)干砌片石锥坡,用小石子砂浆勾缝时,应尽可能在片石护坡砌筑完后间隔一段时间,待锥体基本稳定再进行勾缝,以减少灰缝开裂。

(9)砌体勾缝除设计有规定外,一般可采用凸缝或平缝,且宜待坡体土方稳定后进行。浆砌砌体,应在砂浆初凝后,覆盖养生7~14天。养护期间应避免碰撞,振动或承重。

(10)锥坡填土应与台背填土同时进行,并应按设计宽度一次填足。

附:实训模块

1. 实训项目

锥形护坡的放样

2. 实训目的

通过实训使学生能看懂锥形护坡的构造图,能进行锥形护坡的放样。

3. 实训内容

(1)根据放样场地的大小、实习时间确定锥形护坡的尺寸,采用不同的放样方法进行锥形护坡的放样。

(2)参考题目：已知锥形护坡的高度 $H=6\mathrm{m}$，横桥向坡度为1:1.5，纵桥向坡度为1:1，基础襟边为20cm。试采用不同的方法放样锥形护坡基础顶外边线。

4. 实训准备工作(以直角坐标放样方法为例)

(1)场地：操场或篮球场；

(2)仪器工具：全站仪或经纬仪、花杆、钢尺、工程线、木桩、铁锤、短钢钎等；

(3)计算出长短半轴 a、b 及锥坡基础顶外边线放样的坐标值。

5. 实训组织与实施

1)组织

(1)学生分组：4～6人为一组；

(2)指导教师：每两个组一名指导教师。

2)实施

(1)在基坑底放出直角坐标轴 x、y(把操场当作基坑底)。

教学讲解：a. 直角坐标原点的确定。

b. 仪器的正确使用。

(2)根据计算的坐标值放样。

教学讲解：直角坐标放样要领。

3)检查与评定

学生在操练过程中，教师要进行巡回检查与指导，认真负责，及时发现学生操作中存在的问题，以便及时更正。教师根据学生完成情况，及时进行总结，指出学生的不足和存在的问题，避免在今后工作中出错。

项　目	直角坐标的计算	坐标轴的放样	锥坡基础顶外边线的	其　他
存在问题				
得分				
总分				

4)收尾工作

检查清点与归还仪器、工具；整理实训场地、保护环境等。

5)实训注意事项

(1)实训前应充分做好准备工作；

(2)学生必须严格按测量仪器操作规程进行；

(3)根据实际情况选择锥坡放样的方法，有条件应指导学生操练各种方法；

(4)各小组学生要互相配合，团结合作。

6. 实训报告

实训结束后，每个学生根据老师的要求完成实训报告。

四、台后填土要求

(1)台后填土应与桥台砌筑协调进行。填土宜采用透水性材料，不得采用含有泥草、腐植物或冻土块的土。

(2)台背填土顺路线方向长度,应自台身起,顶面不小于桥台高度加2m,底面不小于2m;拱桥台背填土长度一般不应小于台高的3~4倍。

(3)台背填土的质量直接关系到竣工后行车的舒适与安全,应严格控制分层厚度和密实度,应设专人负责监督检查,检查频率每$50m^2$检验一点,不足$50m^2$时至少检验一点,每点都应合格,宜采用小型机械压实。透水性材料不足时,可采用石灰土或水泥稳定土回填;回填土的分层夯实宜为0.1~0.2m。高速公路和一级公路的桥台、涵台背后和涵洞顶部的填土压实度标准,从填土基底或涵洞顶部至路床顶面均为95%,其他公路为93%。软土地基的台背填土应符合设计要求。

(4)台背填土的顺序应符合设计要求。拱桥台背填土必须与拱圈施工的程序相配合,使拱的推力与台后土侧压力保持一定的平衡;填土宜在主拱圈安装或砌筑以前完成。梁式桥的轻型桥台台后填土,宜在梁体安装完成以后,在两侧平衡地进行;柱式桥台台背填土,宜在柱侧对称、平衡地进行。如设计有专门要求,应按设计要求办理。

五、台后搭板的施工要点

(1)设置搭板是解决台后错台跳车的重要工程措施,其效果与搭板之下的路堤压缩程度和搭板长度有密切关系。日本高速公路规定使用期台后错台高度须小于2cm。

(2)桥头搭板应设置一个较大的纵坡i_2,若路线纵坡为i_1,则搭板纵坡应符合$10\% \leqslant i_2 - i_1 \leqslant 15\%$,以保证在台后长度方向上的沉降分布较均匀,并逐渐减小。搭板的末端顶面应与路基顶面平齐。搭板前端顶面应留有路面面层的厚度。

(3)对台后填土应有严格的压实要求。应先清理基坑,使其尺寸符合要求。接着进行基底压实,如压路机使用困难可用小型手推式电动振动打夯机压实,并用环刀法测定压实度。基底之上填筑并压实岩渣,其最大粒径应小于12cm,含泥量应小于8%,压实后的干密度应不小于$2t/m^3$。达到规定高程后,便可填筑并压实二灰碎石,一般可用12~15t压路机压实,每层碾6~8遍。对于边角部位可用小型打夯机补压。可在填压达到搭板顶部的高程,压实或通行车辆一段时间后,再挖开浇筑搭板和枕梁。分层压实的厚度一般不大于20cm。

(4)对上述填筑台后路堤材料有困难时,至少应选用透水性良好的砂性土,或掺用40%~70%的砂石料。分层厚度20~30cm,压实度不小于95%。靠近后墙部位(1.5m宽)可用小型打夯机,也可填筑块片石及级配砂砾石,用振动器振实。用透水性材料填筑时,应以干容重控制施工质量。

(5)台背填筑前应在土基上或某一合适高度设置泄水管或盲沟,并注意将泄水管及盲沟引出路基之外。

(6)钢筋混凝土箱形通道的搭板可水平设置,但其上应留出路面面层的厚度。路堤填筑的施工要求与台后搭板相同。

六、台后泄水盲沟施工要点

(1)地下水较小时,泄水盲沟以片石、碎石或卵石等透水材料砌筑,并按坡度设置。沟底用粘土夯实,盲沟应建在下游方向,出口处应高出一般水位0.2m。平时无水的干河沟应高出地面 0.3m。

(2)如桥台在挖方内，横向无法排水时，泄水盲沟在平面上可在下游方向的锥体填土内折向桥台前端排水，在平面上成 L 形。

(3)地下水较大时，盲沟的一般构造可参见图 3-3-9。

盲沟施工时应注意下列事项：

①盲沟所用各类填料应洁净、无杂质，含泥量应小于 2%；

②各层的填料要求层次分明，填筑密实；

③盲沟应分段施工，当日下管填料一次完成；

④盲沟滤管一般采用无砂混凝土管或有孔混凝土管，也可用短节混凝土管代替，但应在接头处留 1～2cm 间隙，供地下水渗入；

⑤盲沟滤管基底应用混凝土浇注，并与滤管密贴，纵坡应均匀，无反向坡；管节应逐节检查，不合格者不得使用；

⑥管道安装完毕后，应将管内砂浆残渣、杂物清除干净。

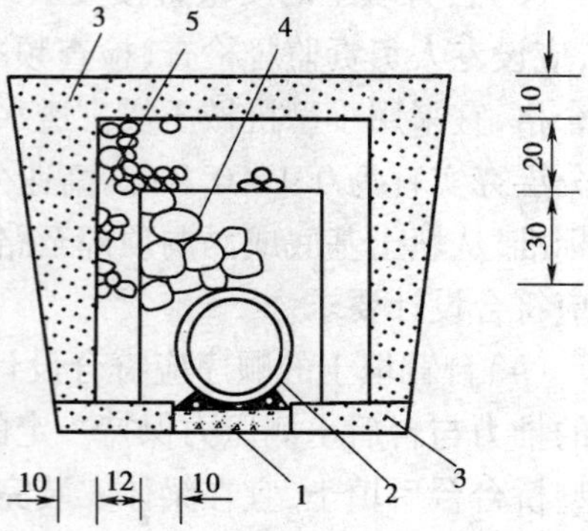

图 3-3-9　盲沟的一般构造

1-渗水管基座；2-渗水管；3-粗砂层；4-粒径 2～3cm 卵石；5-粒径小于 2cm 卵石

思考与练习

1. 简述图解法放样锥坡的方法。并画图说明。
2. 坐标法放样锥坡的方法有哪些？写出其计算公式。
3. 简述锥体护坡的施工。
4. 台后填土有哪些要求？
5. 盲沟施工时应注意哪些事项？

4

单元四　钢筋混凝土梁桥的施工

课题一　支架与模板的施工

【内容提要】 本课题主要介绍支架与模板的种类、构造,以及支架与模板的制作、安装与拆除的施工工艺及质量控制;与此同时,对施工预拱度的设置及其影响因素作了简单介绍。

【教学要求】

应知:1. 了解支架的类型、构造及其适用条件;2. 了解模板按使用材料的分类及对模板的要求;3. 掌握实心板模板、空心板模板及T梁模板的构造要求;4. 掌握模板与支架的制作与安装的过程中的技术要求和质量标准;5. 初步了解并掌握预拱度的基本概念及其设置原理。

应会:1. 能够参与模板和支架的制作与安装工作;2. 能进行模板与支架的拆除工作;3. 能进行模板与支架施工中的质量控制。

【教学建议】 采用多媒体教学,有条件时可进行现场教学或组织现场参观。模板的安装与质量控制可在校内进行模拟训练。

支架、模板是公路桥涵就地浇筑和工地、工厂预制构件的水泥混凝土、钢筋混凝土、预应力混凝土和砖石圬工施工的基本设备。它们的主要作用是定型和支撑。

一、支架类型及构造

就地浇筑混凝土梁桥的上部结构,首先应在桥孔位置搭设支架,以支承模板和混凝土以及其他施工荷载。支架的类型主要有以下几种:

1. 满布式木支架

满布式木支架常用于陆地或不通航的河道,或桥墩不高、桥位处水位不深的桥梁。其形式可根据支架所需跨径的大小等条件,采用排架式、人字撑式或八字撑式。排架式为最简单的满布式支架,主要由排架及纵梁等部件组成。其纵梁为抗弯构件,因此,跨径一般不大于4m。人字撑式和八字撑式的支架构造较复杂,其纵梁需加设人字撑式八字撑为可变形结构。因此,需在浇筑混凝土时适当安排浇筑程序和保持均匀、对称地进行,以防发生较大变形。这类支架的跨径可达8m左右。

满布式木支架的排架,可设置在枕木上或桩基上,基础需坚实可靠,以保证排架的沉陷值不超过规定。当排架较高时,为保证支架横向的稳定,除在排架上设置撑木外,尚需在排架两端外侧设置斜撑木或斜立柱。

满布式支架的卸落设备一般采用木楔、木马或砂筒等，可设置在纵梁支点处或桩顶帽木上面。

2. 钢木混合支架

为加大支架跨径，减少排架数量，支架的纵梁可采用工字钢，其跨径可达10m。但在这种情况下，支架多采用木框架结构，以提高支架的承载力及稳定性。这类钢木混合支架的构造通常如图4-1-1所示。所需热轧普通工字钢的各项参考数值，见表4-1-1及图4-1-2。

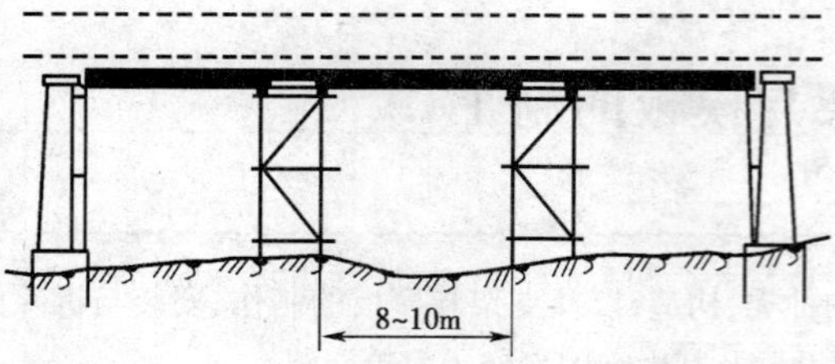

图4-1-1　钢木混合支架

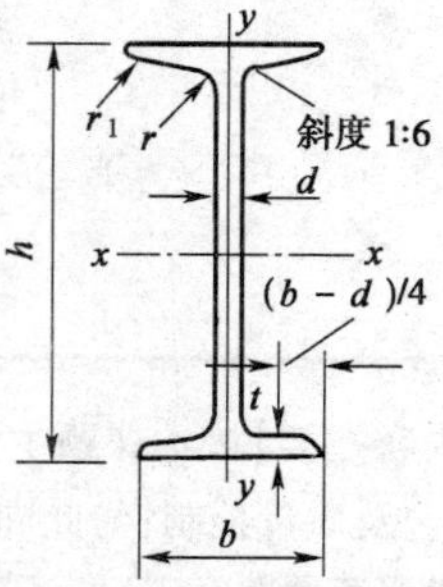

图4-1-2　热轧普通工字钢截面形状

3. 万能杆件拼装支架

用万能杆件可拼装成各种跨度和高度的支架，其跨度需与杆件本身长度成整数倍。

用万能杆件拼装的桁架的高度，可达2、4、6m或6m以上。当高度为2m时，腹杆拼为三角形；高度为4m时，腹杆拼为菱形；高度超过6m时，则拼成多斜杆的形式。

用万能杆件拼装墩架时，柱与柱之间的距离应与桁架之间的距离相同。桩高除柱头及柱脚外应为2m的倍数。

用万能杆件拼装的支架，在荷重作用下的变形较大，而且难以预计其数值，因此，应考虑预加压重，预加重力相当于灌注的混凝土的重力。

4. 装配式公路钢桥桁架节拼装支架

用装配式公路钢桥桁节可拼装成桁架梁和塔架。为加大桁架梁孔径和利用墩台做支承，也可拼成八字斜撑以支撑桁架梁。桁架梁与桁架梁之间，应用抗风拉杆和木斜撑等进行横向联结，以保证桁架梁的稳定。

用装配式公路钢桥桁节拼装的支架，在荷重作用下的变形很大，因此，应进行预压。

5. 轻型钢支架

桥下地面较平坦，有一定承载力的梁桥，为节省木料，宜采用轻型钢支架。轻型钢支架的梁和柱，以工字钢、槽钢或钢管为主要材料，斜撑、联结系等可采用角钢。构件应制成统一规格和标准；排架应预先拼装成片或组，并以混凝土、钢筋混凝土枕木或木板作为支承基底。为了防止冲刷，支承基底需埋入地面以下适当的深度。为适应桥下高度，排架下应垫以一定厚度的枕木或木楔等。

为便于支架和模板的拆卸，纵梁支点处应设置木楔。轻型钢支架构造示例，如图4-1-3所示。

热轧普通工字钢(40 号~63 号)规格及参考数值

表 4-1-1

型号	尺寸						截面面积	理论质量	参考数值						
									x—x				y—y		
	h	b	d	t	r	r_1	(cm^2)	(kg/m)	I_x(cm^4)	W_x(cm^3)	i_x(cm)	I_x:S_x	I_y(cm^4)	W_y(cm^3)	i_y(cm)
40a	400	142	10.5	16.5	12.5	6.3	86.1	67.6	21720	1090	15.9	34.1	660	93.2	2.77
40b	400	144	12.5	16.5	12.5	6.3	94.1	73.8	22780	1140	15.6	33.6	692	96.2	2.71
40c	400	146	14.5	16.5	12.5	6.3	102	80.1	23850	1190	15.2	33.2	727	99.6	2.65
45a	450	150	11.5	18.0	13.5	6.8	102	80.4	32240	1430	17.7	38.6	855	114	2.89
45b	450	152	13.5	18.0	13.5	6.8	111	87.4	33760	1500	17.4	38.0	894	118	2.84
45c	450	154	15.5	18.0	13.5	6.8	120	94.5	35280	1570	17.1	37.6	938	122	2.79
50a	500	158	12.0	20	14	7.0	119	93.6	46470	1860	19.7	42.8	1120	142	3.07
50b	500	160	14.0	20	14	7.0	129	101	48560	1940	19.4	42.4	1170	146	3.01
50c	500	162	16.0	20	14	7.0	139	109	50640	2080	19.0	41.8	1220	151	2.96
56a	560	166	12.5	21	14.5	7.3	135.25	106.2	65585.566	2342.31	22.02	47.727	1370.1627	165.079	3.182
56b	560	168	14.5	21	14.5	7.3	146.45	115.0	68512.499	2446.687	21.63	47.166	1486.75	174.247	3.162
56c	560	170	16.5	21	14.5	7.3	157.85	123.9	71439.43	2551.408	21.27	46.663	1558.389	183.339	3.158
63a	630	176	13.0	22	15	7.5	154.9	121.6	93916.18	2981.47	24.62	54.173	1700.5492	193.244	3.314
63b	630	178	15.0	22	15	7.5	167.5	131.5	98083.63	3163.98	24.20	53.514	1812.069	203.603	3.289
63c	630	180	17.0	22	15	7.5	180.1	141.0	102251.08	3298.42	23.82	52.923	1924.913	213.879	3.268

注:①本表内只列入部分型号;

②工字钢通常长度为 6~19m。

6. 墩台自承式支架

在墩台上留下承台式预埋件，上面安装横梁及架设适宜长度的工字钢或槽钢，即构成模板的支架。这种支架适用于跨径不大的梁桥，但支立时仍需考虑梁的预拱度、支架梁的伸缩以及支架和模板的卸落等所需条件。

7. 模板车式支架

这种支架适用于跨径不大，桥墩为立柱式的多跨梁桥的施工，形状如图 4-1-4 所示。在墩柱施工完毕后即可立即铺设轨道，拖进孔间，进行模板的安装，这种方法可简化安装工序和节省安装时间。

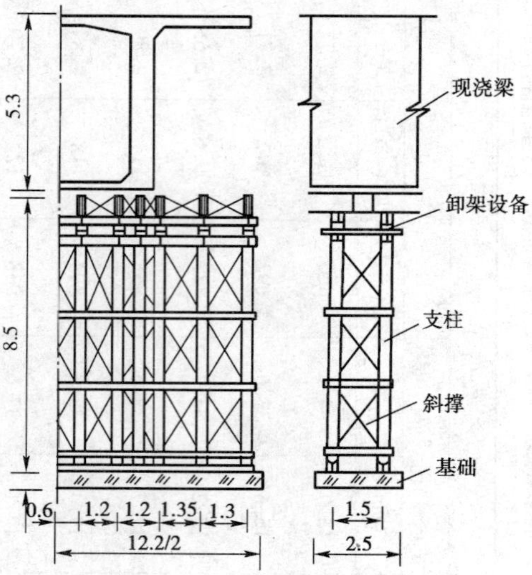

图 4-1-3 轻型钢支架(单位:m)

当上部构造混凝土浇筑完毕，强度达到要求后，模板车即可整体向前移动。但移动时需将斜撑取下，将插入式钢梁节段推入中间钢梁节段内，并将千斤顶放松。

二、模板类型及构造

1. 对模板的要求

模板是供浇筑混凝土用的临时结构物，它不仅关系到预制梁尺寸的精度，而且对工程质量、施工进度和工程造价有直接影响。因此模板应满足下列要求：

(1)具有足够的强度和稳定性，能可靠地承受施工中的各项荷载；

(2)具有足够的刚度，在施工中不变形，保证结构的设计形状、尺寸和模板各部件之间相互位置的准确性；

(3)模板的接缝严密，不漏浆，施工操作方便，保证安全；

(4)制作便利、装拆方便，提高模板的周转使用率。

2. 模板的种类

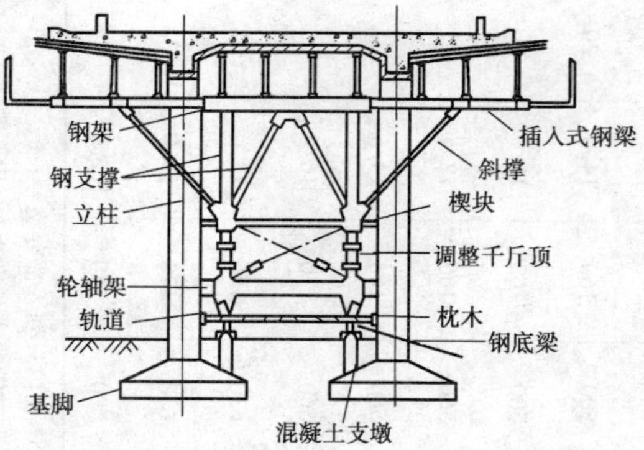

图 4-1-4 模板车式支架

模板的种类按使用材料的不同可分为以下几种：

1)木模

在桥梁建筑中最常用的模板是木模。它的优点是制作容易，但木材耗量大，成本较高。

木模由模板、肋木(带木)、立柱或横枋、拉杆等组成(图 4-1-5)，模板可以竖直或水平拼装。模板厚度通常为 3 ~ 5cm，板宽 15 ~ 20cm，不得过宽，以免翘曲。肋木一般用 8 × 12cm 或 10 × 12cm 枋木，肋木间距 L_1 即为模板的跨度，根据模板的厚度、受力的大小、模板的强

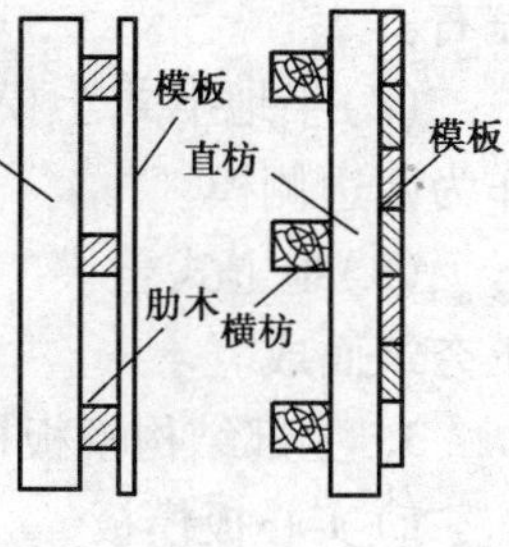

图 4-1-5　木模构造

度、刚度进行验算而定。立柱可用 10×12cm 或 10×14cm 的枋木、也可用 100×100×12mm 角钢制作,或用万能杆件代用。

立柱的间距 L_2 即肋木的跨度,根据对肋木的强度和刚度的演算而定。拉杆一般采用两端带丝扣的圆钢,是立柱的支点,承受立柱传来的反力,据此,选定拉杆所需的直径,通常采用 $\phi16$ 或 $\phi12$ 圆钢。拉杆的间距,在水平方向按立柱间距设置,竖直方向即立柱的跨度,在选定了立柱的断面以后,由对立柱的强度和刚度验算求得。

2)钢模

钢模是用钢板代替模板,用角钢代替肋木和立柱。钢板厚度一般为 4mm,角钢尺寸应根据计算确定。

钢模造价虽高,但周转次数多,实际成本低,且结实耐用,接缝严密,能经受强力振捣,浇筑的构件表面光滑,故目前采用日益增多(图 4-1-6)。

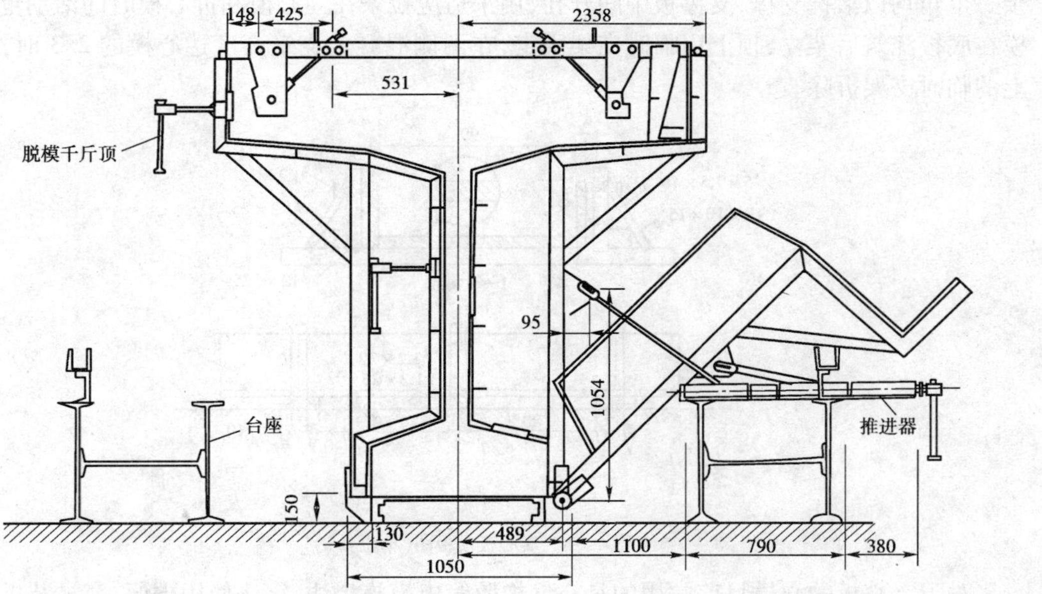

图 4-1-6　钢模构造(单位:mm)

3)钢木结合模

钢木结合模用角钢作支架,木模板用平头开槽螺栓连接于角钢上,表面钉以黑铁皮。这种模板节约木料,成本较低,同时具有较大的刚度和稳定性。如图 4-1-7 所示。

4)土模

土模节约木材和铁件,但用工较多,制作要求严格,预埋构件较难固定,雨季施工困难。

土模按其位置高低可分为三种:

(1)地下式土模　在已平整的地坪上就地放样,挖槽成型,构件大多埋入地下,外漏 5cm

左右。

(2)半地下式土模　构件一半埋入地下,所挖出的土作为两边侧模。

(3)地上式土模　构件全部外露在地坪上,侧模由填土夯筑而成。

3. 上部结构模板构造实例

1)实心板模板

图 4-1-8 为装配式钢筋混凝土预制实心模板构造。模板为单元可折式的。设置模板的地基应夯实整平,图中小木桩只在地基较软的情况下才采用。

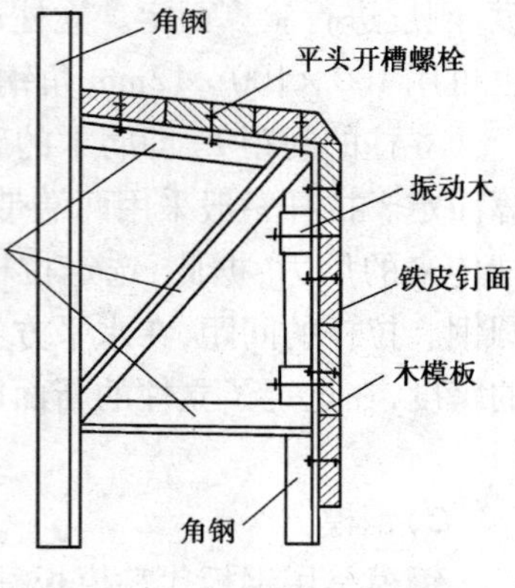

图 4-1-7　钢木结合模板构造

2)空心板模板

图 4-1-9 为装配式钢筋混凝土预制空心板的横截面构造,图 4-1-10 为心模构造。它采用四合式活动模板,为了便于搬运装拆,按桥长分为两节,每节由四块单元体组成,每隔 70 cm左右设木骨架一道,且以扁铁条相联接。中间设活动支承板,支承板除一个角用铰链联接外,其余三个角均以活榫支撑,支撑板中间开孔,用来适应拉条在立心模和拆心模时的活动范围。心模在底板浇筑后架立,顶上用临时支架固定,在两侧混凝土浇筑高度达心模的 2/3 时,可将顶上的临时支架拆除。

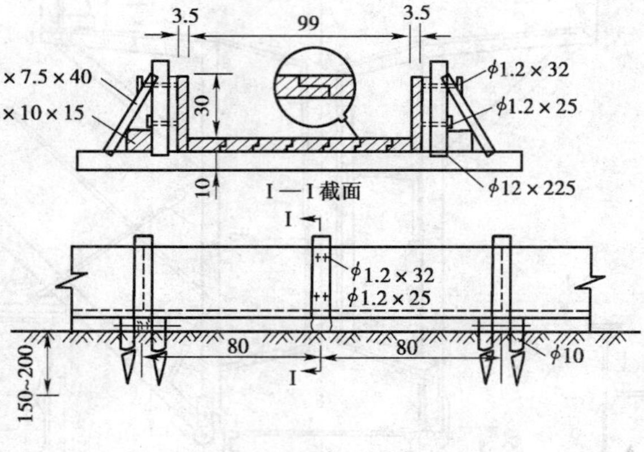

图 4-1-8　实心板模板图(单位:cm)

对于空心板的心模目前常用的是充气橡胶管内模施工法,该法使用方便,容易装拆。它主要由橡胶和纺织品加工成胶布,用氯丁胶冷凝制成设计的内模形状,以充气橡胶管或囊的形式出现,橡胶管被充气后即成内模。胶管在使用前,需经过检查不得漏气,使用后应将表面的水泥浆清洗干净,妥善保管,防止日晒和有机物的侵蚀。所充气压的大小与胶管的直径、新浇筑混凝土的压力、气温等因素有关。当板的空心直径为 0.3m 时,宜采用 39.2 ~ 49kPa 气压。浇筑前,应用定位箍筋、压块等设法将内模固定,操作时要对称、均衡,并防止胶管偏位。胶管放气的时间与气温有关,应通过试验确定,当气温为 5 ~ 15℃时,可在混凝土施工完毕后 8 ~ 10h 进行。此外,内模还可以采用不抽拔的心模,如混凝土管、纸管、钢丝管等。

3)T 形梁模板

图 4-1-11 为装配式钢筋混凝土 T 形梁模板构造。图 4-1-12 为装配式钢筋混凝土 T 形梁

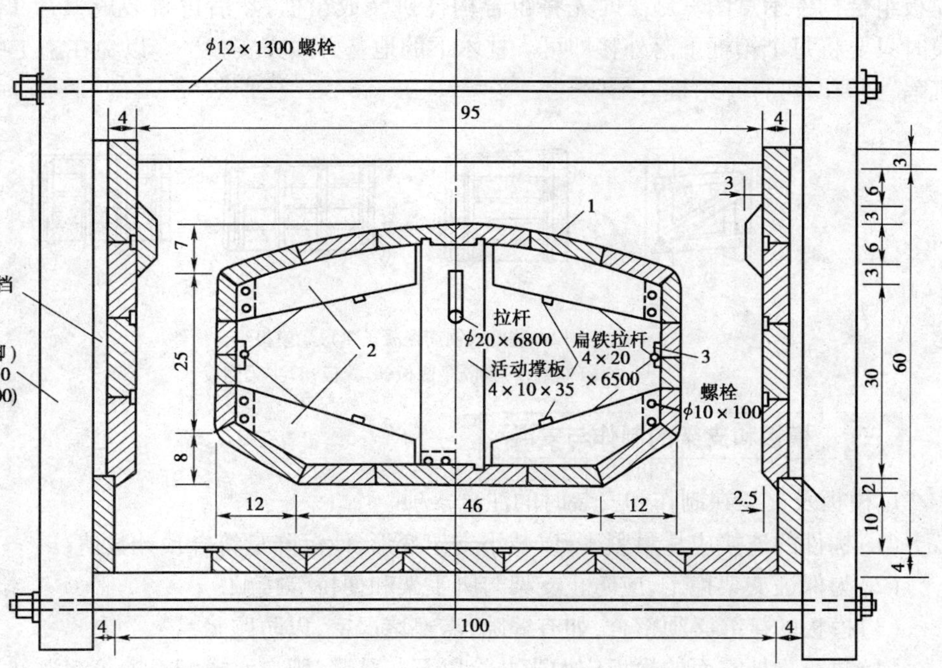

图 4-1-9　空心板横截面构造(单位:铁件为 mm,其他为 cm)

1-心模板;2-骨架;3-铁铰链

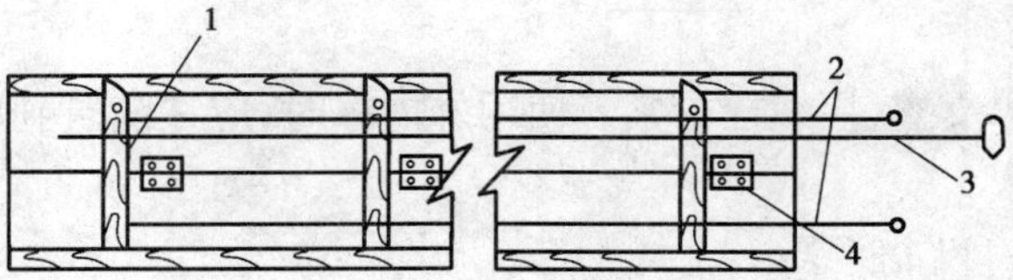

图 4-1-10　心模构造

1-活动支承板;2-扁铁条;3-拉条;4-铁铰

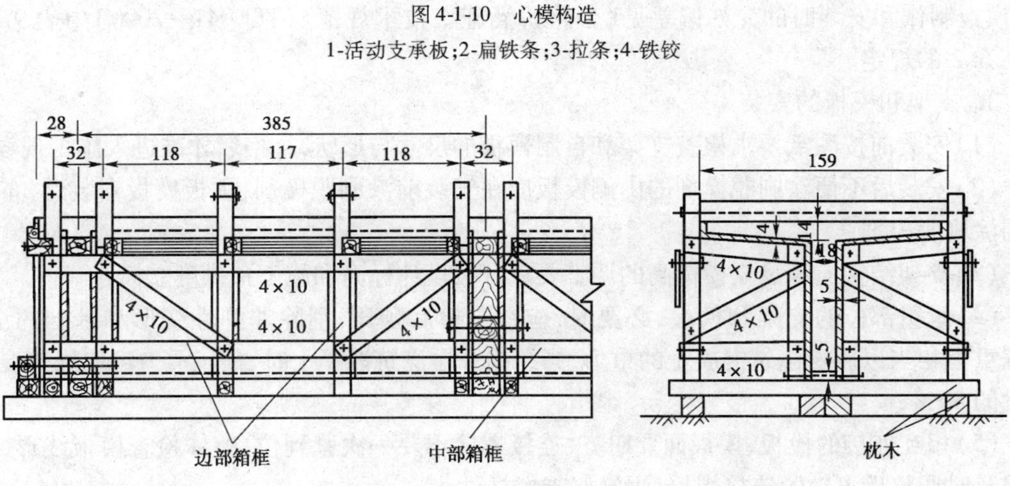

图 4-1-11　装配式钢筋混凝土 T 形梁模板构造(单位:cm)

模板组合构件示意图。施工时先将组合构件拼装成箱框,然后再拼装成整片 T 形梁模板,拆模时只要将每个箱框下落外移即可。枕木下的地基必须夯实整平。以免在施工中发生不均衡沉陷,必要时可打小木桩。

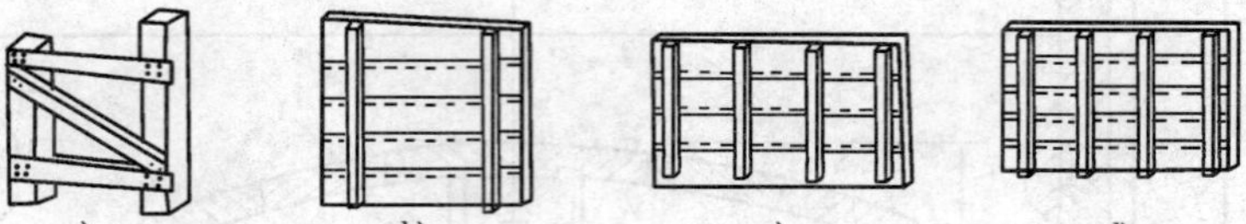

图 4-1-12 装配式钢筋混凝土 T 形梁模板组合构件

a)框架;b)横隔梁侧板;c)翼板;d)主梁侧板

三、模板和支架的制作与安装

1. 模板及支架在制作和安装时的注意事项

(1)构件的连接应尽量紧密,以减小支架变形,使沉降量符合预计数值;

(2)为保证支架稳定,应防止支架与脚手架和便桥等接触;

(3)模板的接缝必须密合,如有缝隙,需塞堵严密,以防跑浆;

(4)建筑物外露面的模板应抛光并涂以石灰乳浆、肥皂水或润滑油等润滑剂;

(5)为减少施工现场的安装拆卸工作和便于周转使用,支架和模板应尽量制成装配式组件或块件;

(6)钢制支架宜制成装配式常备构件,制作时应特别注意构件外形尺寸的准确性,一般应使用样板放样制作;

(7)模板应用内撑支撑,用螺栓栓紧。使用木内撑时,应在浇筑到该部位时及时将支撑撤去。

2. 制作及安装质量标准

支架和模板,在使用前应进行检验,需保证坚固、稳定,其位置及尺寸符合设计要求。支架、模板制作和安装时的允许偏差见《公路桥涵施工技术规范》(JTJ 041—2000)中表 9.6.1、表 9.6.2 的规定。

3. 支架和模板的安装

(1)安装前按图纸要求检查支架和自制模板的尺寸与形状,合格后才准进入施工现场;

(2)安装后不便涂刷脱模剂的内侧模板应在安装前涂刷脱模剂,顶板模板安装后,布扎钢筋前涂刷脱模剂;

(3)支架结构应满足立模标高的调整要求。按设计标高和施工预拱度立模;

(4)承重部位的支架和模板,必要时,应在立模后预压,消除非弹性变形和基础的沉陷。预压重力相当以后所浇筑混凝土的重力,当结构分层浇筑混凝土时,预压重力可取浇筑混凝土质量的 80%;

(5)相互连接的模板,模板面要对齐,连接螺栓不要一次紧到位,整体检查模板线形,发现偏差及时调整后再锁紧连接螺栓,固定好支撑杆件;

(6)模板连接缝间隙大于 2mm 应用灰膏类填缝或用粘胶带密封。预应力管道锚具处空

隙大时用海绵泡沫填塞,防止漏浆;

(7)主要起重机械必须配备经过专门训练的专业人员操作,指挥人员、驾驶员、挂钩工人要统一信号;

(8)遇6级以上大风时应停止施工作业。

四、模板和支架的拆除

模板和支架拆除的有关要求,见表4-1-2。

模板和支架的拆除　　表4-1-2

项　目	拆除注意要点
非承重侧模板的拆除	应在混凝土强度能保证其表面及棱角不应拆除模板而受损坏时拆除。一般当混凝土抗压强度达到2.5MPa时可拆除侧模板
承重模板、拱架及支架的拆卸	钢筋混凝土结构的承重模板、拱架和支架,应在混凝土强度能承受其自重力及其他可能的叠加荷载时,方可拆除;一般跨径等于或小于3m的梁、板、拱达到设计强度的70%时方可拆除。如设计上对拆除承重模板、拱架、支架另有规定,应按照设计规定执行
砖、石拱桥的拱架卸落时间	1. 浆砌砖、石拱桥需待砂浆强度达到设计要求,如设计无要求则需达到砂浆强度的70%; 2. 跨径小于10m的小拱桥,宜在拱上建筑全部完成后卸架;中等跨径实腹式拱,宜在护拱砌完后卸架;大跨径空腹式拱,宜在拱上小拱横墙砌好(未砌小拱圈)时卸架; 3. 当需要实行裸拱卸架时,应对裸拱进行截面强度及稳定性验算,并采取必要的稳定措施
卸落拱架和支架的程序	应按设计所规定的要求进行。如无设计规定时,应详细拟定卸落程序,分几个循环卸完,卸落量开始宜小,以后逐渐增大,在纵向应对称、均衡卸落。在拟定卸落程序时应注意以下几点: 1. 在卸落前应在卸架设备(如简单木楔和组合木楔等)上画好每次卸落量的标记; 2. 满布式拱架卸落时,一般可从拱顶向拱脚依次循环卸落;拱架可在两支座处同时卸落; 3. 简支梁、连续梁宜从跨中向两支座依次循环卸落;悬臂梁宜先卸挂梁及悬臂的支架,再卸无铰跨内的支架; 4. 多孔拱桥卸架时,若桥墩容许承受单孔施工荷载,可单孔卸落。否则应多孔同时卸落; 5. 卸落拱架时,应设专人用仪器观测拱圈挠度和墩台变化情况,并详细记录
墩台模板的拆除	桥墩、台模板宜在其上部结构施工前拆除。拆除模板、卸落拱架、支架时,不允许用猛力敲打和强扭等粗暴的方法进行
其他注意事项	模板、拱架和支架拆除后,应将其表面灰浆、污垢清除干净,并应维修整理,分类妥善存放,防止变形开裂

五、施工预拱度

1. 确定预拱度时应考虑的因素

在支架上浇筑梁式上部构造时,在施工时和卸架后,上部构造要发生一定的下沉和产生一定的挠度。因此,为使上部构造在卸架后能满意地获得设计规定的外形,须在施工时设置一定数值的预拱度。在确定预拱度时应考虑下列因素:

(1)卸架后上部构造本身及活载一半所产生的竖向挠度δ_1;

(2)支架在荷载作用下的弹性压缩 δ_2；

(3)支架在荷载作用下的非弹性压缩 δ_3；

(4)支架基底在荷载作用下的非弹性沉陷 δ_4；

(5)由混凝土收缩及温度变化而引起的挠度 δ_5。

2. 预拱度的计算

上部构造及支架的各项变形值之和，即为应设置之预拱度。各项变形值可按下列方法计算和确定：

(1)桥跨结构应设置预拱度，其值等于恒载和半个静活载所产生的竖向挠度 δ_1。当恒载和静载产生的挠度不超过跨径的1/1600时，可不设预拱度。

(2)满布式支架，当其杆件长度为 L，弹性模量为 E，压应力为 σ 时，其弹性变形 δ_2 等于 $\sigma L/E$；当支架为桁架等形式时应按具体情况计算其弹性变形。

(3)支架在每一个接缝处的非弹性变形，在一般情况下，横纹木料为3mm；顺纹木料为2mm；木料与金属或木料与圬工的接缝为1～2mm；顺纹与横纹木料接缝为2.5mm。

卸落设备砂筒内砂料压缩和金属筒变形的非弹性压缩量，根据压力的大小、砂子细度模数及筒径、筒高确定。一般200kN压力砂筒为4mm；400kN压力砂筒为6mm；砂未预先压紧者10mm。

(4)支架基底的沉陷，可通过试验确定或参考表4-1-3估算。

3. 预拱度的设置

根据梁的挠度和支架的变形所计算出来的预拱度之和，为预拱度的最高值，应设置在梁的跨径中点。其他各点的预拱度，应以中间点为最高值，以梁的两端为零，按直线或二次抛物线进行分配。

支架基底沉陷(cm) 表4-1-3

土　壤	枕　梁	柱	
		当柱上有极限荷载时	柱的支承能力不充分利用时
砂土	0.5～1.0	0.5	0.5
粘土	1.5～2.0	1.0	0.5

附：实训模块

1. 实训项目

在实地模拟钢筋混凝土简支实心板桥预制板的模板制作安装工作。

2. 实训目的

(1)通过模拟操作，使学生初步认识模板安装的操作要点；

(2)在以后的工作中能够有效地控制模板安装质量。

3. 实训内容

本期实训采用交通部颁布的跨径为6m、高度为0.36m、宽度为0.99m装配式钢筋混凝土实心矩形铰接板桥标准图进行实地模拟预制。鉴于是模拟预制，在实训过程中假定板梁侧面为平面，无铰缝，以简化模板的制作。本次实训采用木模板现场拼制。

4. 实训准备

1）场地准备

在实习场地（或操场）根据预制构件的尺寸及数量，确定一块场地。预制采用帮包底的形式，用砖或混凝土材料，按照预制构件底宽设置底模。底模设置区参照预制构件的自重荷载，对场地进行承载力验算，不能满足时，须夯实处理。为保证预制构件底平整，底胎模（砖砌）顶面铺一层2cm厚砂浆并压光（用混凝土材料时表面抹光），且要保持表面水平（用水准仪或水平尺控制），平整度用2m靠尺检查，不得超出规范要求。并在两侧埋置钢筋混凝土块或打木桩，以备支模加固用。模板支撑固定可以利用相邻底模做支点或在底模横向预留拉杆洞，通过拉杆固定。

2）机具设备

各型锤（12磅大锤、4磅八角锤、羊角锤）、手锯、手钳、扳手、斧头、墨斗、水平尺、木工铅笔、手工刨、手提木电钻等。

3）材料

50～80mm厚木（模）板（宽20～30cm）、30～50mm厚木（模）板、80mm×100mm枋木、拉杆（ϕ16以上的圆钢）、2～2.5倍模板厚的铁钉、脱模剂、双面胶带等。

4）技术准备

（1）实训前相关实训人员仔细阅读图纸及相关的技术规范要求。

（2）根据构件尺寸及模板材料确定模板拼装方案。

（3）木模板配制注意事项：

①木模板的配制要注意节约，考虑周转使用及以后的适当改制使用。

②配制模板尺寸时，要考虑模板拼装结合的需要，适当加长或缩短某一部分长度。

③制模板时，板边要找平刨直，接缝严密，使不漏浆。木料上有节疤、缺口等缺陷的部位，应放在模板反面或截去，钉子长度一般宜为木板厚度的2～2.5倍。每块板在横挡处至少要钉2个钉子，第二块板的钉子要向第一块模板斜钉，使拼缝严密。

④直接与混凝土相接触的木模板宽度不宜大于20cm。

⑤混凝土表面不作粉刷的模板，一般宜刨光，否则不必刨光。

⑥模板配制完成后，不同部位模板要进行编号，写明用途，分别堆放。备用的模板要遮盖保护，以免变形。

（4）模板（侧模）拼装、安装固定方法

①侧模拼装　厚度20cm以下的构件用50mm厚木板作侧模，不用拼条。较高的侧模，除按普通模板制作外，可采用木板组合侧模，用25mm厚木板加肋。侧模纵向接缝处，模板背面用大枋木作立柱（跨两块板），避免错缝。

②侧模固定方法　一般采用支撑固定（用于埋设有木条的地坪）、卡箍固定（包括木卡箍、钢管卡箍及其他钢制卡箍）。

（5）模板质量标准

①基本要求　模板应具有足够的强度、刚度和稳定性；正确合模，底模、侧模密封条粘贴应符合要求，出筋孔密封应符合要求（T形、π形梁侧面顶部有钢筋伸出模板；简支板端头一般有钢筋伸出模板，以桥面连续）；底模应与基础可靠连接；侧模拆除时混凝土必须达到足够的强

度,以保证构件不受损伤。

②实测项目　见相关技术规范。

5. 实训组织与实施

1)组织

学生分组:6~8人为一组,每二组设一组(二人组成)监理组。

指导老师:每二组设一名指导老师。

2)实施

(1)制作底模

施工现场一般都用混凝土材料做预制构件底胎模,如果其顶面压光处理不好,再在上面铺胶合板或竹夹板。受预制场地限制,还有采用活动钢模板底模,但很少用组合木模板底模,因它与基础联结不牢,又不容易调平。

(2)安装侧模

在钢筋骨架绑扎安装完成,经检查、验收符合设计及规范要求后,方可进行模板安装。侧模由若干个具有独立结构的组合式定型木模板(长1~1.5m)组成,其由紧贴于混凝土表面的面板(5~8cm厚)及用来固定面板的横向、竖向加强肋(枋木)构成。每块定型模板横向两端各设一横断面为80mm×100mm枋木立柱,一端的面板伸出枋木5cm,另一端则缩进枋木5cm,枋木顶端高出预制梁顶面15~20cm,上部用木电钻钻孔,穿拉杆。

具体安装方法:首先将定型模板运至施工现场,涂好脱模剂后,两侧对称就位,接着穿拉杆及安π形木卡横梁(间距50~80cm)临时固定,最后加水平撑及斜撑。安装完后将混凝土顶面位置用油漆标在面板上或钉小铁钉标记。

(3)安装端模

端模根据梁端穿筋情况现场拼装,采用侧模包端模形式。

3)检查与评定

4)收尾工作

5)注意事项

(1)模板安装一般要在钢筋骨架验收合格后方进行安装;

(2)脱模剂涂刷要均匀,其一般在模板安装前涂刷,有些构件模板可在安装后涂,但不能污染了结构钢筋;

(3)相互连接的模板,模板面要对齐,连接紧密,必要时用连接螺栓连接;

(4)模板连接缝间隙大于2mm应用灰膏类材料填缝或贴胶带密封;

(5)模板安装一定要有足够的稳定性,以确保模板的垂直度;

(6)模板制作、安装的允许偏差应符合《公路桥涵施工技术规范》的有关规定。

6. 实训报告(见单元二课题一基坑开挖实训模块)

思考与练习

1. 钢筋混凝土梁式桥常用支架的类型有哪些?

2. 空心板的心模目前常用的是什么施工法？

3. 模板及支架在制作和安装时的注意事项有哪些？

4. 施工预拱度应如何设置？

课题二　钢筋加工与安装

【内容提要】 本课题主要介绍钢筋加工过程中各个工序（包括整直、切断、除锈、弯钩、焊接、绑扎等）的工艺特点和质量要求；同时对钢筋安装过程中的钢筋制作成型与钢筋骨架的焊接与安装方法作了较为详细的介绍。

【教学要求】

应知：1. 了解钢筋加工准备工作的内容及要求；2. 掌握钢筋接长的工艺方法及质量控制；3. 掌握钢筋骨架焊接的一般顺序和焊接工艺；4. 掌握钢筋安装的注意事项及安装允许偏差。

应会：1. 能进行钢筋的检查与保管；2. 会进行钢筋下料长度的计算；3. 具有独立按施工图纸要求进行钢筋的加工与制作的能力；4. 熟悉规范并能参照规范要求进行钢筋加工中的质量检查与控制。

【教学建议】 采用多媒体教学，有条件时可进行现场教学或组织现场参观。钢筋骨架的制作与安装可在校内进行模拟训练。

钢筋工作的特点是使用的材料规格多，加工工序也多。成品的形状、尺寸各不相同，焊接和安装的好坏对构件质量影响很大，而在工程完工后又难以检查，如有缺陷，事后无法纠正。所以钢筋工作的各道工序，一定要严格控制。

钢筋混凝土梁桥的钢筋工程包括普通钢筋的加工，钢筋骨架的拼装等工作。普通钢筋从加工到形成钢筋骨架需要经过钢筋整直、切断、除锈、弯钩、焊接、绑扎等工序，在加工之前首先应对所用的钢筋进行抽检。

一、准备工作

1. 钢筋的检查与保管

1）钢筋的外观检查和力学性能检查

进厂钢筋应具有出厂质量证明书，对中小桥所用的钢筋，使用前可不进行抽检；对于大桥所用的钢筋，应进行抽检。检验内容主要包括钢筋的冷拉、冷弯和可焊性试验，试验的有关规定应按《公路桥涵施工技术规范》（JTJ 041—2000）办理。

2）钢筋的保管

钢筋进厂后，还应妥善保管，具体应做到：

（1）堆放场地选择在地势较高处，尽量用料棚遮盖，钢筋下面要放垫块，使其离地不小于20cm；

（2）钢筋应按不同等级、牌号、规格等分类挂牌堆放，并标明数量，做到账、物、牌三相符；

（3）钢筋不要和酸、碱、油一类物品一起存放，以免污染。

2. 钢筋调直

直径10mm以下的细钢筋多卷成盘形，粗钢筋常弯成“发卡”形，以便运输和储存。因此，运到工地的钢筋应先调直。

盘条钢筋应先放开，把它截成30～40m的长度，然后用人力或电动绞车拉直，也可用钢筋调直机调直。图4-2-1所示为人工绞磨拉直钢筋的装置。拉直时应对拉力进行控制，使任一段的伸长率不超过1%。

粗钢筋可放在工作台上用手锤敲直，也可用手工扳子或自动机床矫直。调直后的钢筋，应平直、无局部曲折。

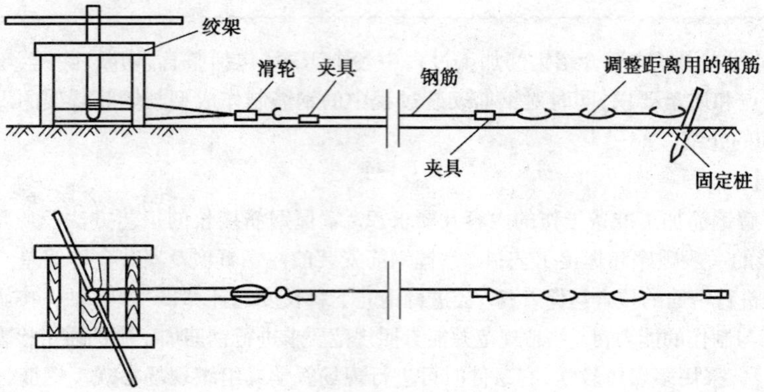

图4-2-1　人工绞磨拉直

3. 钢筋的除锈去污

钢筋应有洁净的表面，使钢筋与混凝土间的粘结力得以充分发挥。油渍、漆污及用锤敲击时能剥落的浮皮，应在使用前清除干净。除锈的方法很多，如采用钢丝刷、砂盘等工具进行清除。

整直去污后的钢筋表面的伤痕不应使钢筋截面减少5%以上。

4. 钢筋的配料

钢筋加工应根据施工设计图将不同直径、不同长度的钢筋按规格和编号顺序填制配料，如表4-2-1所示，然后按规格型号分别配料加工。

钢筋配料单　　表4-2-1

构件号	图号	钢号	钢筋编号	直径	形状	下料长度	根数	总数	备注

1）钢筋的弯钩

为了增加受力主钢筋在混凝土内的抗滑移能力和锚固作用，绑扎钢筋骨架中的光圆钢筋的端部应做成半圆弯钩，直径不小于2.5d；螺纹钢筋因本身已有足够的粘结能力，一般可不设弯钩或仅设直钩；需要弯起的钢筋和斜钢筋的两端做成圆弧段，曲率半径不小于20d（表4-2-2）。

用Ⅰ级钢筋制作的箍筋，其末端应做弯钩，直径应大于受力主筋的直径，且不小于箍筋直径的2.5倍。弯钩平直部分长度，一般结构不宜小于箍筋直径的5倍；有抗震要求的结构，不应小于箍筋直径的10倍。弯钩的形式，如设计无要求时，可按图4-2-2a）、b）形式加工；有抗震要求的结构，应按图4-2-2c）形式加工。

钢筋的弯制和末端的弯钩应符合设计要求，如设计无规定时，应符合表 4-2-2 的规定。下面介绍弯钩的计算。

受力主钢筋制作和末端弯钩形状　　表 4-2-2

弯曲部位	弯曲角度	形状图	钢筋种类	弯曲直径 D	平直部分长度	备　注
末端弯钩	180°	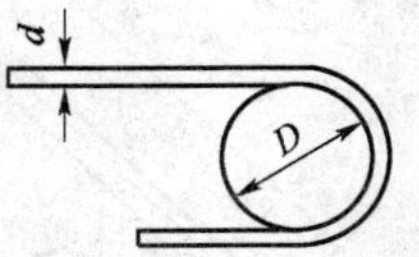	I	$\geqslant 2.5d$	$\geqslant 3d$	d 为钢筋直径
	135°	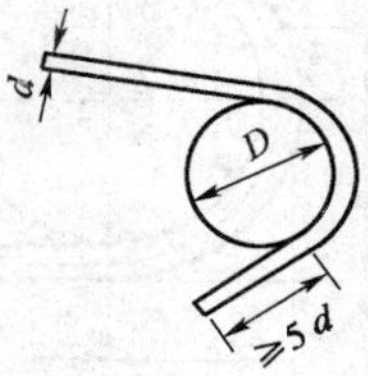	HRB335	$\phi 8 \sim \phi 25$ $\geqslant 4d$	$\geqslant 5d$	
			HRB400	$\phi 28 \sim \phi 40$ $\geqslant 5d$		
	90°	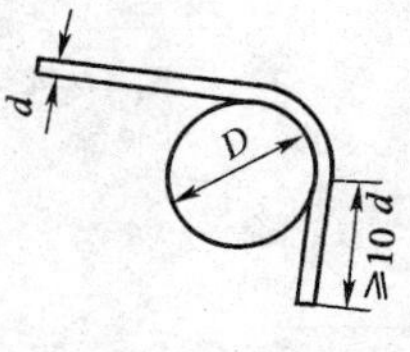	HRB335	$\phi 8 \sim \phi 25$ $\geqslant 4d$	$\geqslant 10d$	
			HRB400	$\phi 28 \sim \phi 40$ $\geqslant 5d$		
中间弯钩	90°以下	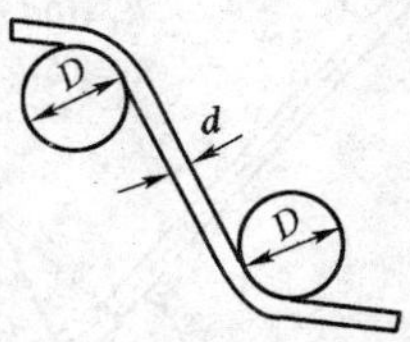	各类	$\geqslant 20d$		

注：环氧树脂涂层钢筋当进行弯曲加工时，对直径 d 大于 20mm 的钢筋，其弯曲直径不应小于 $4d$，对直径大于 20mm 的钢筋，其弯曲直径不宜小于 $6d$。

(1)半圆弯钩(180°弯钩)：如图 4-2-3 所示，按弯曲直径 D 不小于 $2.5d$，作 180°的圆弧弯曲。计算公式为：

半圆弯钩全长　　$3d + \frac{3.5\pi d}{2} = 8.5d$

半圆弯钩增加长　　$8.5d - 2.25d = 6.25d$

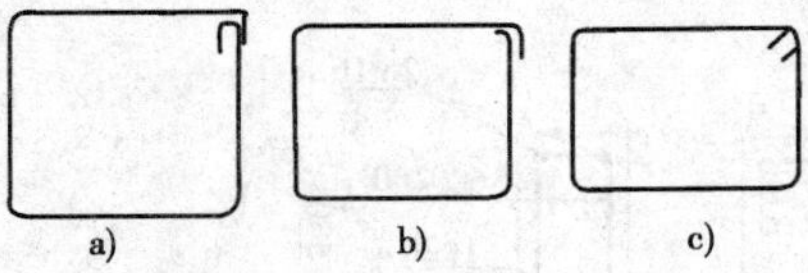

图 4-2-2　箍筋弯钩形式图

a)90°/180°；b)90°/90°；c)135°/135°

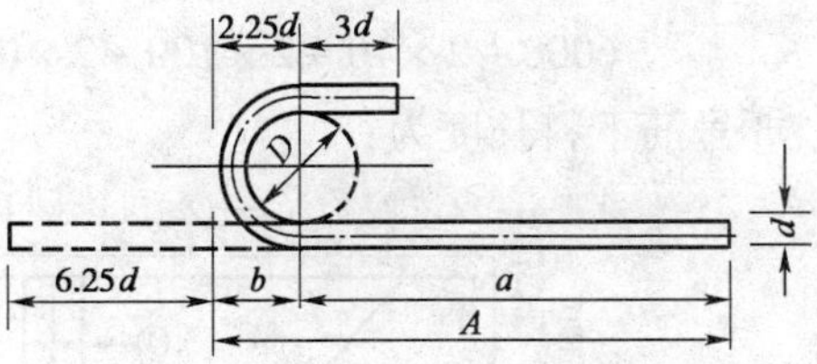

图 4-2-3　半圆弯钩

A-外包尺寸

(2)斜弯钩(135°弯钩)：如图 4-2-4 所示，所增加的钢筋长度为：

$$3d+\frac{3}{8}\times 2\pi\times(2.5d/2+d/2)-2.25d=4.9d$$

(3)直弯钩(90°弯钩):如图4-2-5所示,所增加的钢筋长度为:

$$3d+\frac{1}{4}\times 2\pi\times(2.5d/2+d/2)-2.25d=3.5d$$

2)钢筋的弯折

根据结构受力要求,有时需要将部分受力钢筋进行弯折,这时弧长比两切线之和短些,如图4-2-6所示,其计算长度应减去折减数值(钢筋直径小于10mm时可忽略不计)。

3)下料长度计算

不同钢筋下料长度计算采用以下公式:

直钢筋下料长度=构件长度-保护层厚度+弯钩增加长度

弯起钢筋下料长度=直段长度+斜段长度-弯曲量度差+弯钩增加量

箍筋下料长=箍筋周长+箍筋调整值

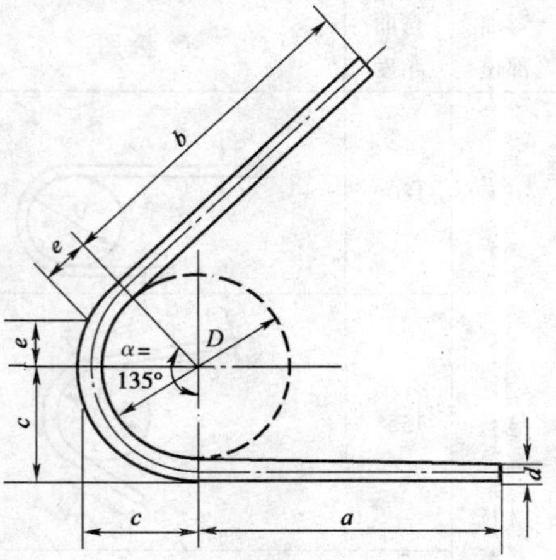

图4-2-4 斜弯钩

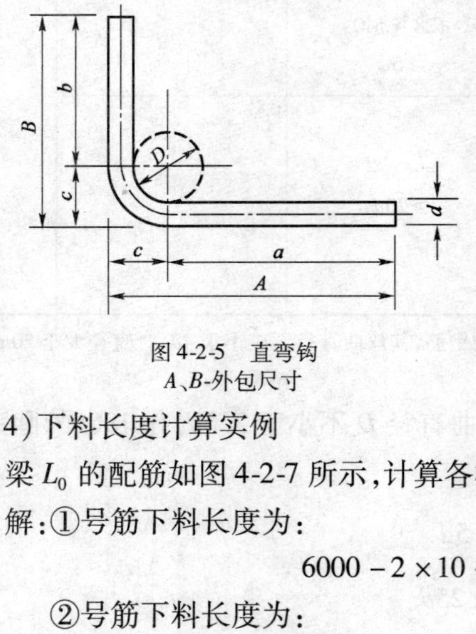

图4-2-5 直弯钩
A、B-外包尺寸

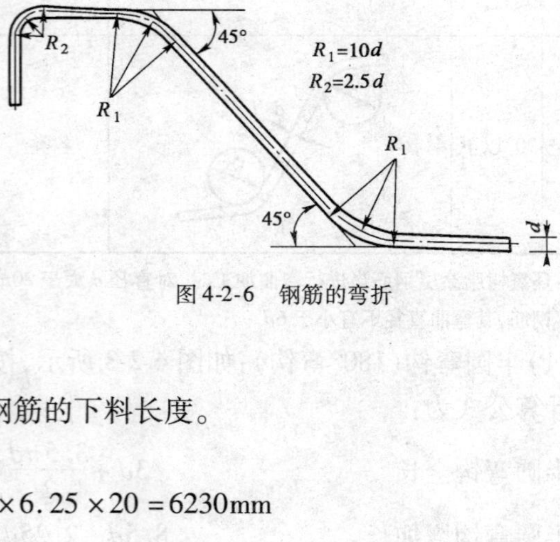

图4-2-6 钢筋的弯折

4)下料长度计算实例

梁L_0的配筋如图4-2-7所示,计算各根钢筋的下料长度。

解:①号筋下料长度为:

$$6000-2\times10+2\times6.25\times20=6230\text{mm}$$

②号筋下料长度为:

$$6000-2\times10+2\times100-2\times0.8\times16+2\times6.25\times16=6355\text{mm}$$

③号筋下料长度为:

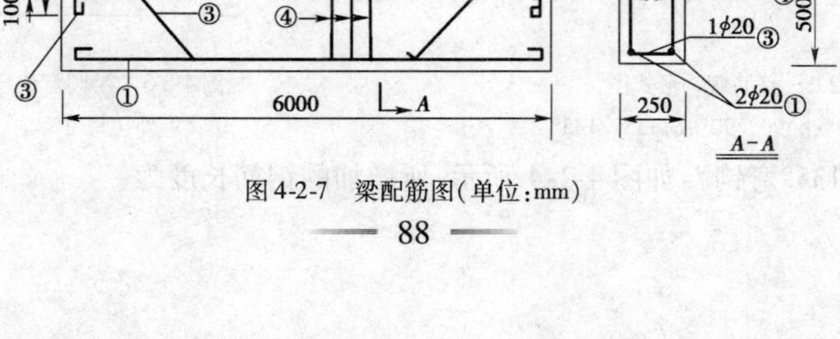

图4-2-7 梁配筋图(单位:mm)

$$6000-2\times10+2(\sqrt{2}-1)(500-2\times50-2\times6)+2\times150-4\times0.5\times20$$
$$-2\times0.8\times20+2\times6.25\times20=6821\text{mm}$$

④号筋下料长度为：

$$[(500-2\times50)+250-2\times25)]\times2+44=1344\text{mm}$$

二、钢筋加工

1．钢筋接长

钢筋接长的方法有闪光接触对焊、电弧焊和绑扎搭接三种。闪光接触对焊接长钢筋，其优点是钢筋传力性能好，省钢料，能电焊各种钢筋，避免了钢筋的拥挤，故一般电焊均以采用闪光焊为宜。绑扎接头的质量差，费钢料，只有在没有焊接条件的情况下，才可采用。

1）闪光接触对焊

闪光接触对焊，可分不加预热的连续闪光和加预热的闪光两种方法。一般常用不加预热的连续闪光焊，若对焊机功率不足，不能用连续闪光焊时，对直径较粗的钢筋，可采用加预热的闪光焊。

采用不加预热的连续闪光焊时，系将夹紧于对焊机钳口内的钢筋，在接通电源时，以不大的压力移近钢筋两头，使轻微接触。在移近过程中，钢筋端隙间向四面喷射火花，而钢筋端头则逐渐发生熔化。缓慢地移拢钢筋端部，以保持连续闪光。在钢筋熔融到既定的长度值后，便对钢筋进行快速的顶锻，至此焊接操作即告完成。

采用预热闪光焊接时，系将钢筋移拢，使两端面轻微接触，以便立即激发瞬时的闪光过程，然后移开钢筋。这种连续移拢或移开使钢筋端部逐渐加热。移近次数视钢筋直径、对焊机功率而定，一般在 3～20 次范围内变动，最后对钢筋进行快速顶锻。图 4-2-8 为接触对焊示意图。图 4-2-9 为接触对焊的接头形式。

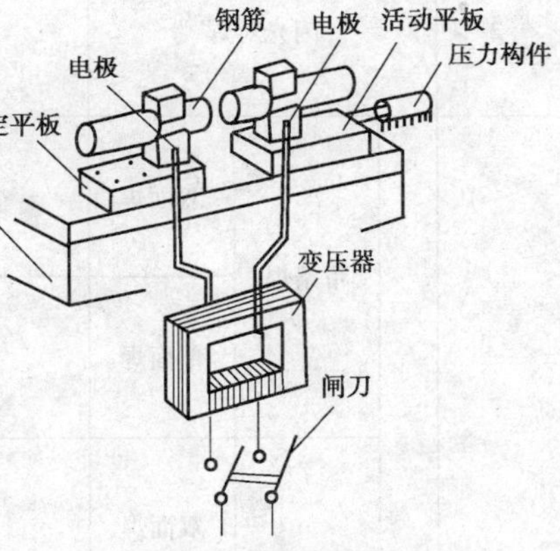

图 4-2-8　接触对焊示意图

为保证对焊接头质量，被焊钢筋的焊接端应裁切平整，端部断面应与钢筋轴线垂直，两焊接端面应彼此平行。焊接时被挤出接头外的熔渣应予除去。

钢筋对焊的质量应分批切取试件进行力学性能试验。当每次改变钢筋类型、直径或调换焊工时，应用同批的钢筋制作两个试件检查焊接质量。外观检查应满足下列要求：

①接头应有适当的镦粗和均匀的金属毛刺。

②钢筋表面没有裂缝和明显的烧伤。

③接头如有弯折，其角度不得大于 4°。

④两根钢筋的轴线在接头处的偏移不得大于钢筋直径的 0.1 倍，亦不得大于 2mm。

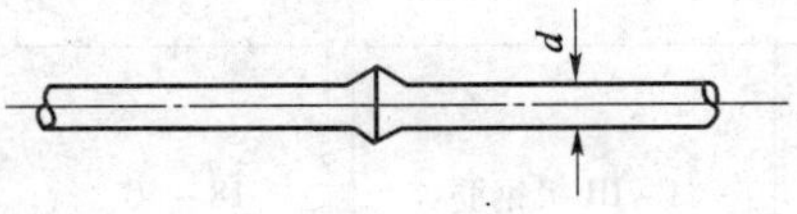

图 4-2-9　接触对焊接头

力学性能试验，其质量应符合下列要求：

①抗拉极限强度不能小于该种钢筋的抗拉极限强度。

②试件绕心棒冷弯 90°不得出现裂缝，亦不得沿焊接部位破坏。对心棒直径的规定为：I 级钢筋为 $2d$；II、III 级钢筋为 $3d$；IV 级钢筋为 $5d$；直径大于 25mm 的钢筋，心棒

直径增加 1d。冷弯试验时，焊接点应位于弯曲的中点。

2）电弧焊接

采用电弧焊时，系将一根导线接在被焊钢筋上，另一根导线接在夹有焊条的焊钳上，合上开关，将接触焊件接通电流，此时立即将焊条提起 2 ~ 3mm，产生电弧。电弧温度高达 4000℃，将焊条和钢筋熔化并汇合成一条焊缝，至此焊接过程结束。图 4-2-10 为电弧焊接示意图。

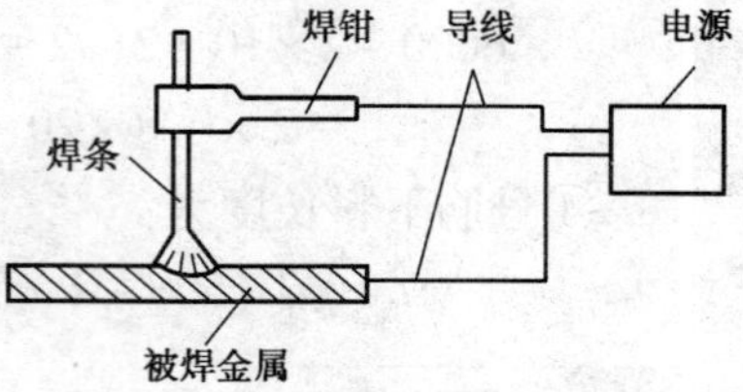

图 4-2-10　电弧焊接示意图

焊接接头的有关规定如表 4-2-3 所示。

焊接接头的类型　　表 4-2-3

项　次	焊接接头类型			接 头 结 构	适用范围 钢筋级别	适用范围 d(mm)
1	电阻点焊			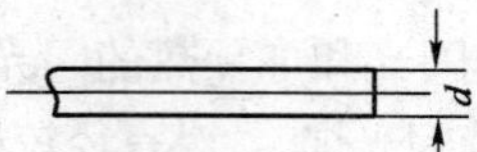	Ⅰ、Ⅱ级冷拔低碳钢丝	6 ~ 14；3 ~ 5
2	闪光对焊			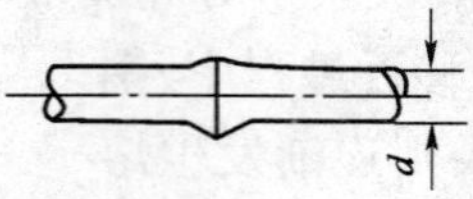	Ⅰ~Ⅲ级钢筋；Ⅳ级	10 ~ 40；10 ~ 25
3	电弧焊	帮条焊	双面焊	 2d(2.5d)	Ⅰ~Ⅲ级钢筋	10 ~ 40
			单面焊	 8d(10d)	Ⅰ~Ⅲ级钢筋	10 ~ 40
		搭接焊	双面焊	 4d(5d)	Ⅰ、Ⅱ级钢筋	10 ~ 40
			单面焊	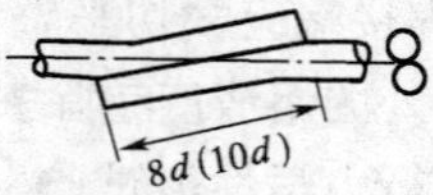 8d(10d)	Ⅰ、Ⅱ级钢筋	10 ~ 40
		熔槽帮条焊		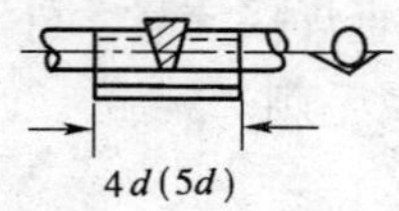 4d(5d)	Ⅰ~Ⅲ级钢筋	25 ~ 40
		坡口焊	平焊	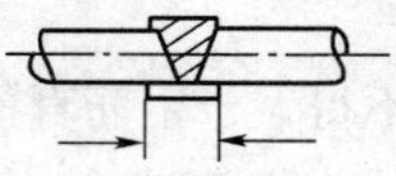 20~40	Ⅰ~Ⅲ级钢筋	18 ~ 40
			立焊	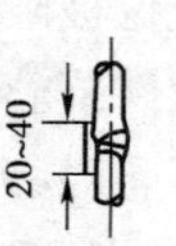 20~40	Ⅰ~Ⅲ级钢筋	18 ~ 40

续上表

项次	焊接接头类型			接头结构	适用范围	
					钢筋级别	d(mm)
3	电弧焊	钢筋与钢板搭接焊		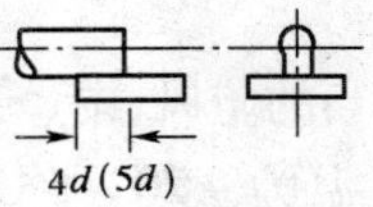	Ⅰ、Ⅱ级钢筋	8~40
		预埋件T形接头焊	贴角焊	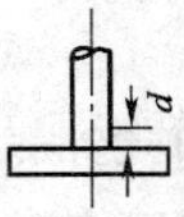	Ⅰ、Ⅱ级钢筋	6~16
			穿孔塞焊	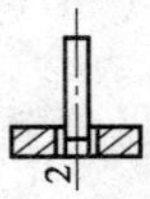	Ⅰ、Ⅱ级钢筋	≥18

注：①本表各图尺寸单位均为mm；

②5号钢钢筋的焊接同Ⅱ级钢筋；500/750MPa级钢筋的焊接同Ⅳ级钢筋；

③电阻点焊时，适用范围的钢筋直径系指较小钢筋的直径。

焊接接头其技术要求如下：

①被焊接的两根钢筋的轴线应位于同一直线上，即将两钢筋搭接端部预先折向一侧。

②当采用帮条焊接，两帮条的轴线与被焊接的两钢筋轴线处于同一平面内。

③帮条焊接的帮条应用与被焊接钢筋同钢种、同直径的钢筋制作，其总截面面积不应小于被焊钢筋的截面积。

④钢筋接头采用搭接或帮条电弧焊接时，应尽量做成双面焊缝，只有当不能做成双面焊缝时，才允许采用单面焊缝。

⑤焊缝长度见表4-2-4中规定。

钢筋绑扎搭接最小长度　　表4-2-4

混凝土强度等级	C15		≥C20	
受力情况 / 钢筋种类	受拉	受压	受拉	受压
Ⅰ级钢筋	35d	25d	30d	20d
Ⅱ级钢筋	40d	30d	35d	25d
Ⅲ级钢筋	45d	35d	40d	30d

注：①d为钢筋直径；

②位于受拉区的搭接长度同时不应小于25mm，位于受压区的搭接长度同时不应小于20mm；当受拉区和受压区分不清时，搭接长度按受拉区规定。

⑥接头处钢筋轴线的偏移不得大于钢筋直径的0.1倍，亦不得大于3mm。

⑦焊缝高度应等于被焊接钢筋直径的0.25倍，且不小于4mm；焊缝宽度应为直径的0.7

倍,且不小于10mm。如图4-2-11所示。

⑧钢筋接头外观检查和抗拉试验要求:焊缝表面平顺、没缺口、凹陷、气孔和焊瘤。抗拉极限强度应不小于被焊钢筋的抗拉极限强度。

⑨焊接时对施焊场地和焊工应有适当的防风、雨、雪、严寒和钢料预热高温侵害的保护设施。场地气温为-20~5℃时,对被焊钢筋应采取技术措施,气温低于-20℃不得施焊。

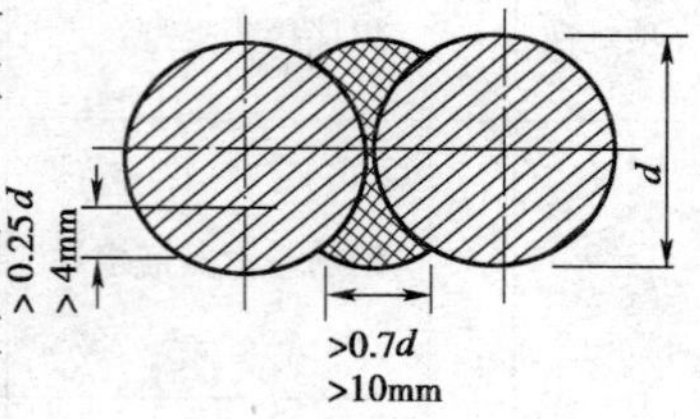

图4-2-11 焊缝宽度和高度

3)铁丝绑扎搭接

当没有条件采用焊接时,直径等于或小于25mm的螺纹钢筋和光圆钢筋可采用铁丝绑扎接头;但对轴心受拉和小偏心受拉构件中主钢筋均应焊接,不得采用绑扎接头。接头的搭接长度见表4-2-4规定,并注意以下要求:

①受拉区的I级钢筋绑扎接头的末端应做弯钩,II、III级钢筋的绑扎接头末端可不做弯钩,但搭接长度要增加20%。

②直径等于和小于12mm的受压I级钢筋的末端,以及轴心受压构件中任意直径的受力钢筋的末端,可不做弯钩,但搭接长度不应小于钢筋直径的30倍。

③钢筋搭接处,应在中心和两端用铁丝扎牢。

2. 钢筋接头在结构中的位置

对于有接头的钢筋,配料时应注意使焊接或绑扎接头设置在内力较小处,并错开布置,两接头间距离不小于1.3倍搭接长度。且应符合下列规定:

①配置在搭接长度区段内(指$30d$长度范围内,但不得小于50cm)的受力钢筋,当采用焊接接头时,在受拉区,其接头的截面积不得超过结构的受力钢筋总截面积的50%;在受压区,不受限制。当采用绑扎接头时,在受拉区,不得超过25%;在受压区,不得超过50%。

②在同一根钢筋上应尽量少设接头。

③电弧焊接和绑扎接头与钢筋弯曲处的距离不应小于10倍钢筋直径,也不应位于构件的最大弯矩处。

三、钢筋安装

1. 钢筋制作成型

钢筋应按设计图纸的尺寸和形状用冷弯的方法弯制成型。弯制钢筋可用人工弯筋器在成型台上弯制或用电动弯筋机弯制。

1)人工弯筋器

人工弯筋器由扳手与底盘组成,如图4-2-12所示。底盘固定于成型台两端,底盘上有固定的扳柱,扳柱一般为22mm的圆钢,扳柱间的净距应较弯曲的最大钢筋直径大2mm。当弯曲较细的钢筋时,应加以适当厚度的钢套,以保持一定的净距,防止钢筋弯曲时向扳手一侧滑动。扳手的扳口以较钢筋直径大2mm为宜。

扳手与扳柱间的净距称为扳距,如图4-2-13所示。为保证钢筋弯制的形状和尺寸准确,弯制钢筋时,应有一定的扳距,扳距随钢筋直径与弯曲角度的大小决定,如表4-2-5所示。弯

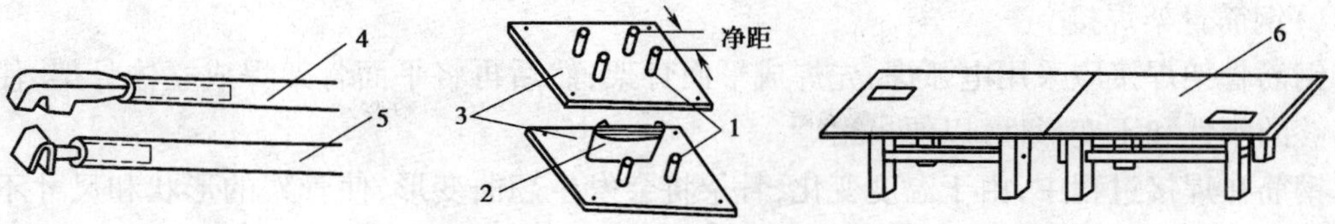

图 4-2-12　人工弯筋设备及成型台

1-扳柱;2-钢套;3-底盘;4-横口扳子;5-深口横口扳子;6-成型台

制钢筋时,应缓慢进行,不能骤然加力,以免弯曲处发生裂痕。

2)电动弯筋机

电动弯筋机能弯制 6～40mm 的钢筋,并可弯成各种角度,如图 4-2-14 所示。扳柱插入能转的弯曲盘及固定两侧的方铁上的柱孔中,方铁上的扳柱只插进料一侧,扳柱的位置按钢筋直径及弯曲的不同来选择。弯曲旋转的角度由电气开关控制,当弯曲某种角度的弯钩时,应在弯曲盘将要转动而未到达该角度时即切断电路,因电路切断后,弯曲盘仍将向前转动一个小角度后才停止,故切断电路的时间应使转盘恰好转到需要角度停止,这主要依靠熟练的技术和经验来决定,一般经试弯几次后确定位置,并做出标记,以便控制。

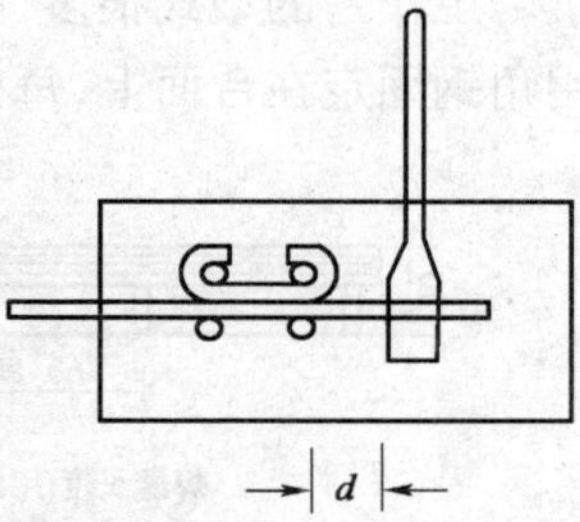

图 4-2-13　扳距

扳距参考表　　表 4-2-5

直径＼角度	180°	90°	45°	135°
8	40	20	10	30
12	50	25	15	40
16	70	40	20	50
19	80	45	25	60
22	100	50	30	70
25	110	55	35	80
28	120	60	40	90

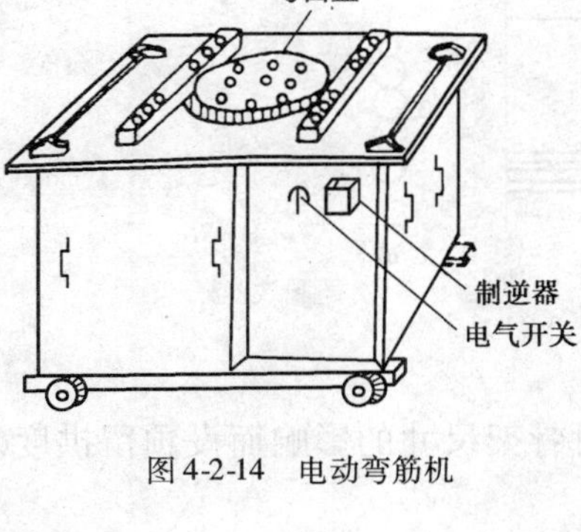

图 4-2-14　电动弯筋机

弯制每种钢筋的第一根时,应反复修正,使其与设计尺寸和形状相符,并以此样件做标准,用以检验以后弯制的钢筋。成型后的钢筋,对受力钢筋其偏差顺长度方向全长的净尺寸不得大于 +5mm 或 -10mm,弯起钢筋的位置不得大于 +20mm 或 -20mm。

成型后的钢筋应按设计编号堆码,并挂标牌,标牌上注明钢筋编号、形状、长度、直径、数量等。钢筋不得存放在露天,且应设置平稳的堆放台。

2. 钢筋骨架焊接与安装

1）钢筋骨架焊接

钢筋骨架焊接应采用电弧焊，先焊成平面骨架，然后再将平面骨架焊成立体骨架，使骨架有足够的刚性和不变形性，以便吊运。

钢筋在焊接过程中，由于温度变化，骨架将会发生翘曲变形，使骨架的形状和尺寸不能符合设计要求，同时会在焊缝内产生收缩应力而使焊缝开裂。因此，为了防止施焊过程中骨架的变形，在施工工艺上要采取一定的措施。一般常在电焊工作台上用先点焊后跳焊（即错开焊接次序）的方法进行焊接；另外采用双面焊缝使骨架的变形尽可能均匀对称。

工作台的型式很多，如图4-2-15所示。台高一般为30～40mm，钢筋按照骨架的外框尺寸用角钢固定在台面上，每根斜筋的两侧也用角钢固定。

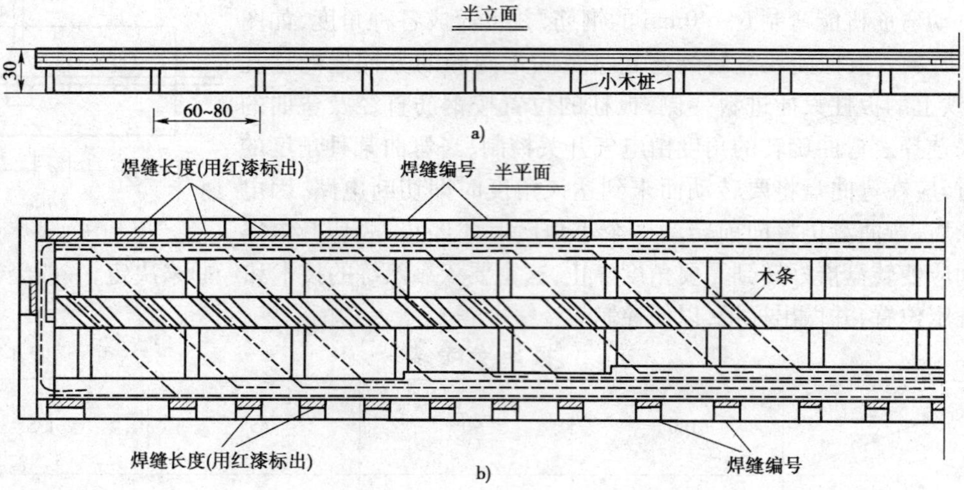

图4-2-15　T形梁钢筋单片骨架拼焊台

钢筋按设计图布置就绪后，各钢筋用点焊固定相对位置，使钢筋骨架各部位不致因施焊时加热膨胀及冷却收缩而走动。

无论点焊或全焊，骨架相邻部位的钢筋不能连续施焊，而应该错开焊接（即跳焊），如图4-2-16所示。图中是下排钢筋跳焊，再焊上排钢筋。同一部位有多层钢筋时，各条焊缝也不能一次焊好，而应错开施焊。当多层钢筋直径不同时，可先焊两直径相同的，再焊直径不同的。

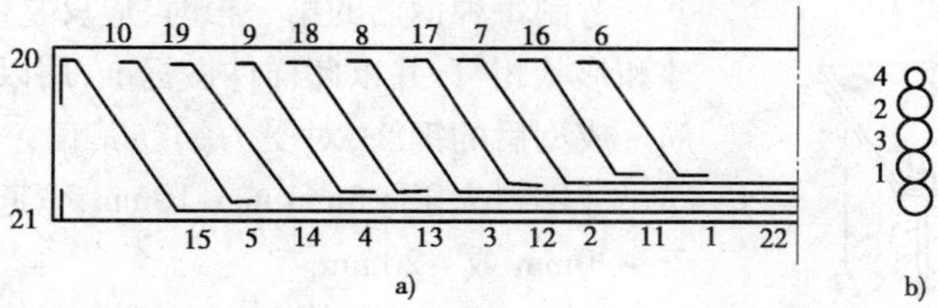

图4-2-16　钢筋骨架焊接顺序

在拼装T形骨架时，还应考虑焊接变形和梁的预拱度对骨架尺寸的影响而设预留拱度，其值可参考表4-2-6的规定。

焊接骨架预留拱度值　　　　表 4-2-6

T 梁跨度	10	10	16	20
工作台上预拱度(mm)	3	3～5	4～6	5～7

2)钢筋的安装

钢筋安装之前,应详细检查模板各部尺寸,并检查模板有无歪斜、裂缝及变形等。所有变形和尺寸不符之处应在安装钢筋之前予以修正。

焊接成型的钢筋骨架,安装时用起重设备吊入模板内即可。

绑扎钢筋的安装,事先应确定好安装顺序。一般的梁肋钢筋,先安箍筋,再安下排主筋,后安上排钢筋。在钢筋安装中,为保证位置正确,达到设计及构造要求,需注意以下几点:

①钢筋的交叉应用铁丝绑扎结实,必要时亦可用电焊焊接;

②除设计有特殊规定外,梁中的箍筋应与主筋垂直;

③箍筋弯钩的叠合处,在梁中应沿梁长方向置于上面并交错布置;

④为了保证混凝土保护层的必需厚度,应在钢筋与模板间设置混凝土垫块。垫块应错开布置,并与钢筋扎紧;

⑤为保证及固定钢筋相互间的横向净距,两排钢筋之间可使用混凝土隔块,或用短钢筋扎结固定;

⑥为保证钢筋骨架有足够的刚度,必要时,可以增加架立钢筋。

安装钢筋时的允许偏差,不得大于表 4-2-7 的规定值。

安装钢筋时的允许偏差　　　　表 4-2-7

<table>
<tr><th colspan="3">检　查　项　目</th><th>允许偏差(mm)</th></tr>
<tr><td rowspan="4">受力钢筋间距</td><td colspan="2">两排以上排距</td><td>±5</td></tr>
<tr><td rowspan="2">同排</td><td>梁、板、拱肋</td><td>±10</td></tr>
<tr><td>基础、锚碇、墩台、柱</td><td>±20</td></tr>
<tr><td colspan="2">灌注桩</td><td>±20</td></tr>
<tr><td colspan="3">箍筋、横向水平干劲、螺旋筋间距</td><td>0，-20</td></tr>
<tr><td colspan="2" rowspan="2">钢筋骨架尺寸</td><td>长</td><td>±10</td></tr>
<tr><td>宽、高或直径</td><td>±5</td></tr>
<tr><td colspan="3">弯起钢筋位置</td><td>±20</td></tr>
<tr><td colspan="2" rowspan="3">保护层厚度</td><td>柱、梁、拱肋</td><td>±5</td></tr>
<tr><td>基础、锚碇、墩台</td><td>±10</td></tr>
<tr><td>板</td><td>±3</td></tr>
</table>

附:实训模块

1. 实训项目

在实地模拟钢筋混凝土简支实心板桥预制板的钢筋骨架制作安装工作。

2. 实训目的

(1)通过现场模拟实习,提高学生识、读施工图纸的能力;

(2)要求学生能看懂钢筋图,并具备制作、绑扎钢筋的能力。

3. 实训内容

本期实训采用交通部颁布的跨径为6m、高度为0.36m、宽度为0.99m装配式钢筋混凝土实心矩形铰接板桥标准图进行实地模拟训练。

4. 实训准备

1)场地准备

根据预制梁钢筋用量选择一块场地，能够堆放钢筋原材料、加工成型的半成品，同时能够安装钢筋切断机、钢筋弯曲机、张拉Ⅰ级钢筋等，并应采取措施，使钢筋离开地面堆放。

2)机具设备

钢筋弯曲机、钢筋调直机、切断机、电焊机、断线钳。

3)材料

不同型号的钢筋(可用不同规格铁丝代替)、22#铁丝(绑扎钢筋用)、钢筋钩、根据预制构件保护层厚度预制的混凝土垫块(其强度等级高出构件混凝土一级)等。

5. 实训组织与实施

1)组织

学生分组:6~8人为一组,每二组设一组(二人组成)监理组。

指导老师:每二组设一名指导老师。

2)实施

(1)钢筋加工基本要求

①钢筋表面的浮皮、铁锈、油渍、污垢等均应在加工前清除干净,带有颗粒状或片状老锈的钢筋不得使用。

②钢筋应平直,无局部弯折,成盘的钢筋和弯曲的钢筋均应调直。

③按钢筋下料表进行钢筋加工。

④用Ⅰ级钢筋制作的箍筋,其末端应作弯钩,弯钩的形式应符合设计要求。

⑤钢筋焊接前,必须根据施工条件进行试焊,合格后方可正式施焊。焊接接头采用搭接焊或帮条电弧焊时,焊缝长度应满足规范要求。

(2)钢筋弯制成型

①划线

钢筋弯曲前,对形状复杂的钢筋(如弯起钢筋),根据钢筋料牌上标明的尺寸,用石笔将各弯曲点位置划出。划线时应注意:根据不同的弯曲角度扣除弯曲调整值,其方法是从相邻两段长度中各扣一半;钢筋端部带半圆弯钩时,该段长度划线时增加0.5d。

②钢筋弯曲成型

钢筋在弯曲机上弯曲成型。

(3)质量要求

钢筋形状正确,平面上没有翘曲不平现象,钢筋弯曲点处不得有裂缝。因此,对Ⅱ级及Ⅱ级以上的钢筋不能弯过头再弯回来。

(4)钢筋绑扎成型

①准备工作

核对成品钢筋的钢号、直径、形状、尺寸和数量等是否与料单料牌相符。如有错漏,应纠正增补;准备绑扎用的铁丝、绑扎工具(如钢筋钩、带板口的小撬棍)、绑扎架等;准备控制混凝土保护层用的水泥砂浆垫块或塑料卡。

②绑扎

在底模上按图纸要求划出主筋和箍筋的位置，先研究逐根钢筋穿插就位的顺序，并与模板工联系讨论支模和绑扎钢筋的先后次序，以减少绑扎困难，钢筋交叉点均应绑扎，不得顺扣，箍筋拐角与主筋绑扎应用兜扣，沿每米加绑十字扣，且须扎紧，不得有滑动、折断、移位等情况，绑丝头必须压入骨架内。绑扎接头搭接长度、位置等均须满足规范要求。底层钢筋就位后，垫垫块。钢筋骨架自重不大的情况下，可绑扎完成后再垫。

侧边保护层控制:在骨架箍筋上绑垫块,间距600mm相互错开,呈梅花形排列。

3)检查评定

4)收尾工作

5)注意事项

(1)核对成品钢筋的钢号、直径、形状、尺寸和数量等是否与料单、料牌相符。

(2)为了保证梁底混凝土保护层的必要厚度,应在钢筋与模板间设置混凝土垫块。垫块要错开布置,并与钢筋扎紧固定;

(3)钢筋安放过程中要严格按图纸要求放置,并绑扎牢固;

(4)绑扎过程中要注意安全,防止钢筋端头划伤手等;

(5)其他要求详见《桥涵施工技术规范》。

6. 实训报告(见单元二课题一基坑开挖实训模块)

思考与练习

1. 钢筋进厂后应如何保管?

2. 试述钢筋代换的原则和方法。

3. 试计算如图4-2-17所示的L_1梁的钢筋下料长度,并编制钢筋配料单(假定共有5根L_1)。

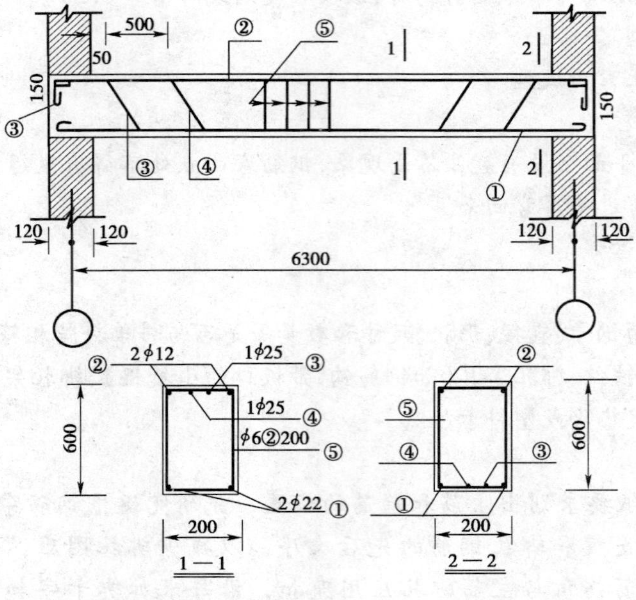

图 4-2-17 L_1 配筋图(单位:mm)

课题三 混凝土施工

【内容提要】 本课题主要介绍混凝土施工配合比的确定,混凝土拌和、运输、浇筑、养生与拆模的施工方法与工艺要求,以及混凝土施工过程的质量控制。

【教学要求】

应知:1. 掌握施工配合比的计算方法;2. 了解混凝土的拌和与运输方法及注意事项;3. 初步掌握人工拌和水泥混凝土施工要领,基本了解机械拌和水泥混凝土的设备、工艺流程及注意事项;4. 了解混凝土的养生与拆模的注意事项;5. 初步掌握冬季混凝土施工工艺;6. 初步掌握混凝土缺陷修补方法。

应会:1. 能够进行水泥混凝土施工配合比的计算和控制;2. 能操作常用的小型机具;3. 能现场组织中小规模的水泥混凝土施工;4. 能对水泥混凝土构件的常见缺陷进行处理。

【教学建议】 本课题宜采用理论讲解与实践训练、放映录像与现场观摩相结合的方法进行授课。

一、混凝土施工配合比

1. 混凝土施工配合比的确定

试验室配合比计算是以干燥材料为基准的,而实际施工现场存放的砂、石材料都含有一定水分,且经常变化,所以应根据工地上砂石材料的含水量,将实验室配合比换算为施工配合比。水泥混凝土实验室配合比设计在其他课程中已作了详细介绍,在这里就不再赘述,以下主要介绍混凝土施工配合比的确定。

在施工时,每立方米混凝土的水和砂、石的实际称量为:

水的称量 = 用水量 - 砂、石材料中含水的质量

砂的称量 = 砂的用量 + 砂中含水的质量

石的称量 = 石的用量 + 石料中含水的质量

水泥称量不变。

例如:设计好的混凝土配合比为每立方米混凝土用水泥 360 kg、砂 612kg、石子 1241kg、水 187kg。交到工地后,假定工地所用的砂含水量为 3%、碎石含水量为 2%。则调整的各组成材料用量如下:

砂:　$612 + (612 \times 0.03) = 630\text{kg}$

石:　$1241 + (1241 \times 0.02) = 1260\text{kg}$

水:　$187 - (612 \times 0.03) - (1241 \times 0.02) = 144\text{kg}$

水泥用量不变仍为 360kg。因此,每立方米混凝土材料用量经调整后为:水泥 360kg、砂 630kg、碎石 1260kg、水 144kg,则施工配合比为:

水泥:砂:石:水 = 360:630:1266:144 = 1:1.75:3.52:0.4

2. 混凝土搅拌时的每次投料量计算

施工时,应根据搅拌机的容量,一次以使用若干整包水泥为一盘,计算相应的砂、石、水的每盘用料量。配料时要求称量准确,否则将影响混凝土质量。

施工现场通常以一袋水泥(50kg)或两袋水泥为基数按确定配比配料进行拌和。以上述施工配合比为例,如以两包水泥为一盘,则各种材料用量如下:

$$水泥用量 = 2 \times 50 = 100\text{kg}$$
$$砂用量 = 100 \times 1.75 = 175\text{kg}$$
$$石用量 = 100 \times 3.52 = 352\text{kg}$$
$$水用量 = 100 \times 0.4 = 40\text{kg}$$

二、混凝土的拌制

混凝土拌制通常以机械为主,人工为辅。主要的基本工程工作量一般为机械拌制,工程中少量的塑性混凝土才用人工拌制。

1. 人工拌和

人工拌和混凝土是指在铁板或其他不渗水的拌和板上用人工进行拌和。其具体做法是先将每次拌和所需的材料准备好,按以下程序双人对拌:

$$砂 + 水泥 \xrightarrow{分层上料,6人3组,干拌均匀} 石子 \xrightarrow{6人3组,干拌均匀} 中心扒槽$$
$$+1/2水 \xrightarrow{6人3组,湿拌均匀} 中心再次扒槽 + 1/2水 \xrightarrow{湿拌均匀} 出料$$

2. 机械拌和

采用机械拌和的优点是混凝土质地均匀、强度高、速度快。预制场及较大工地的混凝土拌和,一般都采用固定式的混凝土拌和台,其布置如图 4-3-1 所示。拌和台的高度与混凝土的运输方式有关,以搅拌机出料槽稍高于混凝土运输工具为原则,装料平台的高度可与搅拌机的料斗同高或稍低,以便倒料。

1)配料

拌制混凝土配料时，各种衡器应保持准确。对集料的含水率应经常进行检测，雨天施工应增加测定次数，据以调整集料和水的用量。

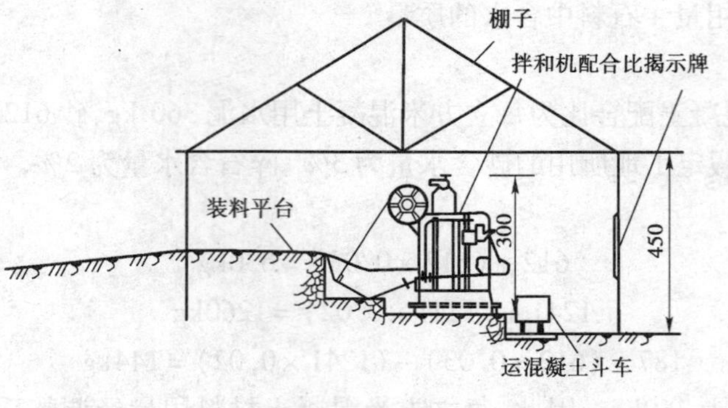

图 4-3-1　混凝土拌和台

我国施工规范规定混凝土原材料的配料误差如下：

现场拌制时，水泥、混合材料、水、外加剂的配料误差不得超过 ±2%，粗、细集料不得超过 ±3%；

预制场或集中搅拌站拌制时，水泥、混合材料、水、外加剂的配料误差不得超过 ±1%，粗、细集料不得超过 ±2%。

2）装料

在确定混凝土各种原材料的投料顺序时，应考虑到如何才能保证混凝土的搅拌质量，减少机械磨损和水泥飞扬，减少混凝土的粘罐现象，降低能耗和提高劳动生产率等。目前采用的装料顺序有一次投料法和二次投料法等。

（1）一次投料法

这是目前广泛使用的一种方法，也就是将砂、石、水泥依次放入料斗后再和水一起进入搅拌筒进行搅拌。这种方法工艺简单、操作方便。当采用自落式搅拌机时常用的加料顺序是先倒石子，再加水泥，最后加砂。这种加料顺序的优点是水泥位于砂石之间，进入拌筒时可减少水泥飞扬，同时砂和水泥先进入拌筒形成砂浆可缩短包裹石子的时间，也避免了水向石子表面聚集产生的不良影响，可提高搅拌质量。

（2）二次投料法

二次投料法又可分为预拌水泥砂浆法和预拌水泥净浆法。预拌水泥砂浆法是指先将水泥、砂和水投入拌筒搅拌 1 ~ 1.5min 后加入石子再搅拌 1 ~ 1.5min。预拌水泥净浆法是指先将水和水泥投入拌筒搅拌 1/2 的规定时间，再加入砂石搅拌到规定时间。实验表面，由于预拌水泥砂浆或水泥净浆对水泥有一种活化作用，因而搅拌质量明显高于一次投料法。若水泥用量不变，混凝土强度可提高 15% 左右，或在混凝土强度相同的情况下，可减少水泥用量约 15% ~ 20%。

3）搅拌

在整个施工过程中，应注意拌和速度与混凝土的浇注速度的密切配合，随时注意检查与校正混凝土的坍落度，水泥、砂、石料的质量，过磅的衡器，严格控制水灰比，配合比不得任意更改，并按规定制作混凝土试件。

搅拌时间指的是从全部原材料投入拌筒时起，到开始卸料时为止的时间。我国规范规定不同情况下搅拌混凝土的最短时间如表4-3-1所示。

混凝土最短搅拌时间　　表4-3-1

搅拌机类别	搅拌机容量(L)	混凝土坍落度(mm)		
		30	30~70	70
		混凝土最短搅拌时间(min)		
自落式	≤400	2.0	1.5	1.0
	≤800	2.5	2.0	1.5
	≤1200	—	2.5	1.5
强制式	≤400	1.5	1.0	1.0
	≤1500	2.5	1.5	1.5

注：①当掺有外加剂时，搅拌时间应适当延长；

②当采用其他形式的搅拌设备时，搅拌的最短时间应按设备说明书的规定或按经验确定。

4)检查

对于在施工现场集中搅拌的混凝土，应检查混凝土拌和物的均匀性。要求混凝土拌和物应拌和均匀，颜色一致，不得有离析和泌水现象。

混凝土搅拌完毕后，应检测混凝土拌和物的坍落度，同时观察混凝土拌和物的粘聚性和保水性。

三、混凝土的运输

混凝土搅拌完毕需运输到施工现场进行浇筑，混凝土在运输过程中应保持其匀质性，不分层、不离析、不漏浆，运到浇筑地点后具有规定的坍落度，坍落度先后相差不超过30%，并保证有充足的时间进行浇筑振捣。若混凝土到达浇筑地点时已出现离析和初凝现象，则必须在浇筑前进行二次搅拌，待拌和为匀质的混凝土后方可入模浇筑。

1. 运输工具

运输混凝土的工具很多，根据工程情况和设备配置情况选用。

1)手推车

主要用于短距离水平运输，具有轻巧、方便的特点，其容量为0.07~0.1m^3。

2)机动翻斗车

具有轻便灵活、速度快、效率高、能自动卸料、操作简便等特点，容量为0.4m^3。一般与出料容积为400L的搅拌机配套使用，使用于短距离混凝土的运输或砂石等散装材料的倒运。

3)混凝土搅拌运输车

是一种用于长距离混凝土运输的施工机械，它是将运输混凝土的搅拌筒安装在汽车底盘上，把在预拌混凝土搅拌站生产的混凝土成品装入拌筒内，然后运至施工现场。在整个运输过程中，混凝土搅拌筒始终在作慢速转动，从而使混凝土在经过长期运输后，仍不会出现离析现象，以保证混凝土的质量。

当运输距离很长，采用上述运输工具难以保证运输质量时，可采用装载干料运输、拌和用水另外存放的方法，当快到浇筑地点时加水搅拌，待到达浇筑地点时已拌和完成，便可进行浇筑。混凝土搅拌运输车的外形如图 4-3-2 所示。

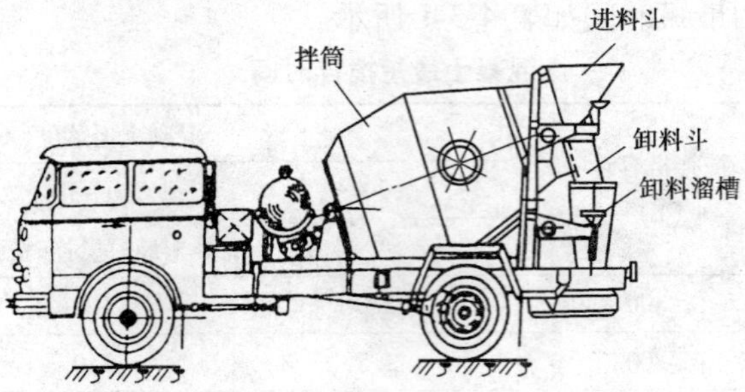

图 4-3-2　混凝土搅拌运输车

4)混凝土泵

混凝土泵输送混凝土是当今混凝土工程施工中新的输送方式。其工作原理就是利用泵体的挤压力将混凝土挤进管路系统并到达浇筑地点,同时完成水平运输和垂直运输。混凝土泵既能连续浇筑混凝土、中间不停顿、施工速度快、生产效率高,使工人劳动强度明显降低,还可提高混凝土的强度和密实度。混凝土泵适用于一般多层建筑、水下及隧道等工程的施工。

混凝土泵的种类很多,有活塞泵、气压泵和挤压泵等类型,目前应用最广泛的是活塞泵。根据其构造和工作机理的不同,活塞泵又可分为机械式和液压式两种。

机械式混凝土泵的工作原理如图 4-3-3 所示。进入料斗的混凝土先经过拌和器,再进入喂料器,然后迅速通过吸口进入工作室。此时,活塞向左移动,吸入阀被打开,混凝土吸入工作室,然后活塞向右移,吸入阀关闭,压出阀打开,工作室内的混凝土受到活塞右移的压力,因而补挤出工作室进入导管。

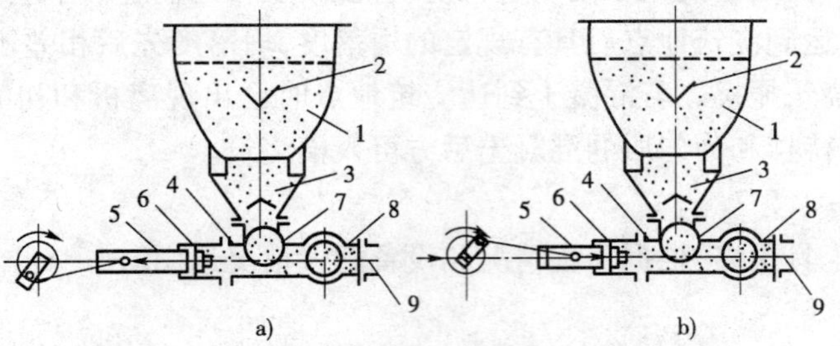

图 4-3-3　机械式混凝土泵的工作原理

a)吸入冲程;b)压出冲程

1-加料斗;2-拌和器;3-喂料器;4-工作室;5-活塞;6-气缸;7-吸入阀;8-压出阀;9-导管

与机械式相比,液压式是一种较为先进的混凝土泵,它节省了机械传动系统,且液压泵还可进行逆运转,这使混凝土在管路中作往返运动,有助于排除管道堵塞和处理长时间停泵问题。其工作原理如图 4-3-4 所示。混凝土拌和料进入料斗后,吸入端片阀打开,排出端片阀关闭,液压作用下活塞左移,混凝土在自重和真空作用下进入液压缸,然后活塞向右移,吸入阀关闭,压出阀打开,混凝土被挤压向右移。如此反复使混凝土连续稳定地出料。

活塞式混凝土泵的规格很多,性能各异,一般以最大泵送距离和单位时间最大输出量作为其主要指标。目前,混凝土的最大运输距离,水平运输可达 800m,垂直运输可达 300m。

采用混凝土泵泵送混凝土时的注意事项:

(1)在采用混凝土泵泵送混凝土前,应先开机用水湿润管道,然后泵送水泥砂浆,使管道处于充分湿润状态后,再正式泵送混凝土。

(2)混凝土的供应能力应保证混凝土泵连续工作,尽量避免中途停歇。若混凝土供应能力不足时,宜减慢泵送速度。如果中途停歇时间45min或混凝土出现离析时,应立即用压力水冲洗管道,避免混凝土凝固在管道内。

(3)压送时,不要把料斗内剩余的混凝土降低到200mm以下,否则混凝土泵易吸入空气,导致堵塞。

(4)高温条件施工时在水平输送管上覆盖两层湿草袋,以防止阳光直照,并每隔一段时间洒水湿润,这样能使管道中的混凝土不至于吸收大量热量而失水,导致管道堵塞。

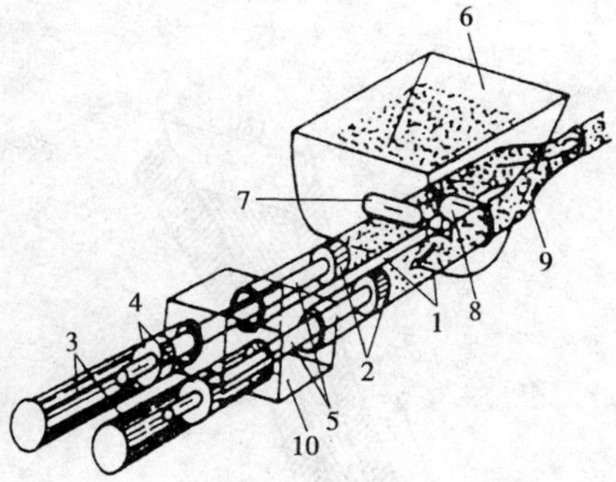

图4-3-4　液压式混凝土泵的工作原理

1-混凝土缸;2-混凝土活塞;3-油缸;4-油缸活塞;5-活塞杆;6-料斗;7-吸入阀;8-排出阀;9-Y形管;10-水箱

(5)输送管道宜直,转弯宜缓(＜45°),接头应严密。如管道向下倾斜,应防止混入空气,导致堵塞。

2. 运输过程中的质量控制

混凝土应以最少的转运次数和最短的时间,从搅拌地点运至浇筑现场。混凝土从搅拌机中卸出到浇筑完毕的延续时间不宜超过如表4-3-2所示的规定。

混凝土从搅拌机中卸出到浇筑完毕的延续时间(min)　　表4-3-2

混凝土强度等级	气温	
	≤25℃	＞25℃
≤C30	120	90
＞C30	90	60

注:①对掺有外加剂或采用快硬水泥拌制的混凝土,其延续时间应按试验确定;

②对轻集料混凝土,其延续时间应适当缩短。

混凝土自高处倾落的自由高度不应超过2m;否则,应使用串筒、溜槽或振动溜管等工具协助下落,如图4-3-5所示,并应保证混凝土出口的下落方向垂直。串筒的向下运送垂直距离可达8m,串筒及溜管外形如图4-3-6所示。

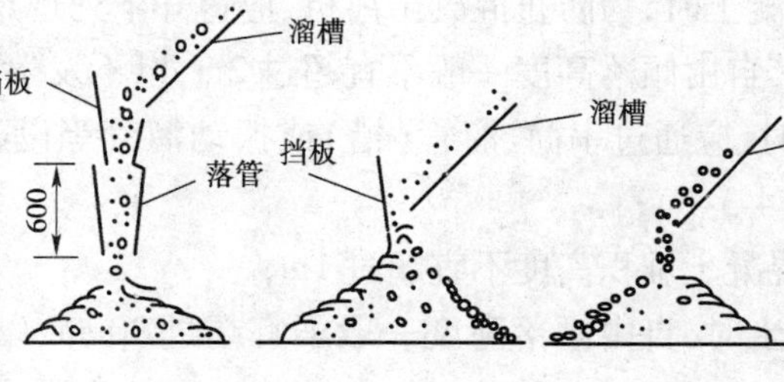

图4-3-5　混凝土在转运中的离析现象

在运输过程中混凝土坍落度往往会有不同程度的减小,减小的原因主要是运输工具失水

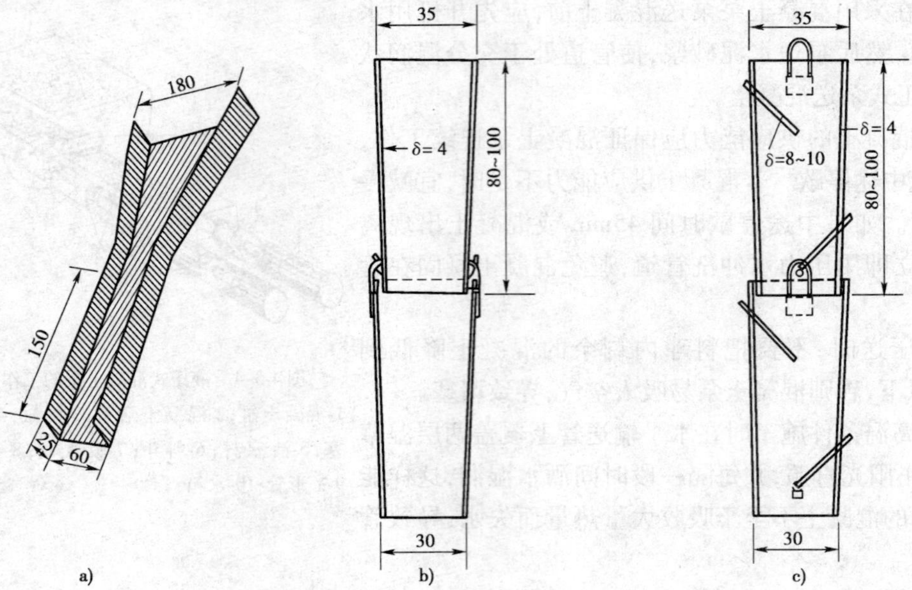

图 4-3-6　垂直运送混凝土设备(尺寸单位:cm;厚度单位:mm)

a)滑槽;b)串筒;c)有减速设备的串筒

漏浆、集料吸水、夏季高温天气等。故为保证混凝土运至施工现场后能顺利浇筑,运输工具应严密不漏浆,运输前用水湿润容器,夏季应采取措施防止水分大量蒸发。

四、 混凝土的浇筑

混凝土的浇筑对于混凝土的密实性、结构的整体性和构件的尺寸准确性都起着决定性的作用,故在混凝土浇筑工程中,需采取一系列技术措施来保证混凝土工程的质量。

1. 一般要求

1)浇筑前准备工作

混凝土浇筑前应检查模板的标高、尺寸、位置、强度、刚度等内容是否满足要求,模板接缝是否严密;钢筋及预埋件的数量、型号、规格、摆放位置、保护层厚度等是否满足要求,并做好隐蔽工程;模板中的垃圾应清理干净;木模板应浇水湿润。

2)混凝土的自由倾落高度

自高处向模板内倾卸混凝土时,为防止混凝土离析,应遵守下列规定:

①从高处直接倾卸时,其自由倾落高度一般不宜超过 2m,以不发生离析为度;

②当倾落高度超过 2m 时,应通过串筒、溜管(槽)或振动溜管等设施下落;倾落高度超过 10m 时,应设置减速装置(图 4-3-6);

③在串筒出料口下面,混凝土堆积高度不宜超过 1m;

④浇筑钢筋较密的混凝土时,自由倾落高度一般不宜超过 30cm,以免因钢筋碰撞而导致石子与砂浆分离。

3)混凝土浇筑层厚度

混凝土应按一定厚度、顺序和方向分层浇筑,应在下层混凝土初凝或能重塑前浇筑完成上层混凝土。上下层同时浇筑时,上层与下层前后浇筑距离应保持 1.5m 以上。在倾斜面上浇筑混凝土时,应从低处开始逐层扩展升高,保持水平分层。混凝土分层浇筑厚度不宜超过表 4-3-3 的规定。

混凝土分层浇筑厚度　　表 4-3-3

捣实方法		浇筑层厚度(mm)
用插入式振动器		300
用附着式振动器		300
用表面振动器	无筋或配筋稀疏时	250
	配筋较密时	150
人工捣实	无筋或配筋稀疏时	200
	配筋较密时	150

注:表列规定可根据结构物和振动器型号等情况适当调整。

4)工作缝的处理

混凝土的浇筑工作需连续进行,如必须停歇时,其间歇时间应尽量缩短,并在前层混凝土初凝前完成次层混凝土的浇筑。混凝土运输浇筑的间歇时间不得超过表 4-3-2 所示的规定。当间歇时间超过表中的数值时,应按工作缝处理,其方法如下:

(1)须待下层混凝土强度达到 1200kPa(钢筋混凝土为 2500kPa)后方可浇筑上层混凝土。

(2)在浇筑混凝土前应凿除施工缝处下层混凝土表面的水泥砂浆和松弱层。

(3)经凿毛处理的混凝土表面,应用水冲洗干净,且不得留下积水。在浇筑新混凝土前,垂直缝应刷一层净水泥浆;水平缝应在全部连接面上铺一层厚为 1 ~ 2cm 的水泥砂浆。

(4)无筋构件的工作缝应加锚固钢筋和石榫。

2. 混凝土浇筑方法

1)一般混凝土的浇筑

T 梁混凝土的浇筑,一般采用水平分层浇筑,如图 4-3-7 所示。空心板梁一般也是先浇底板水平层混凝土。

2)大体积混凝土的浇筑

大型构造物,由于每小时混凝土浇筑量相当大,将使混凝土的生产能力很难适应,采用斜层浇筑方法,可使浇筑面积减少,从而减少每小时混凝土浇筑量,如图 4-3-8 所示。也可上下层同时浇筑,但上层和下层前后浇筑距离应保证在 1.5m 以上。

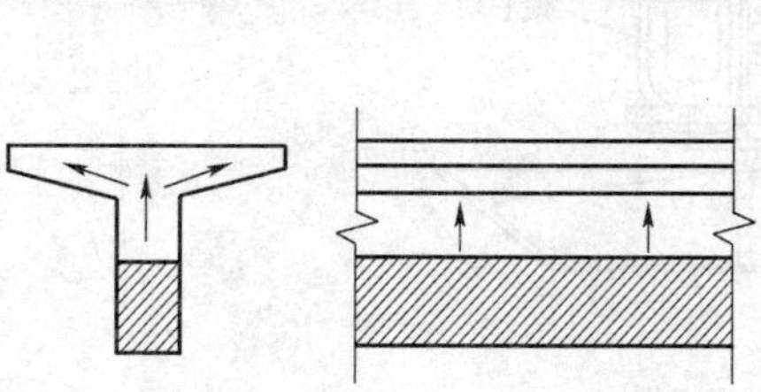

图 4-3-7　混凝土水平层浇筑

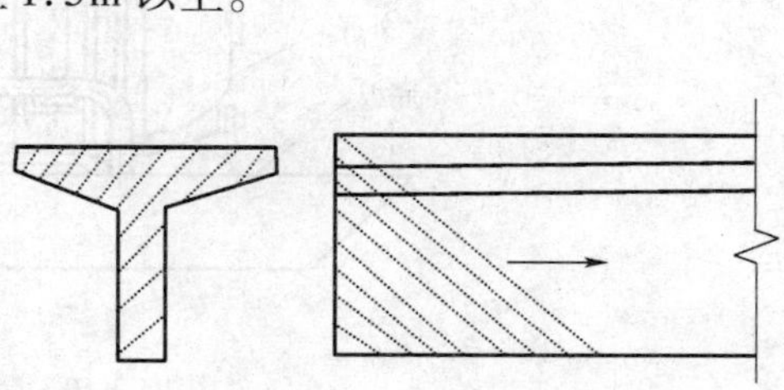

图 4-3-8　混凝土斜层浇筑

对于大型构造物,当其面积超过 100 ~ 150m^2 时,为了减少混凝土每小时的需要量,可把整体混凝土分成几个单元来浇筑,每个单元的面积最好不小于 50m^2,高度不小于 1.5m。上下两个单元之间的垂直缝应彼此相间，互相错开1～1.5m。单元相互间应很好结合，结合处应按工作缝处理。大体积混凝土应参照下述方法控制混凝土水化热温度：

(1)用改善集料配级、降低水灰比、掺入混合料、掺入外加剂、掺入片石等方法减少水泥的用量；

(2)采用水化热低的大坝水泥、矿渣水泥、粉煤灰水泥等低热水泥；

(3)减小浇筑层厚度，加快混凝土散热温度；

(4)混凝土用料应避免日光曝晒，以降低用料的初始温度；

(5)混凝土内埋设冷却管通水冷却。

五、 混凝土的振捣

为了使混凝土具有需要的密实度，应用振捣器进行振捣，仅在缺乏或不能用振捣器时，方可采用人工振捣。

1. 人工振捣

采用人工振捣的混凝土，应按规定分层浇筑，每层需用捣钎捣实，如图4-3-9所示，并注意沿模板边缘捣边，捣边时要用手锤轻敲模板，使之振动。捣实时应注意均匀，大力振捣不如用小力振捣快而有效。

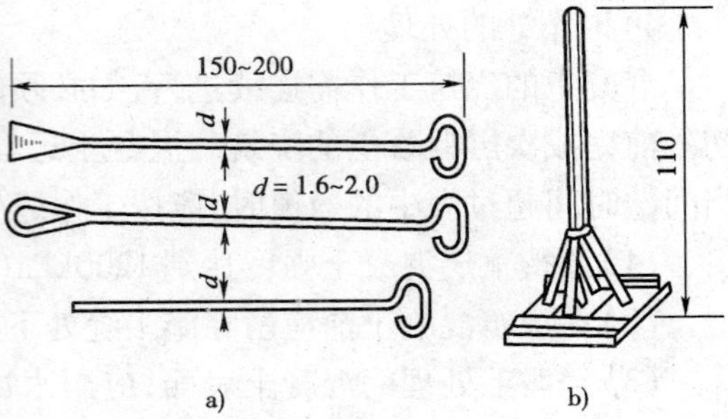

图4-3-9 人工振捣混凝土的工具
a)捣钎；b)木夯

2. 机械振捣

采用机械振捣的混凝土，可获得较大的密实度。桥梁工地用的机械振捣方法有以下三种：

1)平板式振捣

采用平板振捣器放在浇筑层的表面振捣，通过平板振动力传给混凝土，使之密实，适用于振捣面积较大的混凝土，如矩形板、空心板的底板和顶板。振捣时振捣器每次振捣的有效面积应与已振部分重叠，如图4-3-10所示。

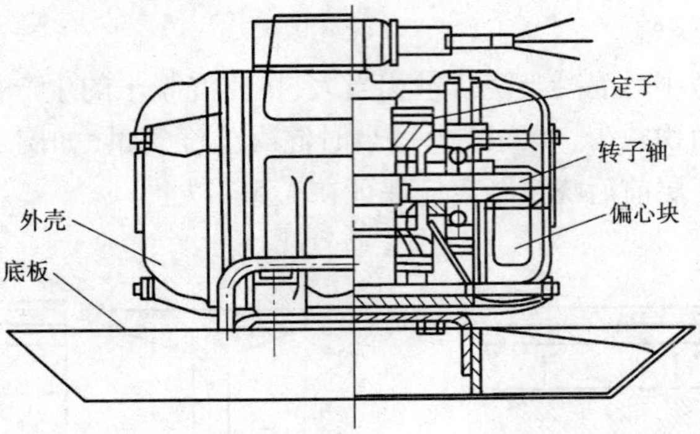

图4-3-10 简易平板式表面振捣器

2)附着式振捣

采用附着式振捣器安装在模板外部振捣，适用薄壁构件，如T形梁的主梁和横隔板。振捣器的布置与构件厚度有关，当厚度15cm时，可两面交错布置；当厚度大于15cm时，应两面对称布置。振捣器布置的间距不应大于它的作用半径。这种方法因系借助振动模板以捣实混凝土,效果并不理想,且对模板要求较高,故一般只有在钢筋过密而无法采用插入式振捣器时方可采用。

3)插入式振捣

采用插入式振捣器插入混凝土内部振捣。振捣棒插入混凝土时应垂直,不可触及模板和钢筋。插点要均匀,可按行列式或交错式进行,两点间距离以1.5倍作用半径为宜,如图4-3-11所示。作用半径可实际测得,一般为40~50cm。振捣上一层的混凝土时应将振捣器略微插入下层(3~5cm),以消除两层之间的接触面。

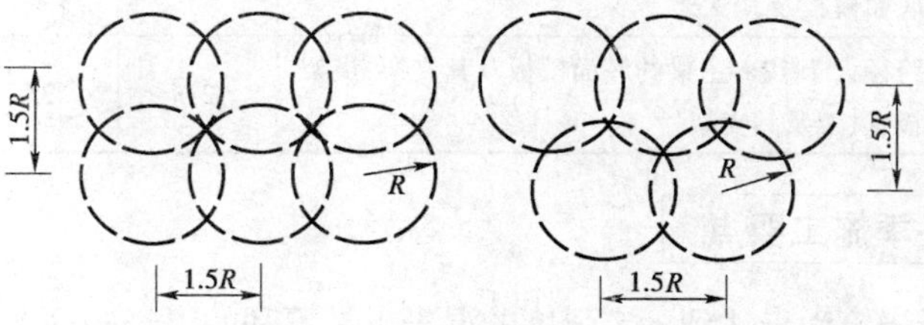

图4-3-11　插入式振捣器移位示意图

振捣器的振捣时间可借肉眼观察,以混凝土不再下沉、气泡不再发生、水泥砂浆开始上浮、表面平整为止。要达到这种程度所需要的时间,平板式振捣器约为25~40s;插入式振捣器约为15~30s。过久地振捣所造成的危害比振捣不足更大。

六、混凝土的养护与模板拆除

1. 混凝土的养护

(1)一般情况下,对塑性混凝土应在浇筑后12h以内,对于干性混凝土应在浇筑后1~2h内,用湿麻袋、草帘或湿砂遮盖,并经常洒水。

(2)混凝土的浇水养护日期随环境气温和水泥品种而异,在常温下(15~25℃),用普通水泥拌制的不得少于7天;用矾土水泥拌制的不得少于3天;用矿渣水泥、火山灰质水泥拌制的或在施工中掺用塑化剂的不得少于14天。干燥、炎热天气应适当延长,气温低于+5℃时不得浇水。

(3)浇水次数的多少,以能保持混凝土表面经常的、足够的湿润状态为度。

(4)混凝土浇筑完毕后的硬化初期(最初的2~3天),应尽量使其不受任何振动。

2. 模板与支架的拆除

钢筋混凝土桥模板和支架的卸落应从挠度最大处(一般为正弯矩最大处)开始,分别向两支点对称、均匀、逐次进行,务必使整个承重结构逐渐受力,以免突然受力而遭到破坏。

模板与支架的拆除期限与混凝土的硬化速度、气温及结构性质等有关,如表4-3-4所示。

拆除模板和支架时应注意以下各点:

(1)在混凝土未达到允许拆模所需强度之前,不能拆除模板或支架;

(2)为了判定混凝土强度是否已达到拆模所需的要求,要根据与构件同条件养护的混凝土试件的强度试验结果来确定;

(3)拆模的顺序是先拆除不承重的侧面模板,然后拆除承重荷载的水平方向模板。

模板和支架拆除的最短期限(天) 表 4-3-4

混凝土强度达到设计强度的百分数	拆 模 项 目	昼夜平均温度(℃)			
		30～20	20～15	15～10	10～5
25%	梁及柱的侧面模板,以及不承受混凝土重力的模板	2	3	4	5
50%	跨径小于 3m 的底面模板,墩台直立模板,主梁侧面模板	6	7	8	10
70%	跨径大于 3m 的底面模板,跨径小于 12m 主梁的底面模板及其支架	12	14	18	24
100%	跨径大于 12m 主梁的底面模板及其支架,拱架模板,拱架及其支架	21	25	28	35

七、 混凝土冬季施工要点

寒冷的气候,对新浇筑尚未达到一定强度的混凝土是不利的。经验证明,当混凝土硬化达到设计强度的 70% 时,混凝土再受冻就不受影响了,温度回升后,仍可发展到正常的强度。所以《公路桥涵施工技术规范》规定对于用硅酸盐水泥或普通水泥配制的混凝土,在其抗压强度达到设计标号的 40% 及 5MPa 前,对于用矿渣硅酸盐水泥配制的混凝土,在其抗压强度达到强度等级的 50% 前,不得使其受冻,因此,当室外日平均气温连续 5 天低于 5℃时,应采用冬季施工法施工。

冬季施工的技术措施,主要有以下四个方面:

1. 一般措施

优先选用硅酸盐水泥、普通硅酸盐水泥,水泥的强度等级不宜低于 42.5MPa,水灰比不宜大于 0.5,增加拌合时间,并在运输工具周围设置保温装置,以减少热量损失。采用蒸气养护时宜优先选用矿渣硅酸盐水泥。用加热法养护掺加外加剂的混凝土,严禁使用高铝水泥。使用其他品种的水泥时,应注意其掺合材料对混凝土强度、抗冻、抗渗等性能的影响。

2. 原材料加热

(1)拌制混凝土的各项材料的温度,应满足混凝土拌和物搅拌合成后所需要的温度。当材料原有温度不能满足需要时,应首先考虑对拌和用水加热,仍不能满足需要时,再考虑对集料加热。水泥只保温,不得加热。各项材料需要加热的温度应根据冬季施工热工计算公式计算确定,但不得超过表 4-3-5 的规定。

(2)冬季搅拌混凝土时集料不得带有冰雪和冻结团块。严格控制混凝土的配合比和坍落度;投料前,应先用热水或蒸汽冲洗搅拌机,投料顺序为集料、水,搅拌,再加水泥搅拌,时间应较常温时延长 50 %。混凝土拌和物的出机温度不宜低于 10℃,入模温度不得低于 5℃。

拌和水及集料最高温度 表 4-3-5

项 目	拌和水	集 料
强度等级小于 52.5 的普通硅酸盐水泥、矿渣硅酸盐水泥	80	60
强度等级等于及大于 52.5 的普通硅酸盐水泥、矿渣硅酸盐水泥	60	40

注:当集料不加热时,水可加热到 100℃,但水泥不应与 80℃以上的水直接接触。投料顺序为先投集料和已加热的水,然后再投入水泥。

3．掺用早强剂

拌合混凝土时掺入一定数量的早强剂，既可加快混凝土强度发展，又可降低混凝土内水的冰点，从而防止早期冻结。常用的有氯化钙、氯化钠、三乙醇铵、亚硝酸钠复合剂等。

浇筑混凝土宜掺用引气剂、引气形减水剂等外加剂，以提高混凝土的抗冻性。在钢筋混凝土中掺用氯盐类防冻剂，氯离子含量不得超过水泥用量的 0.06%，且不宜采用蒸气养生，当超过 0.06% 时，宜以掺加阻锈剂、增加保护层厚度、提高混凝土密实度等防锈措施；对于干燥环境中的小型构件，氯离子含量可提高 1 倍。当采用素混凝土时，氯盐含量不得大于水泥质量的 3%。预应力混凝土不得掺用引气剂、引气形减水剂及氯盐防冻剂。

4．提高养护温度

1）蓄热法

用蓄热法养护时不得低于 10℃，外界气温不低于 -20℃。一般采用加厚模板、双层模板、覆盖稻草、草帘、锯末等作为保温材料。

2）暖棚法

此法是在棚内生火，温度一般宜保持在 10℃左右，不低于 5℃，并应保证足够的强度。

3）电热法

它是在混凝土内埋入导线（钢筋或铁丝），然后通电，使电能变为热能。

4）蒸气加热法

它是把构件放在封闭的养护室内，通以湿热蒸气加以养护。

蒸气养护分三个阶段：

①升温阶段　为防止混凝土因体积膨胀太快而产生裂缝，塑性混凝土不宜超过 10～15℃/h，干硬性混凝土不宜超过 30～35℃/h，厚大构件不宜超过 10℃/h，且当表面系数小于 6 时，也不得超过 10℃/h。

②恒温阶段　硅酸盐水泥、普通水泥拌制的混凝土不宜超过 60℃，其他类别水泥拌制的混凝土不宜超过 80～85℃。恒温时间宜通过试验确定，一般经验为 8～12h。

③降温阶段　不宜超过 15～20℃/h，对厚大构件不宜超过 10℃/h。

八、混凝土的质量检查

对混凝土的质量检查应贯穿于工程施工的全过程，从混凝土的配料、搅拌、运输、浇筑直至最后对混凝土试块强度的评定。只有对每一个施工环节认真施工、加强监督，才能保证最终获得合格的混凝土产品。

1．基本要求

1）原材料

施工中应随时检查各种原材料的品种、规格、用量，如水泥的品种、标号是否与设计一致；使用时是否已超过 3 个月的有效期；配合比是否严格执行；砂石的级配、含泥量、杂质含量是否满足要求等内容，每一工作班至少检查两次。

2）混凝土搅拌后

主要检查坍落度是否满足设计要求，要求一个工作班至少检查两次。混凝土运至浇筑地点的坍落度与要求坍落度的差值不得超过如表 4-3-6 所示的规定。

混凝土坍落度与要求坍落度之间的允许偏差　　表4-3-6

要求坍落度	<50	50~90	>90
允许偏差	±10	±20	±30

工程施工中，强度试件留置的组数应符合下列规定：

(1)每拌制100盘且不超过100m^3的同配合比的混凝土，其取样不得少于一次；

(2)每工作班拌制的同配合比的混凝土不足100盘时，其取样不得少于一次；

(3)对现浇混凝土结构，还应满足每一现浇楼层同配合比的混凝土，取样不得少于一次；同一单位工程每一验收项目同配合比的混凝土，取样不得少于一次。

2. 外观检查及允许偏差

混凝土结构拆模后，应从其外观上检查其表面有无麻面、蜂窝、漏筋、孔洞等缺陷，预留孔道是否畅通无堵塞，如有应加以修正。

1)麻面

是指构件表面呈现无数的小凹点，而无钢筋外露现象。产生原因主要是模板表面粗糙、清理不干净、接缝不严密发生漏浆或振捣不充分等。

2)蜂窝

是指结构中出现蜂窝状的窟窿，集料间有空隙存在。产生原因主要是材料配合比不准确、浆少石多、或振捣中严重漏浆或振捣不充分等原因。

3)露筋

是指结构内钢筋没有被混凝土包裹住而暴露在外。产生原因主要是垫块位移，钢筋紧贴模板，使混凝土保护层厚度不够；石子粒径过大、配筋过密、水泥少浆不能充满钢筋四周；混凝土振捣不密实、漏浆等。

对于面积较小且数量不多的蜂窝、露筋、露石的混凝土表面，可在表面进行修补。具体办法是先用钢丝刷或压力水洗刷基层，再用1:2~1:2.5的水泥砂浆抹平即可。

对于较大面积的蜂窝、露筋、露石应按其全部深度凿去薄弱的混凝土层和个别突出的混凝土颗粒，然后用钢丝刷或压力水将表面冲洗干净，再用比原混凝土强度高一级的细集料混凝土堵塞，并仔细振捣密实。

4)孔洞

是指混凝土结构构件局部没有混凝土，形成空腔。产生原因主要是混凝土漏振，混凝土离析，石子成堆，泥块、冰块、杂物等掺入混凝土中等。

孔洞一般处理方法是将混凝土表面按施工缝的方法进行修理，即先将孔洞处松软的混凝土和突出的集料颗粒剔除掉，顶部要凿成斜面，然后用清水冲洗干净，保持湿润状态72h以后，用与混凝土集料成分相同的水泥砂浆或水泥将结合面抹一遍，再用比原混凝土强度高一级的细集料混凝土浇筑，振捣密实并加强养护。水灰比可控制在0.5以内，并掺入水泥用量万分之一的铝粉，分层捣实。

5)裂缝

是指混凝土结构常见的质量缺陷，产生的原因较复杂，如养护不当、表面失水过多、温差过大等易产生干缩裂缝或温度裂缝；地基不均匀沉降造成构件产生贯穿性裂缝，对结构危害极大。

裂缝修补方法根据具体情况而定。对于结构构件承载力和整体性影响较小的表面细小裂缝可先用压力水将裂缝冲洗干净，再用水泥砂浆填补。当裂缝较大、较深时，需先将裂缝凿成凹槽，用压力水冲洗干净后，再用1:2～1:2.5水泥砂浆或环氧胶泥填补。对结构整体性和承载力有明显影响或影响结构防水、防渗性能的裂缝，应根据实际情况采用灌浆的方法进行修补；对于宽度小于0.5mm的裂缝可采用化学灌浆；对于宽度大于0.5mm的裂缝可采用水泥灌浆。

总之，对于影响结构性能的缺陷，应会同设计单位共同研究，制订出合理、可靠的修补方案。对于现浇混凝土结构，其构件尺寸的允许偏差应符合现行《公路工程质量检验评定标准》。

思考与练习

1. 现在实验室求得1m³混凝土的各种材料用量为：水泥325kg、水180kg、砂670kg、碎石1308kg。

(1)试计算该混凝土实验室配合比；

(2)如工地所用砂含水率为3.5%，碎石含水率为2.5%，求该混凝土施工配合比；

(3)计算使用两包水泥(100kg)时，各材料用量(材料用量取整数，配合比取两位小数)。

2. 桥梁工地用的机械振捣混凝土的方法有哪几种？各适用于什么情况？

3. 混凝土外观质量检查的项目有哪些？并分析其产生原因。

课题四　装配式构件的起吊、运输和安装

【内容提要】　本课题主要介绍装配式构件的起吊、运输和安装的基本方法、适用条件和施工要求，并进一步介绍了装配式构件横向联结的施工工艺。

【教学目标】

应知：1. 初步了解构件起吊的几种基本方法及其应用；2. 了解构件的场内运输方法及其操作要点；3. 了解浮运架梁法和高空架梁法的基本方法；4. 掌握预制构件出坑、堆放时注意事项；5. 重点掌握陆地架梁法安装预制梁地基本方法和安装要求；6. 掌握装配式混凝土构件横向联结的施工工艺和施工注意事项。

应会：1. 能参与预制梁的起吊、运输、安装工作；2. 能够指导预制梁的起吊、运输和安装作业；3. 能进行预制梁安装的质量控制；4. 熟悉装配式构件横向联结的施工工艺并能指导施工。

【教学建议】　采用多媒体教学手段，有条件时可进行现场教学或组织现场参观。

一、预制梁、板的出坑、堆放

构件的起吊，是指把预制构件从预制厂的底座上移出来，称为"出坑"。

1. 起吊方法

1)三脚扒杆偏吊法

将手拉葫芦斜挂在三脚扒杆上,偏吊一次移动一次扒杆,把构件逐步移出,如图4-4-1所示。

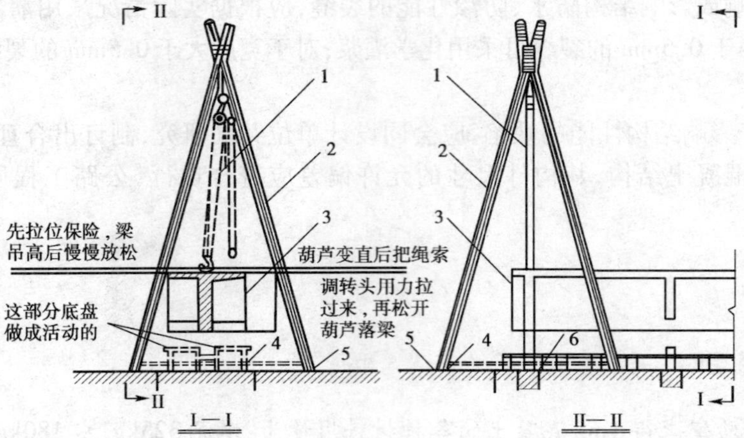

图4-4-1　三角扒杆偏吊法

1-手拉葫芦;2-三角扒杆;3-梁;4-绊脚绳;5-木楔;6-底座

2)横向移滚法

就是把构件从预制底座上抬高后,在构件底面两端装置横向移动设备,用手拉葫芦牵引,把构件移出底座,如图4-4-2所示。

在装置横向滚移设备时,从底座上抬高构件的办法有吊高法和顶高法。吊高法是用小型门架配神仙葫芦把构件从底座吊起,如图4-4-3所示。顶高法是用如图4-4-4所示的特制的凹形托架配千斤顶把构件从底座顶起,如图4-4-5所示。滚移设备包括走板、滚筒和滚道三部分,如图4-4-6所示。走板托在构件底面,与构件一起行走。滚筒放在走板与滚道之间,由于它的滚动而使构件行走。滚筒用硬木或无缝钢管制成,其长度比走板宽度每边长出15~20cm,以便操作。滚道是滚筒的走道,有木滚道和钢轨滚道两种。

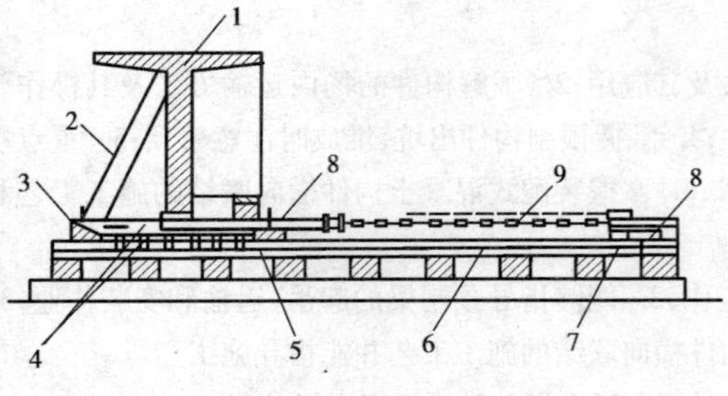

图4-4-2　横向滚移法

1-梁;2-临时支撑;3-保险三角木;4-走板及滚筒;5-端横隔板下用木块垫实;6-滚道;7-手拉葫芦用木板垫平;8-千斤索;9-手拉葫芦

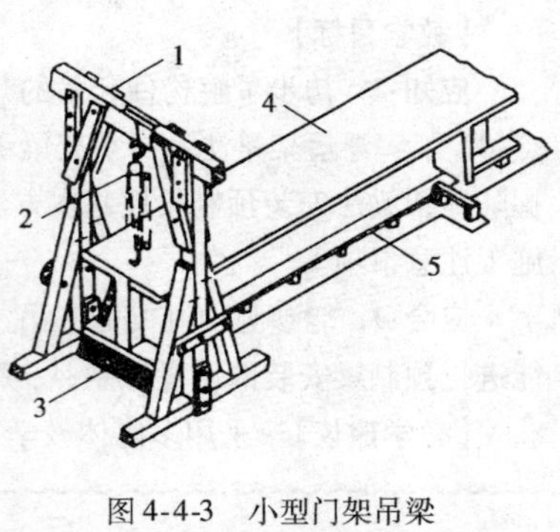

图4-4-3　小型门架吊梁

1-小型门架;2-手拉葫芦;3-滚移设备;4-梁;5-梁的底座

3)龙门吊机法

就是用专设的龙门吊机把构件从底座上吊起,横移至运输轨道,卸落在运构件的平车上。

龙门吊机(也称龙门架)是由底座、机架和起重行车三部分组成,运行在专用的轨道上。吊机的运动方向有三个,即荷重上下升降、行车的横向移动和机架的纵向运动。推动这三种运动的动力可用电力或人力。

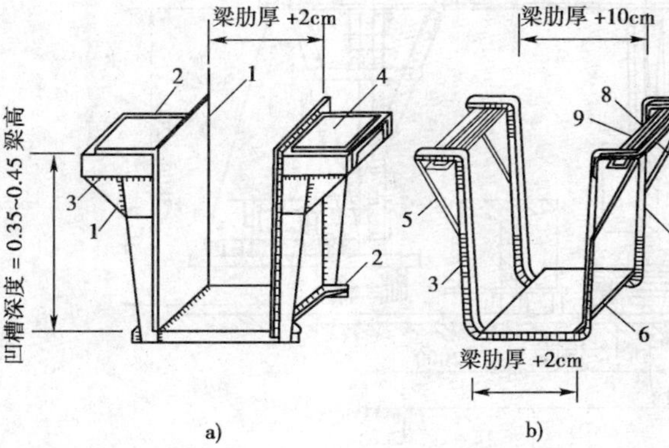

图 4-4-4　凹形托架

a)槽钢和钢板组合;b)小钢轨弯制组合

1-钢板;2-槽钢;3-焊缝;4-加强钢板;5-圆钢加强;6-支承钢板;7-小钢轨骨架;8-定位钢板;9-钢轨

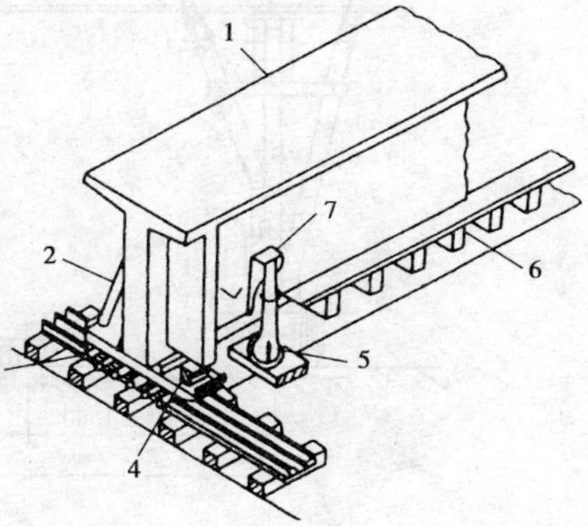

图 4-4-5　千斤顶顶梁

1-梁;2-斜支撑;3-滚移设备;4-端横梁下面用木楔塞紧;5-千斤顶;6-梁的底座;7-凹形托梁

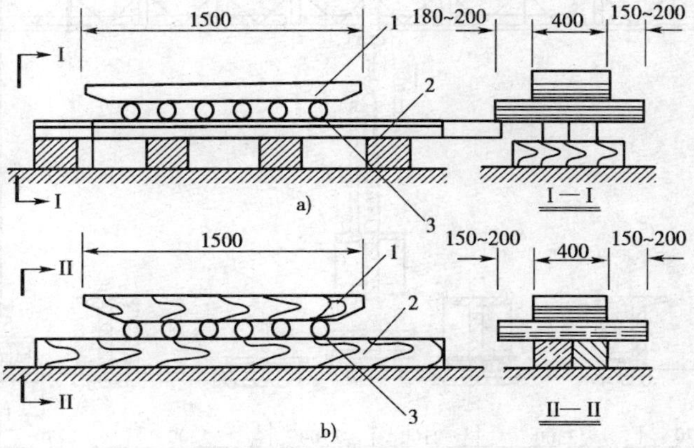

图 4-4-6　滚移设备(单位:cm)

a)钢轨滚道;b)木滚道

1-走板;2-滚道;3-滚筒

龙门吊机的结构有钢木组合和钢桁架组合两种。图 4-4-7 为钢木组合龙门吊机。它是以工字梁为行车梁、以原木为支柱组成的支架,安装在窄轨平车和方木组成的底座上,可以在专用的轨道上纵向运行。起重行车是用型钢焊接的车架和槽轮所组成。行车的轨道用钢轨焊接在行车梁的工字钢上,行车装在轨道上后,在它的前后扎上钢丝绳,通过导向轮,连接到装置在底座上的绞车,用以横向运行。

图 4-4-8 为钢桁架组合龙门吊机。它以钢桁架片为主要构件,配上少量原木组成的机架,安装在由平车和方木组成的底座上,也在专用的轨道上纵向运行。

2. 预制构件出坑、堆放时注意事项

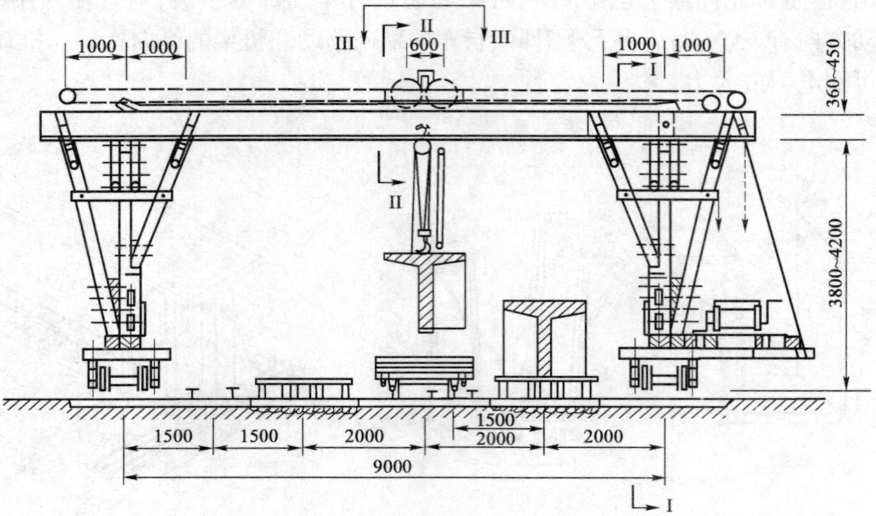

图 4-4-7　钢木组合龙门吊机

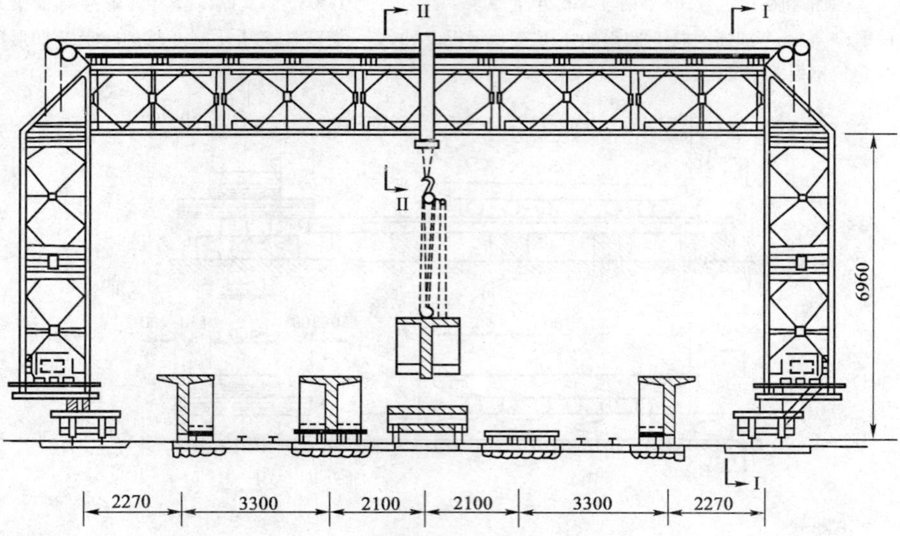

图 4-4-8　钢桁架组合龙门吊机

(1)装配式预制构件在出坑、移运、堆放时,混凝土强度不应低于设计对吊装所要求的强度,且不宜低于设计强度等级的75%;对于跨径≤3m 的板等一般构件,其混凝土强度应达到设计强度等级的50%后,才可出坑移运。

(2)预制构件在出坑前、拆模后应检查其实际尺寸,伸出预埋钢筋(或钢板)、吊环的位置及混凝土的质量,并根据有关规定进行适当补修、处理,务必使预制构件形状正确,表面光滑,安装时不致发生困难。尖角、凸出或细长构件在装卸移运过程中应用木板保护。如有必要,试拼的构件应注上号码。

(3)构件移运时的起吊位置应按设计规定,一般即为吊环或吊孔的位置。如设计无规定,又无预埋的吊环或吊孔时,对上、下面有相同配筋的等截面直杆构件的吊点位置,一点吊可设在离端头 0.293L 处,二点吊可设在离端头(0.22 ~ 0.25)L 处(L 为构件长)。其他配筋形式的构件应根据计算决定吊点位置。

(4)构件的吊环应顺直,如发现弯曲必须校正,使吊环能顺利套入。吊绳(千斤绳)交角大于60°时,必须设置吊架或扁担,使吊环垂直受力,以防吊环折断或破坏临时吊环处的混凝土。如用钢丝绳捆绑起吊时,需用木板、麻袋等垫衬,以保护混凝土的棱角。

(5)预制板、梁构件移运和堆放时的支点位置应与吊点位置一致,并应支承牢固。起吊及堆放板式构件时,注意不要吊错上下面位置,以免折断。顶起构件时必须垫好保险垛。构件移运时应有特制的固定架,构件应竖立或稍微倾斜放置,注意防止倾覆。如平放,两端吊点处必须设支搁方木,以免产生负弯矩而断裂。

(6)堆放预制构件的场地,应平整压实不致积水。雨季和春季冻融期间,必须注意防止地面软化下沉而造成构件折断和损坏。

(7)预制构件应按吊运及安装次序顺号堆放,并注意在相邻两构件之间留出适当通道。构件堆垛时应设置在垫木上,吊环应向上,标志应向外;构件混凝土养护期未满时,应继续养护。

(8)构件堆放时,应按构件的刚度和受力情况决定平放还是竖放,并保持稳定。水平分层堆放构件时其堆垛高度应按构件强度、地面耐压力、垫木强度以及堆垛的稳定性而定。一般大型构件以两层为宜,不宜超过三层。预制梁堆垛不宜多于四层。小型构件堆放如有折断可能时,应以其刚度较大的方向作为竖直方向。

(9)堆放构件必须在吊点处设垫木,层与层之间应以垫木隔开,多层垫木位置应在一条垂直线上。

二、构件的运输

装配式混凝土预制板、梁及其他预制构件通常在桥头附近的预制场或桥梁预制厂内预制。为此,需配合吊装架梁的方法,通过一定的运输工具将预制梁运到桥头或桥孔下,从工地预制场到桥头或桥孔下的运输称为场内运输,将预制梁从桥梁预制厂(或场)运往桥孔或桥头的运输称为厂外运输。

1. 场内运输

1)纵向滚移法运梁

用滚移设备,以人力或电动绞车牵引,把构件从工地预制场运往桥位。其设备和操作方法与横向滚移基本相同,不过走板的宽度要适当加宽,以便在走板装置斜撑,使T形梁具有足够的稳定性。这种方法运梁的布置如图4-4-9所示。

2)轨道平车法运梁

把构件吊装在轨道平车上,用电动绞车牵引,沿专用临时铁路线运往桥位。轨道平车设有转盘装置,以便装上车后能在曲线轨道上运行。同时装设制动装置,以便在运行过程中发生情况时刹车。运构件时,牵引的钢丝绳必须挂在后面一辆平车上,或从整根构件的下部缠绕一周后再引向导向轮至绞车。对于T形梁,还应加设斜撑,以确保稳定。这种方法运梁的布置如图4-4-10所示。

2. 场外运输

距离较远的场外运输,通常采用汽车、大型平板拖车、火车或驳船。

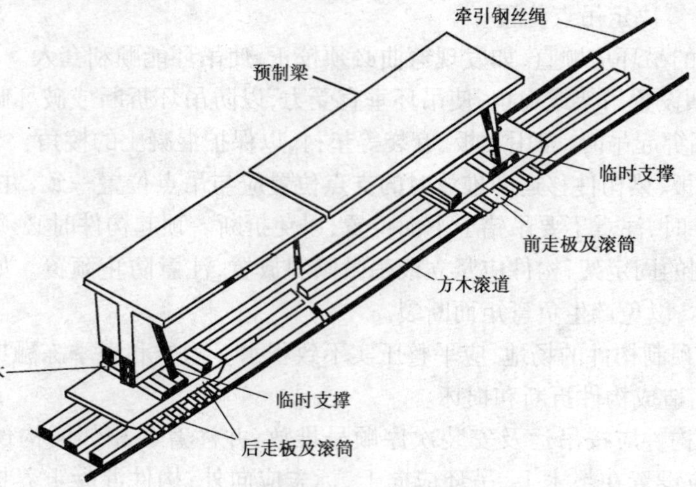

图 4-4-9　纵向滚移法运梁

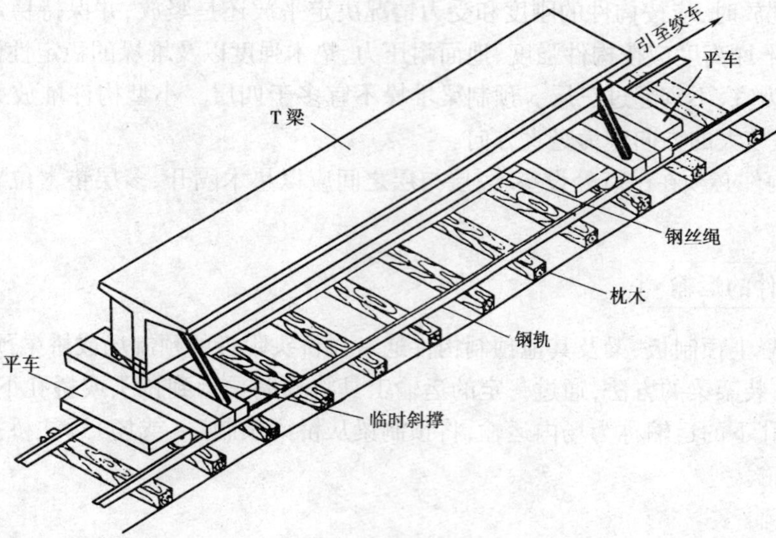

4-4-10　轨道平车运梁

受车厢长度、载重量的限制，一般中、小跨径的预制板、梁或小构件（如栏杆、扶手等）可用汽车运输。50kN 以内的小构件可用汽车吊装卸；大于 50kN 的构件可用轮胎吊、履带吊、龙门架或扒杆装卸。要运较长构件时，可在汽车上先垫以长的型钢或方木，再搁放预制构件，构件的支点应放在近两端处，以避免道路不平、车辆颠簸引起的构件开裂。特别长的构件应采用大型平板拖车或特制的运梁车运输。常见的平板车可参见《公路桥涵施工技术规范》。

使用大型平板拖车运梁时，车长应满足支承间距要求，构件装车时需平衡放正，以使车辆承重对称均匀。构件支点下及相邻两构件间，需垫麻袋或草帘，以防止构件相互碰撞。构件下的支点需设活动转盘以免搓伤混凝土。预制简支梁运输时应竖立放置，并用斜撑支撑（应支在梁腹上，不得支在梁板上，以免梁板根部发生负弯矩而开裂），以防梁倾倒。

三、构件的安装

简支式梁、板构件的架设，不外乎起吊、纵移、横移、落梁等工序。从架梁的工艺类别来分，有陆地架设、浮吊架设和高空架设法等。下面简要介绍各种常用的架梁方法的工艺特点。

1. 陆地架梁法

1）移动式支架架梁法

此法是在架设孔的地面上，顺桥轴线方向铺设轨道，其上设置可移动支架，预制梁的前端搭在支架上，通过移动支架将梁移运到要求的位置后，再用龙门架或人字扒杆吊装；或者在桥墩上设枕木垛，用千斤顶卸下，再将梁横移就位，如图 4-4-11 所示。

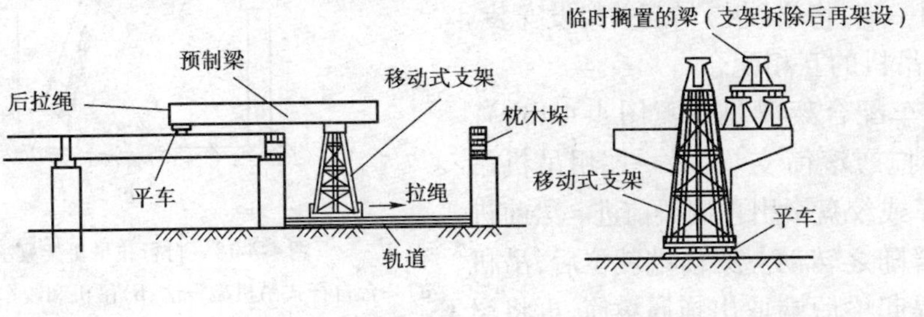

图 4-4-11　移动式支架架设法

利用移动支架架设，设备较简单，但可安装重型的预制梁；无动力设备时，可使用手摇卷扬机或绞盘移动支架进行架设。但不宜在桥孔下有水、地基过于松软的情况下使用，一般也不适宜桥墩过高的场合，因为这时为保证架设安全，支架必须高大，因而此种架设方法不够经济。

2）摆动式支架架梁法

本法是将预制梁（板）沿路基牵引到桥台上并稍悬出一段，悬出距离根据梁的截面尺寸和配筋确定。从桥孔中心河床上悬出的梁（板）端底下设置人字扒杆或木支架如图 4-4-12 所示，前方用牵引绞车牵引梁（板）端，此时支架随之摆动而到对岸。

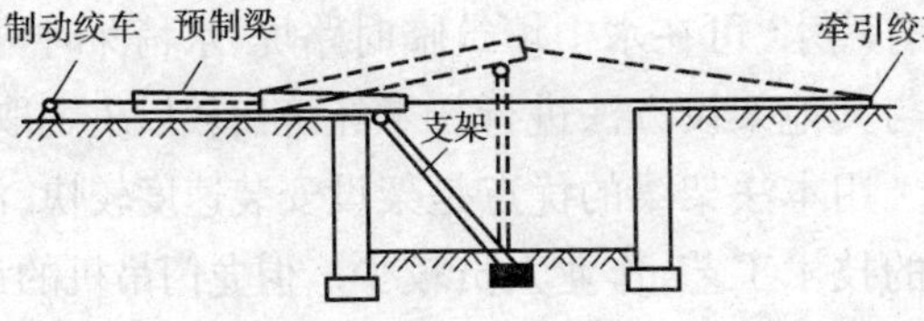

图 4-4-12　摆动式支架架设法

为防止摆动过快，应在梁（板）的后端用制动绞车牵引制动。

用摆动式支架架梁法较适宜用于桥梁高跨比稍大的场合。当河中有水时也可用此法架梁，但需在水中设一个简单小墩，以供设立木支架用。

3）自行式吊机架梁法

由于大型的自行式吊机的逐渐普及，且自行式吊机本身有动力，架设迅速、可缩短工期，不需要架设桥梁用的临时动力设备及不必进行任何架设设备的准备工作和不需要其他方法架梁时所具备的技术工种，因此，一般中小跨径的预制梁（板）的架设安装越来越多地采用自行式吊机。

自行式吊机架梁可以采用一台吊机架设、两台吊机架设、吊机和绞车配合架设等方法。

当预制梁重量不大，而吊机又有相当的起重能力，河床坚实无水或少水，允许吊机行驶、停搁时，可用一台吊机架设安装。这时应注意钢丝绳与梁面的夹角不能太小，一般以45°～60°为宜，否则应使用起重梁(扁担梁)。用一台自行式吊机架梁如图4-4-13a)所示。

对跨径不大的预制梁，吊机起重臂跨径10m以上且起重能力超过梁重的1.5倍时，吊机可搁放在一孔已安装好的桥面上，架设安装次一孔梁(板)。

用两台吊机架梁法是用两台自行式吊机各吊住梁(板)的一端，将梁(板)吊起并架设安装。此法应注意两吊机的互相配合。

吊机和绞车配合架梁见示意图4-4-13b)。预制梁一端用拖履滚筒支垫，另一端用吊机吊起，前方用绞车或绞盘牵引预制梁前进。梁前进时，吊机起重臂随之转动。梁前端就位后，吊机行驶到后端，提起梁后端取出拖履滚筒，再将梁放下就位。

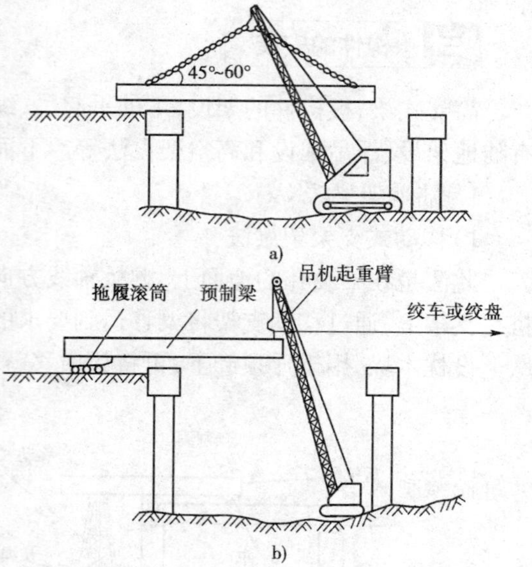

图4-4-13　自行式吊机架梁法

a)一台自行式吊机架设法；b)吊机和绞车配合架设法

4)跨墩或墩侧龙门架架梁法

本法是以胶轮平板拖车、轨道平车或跨墩龙门架将预制梁送到桥孔，然后用跨墩龙门架或墩侧高低脚龙门架将梁吊起，再横移到梁设计位置，然后落梁就位完成架梁工作。

搁置龙门架脚的轨道基础要按承受最大反力时能保持安全的原则进行加固处理。河滩上如有浅水，可在水中填筑临时路堤，水稍深时可考虑修建临时便桥，在便桥上铺设轨道。此法应与其他架设方法进行技术经济比较以决定取舍。

用本法架梁的优点是架设安装速度较快，河滩无水时也较经济，而且架设时不需要特别复杂的技术工艺，作业人员较少。但龙门吊机的设备费用一般较高，尤其在高桥墩的情况。

跨墩龙门架的架梁程序如图4-4-14a)所示。预制梁可由轨道平车运送至桥孔，如两台龙门架吊机自行且能达到同步运行时，也可利用跨墩龙门架将梁吊着运送到桥孔，再吊起横移落梁就位。

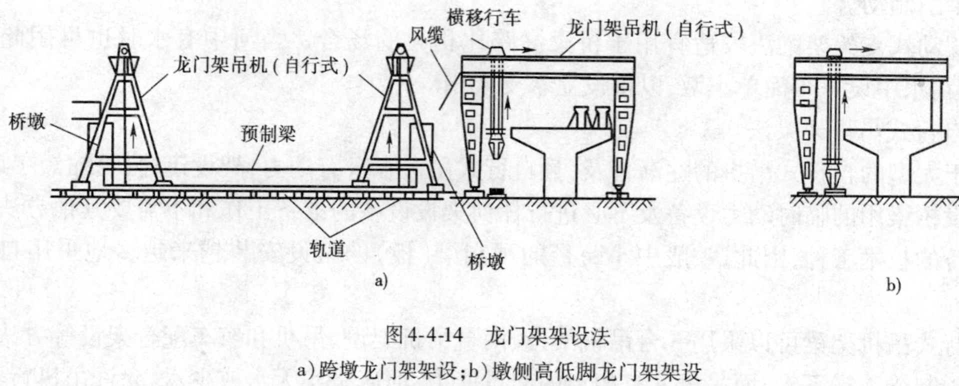

图4-4-14　龙门架架设法

a)跨墩龙门架架设；b)墩侧高低脚龙门架架设

墩侧高低脚龙门架如图4-4-14b）所示，其架设程序与跨墩龙门架基本相同。但预制梁必须用轨道平车或胶轮平车拖板运送至桥孔。一孔各片梁安装完毕后，将1号墩的龙门架拆除运送到3号墩安装使用，以后如此循环使用。为了加快预制梁吊起横移就位速度，可准备三台高低脚龙门架，设置在1、2、3号墩侧。待第一跨各梁安装完毕，即可安装第二跨，与此同时，将1号墩的龙门架拆除运送到4号墩安装使用。这种高低脚龙门架较跨墩龙门架可减少一条轨道，一条腿的高度也可降低，但增加运、拆、装龙门架的工作量，并需要多准备一台龙门架。

2. 浮运架梁法

浮运架梁法是将预制梁用各种方法移装到浮船上，并浮运到架设孔以后就位安装。采用浮运架梁法时，河流需有适当的水深，水深需根据梁重而定，一般宜大于2m；同时水位应平稳或涨落有规律，如潮汐河流；流速及风力不大；河岸能修建适宜的预制梁装卸码头；具有坚固适用的船只。浮运架梁法的优点是桥跨中不需设临时支架，可以用一套浮运设备架设安装多跨同跨径预制梁，较为经济，且架梁时浮运设备停留在桥孔的时间很少，不影响河流通航。

浮运架梁法采用如下三种方法：

1）将预制梁装船浮运至架设孔起吊就位安装法

此法吊装预制梁的浮船结构如图4-4-15所示。预制梁上船可采用在引道栈桥或岸边设置栈桥码头，在码头上组拼龙门架，用龙门架吊运预制梁上船。

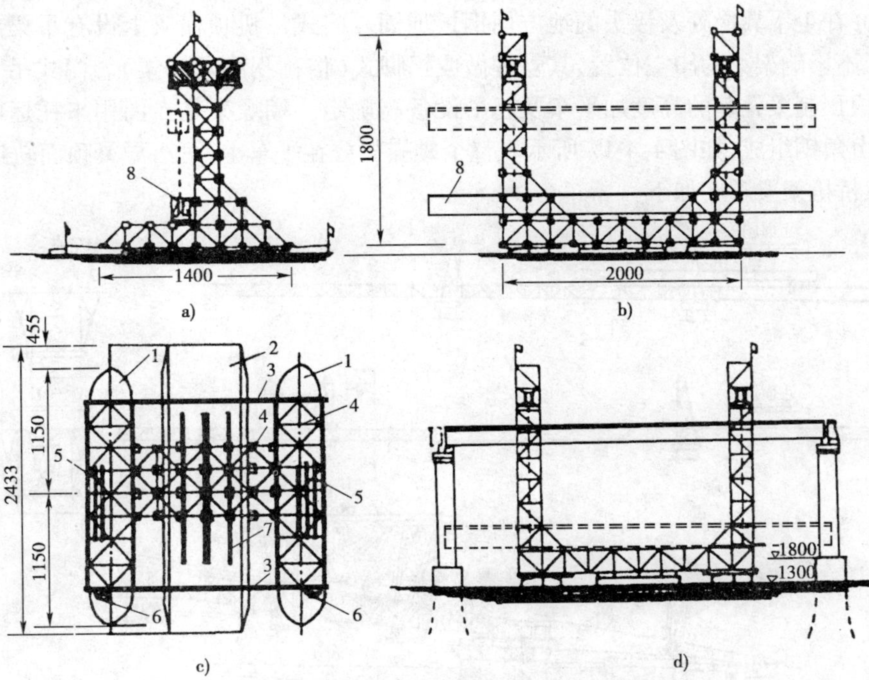

图4-4-15　预制梁装船浮运架设法（单位：cm）

a）侧面；b）正面；c）平面；d）墩位安装

1-190kN浮桥船；2-800kN铁驳船；3-联结36号工字钢；4-万能杆件；5-吊点位置；6-50kN卷扬机；7-56号工字钢；8-预制梁

2）对浮船充排水架设法

将预制梁装载在一艘或二艘浮船中的支架枕木垛上，使梁底的高度高于墩台支座顶面0.2～0.3m，然后将浮船托运至架设孔，充水入浮船，使浮船吃水加深，降低梁底高度使预制梁安装就位。在有潮汐的河流上架设预制梁时,可利用潮汐时水位的涨落来调整梁底标高,安装就位。若潮汐水位高度不够,可在浮船中用水泵充水或排水进行解决。

3)浮船支架拖拉架设法

将预制梁拖拉滚移到岸边,并将其一端拖至浮船支架上,再用如前所述的移动式支架架设法沿桥轴线拖拉浮船至对岸,预制梁亦相应拖拉至对岸,预制梁前端抵达安装位置后,用龙门架或人字扒杆安装就位。如图4-4-16所示。

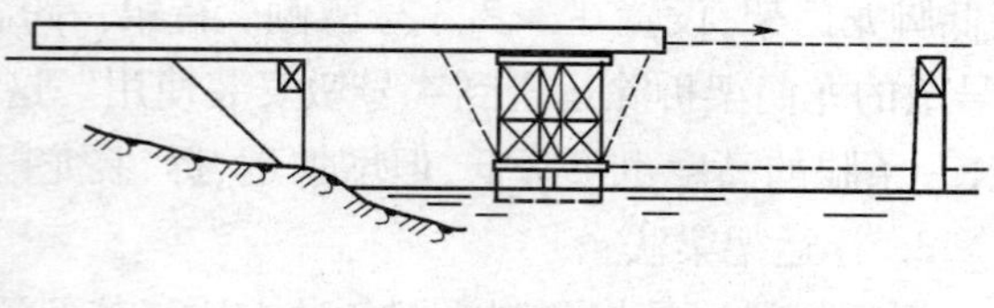

图4-4-16 浮船支架拖拉架设

3. 高空架梁法

1)联合架桥机架梁(蝴蝶架架梁法)

此法适用于架设安装30m以下的多孔桥梁,其优点是完全不设桥下支架,不受水深流急影响,架设过程中不影响桥下通航、通车,预制梁的纵移、起吊、横移、就位都比较方便。缺点是架设设备用钢量较多,但可周转使用。

联合架桥机由两套门式吊机、一个托架(即蝴蝶架)、一根两跨长的钢导梁三部分组成,如图4-4-17所示。钢导梁由贝雷装配,梁顶面铺设运梁平车和托架行走的轨道。门式吊机由工字梁组成,并在上下翼缘处及接头的地方用钢板加固。门式吊机顶横梁上设有吊梁用的行走小车。为了不影响架梁的净空位置,其立柱做成拐脚式(俗称拐脚龙门架)。门式吊机的横梁标高,由两根预制梁叠起的高度加平车及起吊设备高确定。蝴蝶架是专门用来托运门式吊机转移的,它由角钢组成,如图4-4-17所示。整个蝴蝶架放在平车上,可沿导梁顶面轨道行走。

联合架桥机架梁顺序如下:

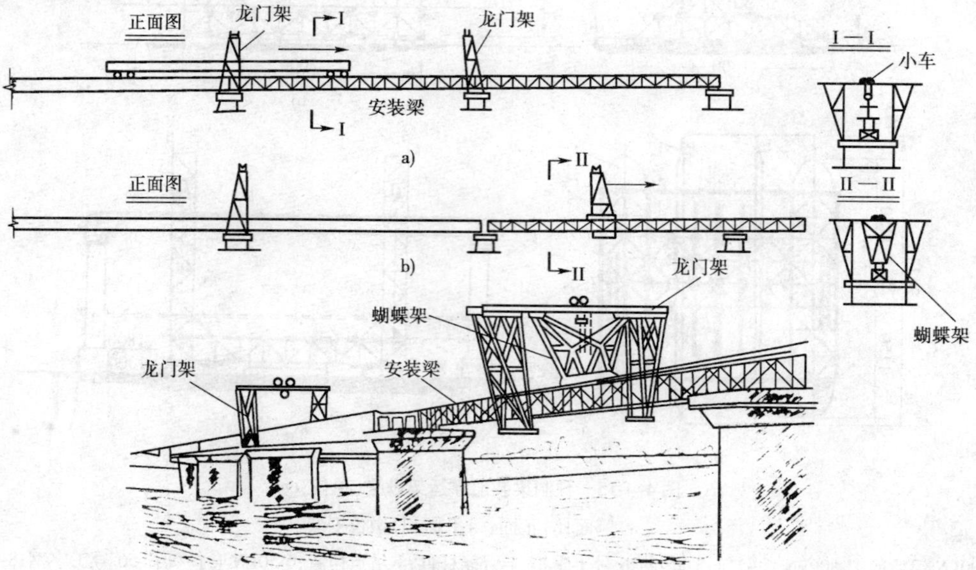

图4-4-17 用导梁、龙门架及蝴蝶架联合架梁

a)架梁;b)移动导梁;c)移动龙门架

(1)在桥头拼装导梁,梁顶铺设钢轨,并用绞车纵向拖拉导梁就位;

(2)拼装蝴蝶架和门式吊机,用蝴蝶架将两个门式吊机移运至架梁孔的桥墩(台)上;

(3)用平车将预制梁沿轨道运送至架梁孔位,将导梁两侧可以安装的预制梁用两个门式吊机吊起,横移并落梁就位,如图4-4-17a)所示;

(4)将导梁所占位置的预制梁临时安放在已架设好的梁上;

(5)用绞车纵向拖拉导梁至下一孔后,将临时安放的梁由门式吊机架设就位,并用电焊将各梁联接起来;

(6)在已架设的梁上铺接钢轨,再用蝴蝶架顺序将两个门式吊机托起并运至前一孔的桥墩上。

如此反复,直至将各孔梁全部架设好为止。

图4-4-18所示为该架设法原理图。

2)双导梁穿行式架梁法

本法是在架设孔间设置两组导梁,导梁上安设配有悬吊预制梁设备的轨道平车和起重行车或移动式龙门吊机,将预制梁在双导梁内吊着运到规定位置后,再落梁、横移就位。横移时可将两组导梁吊着预制梁整体横移,另一种是导梁设在宽度以外,预制梁在龙门吊机上横移,导梁不横移,此法比第一种横移方法安全。

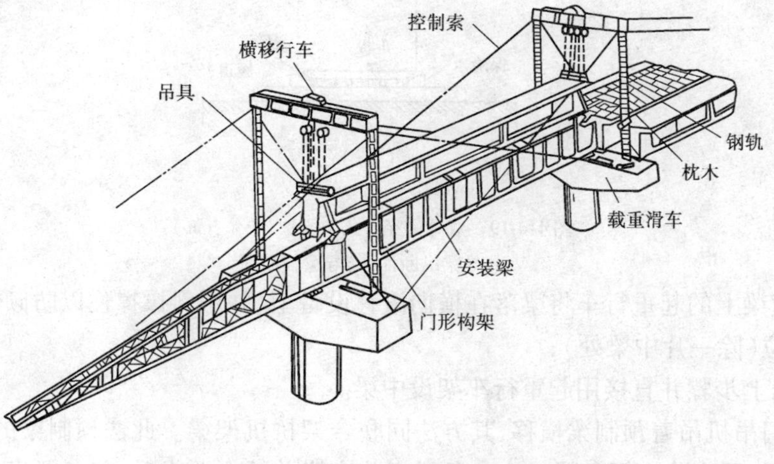

图4-4-18　联合架桥机(单导梁)架设法原理图

双导梁穿行式架梁法的优点与联合架桥机法相同,适用于墩高、水深的情况下架设多孔中小跨径的装配式梁桥,但不需蝴蝶架而配备双组导梁,故架设跨径可较大,吊装的预制梁可较重。我国用该类型的吊机架设了梁长51m、重1310kN的预应力混凝土T形梁桥。

两组分离布置的导梁可用公路装配式钢桥桁节、万能杆件设备或其他特制的钢桁节拼装而成。两组导梁净距应大于待安装的预制梁宽度。导梁顶面铺设轨道,供吊梁起重行车行走。导梁设三个支点,前端可伸缩的支承设在架桥孔前方桥墩上,如图4-4-19所示。

两根型钢组成的起重横梁支承在能沿导梁顶面轨道行走的平车上,横梁上设有带复式滑车的起重行车。行车上的挂链滑车供吊装预制梁用。其架设顺序如下:

(1)在桥头路基上拼装导梁和行车,并将拼装好的导梁用绞车拖拉就位,使可伸缩支脚支承在架梁孔的前墩上;

(2)先用纵向滚移法把预制梁运到两导梁间，当梁前端进入前行车的吊点下面时，将预制梁前端稍稍吊起，前方起重横梁吊起，继续运梁前进至安装位置后，固定起重横梁；

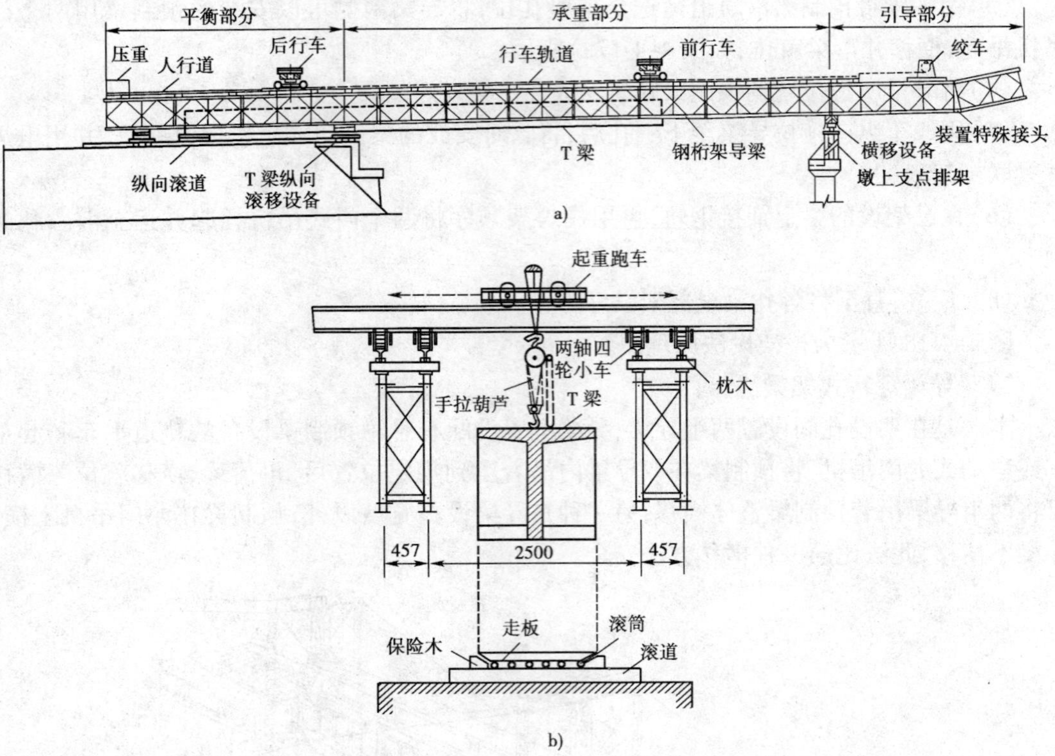

图4-4-19　双导梁穿行式架梁法(单位:mm)

a)导梁纵断面;b)导梁横断面

(3)用横梁上的起重行车将梁落在横向滚移设备上，并用斜撑撑住以防倾倒，然后在墩顶横移落梁就位(除一片中梁处)；

(4)用以上步骤并直接用起重行车架设中梁。

如用龙门吊机吊着预制梁横移，其方法同联合架桥机架梁。此法预制梁的安装顺序是先安装两个边梁，再安装中间各梁。全孔各梁安装完毕并符合要求后，将各梁横向焊接联系，然后在梁顶铺设移运导梁的轨道，将导梁推向前进，安装下一孔。

重复上述工序，直至全桥架梁完毕。

3)自行式吊车桥上架梁法

在预制梁跨径不大，重量较轻且梁能运抵桥头引道上时，可直接用自行式伸臂吊车(汽车吊或履带吊)来架梁。但是，对于架桥孔的主梁，当横向尚未连成整体时，必须核算吊车通行和架梁工作时的承载能力。此种架梁方法简单方便，几乎不需要任何辅助设备，如图4-4-20所示。

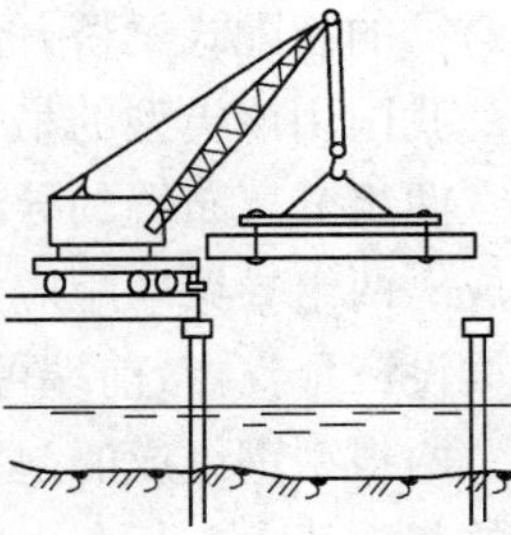

图4-4-20　自行式吊车桥上架梁法

4)扒杆纵向“钓鱼”架梁法

此法是用立在安装孔墩台上的两副人字扒杆，配合运梁设备，以绞车互相牵吊，在梁下无支架、导梁支托的情况下，把梁悬空吊过桥孔，再横移落梁，就位安装的架梁法。其架梁示意图如图4-4-21所示。

用此法架梁时，必须以预制梁的重量和墩台间跨径为基础，在竖立扒杆、放倒扒杆、转移扒杆或架梁或吊梁进行横移等各个工作阶段，对扒杆、牵引绳、控制绳、卷扬机、锚碇和其他附属零件进行受力分析和应力计算，以确保设备的安全。还需对各阶段的操作安全性进行检查。

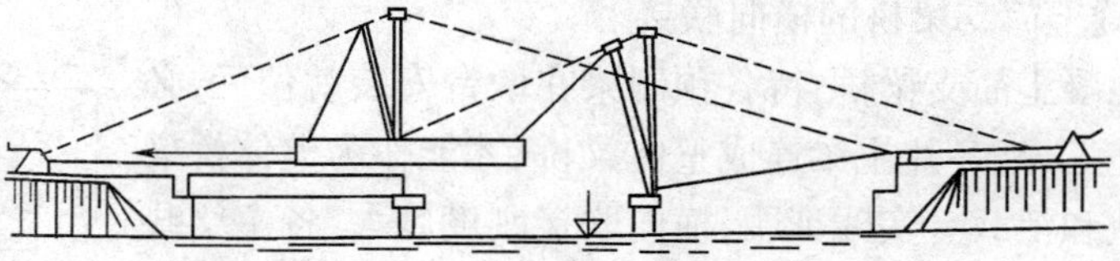

图4-4-21　扒杆纵向"钓鱼"架梁法

本法不受架设孔墩台高度和桥孔下地基、河流水文等条件影响；不需要导梁、龙门吊机等重型吊装设备而可架设30～40m以下跨径的桥梁；扒杆的安装移动简单，梁在吊着状态时横移容易，且也较安全，故总的架设速度快。但本法需要技术熟练的起重工，且不宜用于不能设置缆索锚碇和梁上方有障碍物处。

四、装配式混凝土梁（板）的横向联接

装配式钢筋混凝土和预应力混凝土简支梁（板）的施工工序一般为：

装配式梁（板）等构件预制→构件移运堆放→运输→预制梁（板）架设安装→横向联接施工→桥面系施工。

装配式混凝土简支梁（板）桥横向一般有多片主梁（板）组成，为了使多片装配式主梁（板）能联成整体共同承受桥上荷载，必须使多片主梁（板）间有横向联接，且有足够的强度。

1．装配式混凝土板桥的横向联接

装配式板桥的横向联接常用企口混凝土铰联接和钢板焊接联接等形式。板与板之间的联接应牢固可靠，在各种荷载作用下不松动、不解体，以保证各预制装配式板通过企口混凝土铰接缝或焊接钢板联接联成整体共同承受车辆荷载。

1）企口混凝土绞接

企口混凝土铰接缝是在板预制时，在板两侧（边板为一侧）按设计要求预留各种形状的企口（如棱形、漏斗形、圆形等），预制板安装就位后，在相邻板间的企口中浇筑纵缝混凝土。铰缝混凝土应采用C30以上细集料混凝土，施工时注意插捣密实。实践证明，这种纯混凝土铰已能保证传递竖向剪力，使各预制板共同参与受力。有的还从预制板中伸出钢筋相互绑扎后填塞铰缝混凝土，并浇筑在桥面铺装混凝土中，如图4-4-22所示。

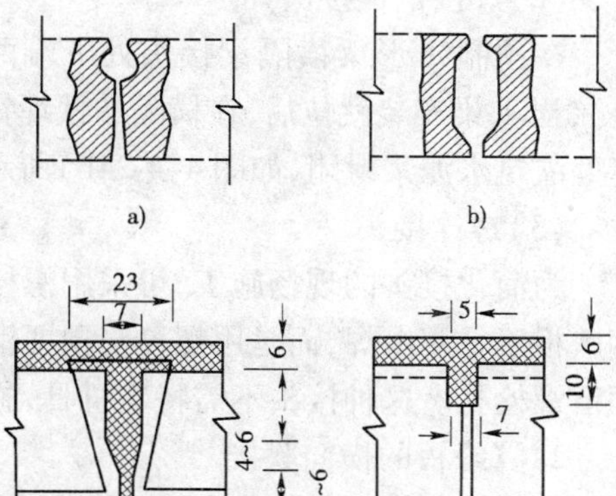

图4-4-22　企口混凝土铰接缝（单位：cm）

2）焊接钢板联接

由于企口混凝土铰接需要现场浇筑混凝土，并

需待混凝土达到设计强度后才能作为整体板桥承受荷载，为了加快施工进度，可以采用焊接钢板的横向联接形式，如图 4-4-23 所示。板预制时，在板两侧相隔一定距离预埋钢板，待预制板安装就位后，用一块钢板焊在相邻两块预埋钢板上形成绞接构造。焊接钢板的联接构造沿纵向中距通常为 0.8 ~ 1.5m，在桥跨中间部分布置密，向两端支点逐渐减疏。

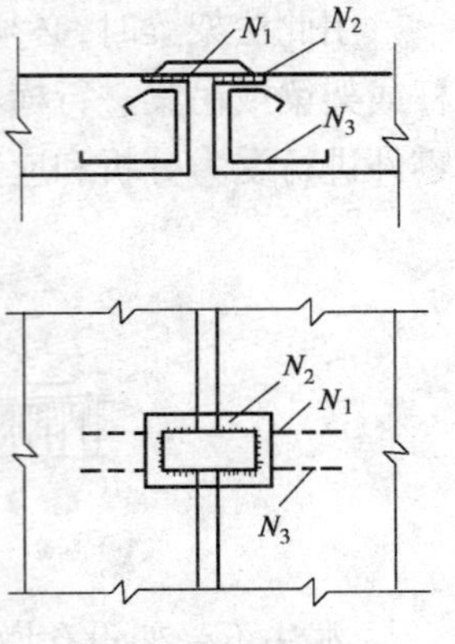

图 4-4-23　焊接钢板接头

2. 装配式混凝土简支梁桥的横向联接

预制装配式混凝土简支梁桥，待各预制梁在墩台安装就位后，必须进行横向联接施工，把各片主梁连成整体梁桥，才能作为整体桥梁共同承担二期恒载和活载。实践证明，横向联接刚度越大，各主梁共同受力性能越好，因此，必须重视横向联接施工。

装配式简支梁桥的横向联接可分成横隔梁的联接和翼缘板的联接两种情况。

1）横隔梁的横向联接

通常在设有横隔梁的简支梁桥中均通过横隔梁的接头把所有主梁联接成整体。接头要有足够的强度，以保证结构的整体性，并在桥梁营运过程中接头不致因荷载反复作用和冲击作用而发生松动。横隔梁接头通常有扣环式、焊接钢板和螺栓接头等形式。

（1）扣环式接头

扣环式接头是在梁预制时，在横隔梁接头处伸出钢筋扣环 *A*（按设计计算要求布置），待梁安装就位后，在相邻构件的扣环两侧安装上腰圆形的接头扣环 *B*，再在形成的圆形环内插入短分布筋后现浇混凝土封闭接缝。接缝宽度约为 0.2 ~ 0.6m。通过接缝混凝土将各主梁连成整体如图 4-4-24a）所示。

随着装配式混凝土梁主梁间距的加大，为了减小预制梁的外形尺寸和吊装重力，T 形梁的翼缘板和横隔梁都采用这种扣环式横向联接形式，以达到既经济，施工吊运又简单的目的。1983 年我国编制的装配式钢筋混凝土和预应力混凝土 T 形简支梁桥标准图，主梁间距均采用 2.2m，而预制主梁的翼缘板和横隔梁宽仅为 1.6m，0.6m 就是采用扣环式联接的接缝宽度。

（2）焊接钢板接头

在预制 T 形梁横隔梁接头处下端两侧和顶部的翼缘内预埋接头钢板（应焊在横梁主筋上），当 T 梁安装就位后，在横隔的预埋钢板上再加焊盖接钢板，将相邻 T 梁联接起来，并在接缝处灌筑水泥浆封闭，如图 4-4-24b）所示。

（3）螺栓接头

为简化接头的现场施工，可采用螺栓接头如图 4-4-24c）所示。预埋钢板和焊接钢板接头，钢盖板不是用电焊，而是用螺栓与预埋钢板联接起来，然后用水泥砂浆封闭。为此，钢板上要预留螺栓孔。这种接头不需特殊机具，施工迅速，但在营运中螺栓易松动，挠度较大。

2）翼缘板的横向联接

以往具有横隔梁的装配式 T 梁桥中，主梁间通过横隔梁连成整体，T 梁翼缘板之间不联接，翼缘板是作为自由悬臂处理的。目前，为改善翼缘板的受力状态，翼缘板之间也进行横向联接。另外，无横隔梁的装配式 T 梁桥，主梁是通过相邻翼缘板之间的横向联接连成整体梁桥的。

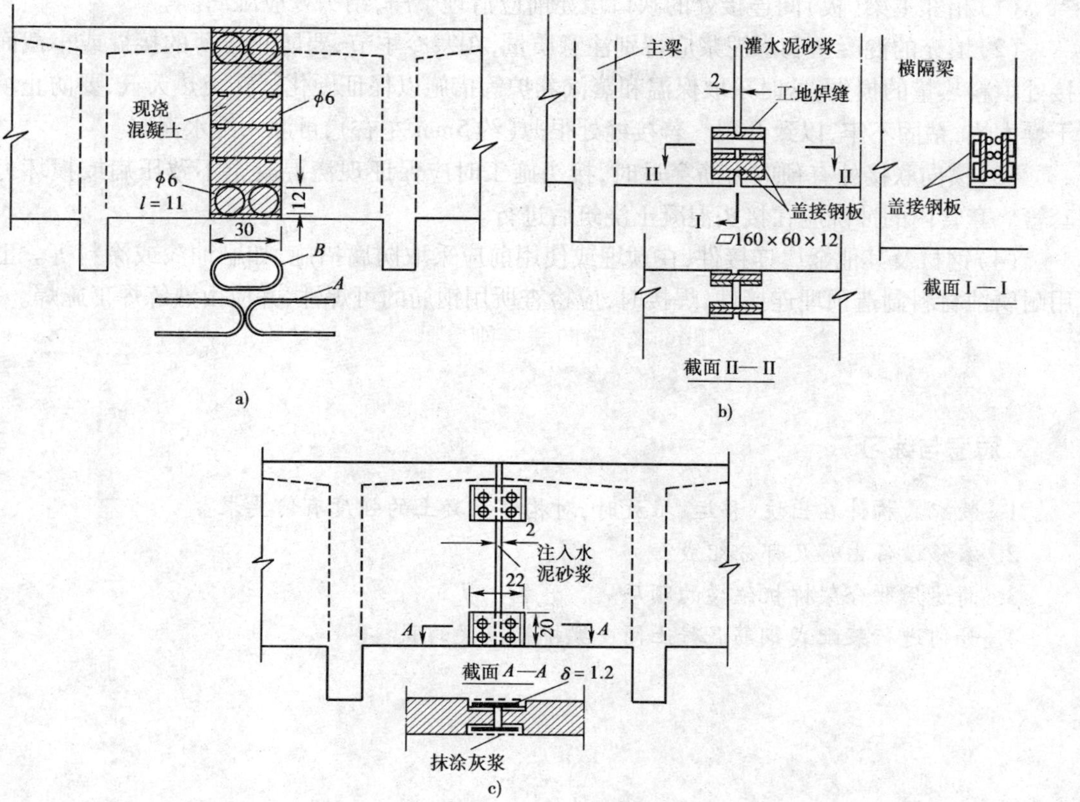

图 4-4-24　横隔梁横向联接(单位:cm)

a)扣环式接头;b)焊接钢板接头;c)螺栓接头

翼缘板之间通常做成企口铰接式的联接,如图 4-4-25 所示。由主梁翼缘板内伸出连接钢筋,横向联接施工时,将此钢筋交叉弯制,并在接缝处再安放局部的 $\phi6$ 钢筋网,然后将它们浇筑在桥面混凝土铺装层内,如图 4-4-25a)所示。也可将主梁翼缘板内的顶层钢筋伸出,施工时将它弯转并套在一根沿纵向通长布置的钢筋上,形成纵向铰,然后浇筑在桥面混凝土铺装层中,如图 4-4-25b)所示。接缝处的桥面铺装层内应安放单层钢筋网,计算时不考虑铺装层受力。这种联接构造由于连接钢筋较多,对施工增加了一些困难。

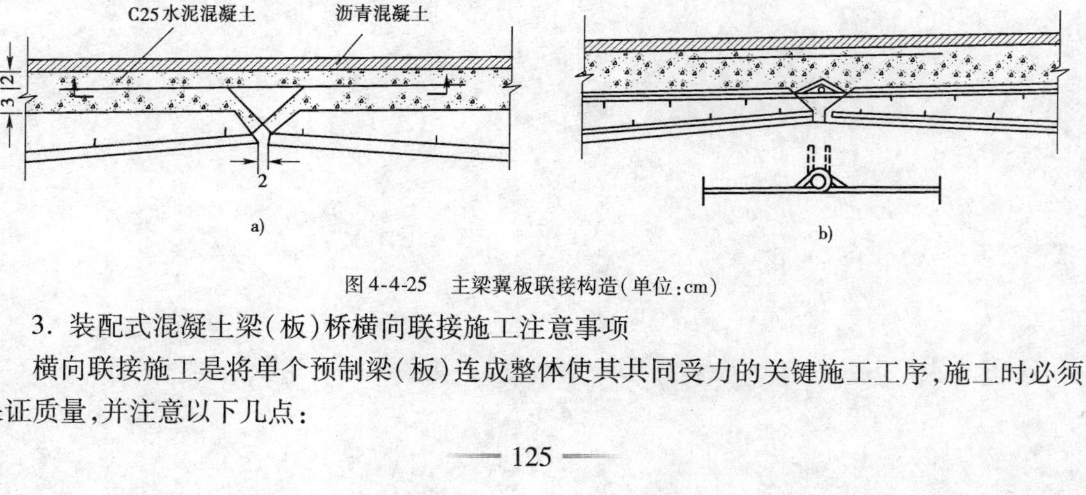

图 4-4-25　主梁翼板联接构造(单位:cm)

3. 装配式混凝土梁(板)桥横向联接施工注意事项

横向联接施工是将单个预制梁(板)连成整体使其共同受力的关键施工工序,施工时必须保证质量,并注意以下几点:

(1)相邻主梁(板)间连接处的缺口填充前应清理干净,结头处应湿润。

(2)填充的混凝土和水泥浆应特别注意质量,在寒冷季节,要防止较薄的接缝或小截面连接处填料热量的损失,这时采取保温和蒸汽养护等措施以保证硬化。在炎热天气,要防止填料干燥太快,粘固不牢,以致开裂。若接缝处很薄(约5mm左右),可灌入纯水泥浆。

(3)横向联接处有预应力筋穿过时,接头施工时应保证现浇混凝土不致压扁或损坏力筋套管。套管内的冲洗应在接头混凝土浇筑后进行。

(4)钢材及其他金属连接件,在预埋或使用前应采取防腐措施,如刷油漆或涂料等。也可用耐腐蚀材料制造预埋连接件,焊接时,应检查所用钢筋的可焊性,并应由熟练焊工施焊。

思考与练习

1. 装配式构件在出坑、移运、堆放时,对构件混凝土的强度有何要求?
2. 滚移设备由哪几部分组成?
3. 简述用联合架桥机架梁的顺序。
4. 如何进行装配式钢筋混凝土简支梁桥横隔梁的联接?

单元五　预应力混凝土桥的施工

课题一　先张法施工

【内容提要】　本课题主要讲述了预应力混凝土结构的材料、专用机具、先张法施加预应力的基本方法和流程、张拉台座要求以及先张法预应力筋的张拉和放松的要领、安全技术及施工注意事项。

【教学要求】

应知：1. 掌握常用机具的类型、构造及适用性；初步掌握常用张拉机具的使用要领；2. 了解张拉台座的类型、构造及适用性；3. 初步掌握张拉的方法、特点、要求及程序；4. 认识“初应力”与“超张拉”的含义及目的；5. 初步掌握预应力筋放松的方法及程序。

应会：能够识别选用张拉设备和夹具，并能进行常规操作和排除常见问题。

【教学建议】　本课题应以台座构造及张拉操作过程为重点，宜采用理论讲解与放映录像相结合的方法进行授课。

一、预应力混凝土结构的材料要求与施工机具

1. 材料

采用高强度等级混凝土和高强度钢材是预应力混凝土结构的典型特点。

1）混凝土

《公路钢筋混凝土及预应力混凝土桥涵设计规范》（JTG D62—2004）中规定公路桥梁预应力混凝土构件的混凝土强度等级不应低于 C40；而钢筋混凝土构件的混凝土强度等级不应低于 C20，当用 HRB400、kL400 级钢筋配筋时，混凝土强度等级不应低于 C25。

用于预应力混凝土结构的混凝土，不仅要求高强度，而且要求有很高的早期强度，以便能早日施加预应力，从而提高构件的生产效率和设备的利用率。

2）钢材

预应力混凝土结构中的钢材有钢筋、钢丝和钢绞线三大类，桥涵工程中常用的有下列几种：

（1）冷拉钢筋及 V 级钢筋

目前，使用较多的是冷拉 IV 级钢筋，冷拉 III 级钢筋大多用作竖向及横向预应力钢筋，冷

拉Ⅱ级钢筋因其强度较低,较少使用。需要注意的是冷拉Ⅳ级钢筋虽使用性能良好,但可焊性能较差,在使用时必须有合理的焊接工艺。Ⅴ级钢筋(热处理钢筋)强度较高,可直接用作预应力钢筋。

(2)高强钢丝

在预应力混凝土结构中,常用的高强钢丝有碳素钢丝和刻痕钢丝。我国生产的高强钢丝有直径为2.5mm、3.0mm、4.0mm和5.0mm四种,直径愈细强度愈高,其中直径2.5mm的钢丝强度最高。

(3)冷拔低碳钢丝

冷拔低碳钢丝是由Ⅰ级钢筋(多为小直径的盘圆)经多次冷拔后得到的钢筋,有直径为3mm、4mm、5mm三种。由于冷拔低碳钢丝材性不稳定、分散性大,所以仅用于次要结构或小型构件中。

(4)钢绞线

钢绞线是把多根平行的高强钢丝围绕一根中心芯线用绞盘绞捻成束而形成。我国生产的钢绞线的规格有7ϕ2.5、7ϕ3.0、7ϕ4.0、7ϕ5.0四种。如7ϕ5.0钢绞线系由6根直径为5mm的钢丝围绕一根直径为5.15~5.20㎜的钢丝扭结后,经低温回火处理而成。

2. 施工机具

先张法专用机具有夹具和张拉机具。

1)夹具

夹具是在张拉阶段和混凝土成型过程中夹持预应力钢筋的工具,一般分圆锥形夹具和螺杆销片夹具两类。

(1)圆锥形夹具

圆锥形夹具有钢丝用的、钢筋用的和钢绞线用的三种。

钢丝用的圆锥形夹具(图5-1-1),是由套筒与销子两部分组成,适用于张拉ϕ4、ϕ5碳素钢丝或冷拔钢丝。图中销子上的浅槽尺寸,带括弧者是锚固ϕ5钢丝的,不带括弧者是锚固ϕ4钢丝的,槽内须凿毛。将销子做成一条槽时,可适用于锚固单根钢丝。

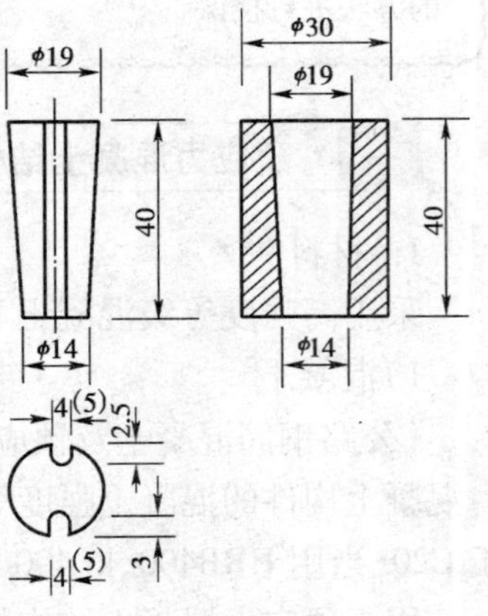

图5-1-1 圆锥形钢丝夹具

钢筋用的圆锥形夹具,是由套筒与圆锥形夹片组成(图5-1-2)。套筒内壁呈圆锥形,与夹片锥度吻合。夹片为两个或三个圆片,圆片的圆心部分形成半圆形凹槽,并刻有细齿,钢筋就夹紧在夹片中的凹槽内。这种夹具适用于锚固直径12~16mm的冷拉Ⅱ、Ⅲ、Ⅳ级钢筋。

钢绞线用的圆锥形夹具,由套筒与三片式圆锥形夹片组成(图5-1-3),有两种规格,分别锚固ϕ^j12(7ϕ4)和ϕ^j15(7ϕ5)单根钢绞线。

(2)螺杆销片夹具

该夹具在后张自锚工艺或先张工艺中,用于成束张拉和临时锚固直径为12mm、14mm的冷拉Ⅱ、Ⅲ、Ⅳ级钢筋。它由锚板、销片、螺杆、螺母组成(图5-1-4)。锚板有6、8、10孔的三种,以适应不同根数的钢筋束。销片为两个半圆片,中部开有半圆形凹槽,钢筋即是被锚夹于两销片中间。

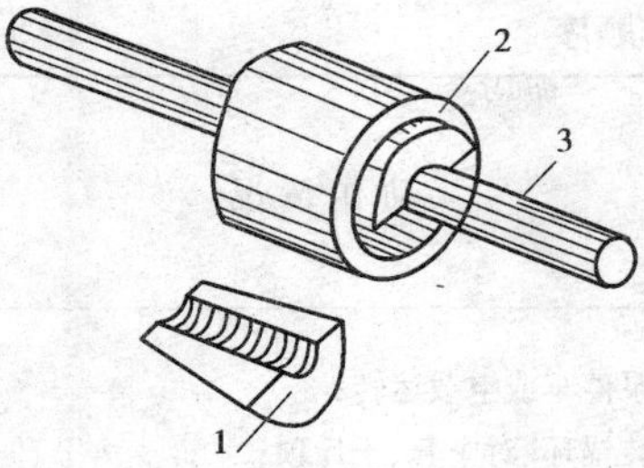

图 5-1-2　圆锥形钢筋夹具

1-夹片；2-套筒；3-预应力筋（丝）

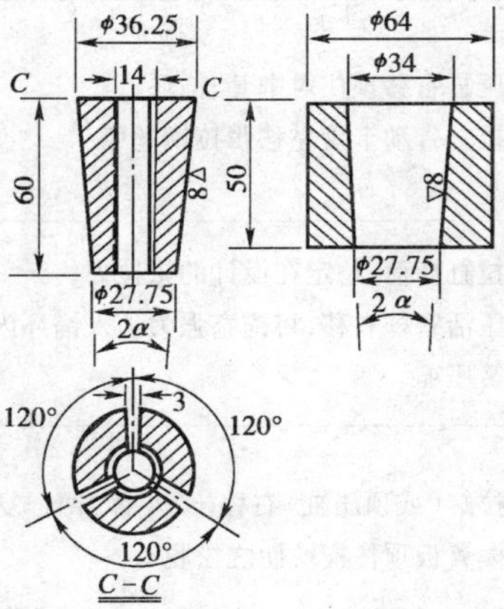

图 5-1-3　三片式锥形夹具

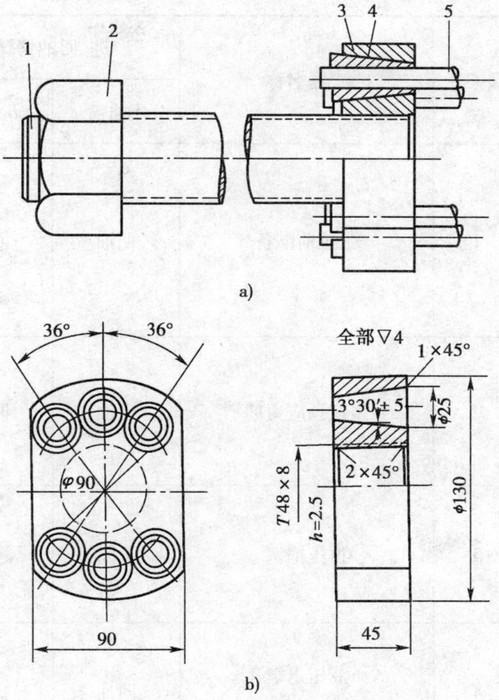

图 5-1-4　螺杆销片夹具

1-螺杆；2-螺母；3-锚板；4-销片；5-预应力筋

2）张拉机具

张拉机具是制作预应力构件的专用设备，它主要由张拉千斤顶、高压油泵和压力表三部分组成

（1）张拉千斤顶

液压千斤顶按其构造可分为锥锚式、拉杆式和穿心式三种型式。

①锥锚式千斤顶

锥锚式千斤顶适用于张拉用锥形锚具锚固的钢丝束。它主要由张拉油缸、顶压油缸、退楔装置、楔形卡盘等组成，其构造简图见图 5-1-5。

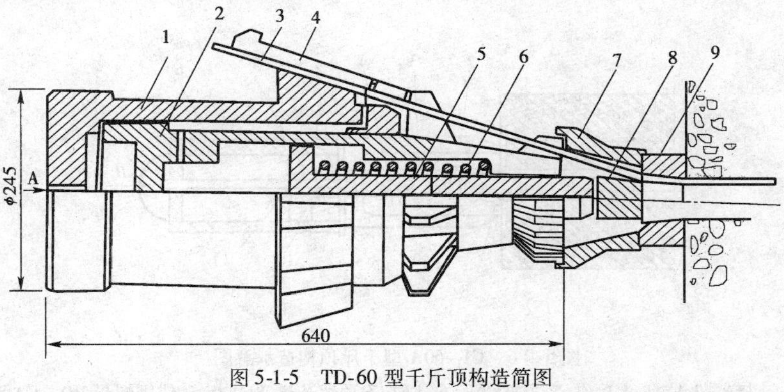

图 5-1-5　TD-60 型千斤顶构造简图

1-张拉杆；2-顶压缸；3-钢丝；4-楔块；5-顶锚活塞杆；6-弹簧；7-对中套；8-锚塞；9-锚环

其操作顺序如表 5-1-1 所示。

锥锚式(三作用)千斤顶操作顺序　　表 5-1-1

顺序	工序名称	进、回油情况		动作情况
		A 油嘴	B 油嘴	
1	张拉前准备	回油	回油	1. 油泵停车或空载运转; 2. 安装锚环、对中套、千斤顶; 3. 开泵后将顶压油缸伸出一定长度,供退楔用; 4. 将钢丝按顺序嵌入卡盘槽内,用楔块夹紧
2	张拉预应力筋	进油	回油	1. 顶压缸右移顶住对中套、锚环; 2. 张拉缸带动卡盘左移张拉钢丝束
3	顶压锚塞	关闭	进油	1. 张拉缸持荷,稳定在设计的张拉力; 2. 顶压活塞杆右移,将锚塞强力顶入锚环内; 3. 弹簧压缩
4	液压退楔 (张拉缸回程)	回油	进油	1. 张拉缸(或顶压缸)右移(或左移)回程复位; 2. 退楔翼板顶住楔块使之松脱
5	顶压活塞杆弹簧回程	回油	回油	1. 油泵停车或空载运转; 2. 在弹簧力作用下,顶压活塞杆左移复位

②拉杆式千斤顶

拉杆式千斤顶适用于张拉带有螺杆式和镦头式锚、夹具的单根粗钢筋、钢筋束、钢丝束。拉杆式千斤顶主要由油缸、活塞、拉杆、端盖、撑脚、张拉头和动、静密封圈等部分组成,其构造如图 5-1-6 所示。YL60 型千斤顶操作顺序如表 5-1-2 所示。

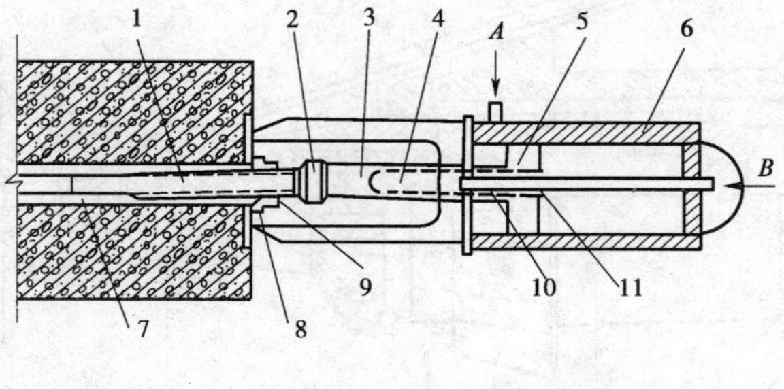

图 5-1-6　CJ_2-60A 型千斤顶构造示意图

1-预应力筋;2-连接器;3-拉杆;4-副缸;5-主缸活塞;6-主缸;7-预留孔道;8-垫板;9-锚固螺母;10-副缸活塞;11-油封

YL60 型千斤顶操作顺序　　　　表 5-1-2

顺 序	工 序 名 称	进、回油情况		动 作 情 况
		A 油嘴	*B* 油嘴	
1	张拉前准备	回油	回油	1. 油泵停车或空载运转； 2. 连接头拧入螺丝端杆； 3. 千斤顶对中就位
2	张拉预应力钢筋	进油	回油	1. 油缸和撑脚顶住构件端面； 2. 活塞拉杆右移张拉钢筋； 3. 钢筋张拉到设计张拉力后持荷，拧紧螺丝端杆上的螺母
3	液压差动回程：单路进油回程	关闭	进油	1. 差动阀活塞杆顶开锥阀，*A*、*B* 油腔连通，活塞拉杆右移回程； 2. 复位后，打开油泵上的控制阀； 3. 油泵停车或空载运转； 4. 卸下连接头
	液压差动回程：双路进油回程	（卸荷后）进油	进油	
	液压差动回程：带压双路进油回程	进油	进油	

注：YL60 型千斤顶有张拉保护装置，满行程张拉到底时，张拉缸油压不升高。但无回程保护装置，操作时应注意防止回程超压，或调整泵上安全阀的控制压力。

③穿心式千斤顶

穿心式千斤顶主要用于张拉带有夹片式锚、夹具的单根钢筋、钢绞线或钢筋束、钢绞线束。如图 5-1-7 为常用的 YC-60 型千斤顶构造，它的主要部分有：张拉缸、顶压缸、顶压活塞及弹簧等。YC-60 型千斤顶张拉顺序如表 5-1-3 所示。

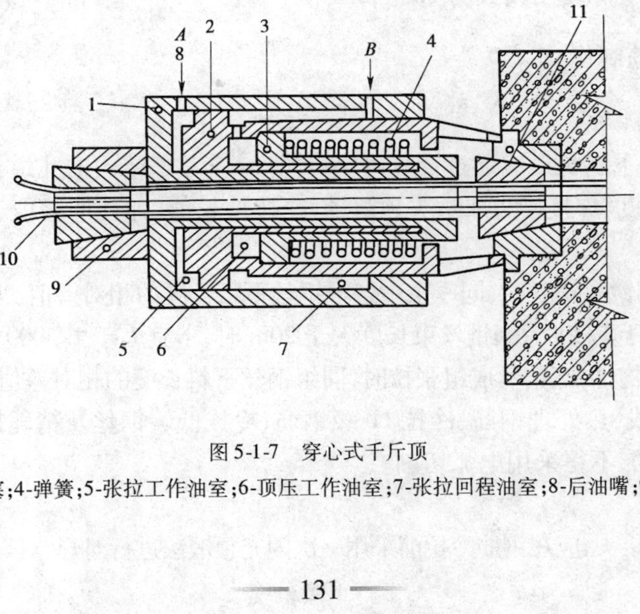

图 5-1-7　穿心式千斤顶

1-大缸；2-小缸；3-顶压活塞；4-弹簧；5-张拉工作油室；6-顶压工作油室；7-张拉回程油室；8-后油嘴；9-工具式锚具；10-钢绞线；11-锚具

YC60 型千斤顶操作顺序　　表 5-1-3

顺序	工序名称	进、回油情况		动作情况
		A 油嘴	B 油嘴	
1	张拉前准备	回油	回油	1. 油泵停车或空载运转； 2. 安装锚具、穿筋后安装工具锚； 3. 千斤顶对中就位
2	张拉预应力筋	进油	回油	1. 顶压缸和撑套右移顶住锚环； 2. 张拉缸左移张拉预应力筋
3	顶压锚固	关闭	进油	1. 张拉缸持荷，稳定在设计的张拉力； 2. 顶压活塞右移，将夹片强力顶入锚环内； 3. 顶压活塞回程弹簧压缩
4	张拉缸液压回程	回油	进油	张拉缸（或顶压缸）右移（或左移）复位、工具锚松脱
5	顶压活塞弹簧回程	回油	回油	1. 油泵停车或空载运转； 2. 在弹簧力作用下，顶压活塞左移复位； 3. 卸下工具锚和千斤顶

注：①顶压锚固时，张拉缸内油压将会升高，应控制其升高值，使预应力筋的应力不超过流限（钢筋束）或条件流限（钢绞线束）。
②在张拉、顶压和液压回程时，为防止误操作产生过高的油压，可调整油泵相应油路中安全阀的溢流压力。
③作为拉杆式千斤顶使用时，操作顺序为表中的 1、2、4、5。

（2）高压油泵

高压油泵与液压千斤顶配套使用，为千斤顶供油。常用的有电动高压油泵和手动高压油泵两种。图 5-1-8 为目前常用的 ZB4-500 电动高压油泵，由泵体、控制阀、油箱小车和充电设备等部分组成。

（3）油压表

油压表是测量压力的仪表。它安装在油泵上，从油压表的读数上反映出千斤顶工作活塞上单位面积所承受的压力。千斤顶对钢筋施加的拉力，可由油压表上的读数与千斤顶工作活塞面积的乘积求得。油压表的种类很多，为保证读数的精度，并确保安全与不易损坏，一般均选用精度不低于 1.5 级的弹簧管油压表。其表面的最大读数，应为实际使用读数的 1.5～2.0 倍。

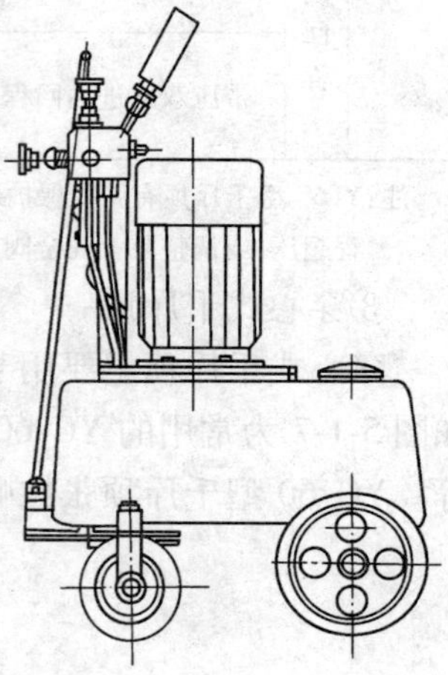

图 5-1-8　ZB4-500 型油泵外观图

二、预应力筋制作

1. 预应力筋下料

（1）预应力筋的下料长度应通过计算确定，计算时应考虑结构的孔道长度或台座长度、锚夹具厚度、千斤顶长度、焊接接头或镦头预留量、冷拉伸长值、弹性回缩值、张拉伸长值和外露长度等因素。

钢丝束两端采用镦头锚具时，同一束中各根钢丝下料长度的相对差值，当钢丝束长度小于或等于 20m 时，不宜大于 1/3000；当钢丝束长度大于 20m 时，不宜大于 1/5000，且不大于 5mm。长度不大于 6m 的先张构件，当钢丝成组张拉时，同组钢丝下料长度的相对差值不得大于 2mm。

（2）钢丝、钢绞线、热处理钢筋、冷拉 IV 级钢筋、冷拔低碳钢丝及精轧螺纹钢筋的切断，宜采用切断机或砂轮锯，不得采用电弧切割。

2. 冷拉钢筋接头

（1）冷拉钢筋的接头，应在钢筋冷拉前采用一次闪光顶锻法进行对焊，对焊后应进行热处理，以提高焊接质量。钢筋焊接后其轴线偏差不得大于钢筋直径的1/10,且不得大于2mm,轴线曲折的角度不得超过4°。采用后张法张拉的钢筋,焊接后尚应敲除毛刺,但不得减损钢筋截面面积。

(2)预应力筋有对焊接头时,除非设计另有规定,宜将接头设置在受力较小处,在结构受拉区及在相当于预应力筋直径30倍长度的区段(不小于500mm)范围内,对焊接头的预应力筋截面面积不得超过该区段预应力筋总截面面积的25%。

(3)冷拉钢筋采用螺丝端锚具时,应在冷拉前焊接螺丝端杆,并应在冷拉时将螺母置于端杆端部。

3. 预应力筋镦粗头

预应力筋镦头锚固时,对于高强钢丝,宜采用液压冷镦;对于冷拔低碳钢丝,可采用冷冲镦粗;对于钢筋,宜采用电热镦粗,但Ⅳ级钢筋镦粗后应进行电热处理。冷拉钢筋端头的镦粗及热处理工作,应在钢筋冷拉之前进行,否则应对镦头逐个进行张拉检查,检查时的控制应力应不小于钢筋冷拉的控制应力。

4. 预应力筋的冷拉

预应力筋的冷拉,可采用控制应力或控制冷拉率的方法。但对不能分清炉批号的热轧钢筋,不应采取控制冷拉率的方法。

(1)当采用控制应力方法冷拉钢筋时,其冷拉控制应力下的最大冷拉率,应符合表5-1-4的规定。冷拉时应检查钢筋的冷拉率,当超过表中的规定时,应进行力学性能检验。

冷拉控制应力及最大冷拉率　　表5-1-4

钢筋级别	钢筋直径(mm)	冷拉控制应力(MPa)	最大冷拉率(%)
Ⅳ级	10~28	700	4.0

(2)当采用控制冷拉率方法冷拉钢筋时,冷拉率必须由试验确定。测定同炉批钢筋冷拉率时,其试样不少于4个,并取其平均值作为该批钢筋实际采用的冷拉率。测定冷拉率钢筋的冷拉应力应符合表5-1-5的规定。

测定冷拉率时钢筋的冷拉应力　　表5-1-5

钢筋级别	钢筋直径(mm)	冷拉应力(MPa)
Ⅳ级	10~28	730

注:当钢筋平均冷拉率低于1%时,仍应按1%进行冷拉。

冷拉多根连接的钢筋,冷拉率可按总长计,但冷拉后每根钢筋的冷拉率应符合表5-1-4的规定。

(3)钢筋的冷拉速度不宜过快,宜控制在5MPa/s左右。冷拉至规定的控制应力(或冷拉率)后,应停置1~2min再放松。冷拉后,有条件时宜进行时效处理。应按冷拉率大小分组堆放,以备编束时选料。冷拉钢筋时应做记录。

当采用控制应力方法冷拉钢筋时,对使用的测力计应经常进行校验。

5. 预应力筋的冷拔

预应力筋采用冷拔低碳钢丝时,应采用6~8mm的Ⅰ级热轧钢筋盘条拔制。拔丝模孔为盘条原直径的0.85~0.9,拔制次数一般不超过3次,超过3次时应将拔丝退火处理。拉拔总压缩率应控制在60%~80%,平均拔丝速度应为50~70m/min。冷拔达到要求直径后,应按《公路桥涵施工技术规范》(JTJ 041—2000)12.2.4条进行检验,以决定其组别和力学性能(包括伸长率)。

6. 预应力筋编束

预应力筋由多根钢丝或钢绞线组成时,同束内应采用强度相等的预应力钢材。编束时,应逐根理顺,绑扎牢固,防止互相缠绕。

三、先张法的工艺流程

先张法生产工序少、效率高,适宜工厂化大批量生产。张拉钢筋时,只需夹具,无需锚具,预应力钢筋自锚于混凝土之中。但先张法需要专门的张拉台座,构件中钢筋一般只能采用直线配筋,施加的应力较小,一般只适合于制作跨径在25m内的中小跨径梁(板)。其施工程序见图5-1-9,基本工艺流程见图5-1-10。

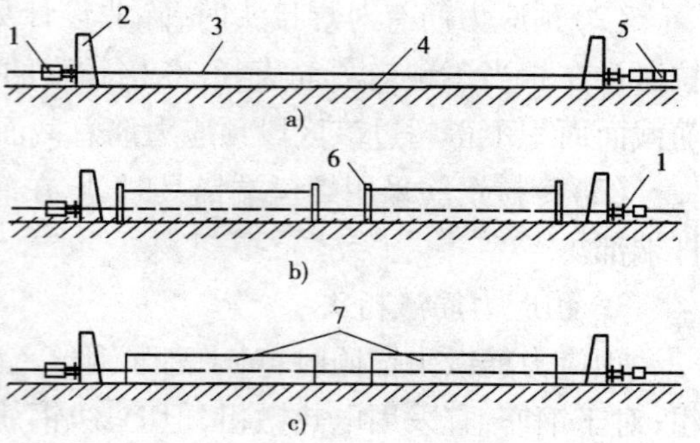

图5-1-9 先张法的主要施工程序示意图

a)张拉钢筋;b)浇筑混凝土;c)放松或切断预应力筋

1-锚具;2-台座;3-预应力筋;4-台面;5-张拉千斤顶;6-模板;7-预应力混凝土构件

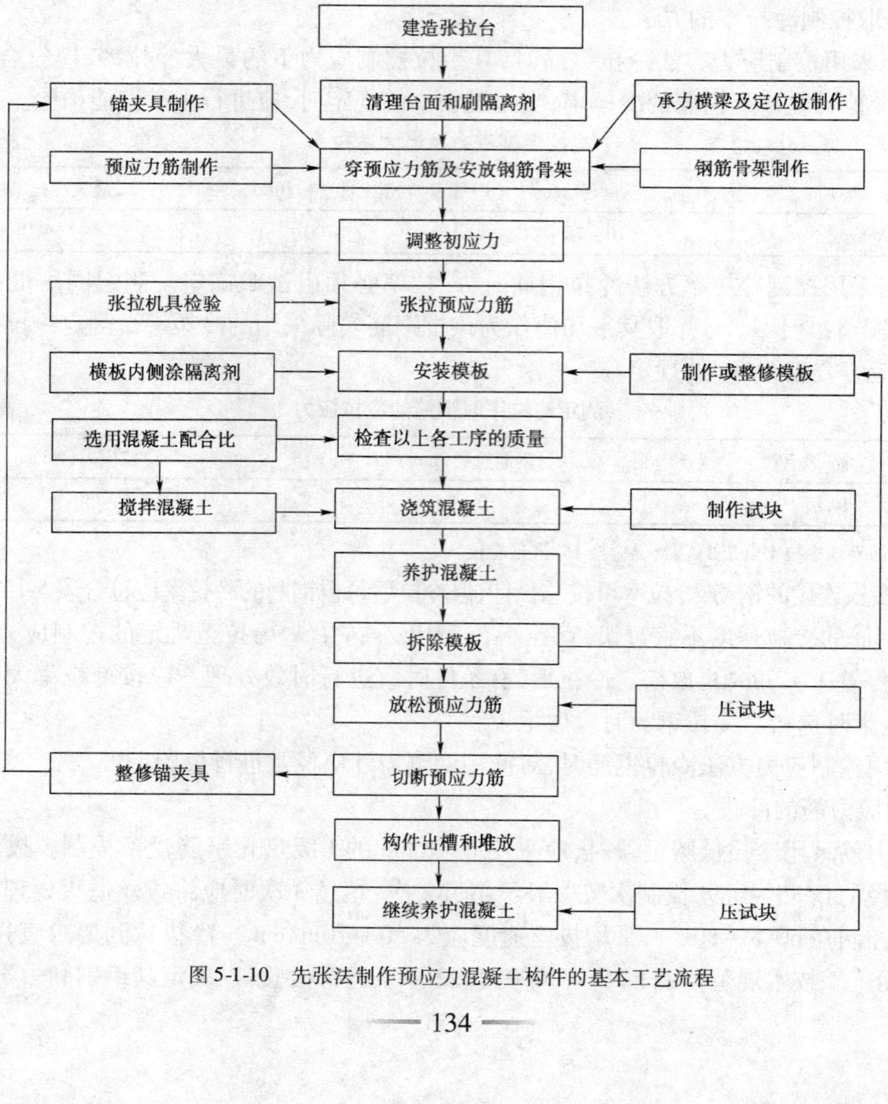

图5-1-10 先张法制作预应力混凝土构件的基本工艺流程

四、张拉台座

张拉台座是先张法生产的主要设备之一，它承受预应力筋的全部张拉力，因此须有足够的强度、刚度和稳定性。台座按构造型式分为墩式和槽式两类。

1. 墩式台座（图 5-1-11）

墩式台座适用于地质条件良好、张拉线较长的长线台座，它由台面、承力架、横梁和定位钢板等组成。

台面是制作构件的底模，要求平整、光滑。一般采用在夯实平整的基土上浇一层 5～8cm 的 C15～C20 素混凝土，并每隔 10～20m留伸缩缝，且沿长度方向有 0.3%的坡度，以利排水。承力架也叫传力墩，它要承受全部的张拉力，须保证变形小、经济、安全和操作方便。承力架可因地制宜地采用图 5-1-12所示的型式。横梁是将预应力筋张拉力传给承力架的构件，常用型钢设计制成，应保证其刚度和稳定性，避免受力后产生变形和挠曲。定位钢板用来固定预应力筋的位置，其圆孔位置按梁体预应力筋的设计位置确定，孔径比预应力筋大 2～5mm，以便穿筋。图 5-1-13 为一锚桩式台座的实物图。

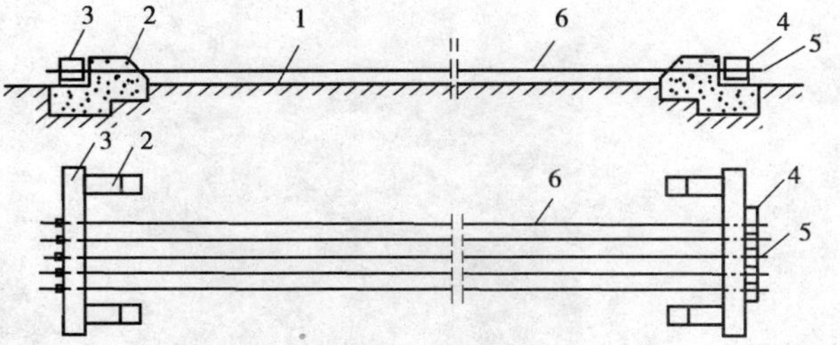

图 5-1-11　重力式台座构造

1-台面；2-承力架；3-横梁；4-定位钢板；5-夹具；6-预应力筋

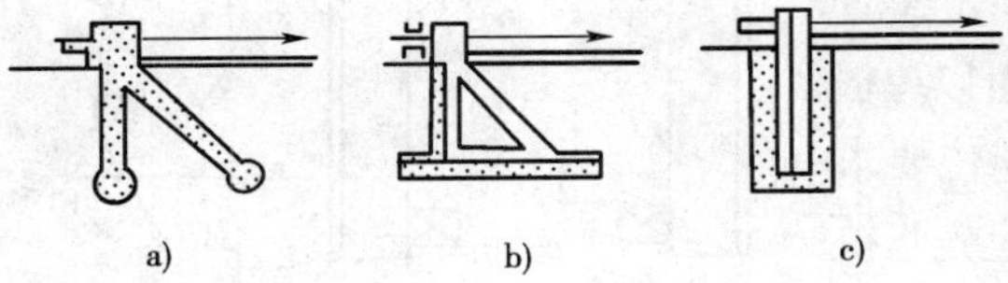

图 5-1-12　台座承力架

a）爆扩桩式；b）三角架式；c）锚桩式

图 5-1-13　锚桩式台座施工实例

2. 槽式台座（图 5-1-14）

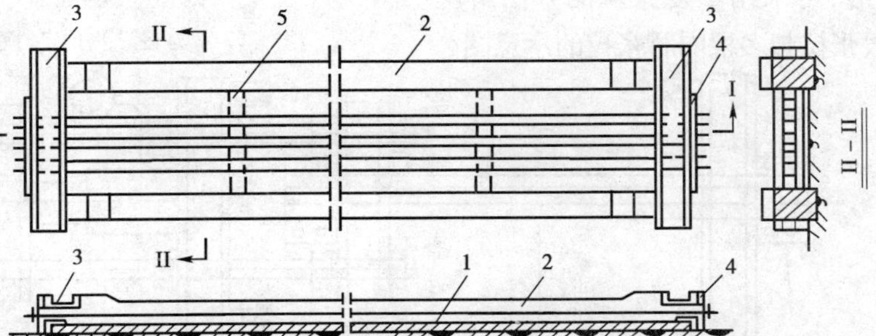

图 5-1-14　槽式台座

1-台面；2-传力柱；3-横梁；4-定位板；5-横系梁

当现场地质条件较差、台座又不很长时，可采用槽式台座。此台座由台面、传力柱、横梁、横系梁等组成，传力柱和横系梁一般用钢筋混凝土做成，其他部分与墩式台座的相同。槽式台座与墩式台座不同之处在于预应力筋张拉力由传力柱承受而得到平衡。图 5-1-15 为一槽式台座的实物图。

图 5-1-15　槽式台座施工实例

五、预应力筋的张拉

1. 张拉前的准备工作

张拉前应先在端横梁上安装并检查定位钢板，其孔位和孔径应符合设计要求。安装定位板时要保证最下层和最外侧预应力筋的混凝土保护层尺寸。进而在台座上安装预应力筋，将其穿过端横梁和定位板后用锚具固定在板上，沿台面每隔一定距离放置钢筋头垫起预应力筋，对于长线台座，如钢筋不够长时可用连接器串联。

2. 张拉工艺

先张法梁通常采用一端张拉，在另一端设置固定装置或安放放松装置，但也有采用两端张拉的。先张法可以单根张拉或多根整批张拉。单根张拉设备比较简单，吨位要求小，但张拉速度慢，为避免台座承受过大的偏心力，应先张拉靠近台座截面重心处的预应力筋，然后向两侧对称张拉。多根同时张拉需一个或两个大吨位千斤顶，张拉速度快，但控制要求较高，要保证每根钢筋的初始长度一致，活动横梁与固定横梁保持平行。如遇钢筋的伸长值大于千斤顶油缸最大工作行程时，可采用重复张拉的办法解决。图 5-1-16 ~ 5-1-18为单根张拉与多根同时张拉的示意图。

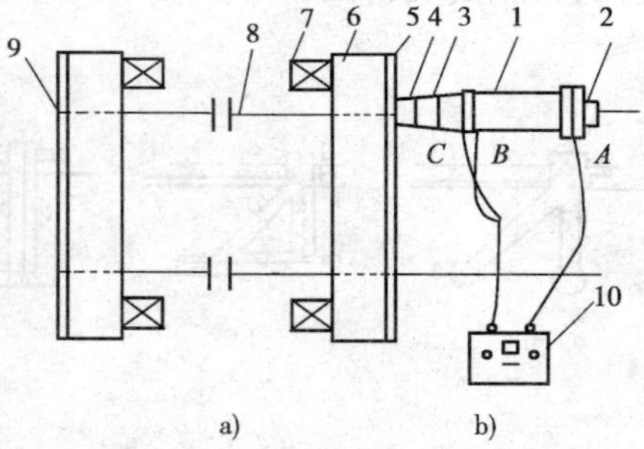

图 5-1-16　单根钢筋张拉工艺布置图

a) 固定端；b) 张拉端

1-YC18 型穿心式千斤顶；2-千斤顶尾部锥形锚具；3-顶压头；4-圆锥形夹具；5-定位板；6-横梁；7-承力支架；8-预应力筋；9-镦粗头；10-高压油泵

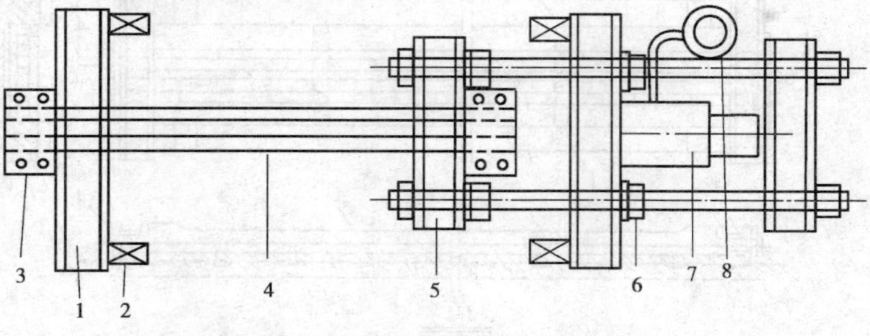

图 5-1-17　多根钢筋成批张拉工艺布置图

1-横梁；2-承力支架；3-夹具；4-预应力筋；5-张拉架；6-螺帽；7-千斤顶；8-压力表

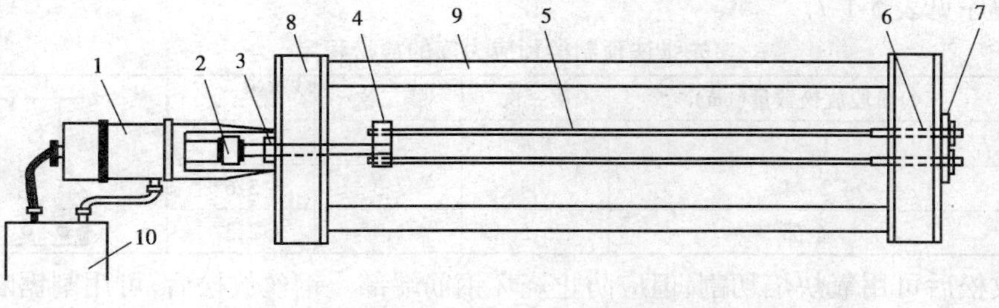

图 5-1-18　多根钢筋成批张拉图

1-60t 拉杆式千斤顶；2-千斤顶套碗；3-固定螺帽；4-镦头夹具；5-预应力筋；6-螺丝端杆锚具；7-定位板；8-横梁；9-承力压杆；10-高压油泵

钢筋张拉的程序依钢筋的类型而异，如表 5-1-6 所示。表中初应力一般取 10% σ_d，以保证成组张拉时每根钢筋应力均匀，张拉至 105% σ_d 是超张拉方法，目的是减少预应力损失。应力由 105% σ_d 退至 90% σ_d，主要是为了设置预埋件、绑扎钢筋和支模时的安全。

先张法的张拉程序　　表 5-1-6

预应力筋种类	张拉程序	预应力筋种类	张拉程序
钢筋	0→初应力→105% σ_k（持荷 5min）→90% σ_k→σ_k	钢丝、钢绞线	0→初应力→105% σ_k（持荷 5min）→0→σ_k

六、预应力筋的放松

当混凝土强度达到设计规定的放松强度后（若设计无规定，一般应不小于设计标号的 70%），可放松受拉的预应力筋，然后再切割端部的预应力筋。常用的放松方法有以下几种：

1. 螺杆放松

放松时只要将螺母反向拧动即可（图 5-1-19，此法一般用于放松用螺丝端杆或工具式张拉螺杆固定的预应力筋。

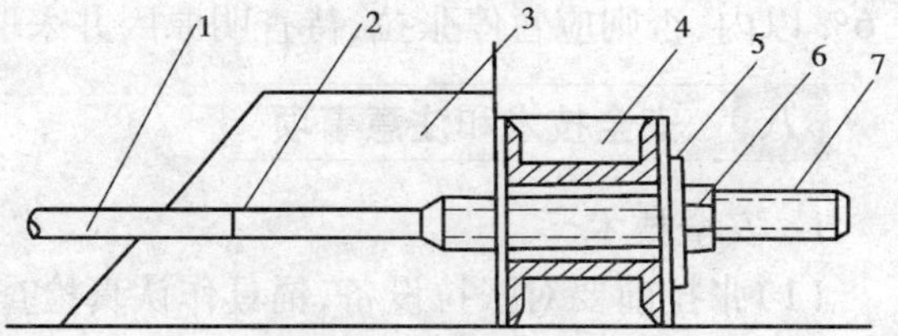

图 5-1-19　螺杆放松示意图

1-预应力筋；2-对焊接头；3-台座；4-钢横梁；5-钢垫板；6-螺母；7-螺丝端杆

2. 千斤顶放松

在台座固定端的承力架与横梁之间，张拉之前预先安放千斤顶。放松时，两个千斤顶同时回程，使拉紧的预应力筋徐徐回缩，张拉力被放松，如图 5-1-20 所示。

3. 砂箱放松

用砂箱（图 5-1-21）代替千斤顶。使用时从进砂口灌满烘干的砂子，加上压力打紧。放松时，打开砂口，砂子慢慢流出，预应力筋徐徐回缩，张拉力被放松。

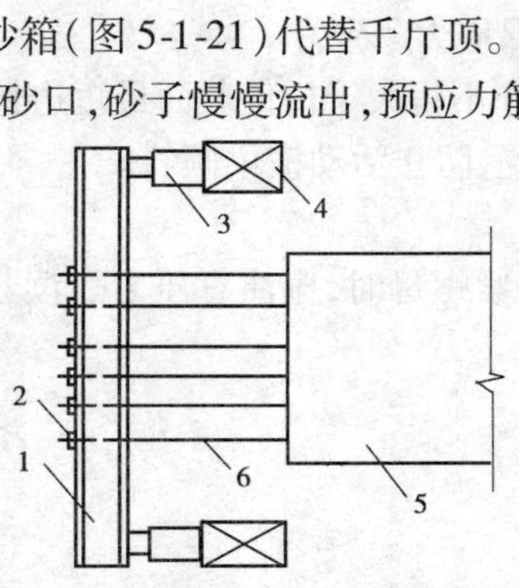

图 5-1-20　千斤顶放松示意图

1-横梁；2-夹具；3-千斤顶；4-承力架；5-构件；6-钢丝

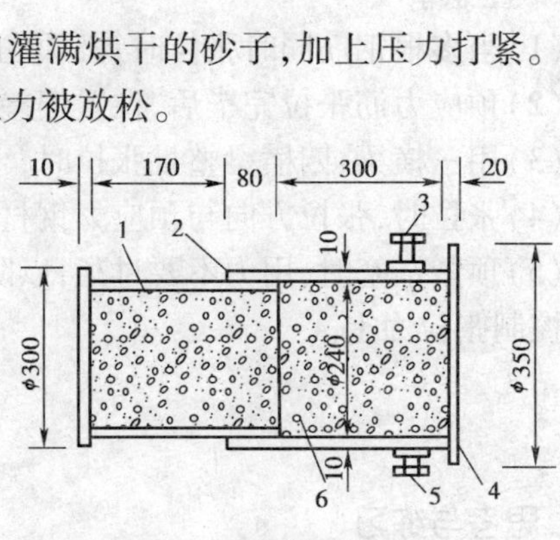

图 5-1-21　砂箱放松示意图

1-活塞；2-钢套箱；3-进砂口；4-钢套箱底板；5-出砂口；6-砂子

放松程序见表5-1-7。

先张法预制梁预应力筋的放松程序　　表5-1-7

阶　段	每阶段放松数量(cm)	第一次	第二次	第三次
Ⅰ	1~2	1,4	2,3	5,6
Ⅱ	2~4	1,4	2,3	5,6
Ⅲ	全部	6,5	1,4	2,3

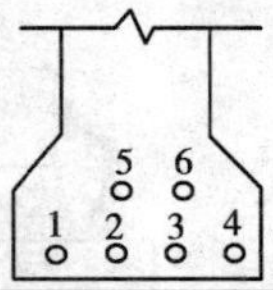

钢筋放松后可用氧炔焰切割,但应防止烧坏钢筋端部。钢丝放松后,可用割锯断或剪断的方法切断。切割后的外露端头,应用砂浆封闭以防生锈。

七、 施加预应力的一般规定

(1)张拉机具应与锚具配套使用,在进场时进行检查和校验。千斤顶与压力表应配套校验,以确定张拉力与压力表读数之间的关系曲线。张拉机具应由专人使用和保管,并经常维护,定期校验。

(2)预应力钢材及所有锚、夹具应有出厂合格证书,进场时应按有关要求分批进行检验。

(3)预应力筋的张拉控制应力 σ_K 应符合下列规定:

对于钢丝、钢绞线:$\sigma_k \leqslant 0.75R_y^b$

对于冷拉粗钢筋:$\sigma_k \leqslant 0.90R_y^b$

预应力筋的最大控制应力:钢丝、钢绞线不应超过 $0.8R_y^b$;冷拉粗钢筋不超过 $0.95R_y^b$。

(4)张拉时应采用应力和伸长值双控制,实际伸长值与理论伸长值相比较,应控制在±6%以内,否则应暂停张拉,待查明原因并采取措施加以调整后,方可继续张拉。

八、 安全技术和注意事项

1. 安全技术

(1)张拉前要对张拉设备、锚具作认真检查。张拉时要有统一指挥,按操作程序施工。

(2)使用千斤顶时不准超载,张拉时,台座两端不得站人,操作人员应站在放在台座侧面的油泵外侧面进行工作。

(3)钢筋拉到张拉力后,要停2~3min,待稳定后再锚固。

(4)台座两端应有防护措施。张拉时,沿台座长度方向每隔4~5m应放一防护架。

2. 注意事项

(1)当多根钢筋同时张拉时,必须先调整初应力,确保应力一致。

(2)预应力筋张拉完毕后,位置偏差不得大于5mm,亦不得大于构件截面最短边长的4%。

(3)用三横梁、四横梁整批张拉时,千斤顶应对称布置,防止活动横梁倾斜。

(4)张拉时,张拉方向与预应力钢材在一条直线上。

(5)顶紧锚塞时,用力不要过猛,以防钢丝折断;在拧紧螺母时,应注意压力表读数始终保持在控制张拉力上。

思考与练习

1. 先张法施工的台座有哪几种类型?其构造如何?分别适合于什么情况下使用?

2. 张拉方法有哪几种？各有何优缺点及要求？张拉程序是怎样的？

3. “初应力”与“超张拉”的要求及目的分别是什么？

4. 预应力筋放松的方法有哪几种？

5. 先张法张拉有哪些安全技术和注意事项要求？

课题二　后张法施工

【内容提要】　本课题主要介绍了后张法的专用机具、预应力筋孔道预留、预应力筋的张拉、孔道压浆及封锚、安全技术和注意事项。

【教学要求】

应知：1. 初步认识制孔器的种类、特点及安装依据，掌握制孔器抽拔的时间与顺序要求；2. 初步认识预应力筋的张拉原则、要求及程序；3. 初步掌握后张法张拉中的两种常见操作过程、孔道压浆用水泥浆的要求及压浆方法。

应会：能够识别选用张拉设备和锚具，并能进行常规操作和处理常见问题。

【教学建议】　本课题宜采用理论讲解与模型组装、放映录像与现场观摩相结合的方法进行授课。

后张法的张拉设备简单，不需要专门台座，便于在现场施工，预应力筋可布置成直线和曲线，施加的力较大，适合预制大型构件。后张法是一种极有效的拼装手段，在大跨度桥梁施工中广泛应用。但后张法需要大量锚具且不能重复使用，施工工序多，工艺复杂。其施工程序如图 5-2-1 所示。

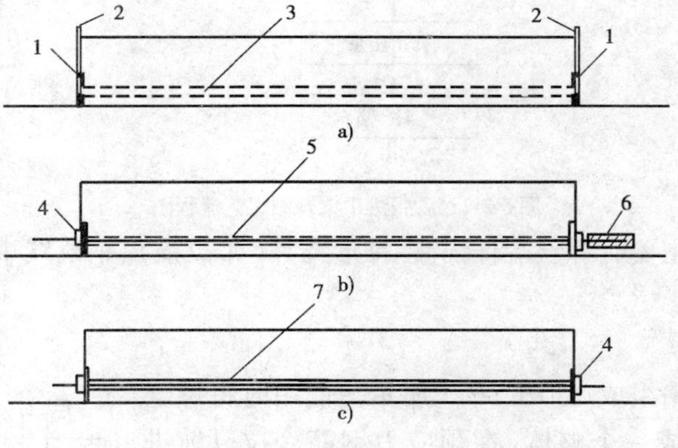

图 5-2-1　后张法的主要施工程序示意图

a) 制作混凝土构件；b) 张拉钢筋；c) 张拉端锚固，并对孔道灌浆

1-预埋钢板；2-模板；3-预留孔道；4-锚具；5-预应力钢筋；6-张拉千斤顶；7-预留孔道压浆

后张法制作预应力混凝土构件，常采用抽拔芯管成型孔道，其基本工艺流程见图 5-2-2。

一、专用机具

后张法施工的专用机具主要有锚具和张拉机具，后张法所用的张拉机具与先张法的基本通用，这里主要来介绍一下锚具。

锚具是在预应力混凝土构件上永久锚固预应力筋的工具，它与构件联成一体共同受力，不

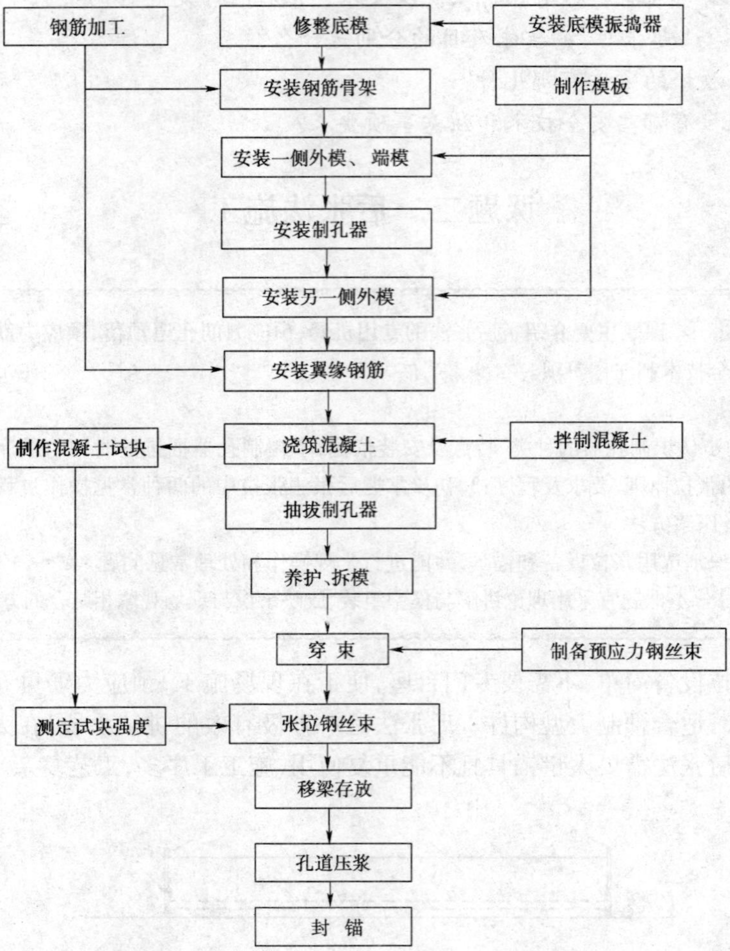

图 5-2-2 后张法 T 梁预制工艺流程图

再取下。常用的锚具主要有螺丝端杆锚具、锥形锚具(弗氏锚)、钢绞线束锚具、钢丝束镦头锚具等四类。

1. 螺丝端杆锚具

由螺丝端杆和螺帽组成,如图 5-2-3 所示。使用时将螺丝端杆与预应力钢筋焊成一个整体(在预应力钢筋冷拉以前进行),张拉后用螺母锚固。它适用于锚固直径为 12 ~ 40mm 的冷拉 III、IV 级钢筋。

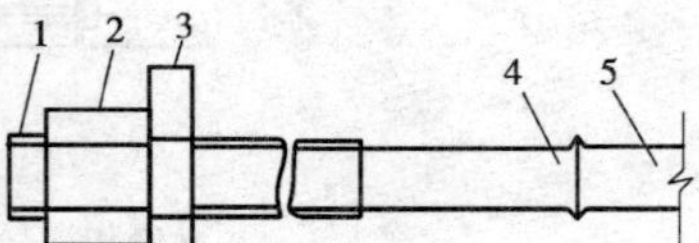

图 5-2-3 螺丝端杆锚具

1-螺丝端杆;2-螺母;3-垫板;4-对焊;5-预应力筋

2. 锥形锚具(弗氏锚)

它由锚环和锚塞两部分组成,如图 5-2-4 所示。锚环内壁与锚塞锥度要吻合,且锚塞上刻有细齿槽。锚固时,将锚塞塞入锚环,顶紧,钢丝就夹紧在锚塞周围。该锚具适用于锚固钢丝由 18 ~ 24 根直径为 5mm 的碳素钢丝。

3. 钢绞线束锚具

1）张拉端锚具

JM 型锚具由锚环和楔块（夹片）组成。楔块的两个侧面设有带齿的半圆槽，每个楔块卡在两根钢绞线之间，这些楔块与钢绞线共同形成组合式锚塞，将钢绞线束楔紧。JM 型锚具更换夹片后也可用于锚固冷拉粗钢筋，其构造如图 5-2-5 所示。

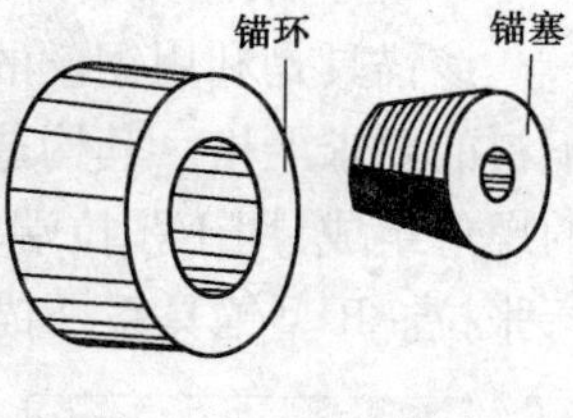

图 5-2-4　锥形锚具

OVM 锚具由锚板和夹片组成，锚孔为直孔，夹片为二片式，并在夹片背面上部锯有一条弹性槽，以提高锚固性能。OVM 锚具实物如图 5-2-6 所示。

BM 型锚简称扁锚。它是由扁锚头、扁型垫板、扁型喇叭管及扁型管道等组成，构造如图 5-2-7 所示。这种锚具特别适用于空心板、低高度箱梁及桥面横向预应力张拉。

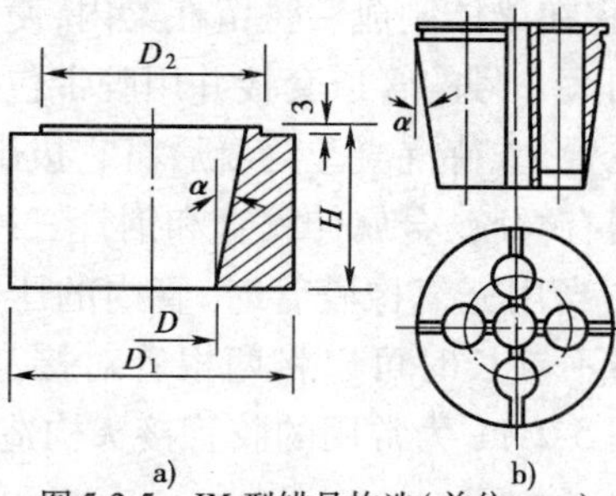

图 5-2-5　JM 型锚具构造（单位：mm）

a）锚环；b）楔块

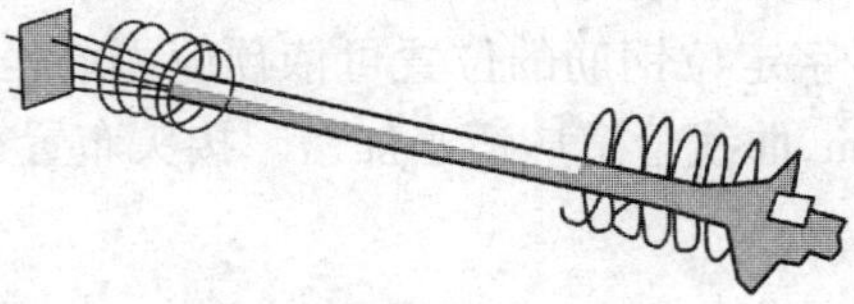

图 5-2-6　OVM 型锚具

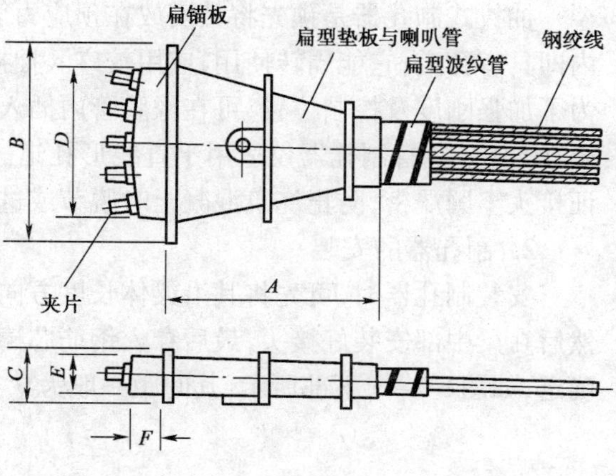

图 5-2-7　扁锚构造图

2）固定端锚具

钢绞线固定端锚具，除了可以采用与张拉端相同的锚具外，还可以选用挤压锚具和压花锚具。

挤压锚具是用压头机将套筒挤紧在钢绞线端头上的一种支承式锚具。套筒内衬有硬钢丝螺丝圈，在挤压后硬钢丝全部脆断，一半嵌入外钢套，一半压入钢绞线，从而增加钢套筒与钢绞线之间的摩阻力。这种锚具适用于构件端部的设计力大或端部尺寸受到限制的情况，其构造见图 5-2-8。

压花锚具是利用液压压花机将钢绞线端部压成梨形散花状的一种粘结式锚具，见图5-2-9。

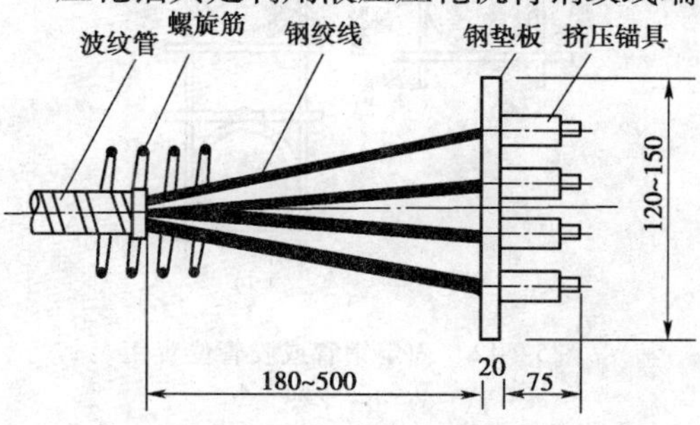

图 5-2-8　挤压锚具构造（单位：mm）

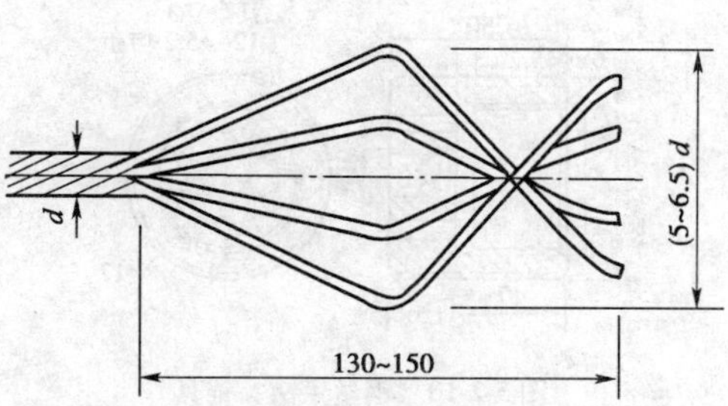

图 5-2-9　压花锚具（单位：mm）

4．钢丝束镦头锚具

该锚具是利用钢丝的镦粗头来锚固预应力钢丝的一种支承式锚具，这种锚具对钢丝等长下料的要求严格。其构造如图 5-2-10 所示，分 A 型和 B 型两种。A 型锚具由锚环和固定锚环的螺母组成，用于张拉端，锚环内装上工具式张拉螺杆，再通过工具螺母与千斤顶相连，即可进行张拉。B 型锚具系一锚板，用于固定端。

二、预留孔道

1．制孔器的种类

为在梁体混凝土内形成预应力筋的管道，应在浇筑混凝土前预先安放制孔器。按照制孔的方式可分为预埋式和抽拔式制孔器两类。

预埋式制孔器一般采用薄铁皮管和铝合金波纹管，它在梁体制成后将留在梁内，使用后不能回收，成本高，金属材料耗用量大。波纹管的接头可用大一号的管道套接并用胶带包缠。

抽拔式制孔器是预先将其安放在预应力筋的设计位置上，待混凝土终凝后将它拔出，构件内即具有孔道，它能周转使用，应用较广。抽拔式制孔器有橡胶、金属伸缩管和钢管三种型式。为了加强刚度及控制位置，可在橡胶管内插入钢筋芯棒；当用充气橡胶管时，管内的压力不低于 0.5MPa 钢管制孔器仅适用于直线形孔道。当制孔器不够长时可以将两根管对接，但要保证接头牢固严密，防止浇筑混凝土时脱节或进浆堵塞，图 5-2-11 为常用的胶管接头构造。

2．制孔器的安装

安装制孔器时，可先将其沿梁体长度方向顺序穿越各定位钢筋的“井”字网眼（图5-2-12），然后在梁中部安装好接头，最后穿入钢筋芯棒。“井”字定位钢筋的位置可依预应力筋坐标来确定，如图 5-2-13 下部所示，其间距一般为 0.4～0.6m，曲线管道应适当加密。接头布置在跨

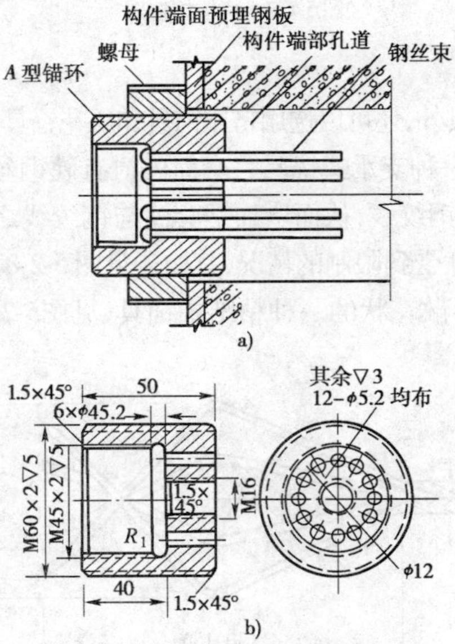

图 5-2-10　钢丝束镦头锚具

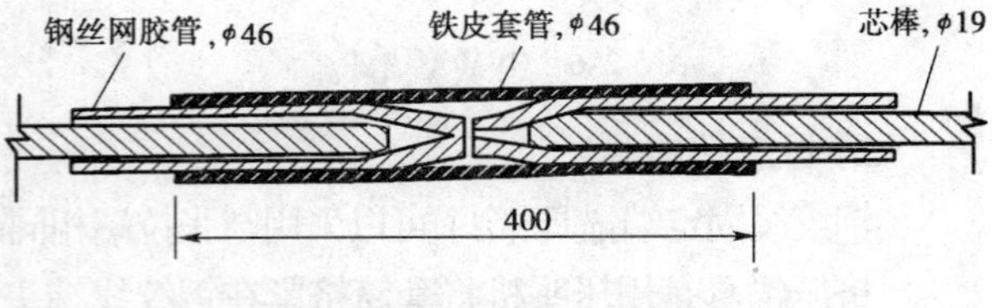

图 5-2-11　橡胶制孔器的接头（尺寸单位：mm）

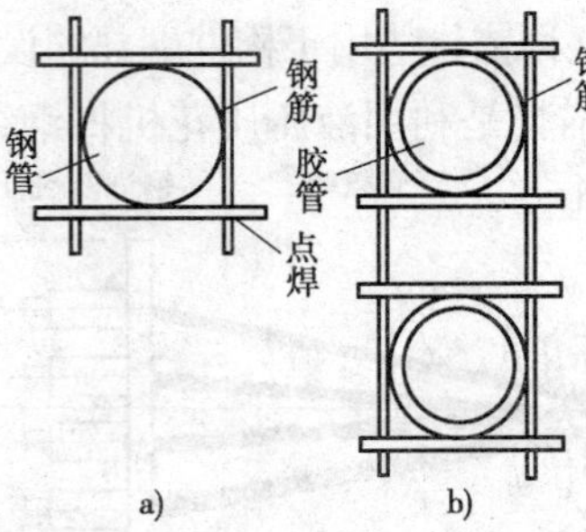

图 5-2-12　固定钢管或胶管位置用的“井”字架

a）单孔井字架；b）双孔井字架

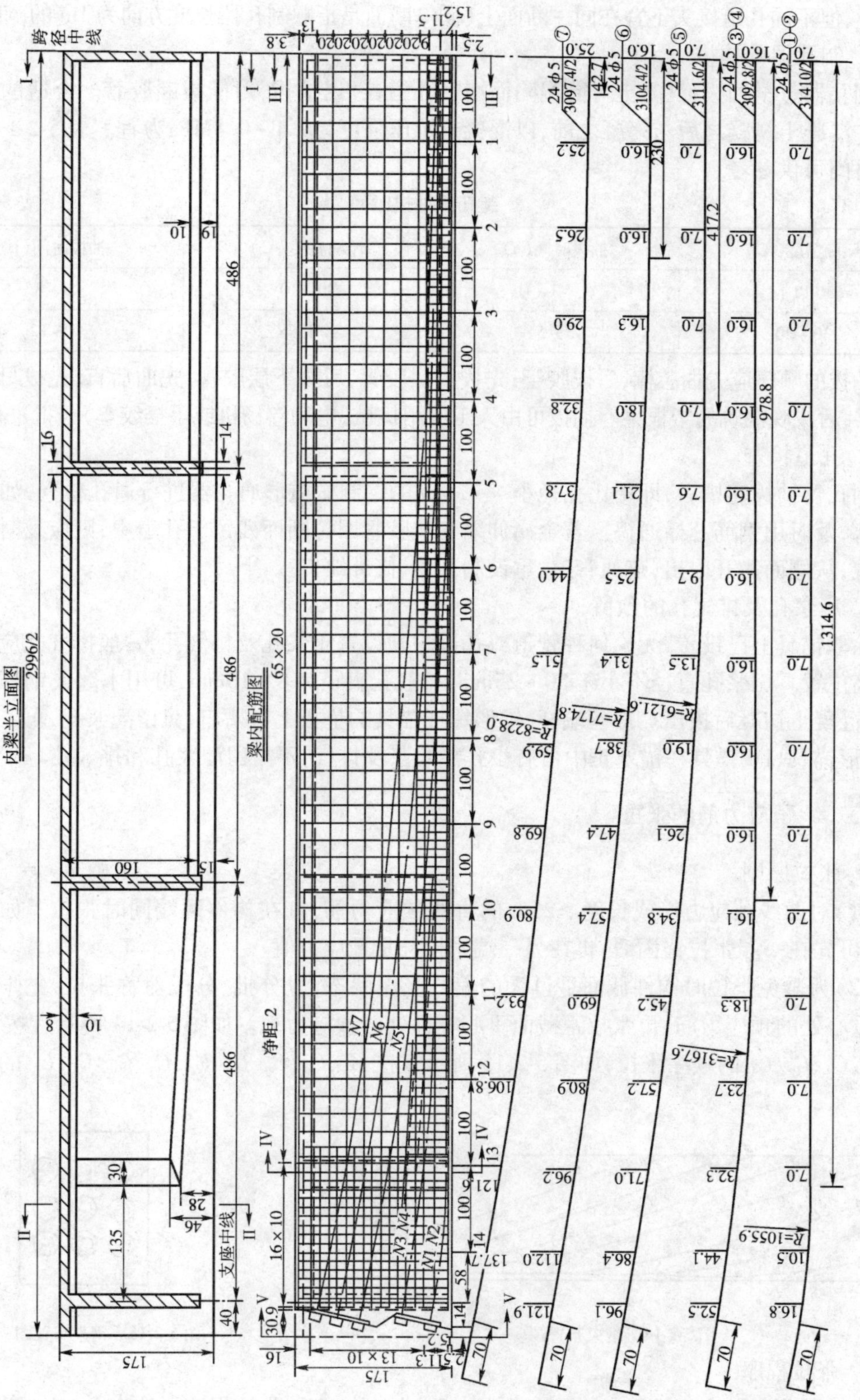

图 5-2-13　预应力钢筋坐标示意图

中附近，但不同孔道接头不宜在同一断面上(同一断面是指顺制孔器长度方向为1m的范围内)。

3. 制孔器的抽拔

制孔器过早抽拔，混凝土可能塌陷而堵塞孔道；过迟抽拔，可能拔断胶管。合适的抽拔时间要在混凝土初凝之后与终凝之前，以混凝土抗压强度为0.4～0.8MPa为宜。表5-2-1所示的抽拔时间可供参考。

制孔器抽拔时间 表5-2-1

环境温度(℃)	抽拔时间(h)	环境温度(℃)	抽拔时间(h)
30以上	3	20～10	5～8
30～20	3～5	10以下	8～12

抽拔的顺序应先抽芯棒，后拔胶管；先拔上层胶管，后拔下层胶管，先曲后直；先拔早浇筑的半根梁，后拔晚浇筑的半根梁。抽拔可由人工或用机械(电动卷扬机或手摇绞车)分批进行。

4. 孔道检查

制孔器抽拔完毕后，即用比孔径小4～7mm的钢制橄榄形通孔器进行通孔检查，如发现孔道堵塞，及时用钢筋芯棒通捣。若金属伸缩套或胶管因拉断而残留于孔道中，则应及时标出准确位置，从侧面凿开取出，疏通管道，重设制孔器，修补缺口。

5. 压浆孔及排气孔的预留

除非锚具上已设置，无论何种管道或孔道均须设置压浆孔及排气孔，一般排气孔应设在孔道最高位置。压浆孔直径不小于20～25mm，排气孔直径为8～10mm，可用木塞或钢筋头顶紧预留，混凝土初凝后拔出。螺丝端杆、锥形螺杆锚具的垫板上有槽口，只留灌浆孔，可不留排气孔；锥形锚具、JM锚具在锚塞正中留有小孔能灌浆及排气，不需留灌浆孔和排气孔。

三、预应力筋的张拉

1. 张拉原则

(1)对曲线预应力筋或长度≥25m的直线预应力筋，宜在构件两端同时张拉。如设备不足时，可先在一端张拉锚固后，再在另一端张拉补足预应力值。

(2)为避免张拉时构件截面呈过大的偏心受压状态，应分批、分段对称张拉，先张拉靠近截面重心处的预应力筋，再张拉距截面重心较远处的预应力筋。如图5-2-14所示宜按C_4、C_5、C_6、C_7、C_3、C_2、C_1的顺序张拉，如图5-2-15所示宜按C_5、C_4、C_6、C_8、C_2、C_7、C_9、C_1、C_3的顺序张拉。

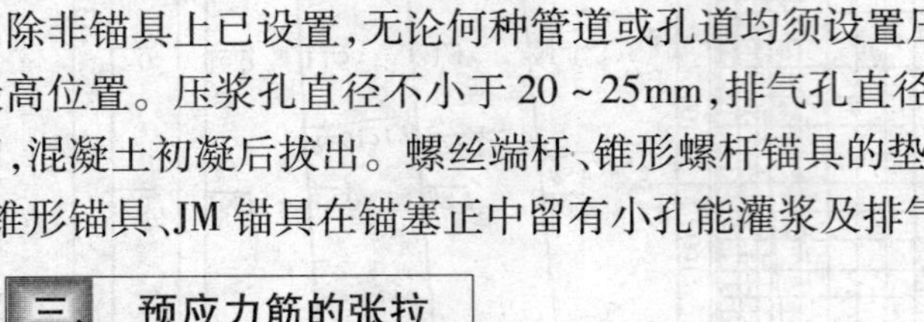

图5-2-14 钢束布置图(一)

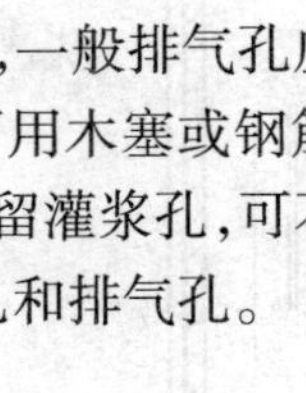

图5-2-15 钢束布置图(二)

2. 张拉程序

张拉程序与预应力钢材的类别和锚具的型式有关，各种张拉程序可按表5-2-2的进行。

后张法的张拉程序　　表 5-2-2

预应力筋种类		张 拉 程 序
钢筋、钢筋束、钢绞线束		0→初应力→105% σ_k（持荷 5min）→σ_k（锚固）
钢丝束	夹片式锚具、锥锚式锚具	0→初应力→105% σ_k（持荷 5min）→（锚固）
	其他锚具	0→初应力→105% σ_k（持荷 5min）→σ_k→（锚固）

3. 张拉前的准备工作

张拉前，应检验构件的外观和尺寸，构件端部预埋铁板与锚具和垫板接触处的焊渣、毛刺、混凝土残渣应清除干净。混凝土强度不应低于设计强度等级的 70%。穿筋前，螺丝端杆的丝扣部分要用水泥袋纸或破布缠绕二、三层并用细铁丝扎牢或用套筒保护，防止损伤螺口。钢丝束、钢绞线束、钢筋束等穿束时，将一端打齐，顺序编号并套上穿束器，将穿束器的引线穿过孔道，然后向前拉动，直至两端均露出所需长度为止，如图 5-2-16 所示。

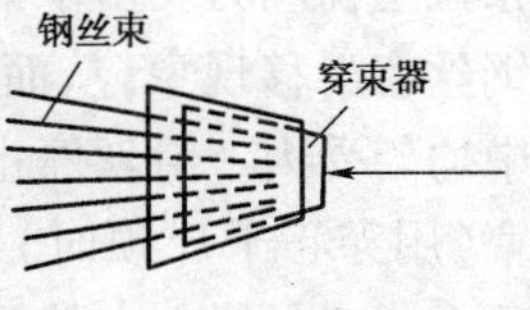

图 5-2-16　穿束器

4. 操作方法

预应力筋张拉操作方法与配用的锚具及千斤顶的类型有关，现介绍两种常见的操作示例。

(1) 钢绞线束、钢筋束配 JM12 型穿心式千斤顶的张拉操作步骤和方法。

①在穿束前先将 JM12 型锚具圆锚环用电焊固定在构件预埋铁板上。锚具的位置应与孔道中心对正，焊接时可用木塞固定其位置，以保证位置准确。对曲线孔道，当端头面与孔道中心线不垂直时，可在锚环下另加斜垫板调整准确。

②穿束时，将每一束内的各根钢材顺序编号，在构件两端对号检查，防止其在孔道内交叉扭结。

③将清洗过的夹片，按原来在锚具中的片位号依次嵌入预应力钢材之间。此时注意当预应力钢材为螺纹钢筋时应将其两条纵肋放在两夹片的空隙间，不可将其夹在夹片中，否则容易造成钢筋滑动。夹片嵌入后，随即用手锤轻轻敲击，使其夹紧预应力钢材，但夹片外露长度应整齐一致。

④安装千斤顶。将预应力钢材束穿入千斤顶，锚环对中，并将张拉油缸先伸出 2～4cm，再在千斤顶尾部安上垫板及工具锚，将预应力钢材夹紧。为便于松开销片，工具锚环内壁可涂少量润滑油。

⑤使顶压油缸处于回油状态，向张拉缸供油，开始张拉。同时注意工具锚和固定端的工作锚，使夹片保持整齐（一般差 3mm 时影响不大）；张拉至初应力，做好标记，作为测量伸长值的起点。

⑥按规定程序张拉至规定吨位或换算的油压值，并测量预应力钢材的伸长值以校核应力。

⑦在保持张拉油缸调压阀阀口开度不变的情况下向顶压缸供油，直至需要的顶压力。在顶压过程中，如张拉油缸升压超过最大张拉力规定时，应使张拉油缸适当降压。

⑧在保持继续向顶压油缸供油的情况下，使张拉油缸缓慢回油，完成油缸回油动作。

⑨打开顶压阀的回油缸，油泵停车，千斤顶借助其内部回程弹簧作用，顶压活塞自动回程，张拉锚固结束。

(2) 钢丝束配用钢质锥形锚具、锥锚式千斤顶的张拉操作步骤和方法。

①张拉前的准备工作　先把锚环套在钢丝束外面，锚塞放在钢丝束中央，并将钢丝均匀分

布在锚塞周围,用手锤轻敲锚塞;装上对中套,千斤顶就位,将钢丝按顺序嵌入千斤顶的分丝盘槽沟和卡环槽口内,再用楔块卡住。然后调整千斤顶的位置,使管道、锚圈、千斤顶处在一条轴线上。轻敲楔块使钢丝初步固定在卡环上,如图5-2-17所示。

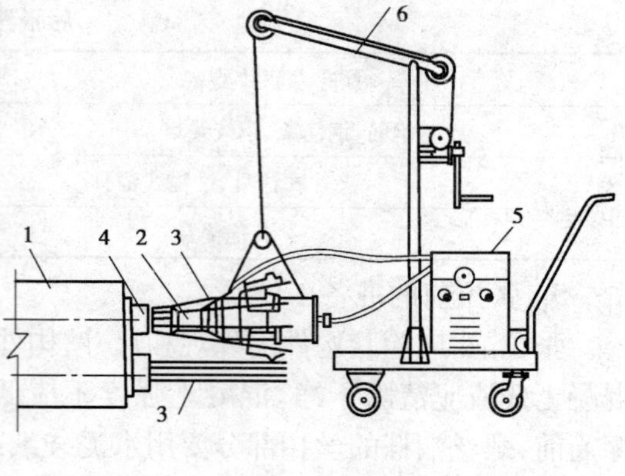

图5-2-17　钢丝束预拉及张拉示意图

1-梁体;2-锥锚式千斤顶;3-张拉钢丝;4-锚具;5-高压油泵;6-手动升降绞车

②初始张拉　使千斤顶大缸进油,两端同时张拉至初应力。由于钢丝在卡环上未楔紧,允许钢丝有滑移现象,从而可调整钢丝长度,使张拉中均匀受力。滑丝停止后,打紧楔块或工具锚锚塞(用穿心千斤顶时),使钢丝牢牢地固定在卡环上或工具锚上。然后,两端同时补足张拉至初应力。在分丝盘沟槽处的钢丝上刻划标记,作为测量钢丝伸长量的基点,并在卡环前端的钢丝上刻划标记,用以辨认是否滑丝。

③正式张拉　初拉调整后,继续开动油泵,稳步使千斤顶大缸进油,当张拉到超张拉值时,稳住进油量,持荷5min,大缸回油,使张拉力退回到控制张拉力止。此时,测量钢筋伸长量。

④顶锚　当测量的钢丝伸长值与计算值相符合,即可进行顶压锚塞。顶锚时,关闭大缸油路,小缸进油,使小缸活塞猛顶锚塞,将钢丝锚紧。然后大小缸同时回油,打去卡环上的楔块,退出千斤顶。顶锚后,钢丝因内缩而发生预应力损失,因此,应在另一端张拉时补足损失。如果在另一端顶锚时,回缩量大于3mm,必须再张拉,以补回预应力损失。

四、　孔道压浆及封锚

1. 压浆

孔道压浆是用水泥浆填满孔道中预应力筋周围的空隙,目的是为了保护预应力筋不致锈蚀,并使预应力筋与梁体结成整体,从而提高梁的承载能力、抗裂性能和耐久性。孔道压浆是用专门的活塞式压浆机进行,要求张拉后尽快压浆(一般不宜超过14天),压浆时要求密实、饱满。

1)准备工作

压浆前烧割锚外钢丝时,应采取降温措施,以免锚具和预应力筋因过热而产生滑丝。用环氧砂浆或棉花和水泥浆填塞锚塞周围的钢丝间隙。用压力水冲洗孔道,排除孔内杂物并吹去孔内积水。

2)水泥浆的技术条件

孔道压浆一般宜采用水泥浆,空隙大的孔道,水泥浆中可掺入适量的细砂。水泥浆的强度等级不应低于构件本身混凝土强度等级的80%,且不低于C30。水泥宜采用硅酸盐水泥或普通水泥,水泥的强度等级不宜低于42.5。水灰比宜采用0.4~0.45,水泥浆的泌水率最大不超过4%。水泥浆中可掺入适当膨胀剂如铝粉等。水泥浆自调制至压入孔道的延续时间一般不宜超过45min。

3)压浆方法

压浆的顺序,应先压下孔道,后压上孔道;应将集中的孔道连续一次压完,以免孔道串浆,将附近孔道阻塞;对于曲线孔道应由最低点的压浆孔压入,由最高点的排气孔排气及溢出水泥浆。

压浆工艺有“一次压注法”和“二次压注法”两种,前者用于不太长的直线形孔道,对于较长的孔道或曲线形孔道以“二次压注法”为好。二次压浆时,第一次从甲端压入直至乙端流出浓液浆时将乙端的孔用木塞塞住,待灰浆的压力达到要求(一般为 0.5 ~ 0.7MPa)且各部无漏水现象时再将甲端喷嘴拔出并立即用木塞塞住。待第一次压浆后约 30min,拔掉甲、乙端的塞子,自乙端再进行第二次压浆,重复上述步骤,待第二次压浆完成经约 30min 后,卸除压浆管,压浆工作便告完成。

2. 封锚

孔道压浆后应立即将梁端水泥浆冲洗干净,并将端面混凝土凿毛,绑扎端部钢筋和安装封锚模板后浇筑锚端混凝土。封锚混凝土的强度等级不宜低于构件混凝土强度等级的 80%,亦不宜低于 C30。浇完封锚混凝土并静置 1 ~ 2h 后,应进行浇水养护。图 5-2-18、图 5-2-19 为封锚前后的实物对比。

图 5-2-18　封锚前

图 5-2-19　封锚后

五、安全技术及注意事项

(1)操作高压油泵人员应戴护目镜,防止油管破裂时或接头不严时喷油伤眼。

(2)高压油泵与千斤顶之间所有连接点、紫铜管的喇叭口或接口必须完好无损,并应将螺母拧紧。

(3)张拉时,构件两端不得站人,并应设置防护罩。高压油泵应放在构件端部的两侧;拧紧螺母时,操作人员应站在预应力钢材位置的侧面。张拉完毕后,稍等几分钟再拆卸张拉设备。

(4)雨天张拉时,应搭设防雨棚,防止张拉设备淋雨;冬季张拉时,张拉设备应有保暖措施,防止油管和油泵受冻,影响操作。

(5)孔道压浆时,掌握喷浆嘴的人必须戴护目镜,穿水鞋,戴手套。喷嘴插入孔道后,喷嘴后面的胶皮垫圈须压紧在孔洞上。堵压浆孔时应站在孔的侧面,以防灰浆喷出伤人。

(6)张拉地区应有明显标记,禁止非工作人员进入张拉场地。

思考与练习

1. 后张法预应力筋的孔道是怎样形成的?对制孔器的抽拔有哪些要求?
2. 对预应力筋张拉有何原则与要求?张拉程序是怎样的?
3. 孔道压浆的目的是什么?怎样操作?
4. 后张法施工应注意哪些安全事项?

课题三　悬臂浇筑施工

【内容提要】 本课题主要介绍了悬臂浇筑法施工的施工程序、0 号段施工要点、梁墩临时固结措施、挂篮、悬臂段施工主要工序、体系转换和合龙段施工要点和注意事项。

【教学要求】 了解悬浇施工的程序,施工要点和注意事项;初步认识 0 号段的施工方法及墩梁临时固结措施、挂篮的作用、构造及形式、悬臂段施工主要工序、体系转换及合龙段施工。

【教学建议】 本课题的内容难度较大,属一般认识性要求,建议讲清基本过程及方法即可,并安排适当时间到工地参观或看录像,重点对挂篮及其他主要施工设备有一定的认识。

一、悬臂施工法特点

悬臂施工是在已建成的桥墩顶部逐段向跨径方向对称悬伸延长施工,每延伸一段就施加预应力使其与已成部分联结成整体的施工方法(图 5-3-1、图 5-3-2)。由于其独特的优越性,悬臂施工法被广泛用于修建预应力 T 形钢构桥,预应力混凝土悬臂梁桥、连续梁桥、斜拉桥和拱桥等。它的主要特点如下:

(1)在跨间不需要搭设支架,施工不影响桥下通航或行车。

(2)能减少施工设备,简化施工工序。多孔结构可同时施工,加快施工速度。

(3)悬臂施工法使桥梁的跨越能力提高,并适合变截面桥梁的施工。

悬臂施工法可分为悬臂浇筑法和悬臂拼装法两种,本课题介绍悬臂浇筑法施工。

a)　　b)　　c)

图 5-3-1　挂篮

a)0 号块施工；b)弦式挂篮施工；c)梁式挂篮施工

图 5-3-2　弦式挂篮结构图

二、悬臂浇筑法施工

悬臂浇筑施工，是将墩柱部位的上部结构浇筑完成后，在专供悬臂浇筑用的活动脚手架（称为挂篮）上，向墩柱两边对称平衡地逐段浇筑悬臂梁段，每浇筑完一对梁段并待混凝土达到要求强度后，就张拉预应力束，待浇筑部分可以受力时向前移动挂篮，再进行下一梁段的施工，一直推进到悬臂端为止，如图 5-3-3 所示。本课题介绍悬臂浇筑施工的几个主要方面。

1. 施工程序

1)悬臂浇筑分段

悬臂浇筑施工时，梁体一般要分四大部分浇筑，如图 5-3-3 所示。*A* 为墩顶梁段（0 号段），*B* 为由 0 号段两侧对称分段悬臂浇筑部分，*C* 为边孔在支架上浇筑部分；*D* 为主梁在跨中合龙部分。0 号段一般为 5 ~ 10m，*B* 号段一般为3 ~5m。*C* 号段一般为2 ~3 个 *B* 号段长，合龙段一般为1 ~3m。

图 5-3-3　悬臂浇筑分段示意图

A-墩顶梁段；*B*-对称悬浇梁段；*C*-支架现浇梁段；*D*-合龙梁段

2)悬臂浇筑程序（墩梁铰接）

(1)在墩顶托架上浇筑 0 号段并实施墩梁临时固结系统。

(2)在 0 号段上安装悬臂挂篮，向两

侧依次对称地分段浇筑主梁至合龙前段。

(3)在临时支架或梁端与边墩间的临时托架上支模浇筑梁段。

(4)合龙段可在改装的简支挂篮托架上浇筑。多跨合龙段浇筑顺序按设计或施工要求进行。

2. 0号段施工

0号段结构复杂,预埋件、钢筋(束)、孔道、锚具密集交错。视其结构形式及高度,一般分2~3次浇筑,先底板、再肋板、后顶板。由于墩顶位置受限,无法设置挂篮,故0号段施工通常采用在托架上立模现浇,并在施工过程中设置临时梁墩锚固,使其能承受悬臂施工产生的不平衡力矩。

施工托架可分别支承在墩身、承台或地面上。托架可采用万能杆件、贝雷梁、型钢等构件拼装。常用施工托架有扇形、门式托架等形式,如图5-3-4所示。在混凝土浇筑以前,应对托架进行试压,以消除其非弹性变形引起混凝土出现裂缝。试压方法,可反复采用水箱灌水多次加压或用千斤顶张拉加压等。

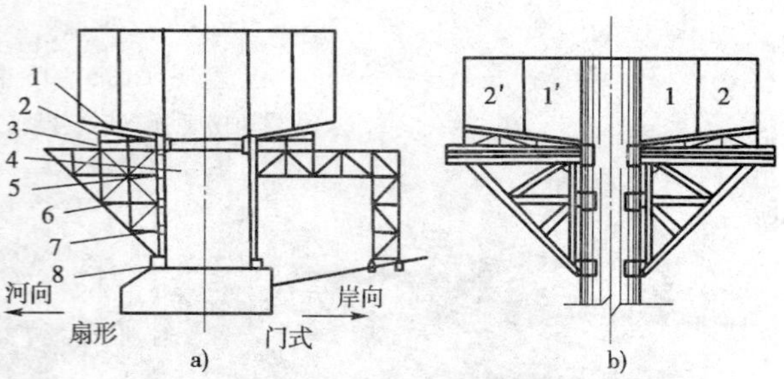

图5-3-4 常用施工托架

1-木制三角垫架;2-木楔;3-工字钢垫梁;4-墩柱;5-预埋钢筋;6-托架;7-硬木垫块;8-混凝土垫块

3. 梁墩临时固结措施

采用悬臂法施工时,如结构为T形刚构,因墩身与梁本身采用刚性连接,所以不存在梁墩临时固结问题。悬臂梁桥及连续梁桥采用悬臂施工时,为了承受施工过程中可能出现的不平衡力矩,就需要采取墩顶0号梁段与桥墩间临时固结或支承措施。临时固结或支承措施有下列几种形式:

(1)将0号块梁段与桥墩钢筋或预应力筋临时固结,待需要解除固结时切断,如图5-3-5所示。

(2)在桥墩一侧或两侧加临时支承或支墩,如图5-3-6所示。

(3)将0号块梁段临时支承在扇形或门式托架的两侧。

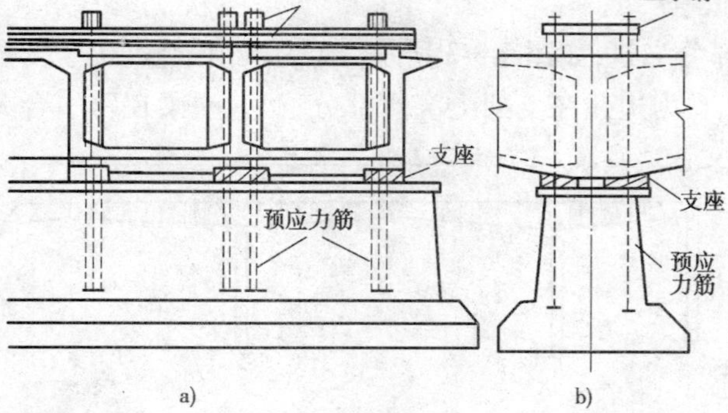

图5-3-5 零号块件与桥墩的临时固结构造

(4)临时支承可用硫磺水泥沙浆块、砂筒或混凝土块等卸落设备,以使体系转换时,较方便地撤除临时支承。

4. 挂篮

挂篮是悬臂浇筑施工的主要机具,是一个能沿着轨道行走的活动脚手架,它悬挂在已经张拉锚固的箱梁梁段上,悬臂浇筑时箱梁梁段的模板安装、钢筋绑扎、管道安装、混凝土浇筑、预应力张拉、压浆等工作均在挂篮上进行。当一个梁段的施工程序完成后,挂篮解除后锚,移向下一梁段施工。挂篮的种类很多,其构造也随之而各有不同。图 5-3-7 所示为 7 种不同类型挂篮结构简图。

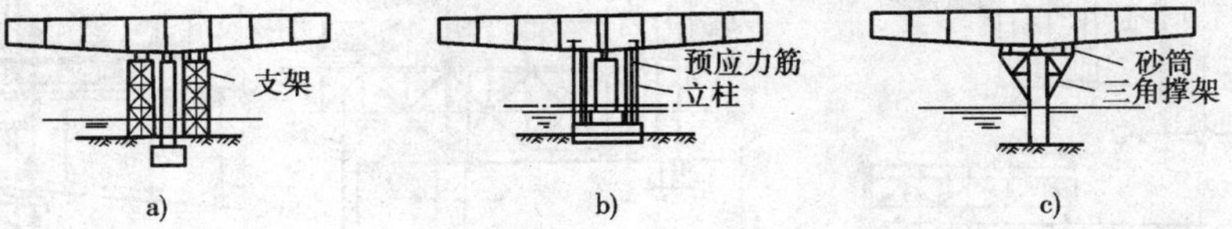

图 5-3-6　临时支承措施

各类挂篮的构造及承重方式不一样,但基本上都是由以下 6 部分组成。

1)承重结构

是挂篮主要受力构件,可用万能杆件或贝雷梁拼装的钢桁架或大号型钢制成。

2)悬吊系统

其作用是将底模架、张拉工作平台的自重力及其上面的荷重传递到承重结构上,悬吊系统可采用钻有销孔的扁钢或两端有螺纹的圆钢组成。

3)设置锚固系统装置及平衡重

目的是防止挂篮在行走状态及浇筑混凝土梁段时倾覆失稳。

4)挂篮整体纵移采用电动卷扬机牵引,挂篮上设上滑道,梁上铺设下滑道,中间可用滚轴,也可采用聚四氟乙烯板做滑道。

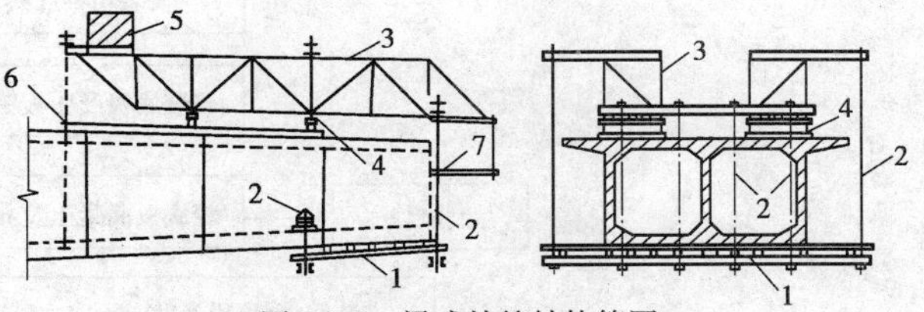

图 5-3-7　梁式挂篮结构简图

1-底模架;2-悬吊系统;3-承重结构;4-行走系统;5-平衡重;6-锚固系统;7-工作平台

5)工作平台

设于挂篮承重结构的前端,用于张拉预应力束、压浆等操作用的脚手架。

6)底模架

供立模板、绑扎钢筋、浇筑混凝土、养生等工序用。

用梁式挂篮施工初始几对梁段时,由于墩顶位置限制,施工中常将两侧挂篮的承重结构临时联结在一起,待梁段浇筑到一定长度后,再将两侧承重结构分开,如图 5-3-8a)、b)所示。

随着施工技术的不断改进,挂篮已由过去的压重压衡式发展成现在通用的自锚平衡式,其形式主要有桁架式、斜拉式两类,图 5-3-9a)为桁架式挂篮,图 5-3-9b)为斜拉式挂篮。

5. 悬臂段浇筑施工主要工序

当挂篮安装就位后,即可在其上进行梁段悬臂浇筑的各项作业,其施工工艺流程如图 5-3-10所示。图中所示工艺流程是按每一梁段的混凝土分两次浇筑排列的,即先浇底板后浇肋板及顶板。

悬臂浇筑梁段混凝土时需注意以下几点:

(1)挂篮就位后,吊架安装并校正模块,此时应对浇筑预留梁段混凝土进行抛高,以使施工完成的桥梁符合设计标高。抛高值包括施工期结构挠度、因挂篮重力和临时支承释放时支座产生的压缩变形等。

(2)模板安装应该核准中心位置及标高,模板与前一段混凝土面应平整密贴。如上一节段施工后出现中线或高程误差需要调整时,应在模板安装时予以调整。

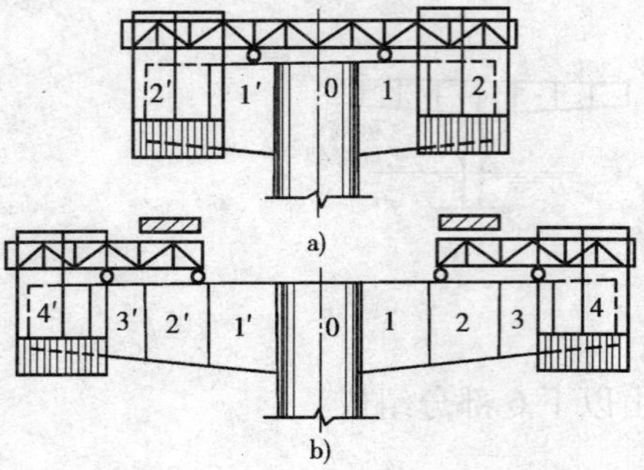

图 5-3-8　挂篮的两种施工状态

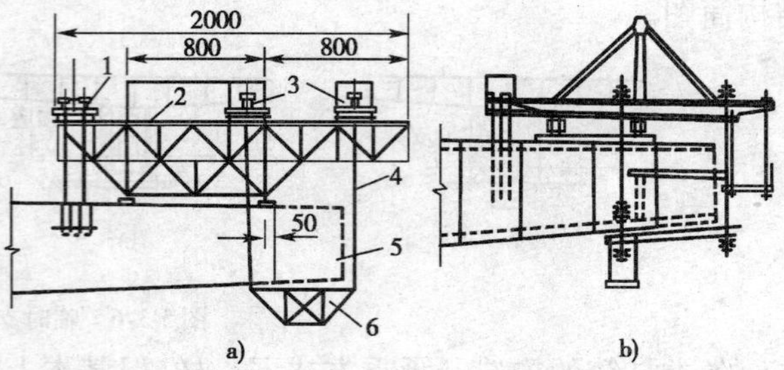

图 5-3-9　挂篮的主要形式

a)桁架式挂篮;b)斜拉式挂篮

1-后锚固;2-纵桁梁;3-横桁梁;4-吊带;5-外模;6-底篮

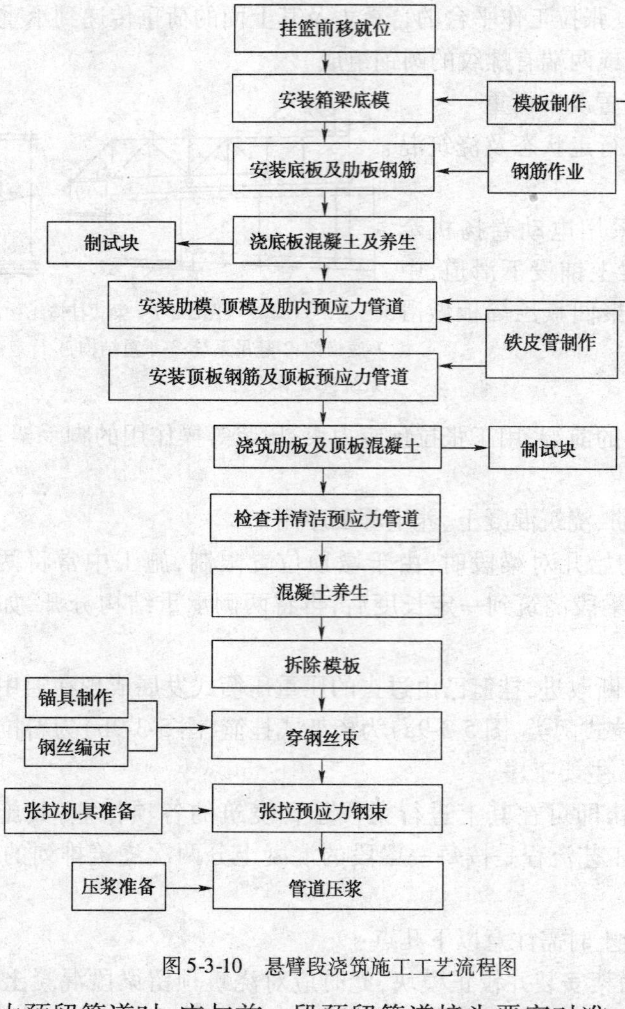

图 5-3-10　悬臂段浇筑施工工艺流程图

(3)安装预应力预留管道时,应与前一段预留管道接头严密对准,并用胶布包贴,防止灰浆渗入管道。管道四周应布置足够定位钢筋,确保预留管道位置正确,线形平顺。

(4)浇筑混凝土时,可以从前端开始,应尽量对称平衡浇筑。浇筑时应加强振捣,并注意对预应力预留管道的保护。

(5)为提高混凝土早期强度，以加快施工速度，在设计混凝土配合比时，一般加入早强剂或减水剂。上海地区一般采用SN—2减水剂。混凝土梁段浇筑一般5~7天一个周期。为防止混凝土出现过大的收缩、徐变，应在配合比设计时按规范要求控制水泥用量。

(6)梁段拆模后，应对梁端的混凝土表面进行凿毛处理，以加强接头混凝土的连接。

(7)箱梁段混凝土浇筑，一般采用一次浇筑法，在箱梁顶板中部留一窗口，混凝土由窗口注入箱内，再分布到底模上。当箱梁断面较大时，考虑梁段混凝土数量较多，每个节段可分二次浇筑，先浇筑底板到肋板倒角以上，待底板混凝土达一定强度后，再支内模，浇筑肋板上段和顶板。其接缝按施工缝要求进行处理。

(8)箱梁梁段分次浇筑混凝土时，为了不使后浇混凝土的重力引起挂篮变形，导致先浇混凝土开裂，要有消除后浇混凝土引起挂篮变形的措施。一般可采取下列方法：

①水箱法：浇筑混凝土前先在水箱中注入相当于混凝土重量的水，在混凝土浇筑中逐渐放水，使挂篮负荷和挠度基本不变，如图5-3-11所示。

②浇筑混凝土时根据混凝土重量变化，随时调整吊带高度。

③将底模梁支承在千斤顶上，浇混凝土时，随混凝土重量的变化，随时调整底模梁下的千斤顶。

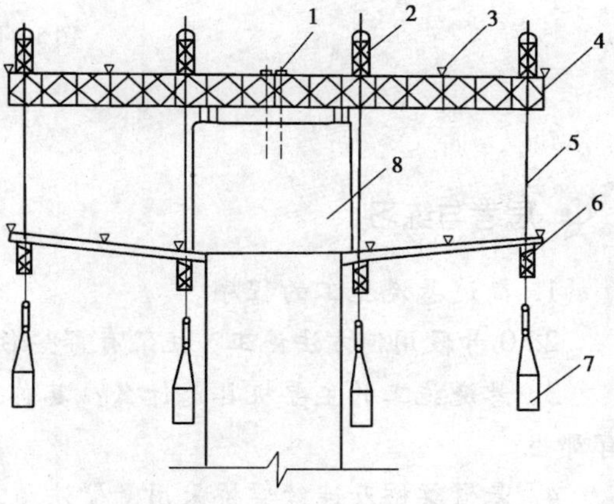

图5-3-11　挂篮水箱法试压示意图

1-后锚固；2-横桁梁；3-观测点；4-纵桁梁；5-吊杆；6-底篮；7-水箱；8-墩顶梁段

6. 体系转换

预应力混凝土连续梁及悬臂梁采用悬臂施工时需进行体系转换，即在悬臂施工时，梁墩采取临时固结，结构为T形刚构，合龙前，撤消梁墩临时固结，结构呈悬臂梁受力状态，待结构合龙后形成连续梁体系，这一转化就是结构的体系转换。施工时，梁墩临时锚固的放松，应均衡对称进行，确保逐渐均匀地释放。在放松前应测量各梁段高程，在放松过程中，注意各梁段的高程变化，如有异常情况，应立即停止作业，找出原因。

7. 合龙段施工

合龙段施工时先拆除一个挂篮，用另一个挂篮走行跨过合龙段至另一端悬臂梁段上，形成合拢段施工支架。合龙段施工是悬臂浇筑施工的关键，为减轻温差、混凝土收缩徐变、结构恒载及体系转换等带来的不利影响，需采取必要措施，以保证合龙段的质量(图5-3-12)。

(1)合龙段长度在满足施工操作要求的前提下，应尽量缩短，一般采用1.5~2.0m。

(2)合拢宜在低温时进行，遇夏季应在晚上合龙，并用草袋等覆盖，并加强接头混凝土养护。

(3)合龙段混凝土中宜加入减水剂、早强剂，以便及早达到设计强度，及时张拉预应力筋。

(4)合龙段采用临时锁定措施，采用劲性型钢或预制的混凝土柱安装在合龙段上下部作支撑，然后张拉部分预应力筋，待混凝土达到要求强度后，张拉其余预应力筋，最后再拆除临时锁定装置。

(5)为保证合龙段施工时混凝土始终处于稳定状态，在浇筑之前各悬臂端应附加与混凝土质量相等的配重(或称压重)，加配重要依桥轴线对称加载，按浇筑重量分级卸载。

图 5-3-12　合龙段施工

思考与练习

1. 简述悬浇施工的程序。

2. 0 号段用何方法施工？托架有哪些形式？如何消除托架在浇筑混凝土前的非弹性变形？

3. 悬浇施工的主要机具是什么？其作用有哪些？它主要由哪几部分组成？其常用形式有哪些？

4. 悬臂梁桥及连续梁桥采用悬臂法施工时，为何要将梁墩临时固结？

5. 简述体系转换。

课题四　悬臂拼装施工

【内容提要】 本课题主要讲述了块件预制、块件移运及整修、块件拼装、接缝处理及拼装程序、施加预应力、安装误差的控制和纠正。

【教学要求】

应知：认识块件预制的要求、方法及特点。

应会：初步认识块件移运的准备工作、起吊的要求与方法及整修工作内容、悬拼方法、接缝处理的方法及控制和纠正安装误差的措施。

【教学建议】 本课题宜采用理论讲解与放映录像相结合的方法进行授课，以讲解悬拼基本过程及方法为主，教学重点是悬拼方法及接缝处理。

悬臂拼装施工，是将悬臂梁先分段预制成若干块件，当下部结构完成后，将预制块件运到桥下，用活动吊机向一边或两边逐段起吊、拼装就位、施加预应力，使其逐段对称延伸连接成整体(图 5-4-1)。悬臂拼装的分段，主要决定于悬拼吊机的起重能力，一般节段长 2 ~ 5m。在悬臂根部，因截面积较大，节段长度采用较短，以后向端部逐渐增长。以下分别介绍悬拼施工中几项主要工序的内容。

图 5-4-1　拼装法施工图

一、块件预制

悬臂拼装用的预制块件，要求其各部分尺寸很准确，拼装时接缝密贴，预留管道对接顺畅。箱梁块件通常采用长线浇筑或短线浇筑的立式预制方法。

1. 长线预制

长线预制是按桥梁底缘曲线制作固定的底座，在底座上安装底模进行块件预制工作。形成底座有多种方法，可以利用预制场的地形堆筑土胎，经加固夯实后铺砂石层并在其上做混凝土底板；山区可用石砌圬工筑成所需的梁底缘的形状；地质条件较差的预制场地，须采用打短桩基础，再搭设排架形成梁底曲线。排架可用木材或型钢组成，图 5-4-2 为某 T 形刚构桥的箱梁预制台座的构造。

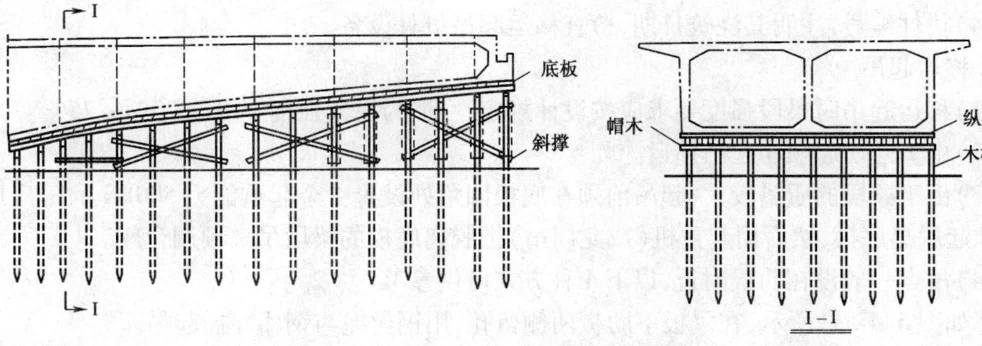

图 5-4-2　长线法预制箱梁块件台座

为加快施工进度，保证节段之间密贴，常采用先浇筑奇数节段，然后利用奇数节段混凝土的端面弥合浇筑偶数节段(图 5-4-3a)。也可以采用分阶段的预制方法(图 5-4-3b)。当节段混凝土强度达到设计强度 70% 以上后，可吊出预制场地。

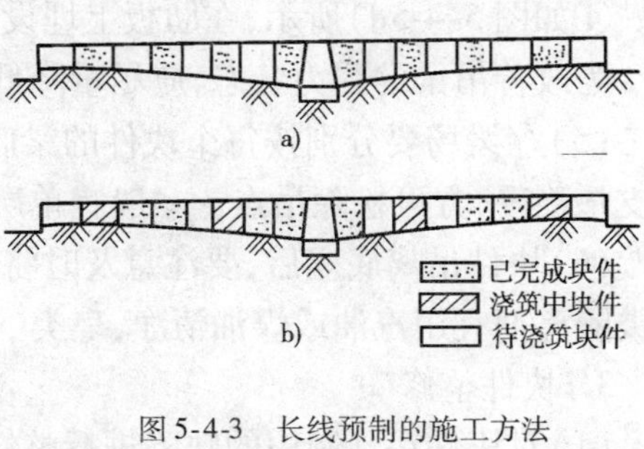

图 5-4-3　长线预制的施工方法

长线法的台座可靠，梁体线形较好，但占地较大，宜在具有固定梁底缘形状的多跨桥上采用。

2. 短线预制

短线预制是按箱梁纵剖面的变化尺寸设计出单个浇筑单元，在配有纵移及调整底板高度设备的底模上浇筑梁段。梁段一端是刚度很大、平整度很好的固定端模，称封闭端；另一端是已浇梁端，称配合单元。浇筑好的梁段当达到强度时，则从浇筑位置移到配合位置，原来的配合单元即可移运到存梁场检修暂存待装运，所需预制底座只需3倍梁段长度即可，如图5-4-4所示。

短线法的场地较小，浇筑模板及设备基本不需移机，但施工周转不便，工期相对较长。因此，短线法适合工厂节段预制，设备可周转使用。

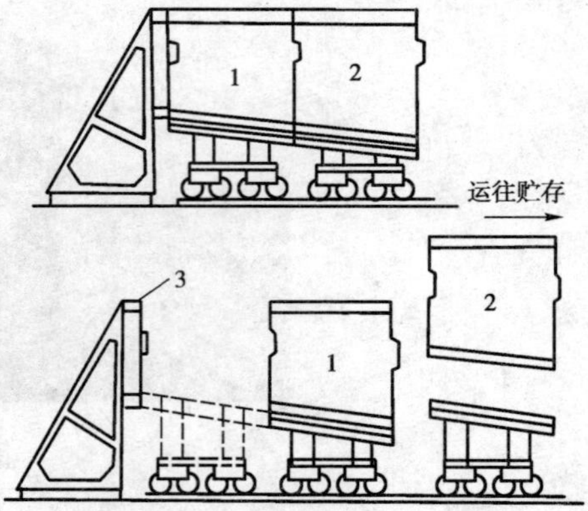

图5-4-4　短线预制的施工方法
1-灌筑单元；2-配合单元；3-封闭端

二、块件移运及整修

1. 移运准备

(1)对预埋测点进行高程测量，且所有块件要采用同一标高系统，以供拼装时分析梁段本身的水平度，相邻块件的滑移情况及块件的绝对标高是否符合设计要求。高程测点的设置是在预制时，在块件四角预埋4个露出混凝土面10mm的钢筋头，钢筋头平面位置离块件边缘5cm。

(2)在箱内肋板上画贯穿相邻块件的定位线，顶板上则弹出桥梁轴，桥面宽等3条墨线，供拼装时辅助定位、张拉时观察上滑现象，及作为桥轴中线的控制测点。

(3)用带精密水准泡的水平尺，在箱内侧画水平线。并在箱内顶板中间悬挂一个长度约等于梁内净高的垂球，在底板上找出对应标志，作为控制1号块水平度的辅助测点。

(4)块件编号，注明其浇筑日期，检查移运起吊机具设备。

2. 移运起吊

(1)移运起吊时梁段强度要求应按设计规定，一般为设计强度等级的70%～75%。

(2)由1号块起顺序起吊移运。

(3)由于梁段的质量较大，起吊前须在底板四角处设置4个起重能力500kN的千斤顶，将梁段顶起脱离底模，然后用起重机(或龙门吊)把脱离底模的梁段吊离预制台座。

(4)吊点一般设在肋板附近，以下4种方式可供参考。

①如图5-4-5a)所示，在翼板下肋板两侧留孔，用钢丝绳与钢棒穿插起吊。

②如图5-4-5b)所示，直接用钢丝绳捆绑。

③如图5-4-5c)所示，在肋板上预留孔穿过底板，用精轧螺纹钢穿过底板锚固起吊。

④如图5-4-5d)所示，在肋板上埋设吊环。

为改善吊梁的受力状态，应尽量降低吊点高度，宜采用如图5-4-6所示的连接吊具。

(5)存梁场要分别按每个块件的梁底坡度，用碎石或方木堆成存梁支垫，梁段下落后要确认支垫稳妥，方可松除吊点。一般宜单层放置，不得多于2层。

(6)块件吊离底座后，要注意及时将涂在梁段上的隔离剂等清洗干净。废机油、黄油等油脂类隔离剂宜用汽油或煤油清净，皂类、石灰类隔离剂可用水清洗。

3. 块件整修

(1)对块件在预制中的缺陷进行整修，湿接缝两侧的块件端面混凝土必须凿毛。

(2)胶接缝块件端面,先清洗去隔离剂后,将突出端面的混凝土凿平,使端面平整、清洁。切忌沾染油污影响环氧树脂的粘结效果。

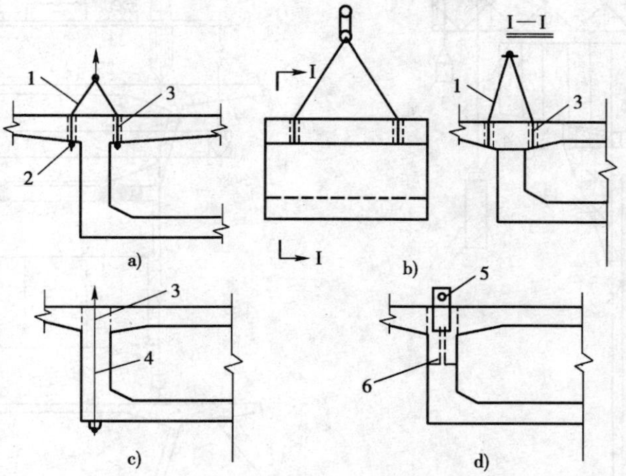

图 5-4-5　梁段吊点设置方式

a)钢丝绳与钢棒吊点;b)钢丝绳捆绑吊点;c)精轧螺纹钢吊点;d)吊环吊点

1-钢丝绳;2-钢棒;3-预留孔;4-精轧螺纹钢;5-吊环;6-锚固筋

(3)检查各锚头垫板是否与预应力孔道垂直,不垂直者则在锚垫上加焊楔形垫板纠正。

(4)检查相邻梁段孔道接头是否正位。对错位严重者要分别凿打两个块件的孔道予以调整。

(5)压水检查是否串孔,凡有串孔现象的要进行补孔。补孔一般可用以下几种方法:

①串孔较为严重的压浆补调。方法是:将串孔附近的管道穿入比孔道直径小 2 ~ 3mm 的胶管,留有 1 ~ 2 个孔道穿入钢管压浆,压至各孔道沿胶管壁出浆为止。抽拔胶管。这种孔道待水泥浆凝固后须再压水检查,如仍有串孔时,再补压浆一次。

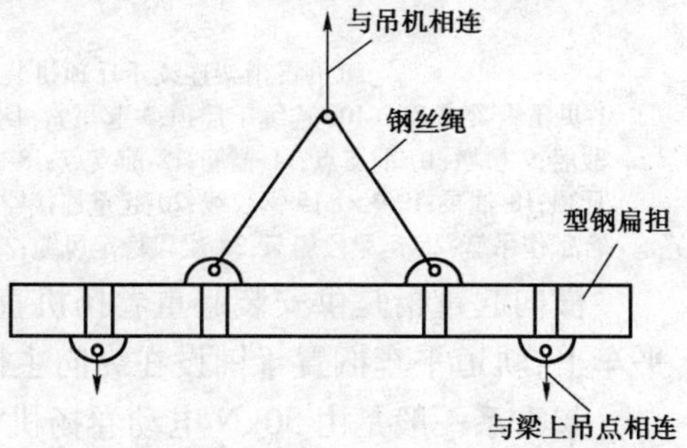

图 5-4-6　吊具一般构造图

②串孔不严重时,可用补孔专用工具沾环氧树脂浆液沿孔壁来回擦抹,反复进行,至环氧浆液将孔壁裂纹封闭为止。

③特殊严重的大空洞,可以凿开用高标号水泥砂浆或环氧树脂砂浆补浇,补浇时可用抽拔管子或埋铁皮管以形成孔道。

三、块件拼装

块件的拼装可根据现场和设备条件采用不同的方法来实现,在此简介高空悬拼法施工。

1. 悬臂吊机拼装法

悬臂吊机由纵向主桁架,横向起重桁架、锚固装置、平衡重、起重系、行走系和工作吊篮等部分组成,如图 5-4-7 所示。

纵向主桁为吊机的主要承重结构,可由贝雷片、万能杆件、大型型钢等拼制。

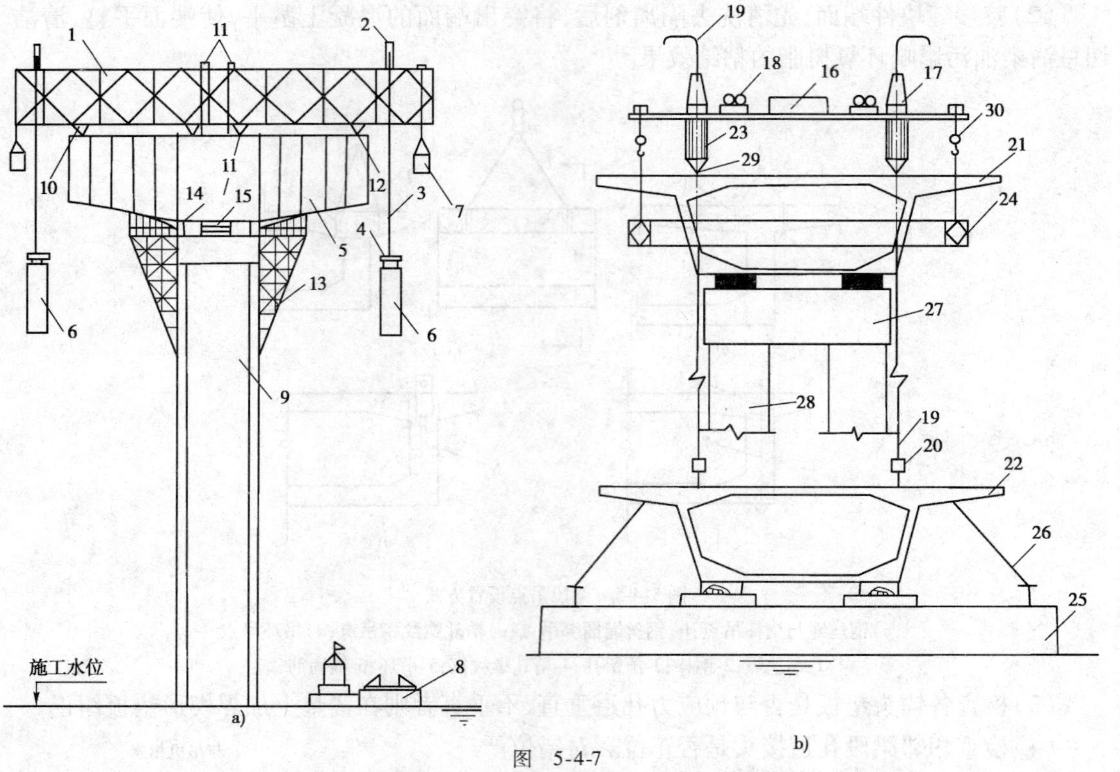

图 5-4-7

a）贝雷桁架连续千斤顶拼装悬拼吊机拼梁段示意图；b）梁段吊装正面示意图

1-贝雷纵梁；2-ZLD-100 连续千斤顶；3-起吊索；4-起重连接器；5-已安装定位梁段；6-待吊安装梁段；7-工作吊篮；8-运梁驳船；9-桥墩；10-前支点；11-锚筋；12-前支点；13-托架；14-临时支座；15-支座；16-提吊中心控制台；17-ZLD-100 连续千斤顶；18-油泵；19-9 × ϕ15 钢绞线；20-起重连接器；21-已安装定位梁段；22-待吊安装梁段；23-贝雷主桁梁；24-贝雷梁组合工作吊篮；25-运梁段船只；26-梁段稳定风缆；27-墩帽；28-双柱式桥墩；29-悬梁前支点；30-升降手拉葫芦

横向起重桁是供安装起重卷扬机直接起吊箱梁块件之用的构件。横向起重桁支承在轨道平车上，轨道平车搁置于铺设在纵向主桁上弦的轨道上，起重卷扬机安置在横向起重桁上弦。

起重系一般是由 50kN 电动卷扬机、吊梁扁担及滑车组等组成，用以从船上提升块件。吊机的整体纵移可采用钢管滚筒在木走板上滚移，由电动卷扬机牵引。

工作吊篮悬挂于纵向主桁前端的吊篮横梁上，吊篮横梁由轨道平车支承以便工作吊篮的纵向移动。工作吊篮供预应力钢丝穿束、千斤顶张拉、压注灰浆等操作之用。

2．连续桁架（闸式吊机）拼装法

连续桁架悬拼施工可分移动式和固定式两类。移动式连续桁架的长度大于桥的最大跨径，桁架支承在已拼装完成的梁段和待拼墩顶上，由吊车在桁架上移运块件进行悬臂拼装。固定式连续桁架的支点均设在桥墩上，而不增加梁段的施工荷载。

图 5-4-8 表示移动式连续桁架，这种吊机每移动一次可以同时拼装两孔桥跨结构。

四、接缝处理及拼装程序

1．接缝处理

悬臂拼装时，预制块件间接缝的处理，分干接缝、湿接缝、胶接缝等几种方法。干接缝是相邻块件拼装时，将两端面直接贴合，接缝上的内力通过预施应力及肋板上的齿形键传递。这种

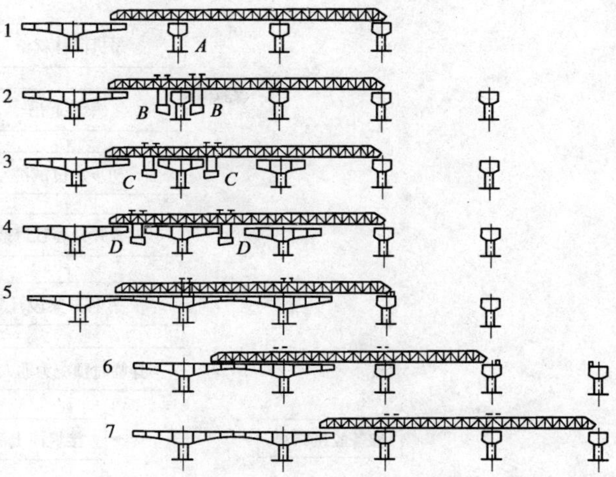

图 5-4-8　移动式连续桁架拼装法

接缝不易保证接缝密合，易受水气侵袭而导致钢筋锈蚀且容易产生局部应力集中现象。湿接缝是在相邻块件间现浇一段10～20cm宽的高强度等级砂浆或小石子混凝土，将块件连接成整体。这种接缝工序复杂且现浇混凝土需要养生致使工期延长，因此通常只在悬臂的个别地点（例如墩柱顶现浇的0号块件与预制的1号悬臂块件之间）设置，以保证接缝的密合，并用以调整拼装误差。胶接缝是在接缝端面涂一薄层环氧树脂等胶结材料，将相邻块件粘结成整体，通过胶结层来传递内力并提高整体刚度和不透水性。它既具有湿接缝的优点而又不影响工期，因此国内近来较多采用。在采用胶接缝时，应注意胶层的厚薄均匀，厚0.8㎜左右。如悬臂过长，还可在悬臂中部或端部设置湿接缝。

图5-4-9、图5-4-10为1号梁段湿接缝拼装程序及胶接缝拼装梁段的拼装程序。

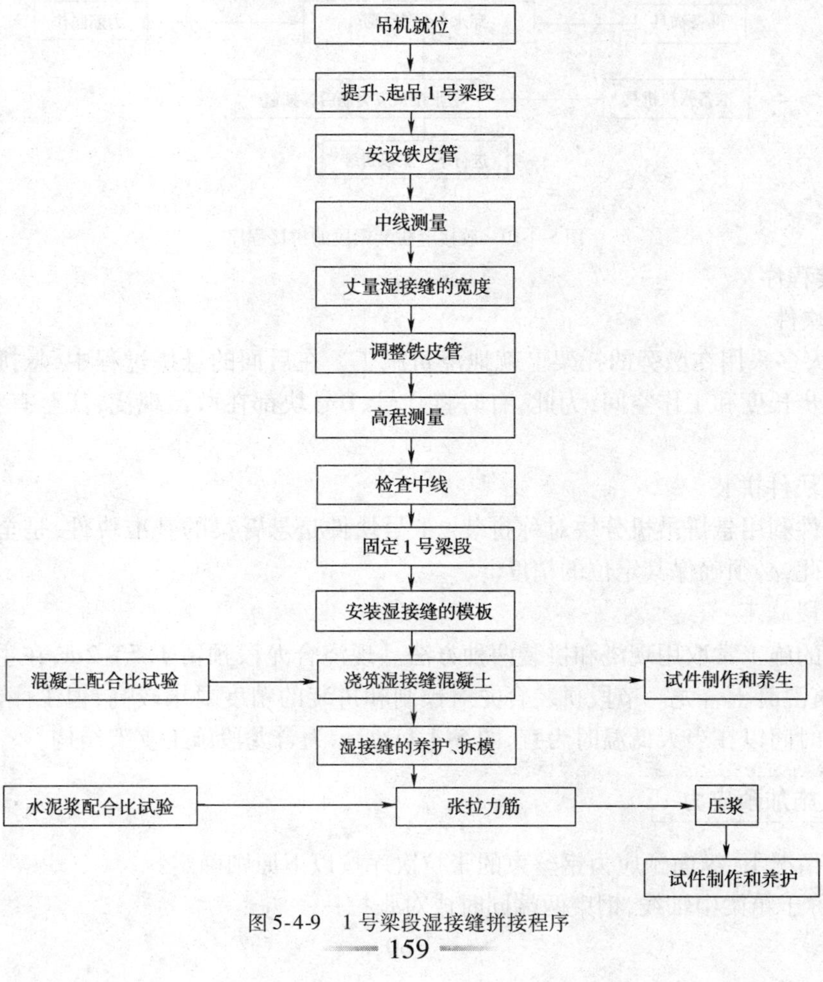

图 5-4-9　1号梁段湿接缝拼接程序

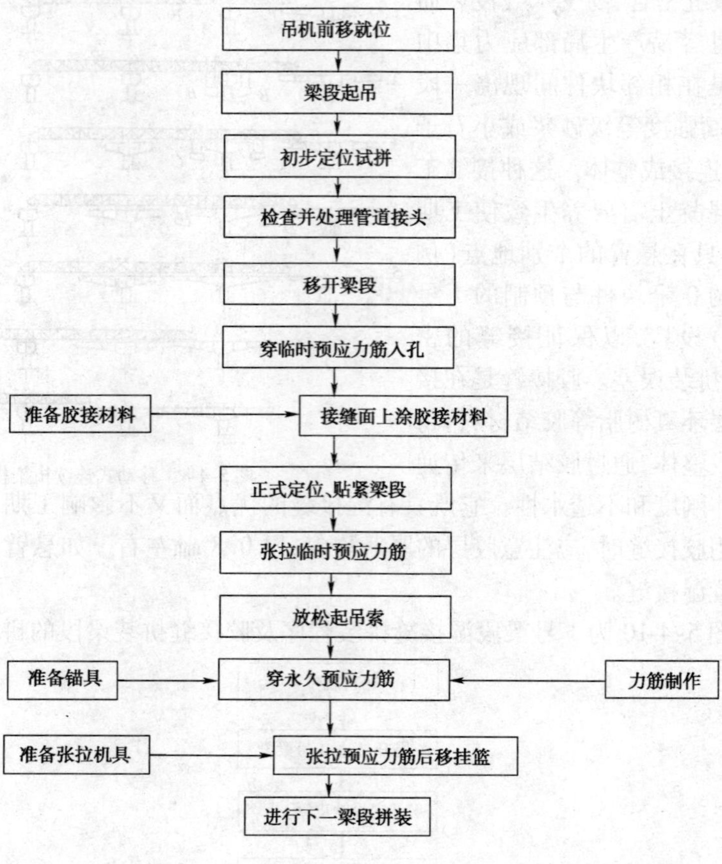

图 5-4-10　胶接缝拼装梁段的拼接程序

2. 拼装程序

1)0 号块件

0 号块大多采用在墩旁的托架上就地浇筑施工。在后面的悬拼过程中,悬拼吊机必须要有一定的起步长度和工作空间,为此,有时将 0 号、1 号块都在墩顶现浇,甚至有将 0 ~ 2 号块现浇施工的。

2)其他块件拼装

其他块件利用悬拼吊机分块对称拼装。1 号块件是悬臂梁的基准块件,是全跨安装质量的关键。因此,必须确保其定位的精度。

3)合龙段施工

合龙段的施工常取用现浇和拼装两种方法。现浇合龙段预留 1.5 ~ 2m,在主梁标高调整后,现场浇筑混凝土合龙。节段拼装合龙对预制和拼装的精度要求较高,但工序简单,施工速度快。合龙时间以在当天低温时为宜,图 5-4-11 所示为合龙段施工支架结构。

五、施加预应力

在一般情况下,纵向预应力钢丝束的张拉次序按以下原则确定:

(1)对称于箱梁中轴线,钢束两端同时成对张拉;

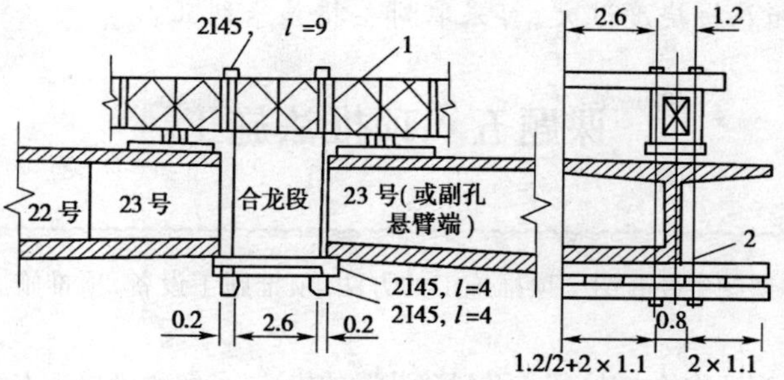

图 5-4-11　合龙段施工支架结构(单位:m)

1-承重结构;2-吊杆,$d=36$mm

(2)先张拉肋束,后张拉板束;

(3)肋束的张拉次序是先张拉边肋,后张拉中肋(若横断面为3根肋,仅有两对千斤顶时);

(4)同一肋上的钢丝束先张拉下边的后张拉上边的;

(5)板束的次序是先张拉顶板中部的,后张拉边部的。

六、安装误差的控制和纠正

悬臂拼装施工中由于多方面因素影响,各块件的拼装都存在程度不同的误差。其中1号块件定位和胶接缝施工影响最大。1号块定位不准,则以后拼装的各个块件均将偏离预计的位置。胶接缝施工时胶浆涂层太厚、接缝加压不均匀,引起梁的意外上翘。为控制和纠正误差,可采取以下措施:

(1)1号块定位时按计算的悬臂挠度及需设的预拱度确定正确的位置,并仔细进行定位;

(2)其他块件胶接缝的涂层尽量减薄,并使在临时的均匀压力下固化;

(3)悬拼过程中发现实际悬拼挠度过大时,可依具体情况采取以下措施:

①通过多次涂胶将胶接缝做成上厚下薄的胶接层,以调整上翘度;

②在接缝上缘的胶层内垫钢板,增加接缝厚度;

③将块件端面凿去一层混凝土,凿去的厚度沿截面按需要变化,然后涂胶拼接;

(4)增加一个湿接缝,即改胶接缝(或干接缝)为湿接缝,将块件调整到要求的位置。

悬臂施工的两种方法中,悬浇施工的结构整体性好,无需预制场地及重型吊装设备;悬拼施工的进度快,需预制场地及重型起吊和运输设备,且模板及支架材料用得多。一般当跨径较大时常用悬浇法施工。

思考与练习

1. 箱梁预制方法有哪几种?有何特点?
2. 悬臂拼装的方法有哪几种?
3. 接缝处理的方式有哪几种?各适合于哪些部位?
4. 纵向预应力筋张拉次序是怎样要求的?

5. 悬拼过程中，如悬拼挠度过大，可采取哪些措施来纠正？

课题五　顶推法施工

【内容提要】　本课题主要介绍了顶推施工的方法、顶推施工设备、顶推施工中的几个问题和施工中的临时设施。

【教学要求】　认识顶推的方法、特点及滑移装置的构造；了解梁段预制方案及模板构造横向导向方法；了解预应力束特点及保证施工稳定、安全的措施。

【教学建议】　本课题宜采用理论讲解、放映录像与组装模型相结合的方法进行授课。以讲解基本过程及方法为主，重点内容是顶推方法和滑移装置。

顶推法施工是沿桥轴方向，在台后开辟预制场地，分节段预制梁身并用纵向预应力筋将各节段连成整体，然后通过液压千斤顶施力，借助不锈钢板与聚四氟乙烯模压板组成的滑动装置，将梁段向对岸推进。这样分段预制，逐段顶推，待全部顶推就位后落梁、更换正式支座，完成桥梁施工。

顶推法施工主要用于预应力混凝土连续梁桥，同时也可以用于其他桥型，如结合梁桥、斜拉桥等。顶推法施工的概貌见图 5-5-1，顶推施工的程序由图 5-5-2 示出。

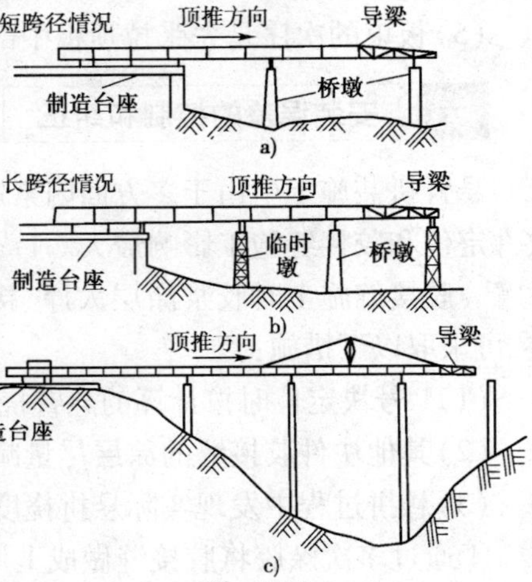

图　5-5-1

a）短跨径情况；b）顶推法施工概貌；c）长跨径情况

一、顶推施工的方法

顶推法施工的关键是顶推作业，依顶推施力的方法将顶推施工分为单点顶推和多点顶推。

1. 单点顶推

单点顶推水平力的施加位置一般集中于主梁预制场附近的桥台或桥墩上，前方各墩上设置滑移支承。顶推装置又可分为以下两种：

1）用水平—垂直千斤顶的顶推装置

该装置是由垂直顶升千斤顶、滑架、滑台（包括滑块）、水平千斤顶组成。一般设置在紧靠梁段预制场地的桥台或支架底处。图 5-5-3 所示即为这种顶推装置。滑架长约 2m，固定在桥台或支架上，用 7 级光洁度的镀铬钢板制成。滑台是钢制方块体，其顶面垫以氯丁橡胶块承托着梁体，滑台与滑架之间垫有滑块，滑块由氯丁橡胶板下面嵌一聚四氟乙烯板组成。聚四氟乙烯板与钢板间的摩擦系数仅为 0.02 ~ 0.05。顶推时，先将垂直千斤顶落下，使梁支承于水平千斤顶前端的滑块上。开动水平千斤顶的油泵，通过活塞向前推动滑块，利用梁底混凝土与橡胶的摩阻力大于聚四氟乙烯与不锈钢的摩阻力带动梁体向前移动。顶起千斤顶，使梁升高，脱离滑块。向千斤顶小缸送油，活塞后退，把滑块退回原处。再把垂直千斤顶落下，使梁又支承在滑块上，开始下一个顶推过程。

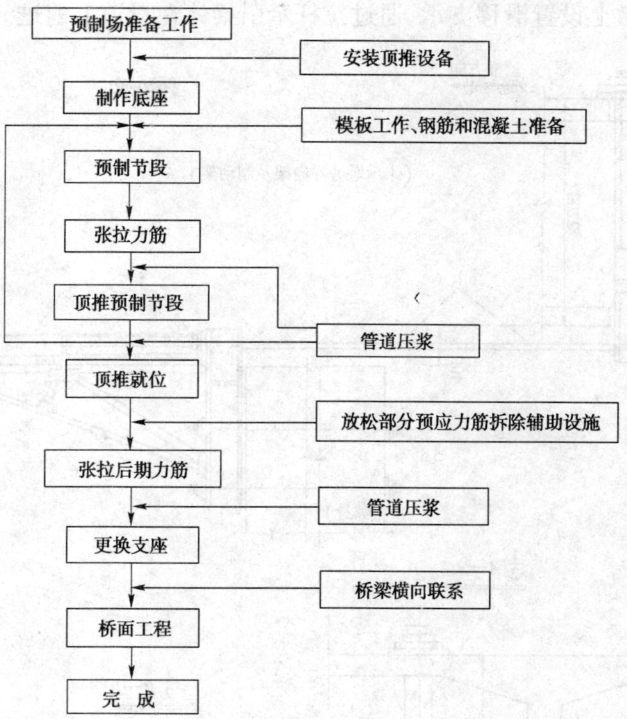

图 5-5-2　顶推施工程序图

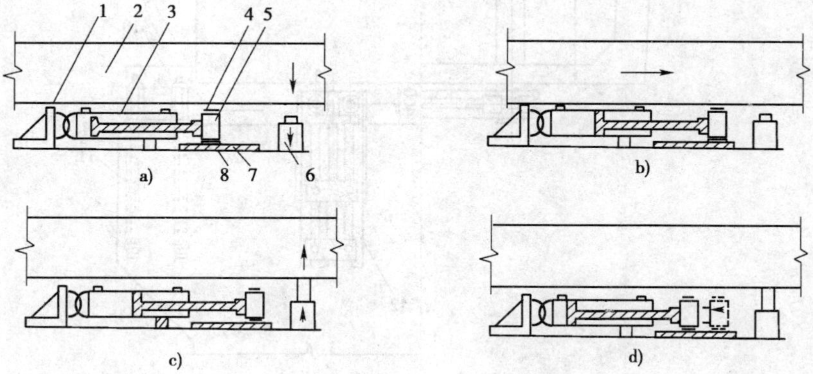

图 5-5-3　水平—垂直千斤顶的顶推装置

a)落梁;b)顶推;c)升梁;d)退回滑块

1-水平反力架;2-梁体;3-水平千斤顶;4-摩擦垫贴面;5-滑块;6-垂直千斤顶;7-不锈钢滑道;8-聚四氟乙烯滑板

2)用拉杆的顶推装置

该装置在桥台(墩)前面安装一对大行程水平穿心式千斤顶,使其底座靠在桥台(墩)上,拉杆的一端与千斤顶连接,另一端固定在箱梁侧壁上(在梁体顶、底板预留孔内插入强劲的钢锚柱,由钢横梁锚住拉杆)。顶推时,通过千斤顶顶升带动拉杆牵引梁体前进,如图 5-5-4 所示。

单点顶推适用于桥台刚度大,梁体轻的施工条件。

2. 多点顶推

在每个墩台上设置一对小吨位(40 ~ 80t)的水平千斤顶,将集中的顶推力分散到各墩上,并在各墩上及临时墩上设置滑移支承，通过拉杆牵引梁体在滑道上前进。

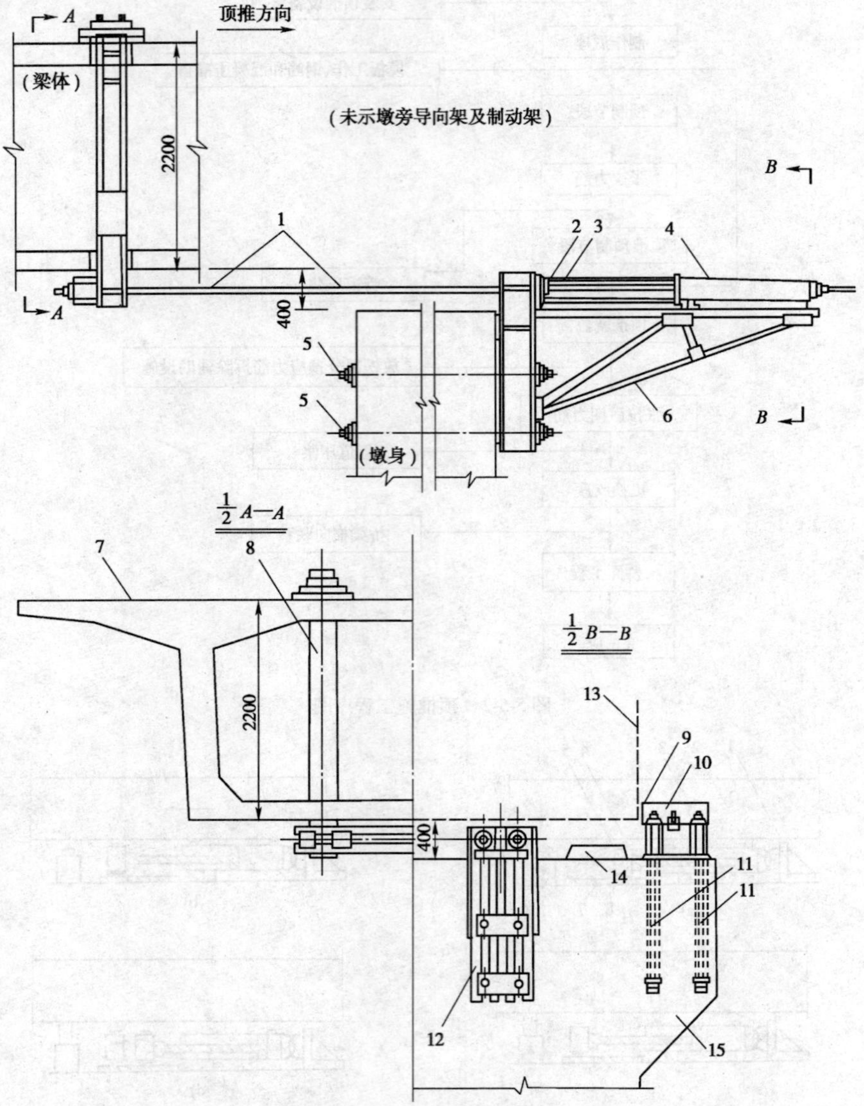

图 5-5-4　单点顶推设备(单位:mm)

1- ′32 全螺纹粗钢筋;2-止退螺母;3-顶座;4-YC75-100 水平穿心式千斤顶;5- ′32 粗钢筋;6-托架;7-梁体;8-拉杆锚柱;9-顶推时垫塞四氟板;10-墩旁导向架(横向可微调门隙);11-2 ′32 粗钢筋;12-水平千斤顶托架;13-梁体外边线;14-临支;15-墩身

在顶推设备方面，国内一般较多采用拉杆式顶推方案，每个墩位上设置一对液压穿心式水平千斤顶，每侧的拉杆使用一根或两根 ϕ25mm 高强螺纹钢筋，它的前端通过锥形楔块固定在水平顶活塞杆的头部，另一端使用特制的拉锚器、锚定板等连接器与箱梁连接，水平千斤顶固定在墩身特制的台座上，同时在梁位下设置滑板和滑块。当水平千斤顶施顶时，带动箱梁在滑道上向前滑动，拉杆式顶推装置如图 5-5-5 所示。

多点顶推施工的关键在于同步，一般需通过中心控制室控制启动、前进、停止和换向。

多点顶推适用于桥墩较高、截面尺寸又小的柔性墩的施工条件。

3. 滑移装置

顶推时,梁应支承在滑动的支座上,以减少推进阻力,梁才能向前。顶推施工的滑道是在墩上临时设置的,用于滑移梁体和起到支承作用。主梁顶推就位后,拆除顶推设备,用数只大吨位竖向千斤顶同步将一联主梁顶起,拆除滑道及滑道底座混凝土垫块,安放正式支座,进行落梁就位。

滑道支承设置在墩上的混凝土临时垫块上,它由光滑的不锈钢板与组合的聚四氟乙烯滑块组成,其中的滑块由四氟板与具有加劲钢板的橡胶块构成。顶推时,组合的聚四氟乙烯滑块在不锈钢板上滑动,并在前方滑出,通过在滑道后方不断喂入滑块,带动梁身前进,如图 5-5-6 所示。

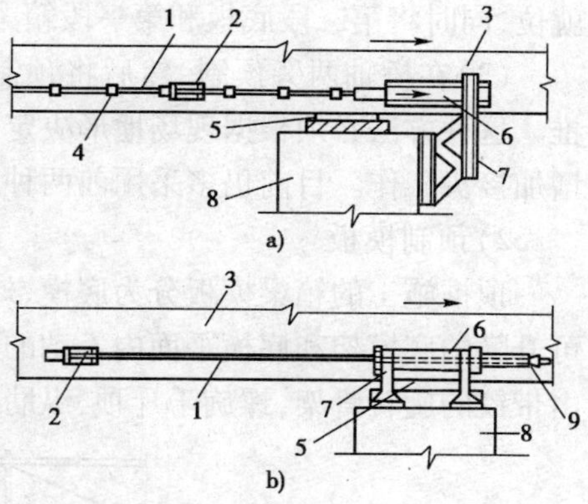

图 5-5-5　拉杆式顶推装置

1-拉杆;2-锚固器;3-梁体;4-连接器;5-滑板;6-水平千斤顶;7-传力支架;8-桥墩;9-拉杆夹具

现在,国内已开始采用连续滑动装置来代替人工不断喂入滑块,这种装置具有固定的聚四氟乙烯板连续滑动,其构造似坦克的履带,同时在梁下设置钢板,每块钢板的滑动面为不锈钢板,另一面则带动主梁前进,这样的滑动装置施工十分方便,可不间断顶推施工。此滑动装置的常用型式——履带式滑板、空腹式滑道的构造如图 5-5-7 所示。

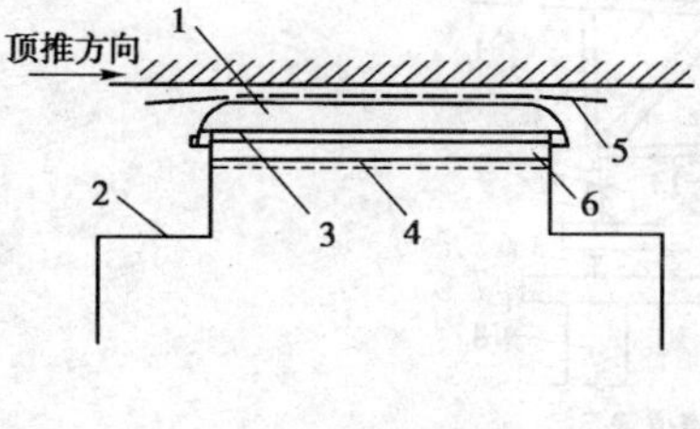

图 5-5-6　顶推使用的滑道装置

1-滑道底座;2-竖向千斤顶位置;3-氯丁橡胶;4-牛皮纸;5-滑板;6-预制混凝土板

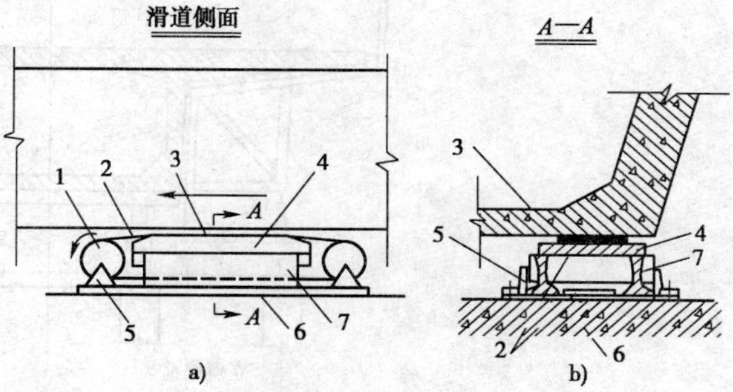

图 5-5-7　履带式滑板、空腹截面式滑道

1-滑道滚轮;2-履带式滑块;3-不锈钢贴面;4-滑块支承板;5-滚轮支架;6-混凝土座垫;7-支承型钢

二、顶推施工中的几个问题

1. 分段长度

主梁的节段长度划分主要考虑段间的连接处不要设在连续梁受力最大的支点与跨中截面,同时要考虑制作加工容易,尽量减少分段,缩短工期。因此一般常取得每段长 10 ~ 30m。同时根据连续梁反弯点的位置,连续梁的顶推节段长度应使每跨梁不多于 2 个接缝。

2. 梁段预制

1)预制方案

(1)在梁轴线的预制台座上分段预制,逐段顶推。预制一般采用两次浇筑法,先浇筑梁的底板、腹板混凝土,然后立顶模,浇筑顶板混凝土。

(2)在箱梁的预制台座分底板段和箱梁段两段设置,先预制底板段(第一段把导梁的下弦预埋件预埋在底板前端)待底板混凝土的强度达到设计强度 80% 后,将底板顶推至箱梁位置就位,同时将第二段底板和第一段箱梁交错施工,以此循环进行,缩短箱梁预制的施工周期。

(3)在桥轴两旁预制,然后将预制块件用龙门吊机运送到桥位拼装台上拼装,再逐段顶推。这种方法必须根据现场地形决定,比方案(1)速度快,缺点是需大型运输和起吊设备,且增加接头工作。目前仍多采用前两种方法。

2)预制模板

顶推施工的箱梁模板分为底模、外侧模、内模及封头模板四种,一般均采用钢模。底模由可升降的底模架和底模平面内不动的滑道支承孔两部分组成。外侧模板宜采用旋转式,主要由带铰的旋转骨架,螺旋千斤顶,纵肋,钢板组成,如图5-5-8所示。内模板主要有两种型式,

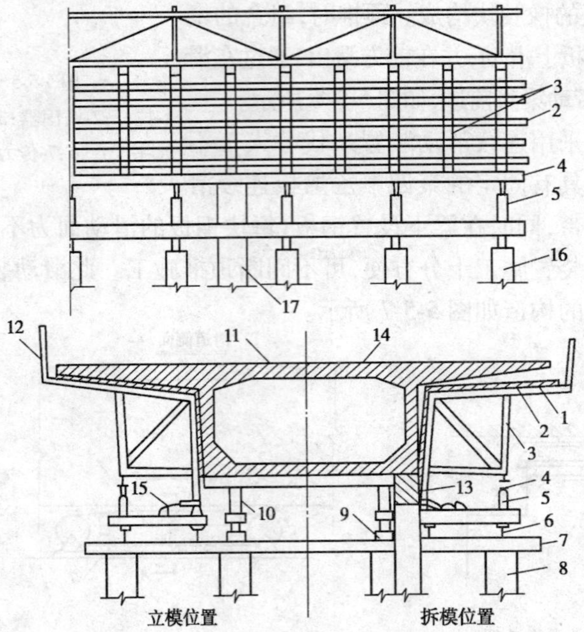

图5-5-8 箱梁外侧模装配示意图

1-钢模板;2-侧模肋骨;3-外侧模骨架;4、6-[36;5-螺旋千斤顶;7-2[32;8-钢管桩;ϕ60cm;9-螺旋千斤顶;10-2[56;11-拉杆;12-栏杆;13-滑道支座;14-箱梁;15-横移装置;16-钢管立柱;17-滑道支承墩

一种是折叠、移动式内模(图5-5-9),这种型式的内模对于梁段较长,梁内构造简单,施工周期短的条件下比较适用;另一种是支架升降式内模(图5-5-10),这种结构构造简单,造价较前一种要低,已被广泛采用。封头模板因须设通过预应力筋与接长力筋的孔道,故应按设计尺寸仔细放样凿孔。

3. 顶推施工中的横向导向(图5-5-11)

为了使顶推能正确就位,施工中的横向导向是不可少的。通常在桥墩台上主梁的两侧各安置一个横向水平千斤顶,在千斤顶的顶杆与主梁侧面外缘之间放置滑块,顶推时千斤顶的顶杆与滑块的聚四氟乙烯板形成滑动面,顶推时由专人负责不断更换滑块。

横向导向千斤顶在顶推施工中一般只控制两个位置,一个是在预制梁段刚刚离开预制场的部位,另一个设置在顶推施工最前端的桥墩上。

4. 梁端预应力施工

顶推安装的预应力连续梁有三类预应力束:永久束(完工后不拆除);临时束(完工后便拆

除)；后期束(全梁就位后的补充束)。临时预应力束应在顶推就位后拆除，不应压浆；施工中应特别注意体外束的防腐和保护。

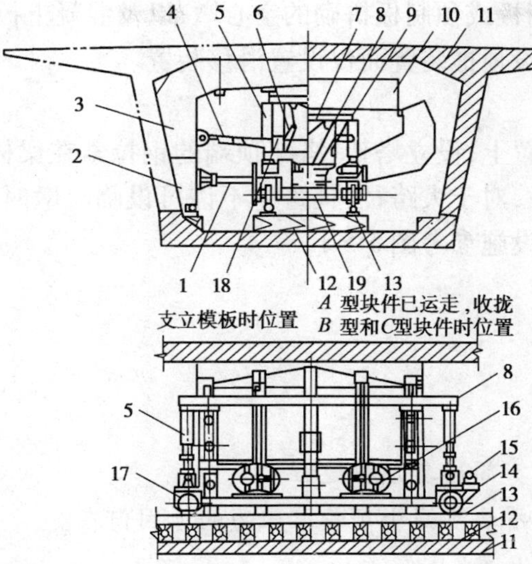

图 5-5-9　折叠、移动式内模架图

1-水平丝杆；2-A 型块件；3-B 型块件；4-调整丝杆；5-立柱丝杆；6-左摇臂；7-滑轮；8-台车上部；9-右摇臂；10-C 型块件；11-箱梁；12-枕木；13-钢轨；14-主动轮；15-变速器；16-卷扬机；17-从动轮；18-摇臂销子孔；19-台车下部

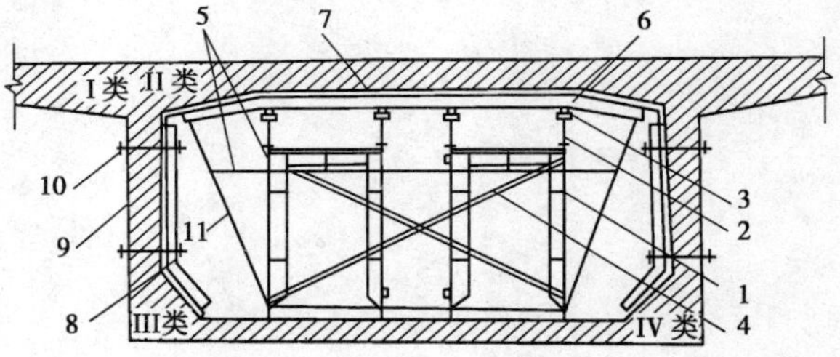

图 5-5-10　支架升降式内模图

1-门型架；2-升降 U 型托顶；3-2[10 纵梁；4-剪刀撑，$\phi48$；5-水平撑，$\phi48$；6-[10 弓型横梁；7-组合钢模板；8-[10 压杆；9-组合钢模板；10-对拉螺杆；11-斜撑，$\phi48$

三、施工中的临时设施

为了减少施工中的内力，扩大顶推法施工的使用范围，同时也从安全施工和方便施工出发，在施工过程中使用一些临时设施，如导梁(鼻梁)、临时墩、拉索、托架及斜拉索等结构。

1. 导梁

导梁设置在主梁的前端，为等截面或变截面的钢桁梁或钢板梁，主梁前端有预埋件与钢导梁栓接，导梁的长度一般取用顶推跨径的 0.6 ~ 0.7倍。

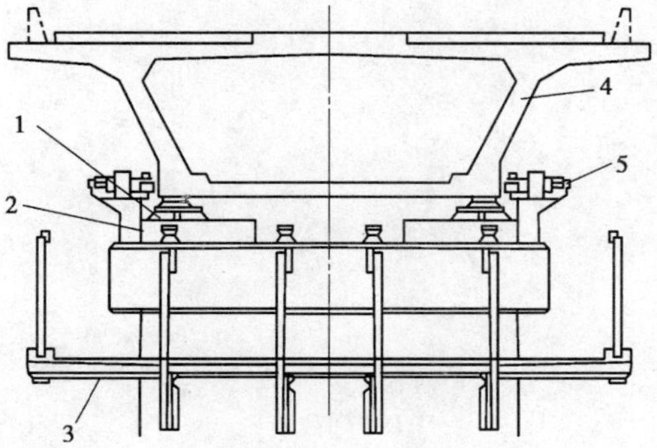

图 5-5-11　顶推施工的横向导向设施

1-滑动装置；2-支承垫石；3-临时支架；4-预制节段；5-水平千斤顶(侧向位制动器)

2. 临时墩

当梁的设计跨径大于50m时,宜考虑设置临时墩。目前用得较多的是用滑升模板浇筑的混凝土薄壁空心墩、混凝土预制板或预制板拼砌的空心墩,以及混凝土板和轻便钢架组成的框架临时墩。通常在临时墩上不设顶推装置而仅设置滑移装置。

3. 吊索架

在梁前端第一个支点的位置上,设立塔架,塔架顶端的钢拉索在梁体的前后方拉住梁体。可避免悬臂端产生过大的弯矩。对于大跨径,且跨中不许可设临时墩时,可以采用这种方法,但操作较复杂。施工中的临时设施参考图5-5-1。

思考与练习

1. 顶推施工方法有哪几种?简述其顶推过程。
2. 简述滑块的构造。使用滑块可减小顶推摩阻力的原因何在?
3. 顶推施工预应力束有哪几类?
4. 保证顶推施工稳定安全的措施有哪些?

单元六 拱桥施工

课题一 拱桥有支架施工

【内容提要】 拱圈及拱架的放样、拱架、拱圈的施工、拱上建筑的施工。

【教学要求】

应知:掌握拱圈及拱架放样的方法;认识拱架的形式、构造及适用性;掌握拱架卸落的时间及程序要求、拱圈浇(砌)筑的施工程序、拱上建筑的施工要求。

应会:能进行各种拱圈、拱架放样,设置拱圈及拱上建筑砌筑程序;掌握拱圈及拱上建筑砌筑质量检查方法和标准;能安排卸架时间和程序。

【教学建议】 本课题以拱架与拱圈施工程序为主,这两方面的内容拟用一体化教学方法,其他内容结合多媒体教学。

一、拱圈及拱架的放样

为了能合理划分拱石及保证拱架形状、尺寸的准确,通常需要在样台上将拱圈按1:1的比例放出大样,然后用木板或锌铁皮在样台上按分块大小制成样板以利加工拱石,或者依大样制作拱架。

1. 放样台制作

放样工作必须在平坦结实的样台上进行。样台宜位于桥位附近的平地上,先用碎石或卵石夯实,再铺一层2~3cm厚的水泥砂浆,也可采用三合土地坪。对于左右对称的拱圈,为节约用地,一般只须放出半孔大样。

2. 放样方法

1)圆弧拱圈放样

常用的放样方法有圆心推磨法和直角坐标法。下面仅介绍圆心推磨法(图6-1-1)。

(1)在样台上用经纬仪放出 $x-x$、$y-y$ 坐标。

(2)用校正好的钢尺在 y 轴上方量出 f_0,在 y 轴下方量出 $(R-f_0)$ 得 o' 点。

(3)以 o' 点为圆心,R 为半径画弧交 $x-x$ 轴于 a、b 两点,则弧 a、b 即为圆拱之拱腹线,并用钢尺校核 ab 是否与 L_0 相等。

(4)以 o' 为圆心,$(R+d)$ 为半径画弧交 $o'a$、$o'b$ 延长线于 c、d 两点,则弧 cd 即为圆弧拱之拱背线。弧的圆心可在样台之外,但必须与样台在同一平面上。拉尺画弧时,应使尺身均匀移动,不能弯扭。

2)悬链线拱圈放样

常用的放样方法有直角坐标法和多圆心法。下面仅介绍直角坐标法(图 6-1-2)。

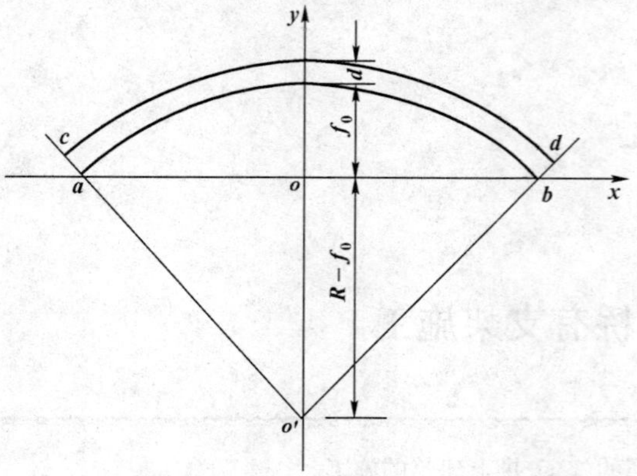

图 6-1-1　圆心推磨法

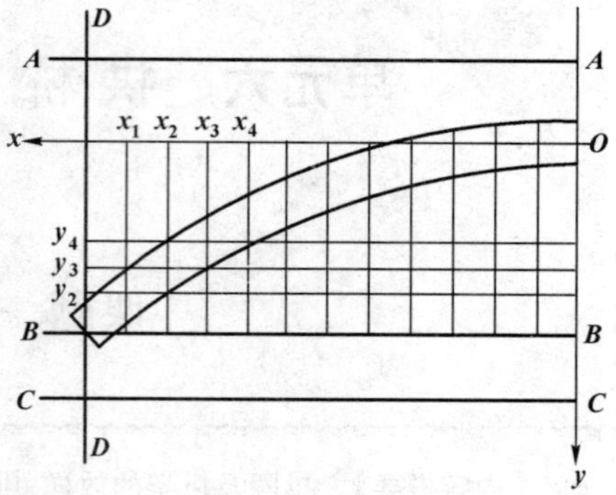

图 6-1-2　直角坐标法

(1)在样台上,以拱顶的坐标原点,用经纬仪放出 x-x 和 y-y 两轴线和 AA、BB、CC、DD 等辅助线,并校核诸四边对角线是否相等。

(2)沿 x 轴方向将半跨进行 12 等分,画出 12 个大小一致的矩形。

(3)在矩形的 y 轴方向,量出拱腹、拱轴、拱背坐标,用铁钉或油漆标出。

(4)用 $\phi6 \sim \phi8$ 刚筋将拱腹、拱轴、拱背各点圆滑地连接成弧线。

二、拱石放样与编号

1. 正拱石放样与编号

拱圈的弧线画好后,可划分拱石。划分拱石前,需首先决定拱石宽度及灰缝宽度。灰缝宽度一般在 1 ~ 2cm 之间,灰缝过宽,将降低砌体强度,增加灰浆用量;灰缝过窄,灰浆不易灌注饱满,影响砌体质量。

根据确定的拱石宽度和灰缝宽度,即可沿拱圈弧用钢尺定出每一灰缝中点,再经此点顺相应的内弧半径方向划线,即可定出外弧线上的灰缝中点。连内外弧灰缝中点,垂直此线向两边各量 出缝宽一半画线,即得灰缝边线。然后根据要求的高度和错缝长度可划分全部拱石。拱石划分后,应立即编号。如图 6-1-3a)所示。

拱石编号后,还要依样台上的拱石的尺寸,做成样板(图 6-1-3b),写明各边尺寸、号码、长度、块数。样板可用木板和镀锌铁皮制成。

当用片石、块石砌筑时,石料的加工程序大为简化,无须制作样板和按样加工,只需对所开采的石料进行挑选,将较好的留作砌筑拱圈,并在安砌时稍加修凿。

2. 斜拱石放样

将划分后第 n 块拱桥的四角点,分别向拱圈的斜边 OM 作投射并交于 M_1、M_2、M_3、M_4。由 M_1 作水平线与投影线分别相交于 P_2、P_3、P_4,先求得 M_1P_2、M_1P_3、M_1P_4 值后,再根据 $y_i = x_i \text{tg}\alpha$($\alpha$ 为桥梁斜度)关系求得 P_2M_2、P_3M_3、P_4M_4 值(图 6-1-4)。

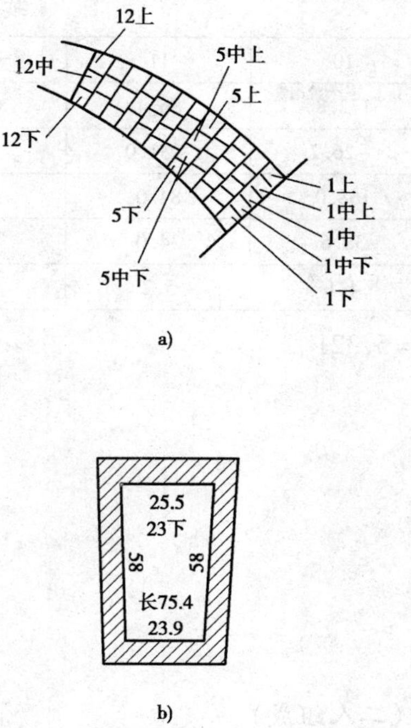

图 6-1-3　拱石划分与编号

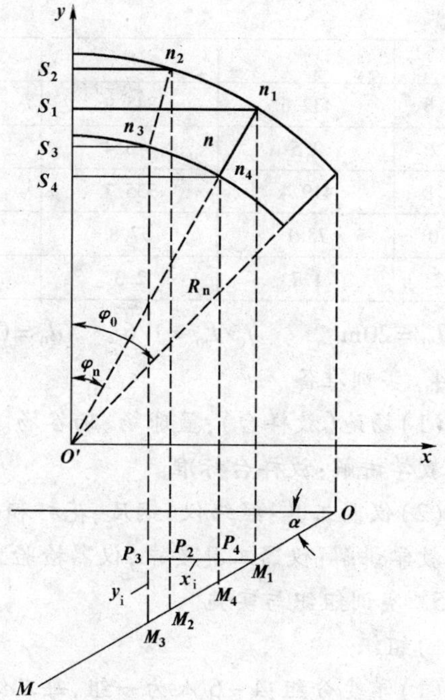

图 6-1-4　斜拱石放样

附:实训模块

1. 实训项目

拱圈放样。

2. 实训目的

通过实训练习,熟悉放样步骤,理解放样要领,掌握放样技能。

3. 实训内容

拱 圈 放 样 坐 标

截面号		0	1	2	3	4	5
偏角		43°07′	37°57′	32°29′	27°23′	22°45′	18°36′
上弧	x'	1045	957.3	869.6	782.0	694.3	606.9
	y'	318.5	242.8	180.9	130.3	89.4	56.6
下弧	x	1000	917.3	834.7	752.1	669.2	586.1
	y	365.8	294.0	235.7	188.1	149.4	118.1
预拱度		0	0	0.1	0.3	0.5	0.8

6	7	8	9	10	11	12
15°06′	11°48′	9°06′	6°9′	4°12′	2°03′	0°00′

续上表

6	7	8	9	10	11	12
519.6	432.6	345.9	259.3	172.8	86.4	0.00
30.2	9.5	−6.4	−18.4	−26.2	−31.0	−32.5
502.8	419.4	335.7	251.9	168.0	84.0	0.00
93.0	73.1	57.8	46.4	38.6	34.0	32.5
1.2	1.7	2.3	3.1	4.1	5.2	6.7

$L_0=20\text{m}$　　$f_0/L_0=1/6$　　$d_0=0.65\text{m}$　　$m=5.321$

4. 实训准备

(1)场地(放样台):篮球场、晒谷场。

教学讲解:放样台标准。

(2)仪器工具:经纬仪、钢尺、花杆和画线工具。

教学讲解:仪器工具要求,仪器检验方法及标准。

5. 实训组织与实施

1)组织

(1)学生分组:4~6人为一组,每二组设一监理组(二人组成)。

(2)指导教师:每二组一名指导教师。

2)实施

(1)用经纬仪定出两轴线及四根辅助线。

教学讲解:a. 第二根轴线的放样方法。

b. 辅助线的位置。

注意:a. 拱顶为坐标原点。

b. 校核四边对角线是否相等。

(2)在 x 轴及与 x 轴平行的辅助线上定出 $x(x')$ 坐标,在相应的连线上量取 $y(y')$ 坐标,并用油漆标出;再量取预拱度坐标,用其他颜色的油漆标出。

教学讲解:坐标量取的方法。

注意:x 与 x',y 与 y' 不能混淆

(3)用钢筋或铁丝将 $y(y')$、预拱度坐标润滑地连接起来,得到相应的拱背线、拱腹线、预拱线。

教学讲解:曲线连接方法。

注意:预拱线与拱腹线的区分。

3)检查与评定

步骤	1	2	3	4	5	6
存在问题						
得分						
总分						

4）收尾工作

仪器、工具检查清点与归还；实训场地整理等。

5）注意事项

（1）选择合适的天气。

（2）每一步骤后必须检验，只有合格后方可进行下一步操作。

（3）仪器的保护。

（4）团结合作。

6. 实训报告（见单元二课题一基坑开挖实训模块）

三、拱架的施工

1. 拱架、支架构造实例

拱架、支架构造实例见表6-1-1。

拱架、支架构造实例　　表6-1-1

项目名称	拱架、支架构造、安装简图	说　明
具有中间支架的拱架（可用于较大跨径）	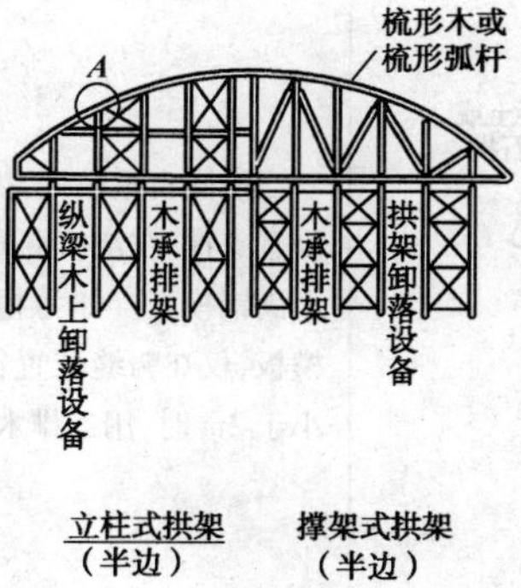 	按设计图纸放样制作拱架（或制成杆件、弧件）。 按测定排架位置，清理基础，树立排架，并纵横支撑，排架顶抄平，安装纵梁帽木。 装置纵梁木卸落设备。 防止排架不均匀沉降，或承载力不足现象，必要时应以砌石或打桩基础，保证桩基稳固
无中间排架的拱架（利用斜撑不设中间支架）	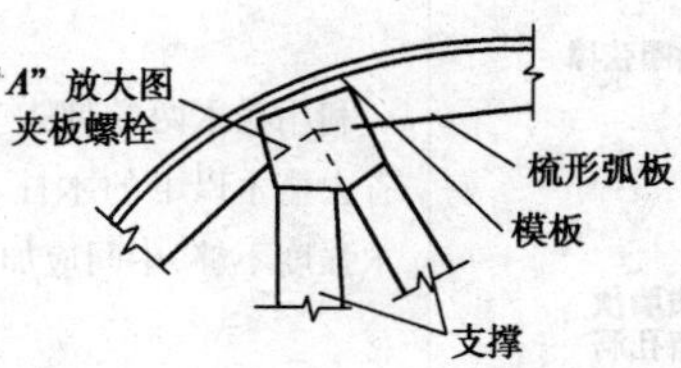 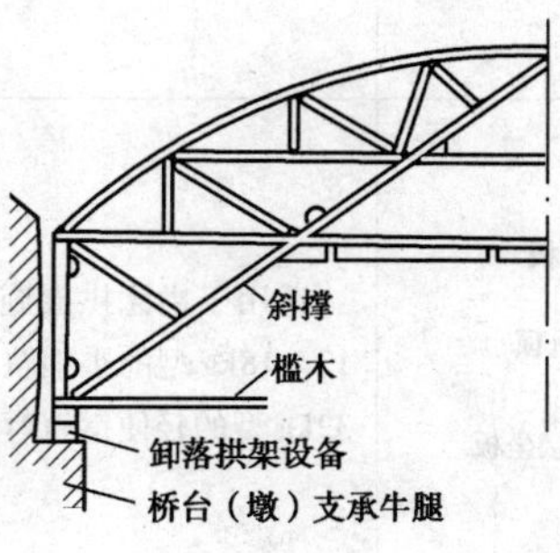 	如上所述，当有支架时，在支架上采取整榀吊装或就地拼装好拱架，最后校正标高（包括上拱度）装钉拱模板。 对于拱架的节点A的构造系采用夹板螺栓连接，如左图所示。 不用支架，采取加设斜撑以扩大拱跨，能节省大量排架工料，并对保持拱架下净空净宽有利

续上表

项目名称	拱架、支架构造、安装简图	说　明
拱架卸落设备(砂筒降落法)	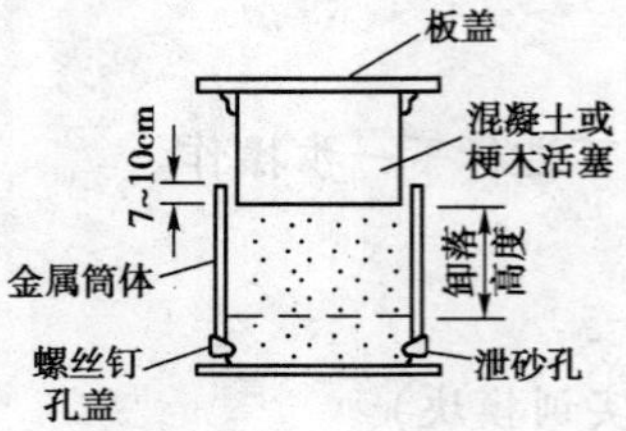	安装拱架时,将砂筒置于槛木下端的墩台支承牛腿上,当要求降落拱架以便拆卸时,首先打开砂筒上的螺钉孔盖,泄砂孔放砂,活塞在拱架重压下降落
小型木拱架(可用于不大于 4m 的拱跨)	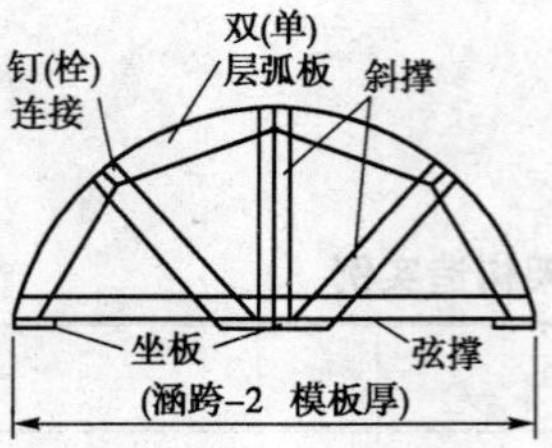	通常系由 5cm 厚的木板锯成梳形弧板,双层叠合以铁钉或螺栓组成,广泛用于砖、石混凝土拱涵、砖拱涵及门窗等拱圈砌筑
木拱架加设支撑(可提高拱架承载力)	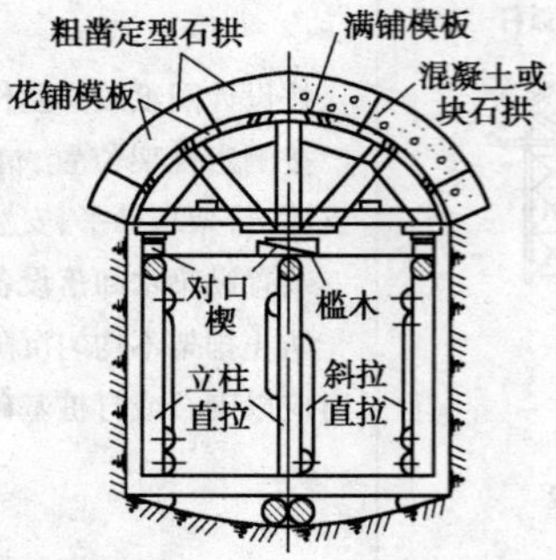	当拱圈自重较大,拱架负荷较重时,须在拱架下设置支撑,在浇筑混凝土或浆砌块石拱圈时,拱架上满铺模板。如为粗凿定型石砌拱圈,可不满铺模板,仅在骑缝位置钉上 7cm 宽板条即可。拱跨小于 2m 时,用二排木柱支撑,大于 2m 用三排支撑
无支撑木拱架(利用槛木代撑)	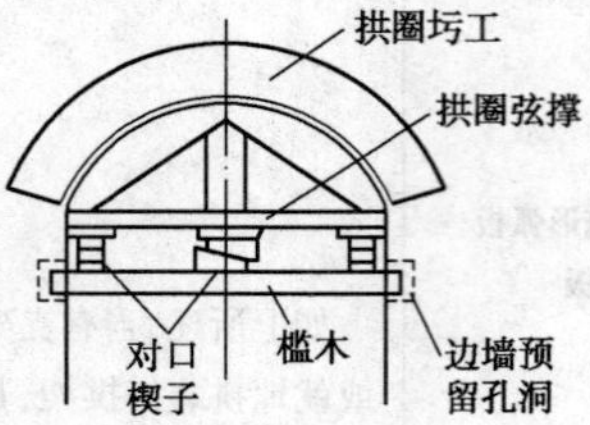	利用槛木两端伸入支承于边墙预留孔洞内,可省去槛木以下的木柱、拉撑等,但如跨径较大,槛木强度不够,中间应加设顶柱
钢轨拱架(废旧钢轨利用)	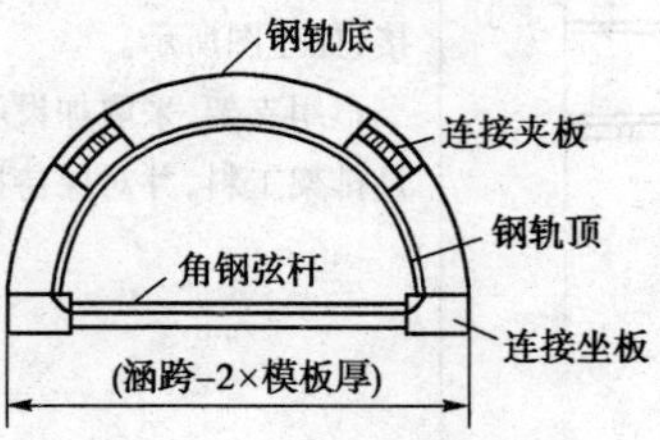	适用于拱涵拱圈施工,当涵跨在 3m 以内,可用 12 ~ 18kg 型的小钢轨,跨径在 3 ~ 6m 的可用 18 ~ 32kg 型的轻便钢轨弯制而成

2. 拱架、支架制作安装要点

拱架和支架应根据设计进行制作和安装。当采用常备式构件拼装拱架时，应进行强度和稳定性验算。

为保证结构竣工后尺寸准确，拱架和支架应预留施工拱度。确定施工拱度值时，应考虑下列因素：

(1)拱架和支架承受施工荷载引起的弹性变形。

(2)超静定结构由混凝土收缩、徐变及温度变化而引起的挠度。

(3)承受推力的墩台，由于墩台的水平位移所引起的拱圈挠度。

(4)由结构重力引起梁或拱圈的弹性挠度，以及1/2的汽车荷载(不计冲击力)引起梁或拱圈的弹性挠度。

(5)受载后由于杆件接头的挤压和卸落设备压缩而产生的非弹性变形。

(6)支架基础在受载后的非弹性沉陷。预留施工沉落值参考数据(JTJ 041—2000)见表6-1-2。

拱架、支架预留施工沉落值　　表6-1-2

分项内容		参考数据	说明
接头承压非弹性变形	木与木	每个接头的顺纹2mm，横纹3mm	
	木与钢	每个接头约2mm	
卸落设备的压缩变形	砂筒	2~4mm	
	木楔或木马	每个接缝约1~3mm	
支架基础沉陷	底梁置于砂土上	5~10mm	
	底梁置于粘土上	10~20mm	
	底梁置于砌石或混凝土上	约3mm	
	打入砂中的桩	约5mm	
	打入粘土中的桩	约5~10mm	桩承受极限荷载时用10mm，低于极限荷载时用5mm

木拱架及木支架的制作应尽量减少长杆件接头，两相邻立柱的连接接头亦须分设在不同的水平面上。主要压力杆的纵向连接，应使用对接法，并用木夹板或铁夹板夹紧；次要构件的连接可用搭接法。木拱架、木支架的连接，应力求简单。

安装拱架前，对拱架立柱和拱架支承面应详细检查，准确调整拱架支承面和顶部标高，并复测跨度，确认无误后方可进行安装。

各片拱架在同一节点处的标高应尽量一致，以便于拼装平联杆件。在风力较大的地区，应设置风缆。

拱架和支架应能抵抗在施工过程中可能发生的偶然冲撞和振动，安装时应注意：

(1)支架立柱必须安装在有足够承载力的地基上，立柱底端应设置垫木，用以分布和传递压力，并保证浇筑混凝土后不发生超容许的沉降量。

(2)构造物的模板支架不应与施工用的脚手架和便桥相连接，以免施工振动时影响浇筑混凝土质量。

(3)船只或汽车通行孔的两边支架应加设护桩,夜间应用灯光标明行驶方向,施工中易受漂流物冲撞的河中支架应设坚固设备。

安装拱架时应考虑到拱架和支架的便于拆卸,因此,应根据结构形式、承受的荷载大小及需要的卸落量,在拱架和支架适当部位设置相应的木楔、木马、砂筒或千斤顶等落模设备。

拱架和支架安装完毕后,应对其平面位置、顶部标高、节点联系及横向稳定性进行全面检查,符合要求后,方可进行下一工序。

3. 拱架和支架的拆卸

钢筋混凝土结构的拱架和支架,应在混凝土强度能承受其自重力及其他可能的叠加荷载时,方可拆除;一般跨径等于及小于3m的板和拱达到设计强度的50%,跨径大于3m的板、梁、拱达到设计强度的70%时,方可拆除。如设计上对拆除拱架、支架另有规定,应按照设计规定执行。

砖、石拱架的拱架卸落时间:

(1)浆砌砖、石拱桥,须待砂浆强度达到设计要求,如设计无要求则须达到砂浆强度的70%。

(2)跨经小于10m的小拱桥,宜在拱上建筑全部完成后卸架;中等跨经实腹式拱,宜在护拱砌完后卸架;大跨径空腹式拱,宜在拱上小拱横墙砌好(未砌小拱圈)时卸架。

(3)当需要进行裸拱卸架时,应对裸拱进行截面强度及稳定性验算,并采取必要的稳定措施。

卸落拱架和支架的程序:

应按设计所规定的要求进行。若无设计规定时,应详细拟定卸落程序,分几个循环卸完,卸落量开始宜小,以后逐渐增大。在纵向应对称均衡卸落,在横向应同时一起卸落。在拟定卸落程序时应注意以下几点:

(1)在卸落前应在卸架设备(如简单木楔或组合木楔等)上划好每次卸落量的标记。

(2)满布式拱架卸落时,一般可从拱顶向拱脚依次循环卸落;拱式拱架可在两支座处同时卸落。

(3)多孔拱桥卸架时,若桥墩容许承受单孔施工荷载,可单孔卸落,否则应多孔同时卸落,或连续孔分阶段卸落。

(4)卸落拱架时,应设专人用仪器观测拱圈挠度和墩台变化情况,并详细记录。

四、 拱圈施工

1. 准备工作

砌筑拱圈前必须对拱架进行全面检查,注意支撑是否稳固,杆件接头是否紧密,并校核模板顶面的标高。

模板标高经检查合格后,即用经纬仪测定桥梁中线,由中线放出拱圈边线,并在模板上画出墨线,用钢尺校核拱腹线长度,如系料石拱圈,则需放出每排拱石灰缝的墨线。

拱圈砌筑要求尽快合龙成拱,以免拱架承受荷载过久,增大拱架持续变形。因此,在砌筑拱圈前要做好一切准备,一旦开始砌筑,就要一气呵成,不可中途停顿。

2. 拱圈砌筑方法

砌筑拱圈时,拱架随着荷载的增加而产生变形,如果砌筑方法错误,拱架变形将改变拱轴线的形状，在拱架变形突变的地方，将引起拱圈砌缝开裂。合理的砌筑方法将使拱架受力均匀，变形也均匀。根据跨径大小，拱圈砌筑采用下列不同的方法：

1）连续砌筑法

适用于砌筑跨经 10m 以内的拱圈。砌筑时按拱圈的全厚和全宽，由拱脚两端开始连续对称地向拱顶砌筑。

2）分段砌筑法

当跨径较大时，采用连续砌筑法，则在砌筑拱脚一段时，必然因拱石重力而使该段拱架下沉，拱顶部则受两边拱石重力的挤压而向上拱起（图 6-1-5a）。当连续砌筑到拱顶时，拱顶部拱架转为下沉，拱跨 *L*/4 处拱架拱起（图 6-1-5b），使拱圈轴线偏离设计拱轴线过多，增加拱圈内力，或引起灰缝开裂。所以一般采用分段砌筑法，即全拱分为数段，同时对称砌筑，以保持拱架受力平衡。如全拱分 6 段砌筑，应先砌 1 段，后砌 2 段，最后砌 3 段（图 6-1-6a）。如全拱分 12 段砌筑，应先砌 1、2、3 段，后砌 4、5、6 段（图 6-1-6b）。

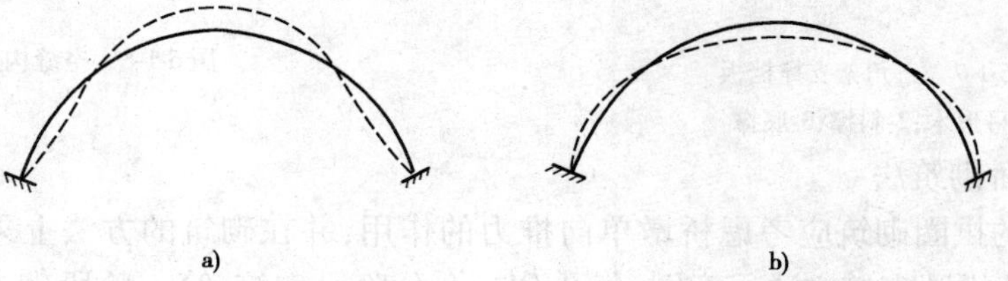

图 6-1-5　拱架变形

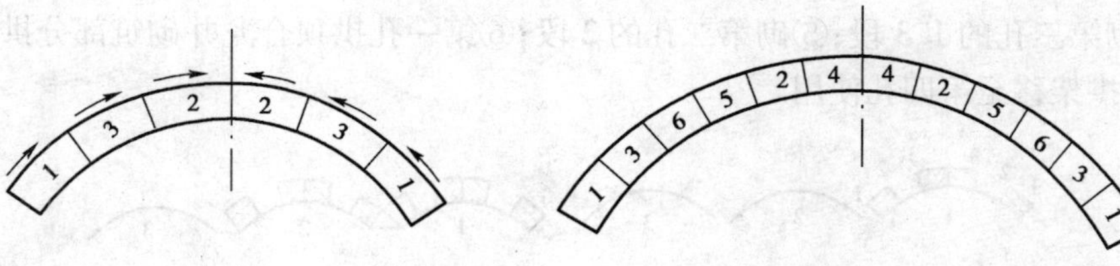

图 6-1-6　拱圈砌筑程序

在分段接头处设置缺口或空缝。缺口设在拱圈斜度较陡处（拱脚至 1/4 处），长 0.8m ~ 1.0m；空缝设在拱圈斜度较缓处（拱顶跨长 1/3 范围）。

拱圈斜度较陡处模板的斜角大于石料与模板的摩擦角，拱石易下滑，因此，缺口内应按圈全宽设置三角架支撑挡板。三角架的挡板在顺板长方向不可连续，以利拆除。三角架在拱架上的固定方法见图 6-1-7。

缺口的封填，可先拆除一部分支撑，砌筑拱石封口，待砂浆凝固后再拆去另一部分支撑，继续填封缺口。

空缝的尺寸，除两侧及拱腹面处 10cm 深的缝宽仍按原设计灰缝宽度砌筑外，其余部分可做成 3 ~ 4cm，以便灌浆（图 6-1-8）。

空缝的填塞可同时进行，分层灌浆，每层的灌浆厚度约 10cm 左右，并加强捣固。

3）分环砌筑法

对于跨径大于 25cm 的拱桥，当拱圈厚度较大时，可以分几层砌筑。每层的砌筑方法同分段砌筑法一样。当一层砌完合龙后，拱圈就可以起到拱的作用，与拱架共同承担第二层拱圈的重力。

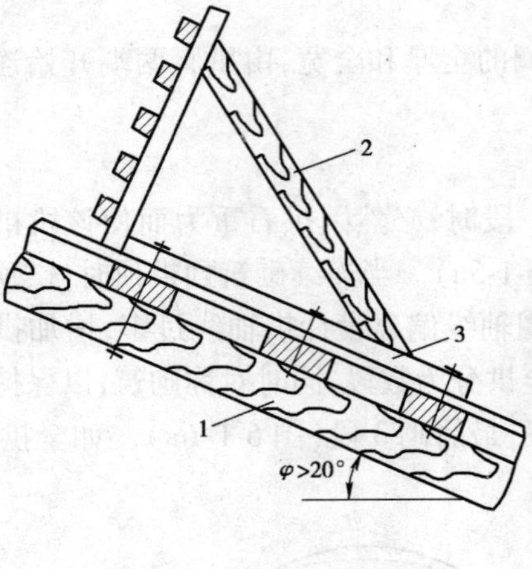

图 6-1-7　三角架支撑挡板

1-弓形木；2-斜撑；3-底撑

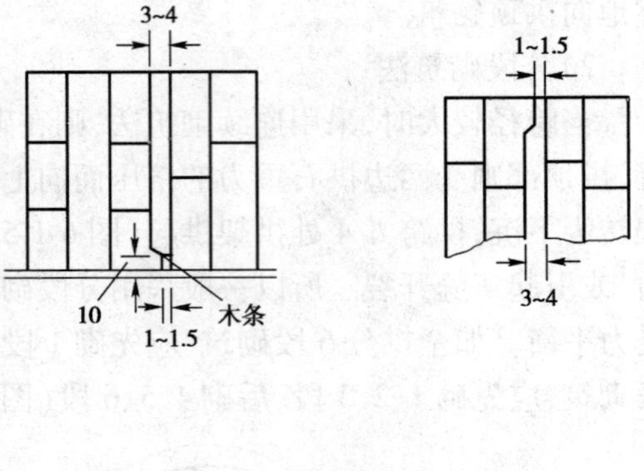

图 6-1-8　空缝构造

4）多孔拱桥砌筑法

多孔拱桥的拱圈砌筑应考虑桥墩单向推力的作用，并在砌筑的方法上采取适当的措施。图 6 -1-9 为多孔拱圈砌筑方法示意图，每孔分二个分阶段砌筑，第一阶段砌 1、3 段，第二阶段砌 2 段，然后合龙。各孔的砌筑顺序：①砌第一孔的 1、3 段；②砌第二孔的 1、3 段；③砌第一孔的 2 段；④砌第三孔的 1、3 段；⑤砌第二孔的 2 段；⑥第一孔拱顶合龙并砌筑部分拱上建筑；⑦拆卸第一孔拱架移至第四孔使用。

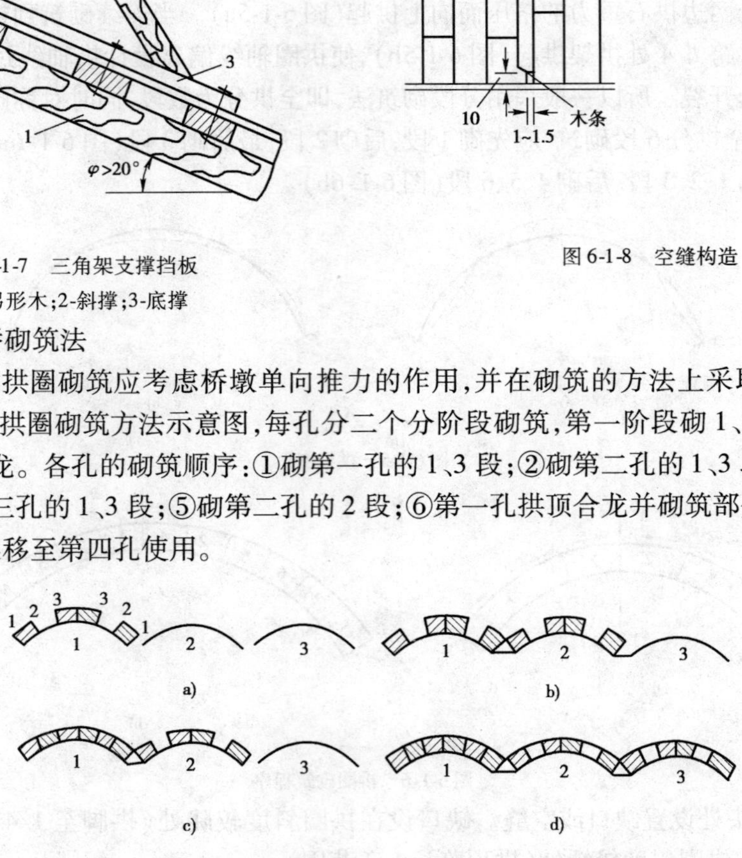

图 6-1-9　多孔拱圈砌筑方法

3. 石拱圈砌筑工艺

1）块、料石拱圈砌筑

（1）坐浆法　适用于拱脚至拱跨 1/4 点附近段，或其余各段的上下环的砌缝上。砌筑时，先在底块拱石面上铺上一层厚薄均匀的砂浆，然后将上面拱石压下，借石料的重力将其压紧，并在灰缝上加以插捣锤击拱石，直至灰浆表面出现水膜为止。

（2）抹浆法　适用于 1/4 点附近，因拱架模板坡度已渐缓和，座浆法不便使用，而改为抹浆法。先在已砌好拱石侧面用力涂上一层砂浆，然后将拱石抹浆的侧面用手挤压，并加以插捣和用木锤锤击拱石使浆挤出。

（3）灌浆法　适用于跨长 1/4 点至拱顶一段，因拱石受力面已近垂直，不便采用抹浆法，而改为灌浆法。先安砌拱石，然后在灰缝中灌以砂浆，加以插捣，使之密实。

2）片石拱圈砌筑

（1）立砌面轴　砌筑时石块最好竖直，称为立砌。石块大面朝向拱轴方向，称为面轴。

（2）错缝咬码　当拱石高度不够时，将不同形状的石块经过适用的选配结合，彼此以最小空隙和间距相互衔接嵌挤成一整体，称为咬码（图 6-1-10）。在咬码同时，相邻石块间灰缝应互相交错，避免出现单纯的灰缝。

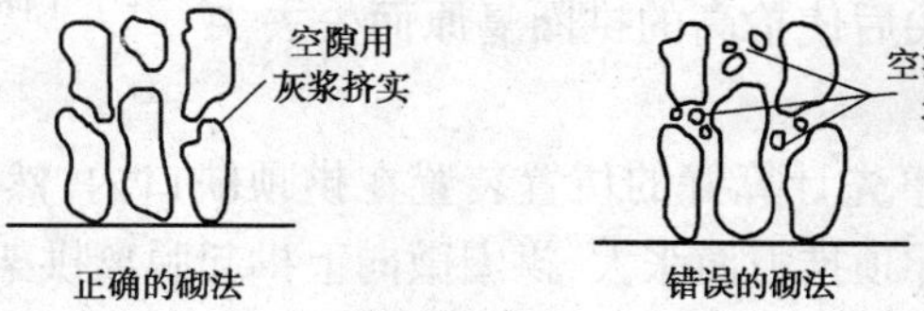

图 6-1-10　错缝咬码

（3）嵌缺平修脚　将大石块之间的空隙，以适当大小的石块及砂浆填塞，称为嵌缺。在立砌时，拱石下端凸角可略加锤敲打平，并以砂浆及石块填满缺口，称为平脚（图 6-1-11）。

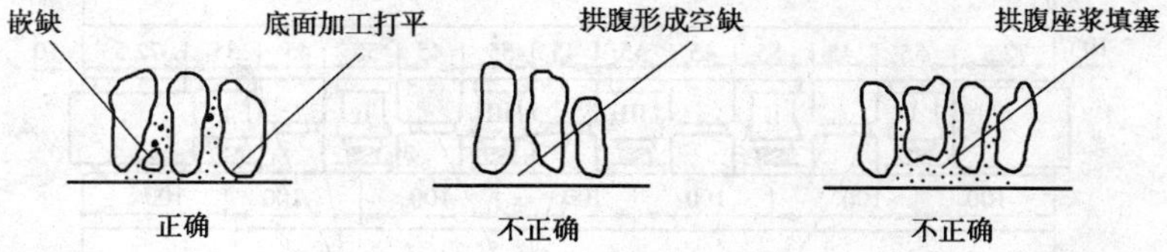

图 6-1-11　嵌缺平修脚

（4）座浆挤实　先铺砂浆，然后安放石块，称为座浆。在垂直灰缝处抹砂浆至石块厚的 1/3 ~ 1/4处，然后靠紧石块，并在缝中灌砂浆（如灰缝过大应填塞石块）捣实，称为挤实。

（5）宁高勿低　用片石砌筑拱圈，拱圈厚度不易掌握，因此，砌筑时拱石可略高于拱背线，以保证拱圈的有效截面。

3）干砌石拱圈砌筑

干砌石拱圈是靠石块间的摩阻力和挤压力的作用而成拱的。砌筑时，应注意以下几点：

（1）石块大面必须顺辐射面。

（2）石块接触面尽可能多，空隙必须用小石块嵌填紧密。

（3）必须采用尖拱法合龙和尖拱卸拱的方法进行施工。

4. 拱圈合龙

砌筑拱圈时，在拱顶留一缺口，待拱圈的所有缺口和空缝全部填封后，再封闭拱顶缺口，称为合龙。

1）合龙温度

应按设计规定的温度合龙。

2）合龙方法

可在拱顶缺口内直接用拱顶石及砂浆砌筑，也可以采用尖拱法合龙和千斤顶法合龙（这两种方法都可以稍微调整个拱圈截面的内力）。

(1)尖拱法 用硬木尖进行合龙,木尖做成上大下小的长方形四棱体。木尖可以做成一种尺寸一次打入而得预定的拱圈抬高度,也可以做成三套不同尺寸,按小、中、大的次序分三次打入。木尖可用复合木尖,它是由两块木垫板和一块木尖组成(图 6-1-12)。木尖用大铁锤打下,最好几个木尖同时打下。尖拱完毕后,根据缺口尺寸修打刹尖石。刹尖石的尺寸不要做得太小,以用锤打下嵌紧为度,否则会在取了木尖后使抬高的拱圈复原而失去尖拱的效果。

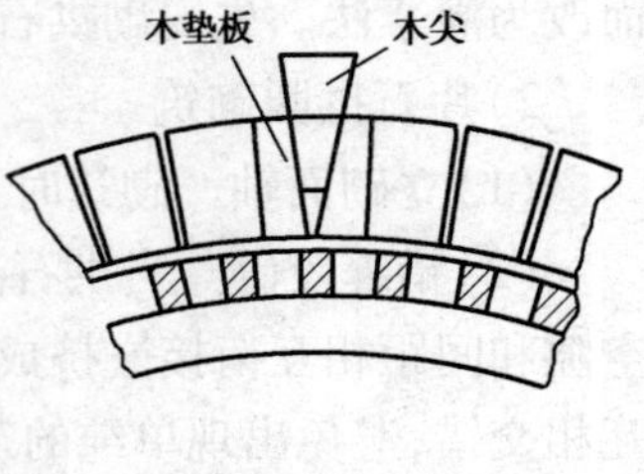

图 6-1-12 木尖拱法

(2)千斤顶法 将千斤顶按事先计算好的位置装置在拱顶缺口内,然后按计算的推力对拱圈加压,此时拱顶缺口因受千斤顶推力而张大,拱圈微向上拱起脱离拱架。待千斤顶所需推力达到计算数值,即将拱顶石安放在缺口中没有千斤顶的位置,用快凝水泥砂浆填封砌缝。待砂浆达到一定强度后,将千斤顶取出,用同样方法封填放千斤顶处的缺口(图 6-1-13)。千斤顶的间距一般为 1 ~ 1.5m。

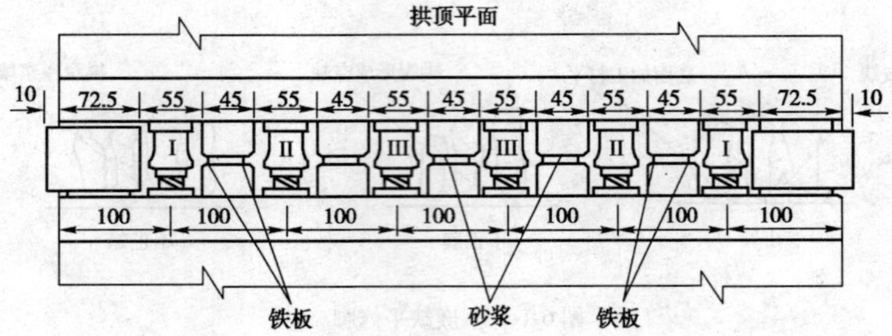

图 6-1-13 千斤顶法

五、拱上建筑的施工

砌筑拱上建筑应符合下列规定:

(1)拱上结构在卸架前砌筑,应在拱圈合龙砂浆强度达 30% 以上之后进行;

(2)拱上结构在卸架后砌筑,应在拱圈合龙砂浆强度达到 70% 以上之后进行。

实腹式拱上建筑一般宜在拱架卸架前进行砌筑。对跨度较小的拱桥,可自拱脚向拱顶对称地砌筑;对跨径较大的拱桥,可自拱脚及拱顶向跨径 $L/4$ 处对称地砌筑。

空腹式拱上建筑,腹拱墩一般宜在卸架前砌筑,但应均匀对称;腹拱圈宜在卸架后砌筑,以免由于主拱圈不均匀下沉而使腹拱圈开裂。整个砌筑应按不同阶段验算拱圈内力。

思考与练习

1. 拱圈样台有什么要求?
2. 简述两种主拱圈的放样步骤。
3. 简述拱圈砌筑方法及适用性。

4. 拱架应在什么时候卸落,如何卸落?

课题二 拱桥无支架施工

【内容提要】 拱箱(肋)的预制、缆索吊装设备、吊装方法和加载程序。

【教学要求】

应知:认识构件预制的方法与特点;了解缆索吊装设备的组成部分与作用、认识吊装方法及注意事项,初步认识加载程序的要求和加强稳定性的措施。

应会:能确定正确的吊装方法、吊点位置和合理的加载程序。

【教学建议】 以第三部分为主要教学内容,尽量采取多媒体教学方法。

一、拱箱(肋)的预制

1. 卧式预制

将拱肋立面平卧在场地上浇筑。预制时宜把各肋同一部分的肋段平行排列,这样可以使预埋件及横系梁的位置准确,便于安装(图 6-2-1)。

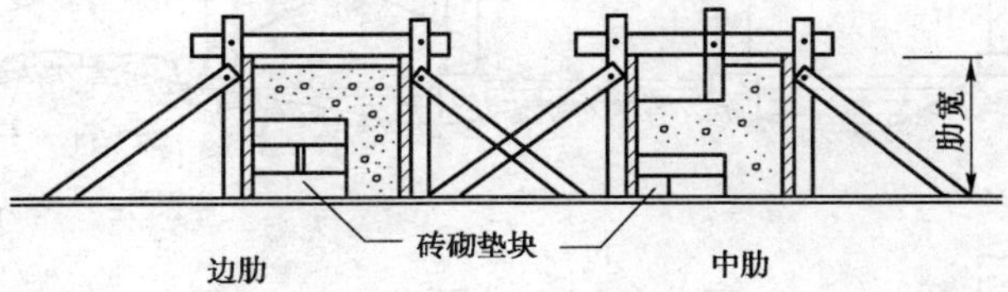

图 6-2-1 卧式预制

用木模卧式预制拱肋时,当预制的第一片拱肋混凝土强度达到 30% 时,即可在其上安装侧模板,浇筑第二片拱肋混凝土,每层拱肋的接触面可用塑料布隔开。

2. 立式预制

将拱肋立面竖立在场地上浇筑。预制时先根据拱肋的弦长定出底模长度,然后按拱肋线形堆出土模,并校核各分点的坐标,再在土模上设底模、立侧模(图 6-2-2)。

二、缆索吊装设备

缆索吊装设备,按其用途和作用可以分为:主索、工作索、塔架和锚固装置等 4 个基本组成部分。其中主要机具设备包括主索、起重索、牵引索、结索、扣索、浪风索、塔架(包括索鞍)、地锚(地垅)、滑轮、电动卷扬机或手摇绞车等。其布置型式如图 6-2-3 所示。

1. 主索

亦称为承重索或运输天线。它横跨桥渡,支承在两侧塔架的索鞍上,两端锚固于地锚,吊运构件的行车支承于主索上。

2. 起重索

用来控制吊物的升降(即垂直运输),一端与卷扬机滚筒相连,另一端固定于对岸的地锚上(图 6-2-4)。

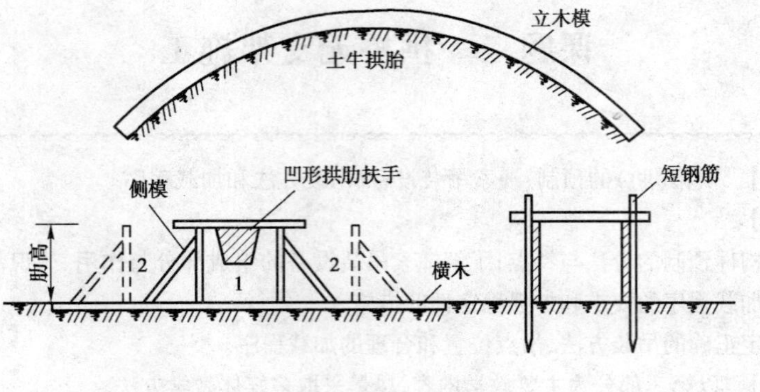

图 6-2-2 立式预制

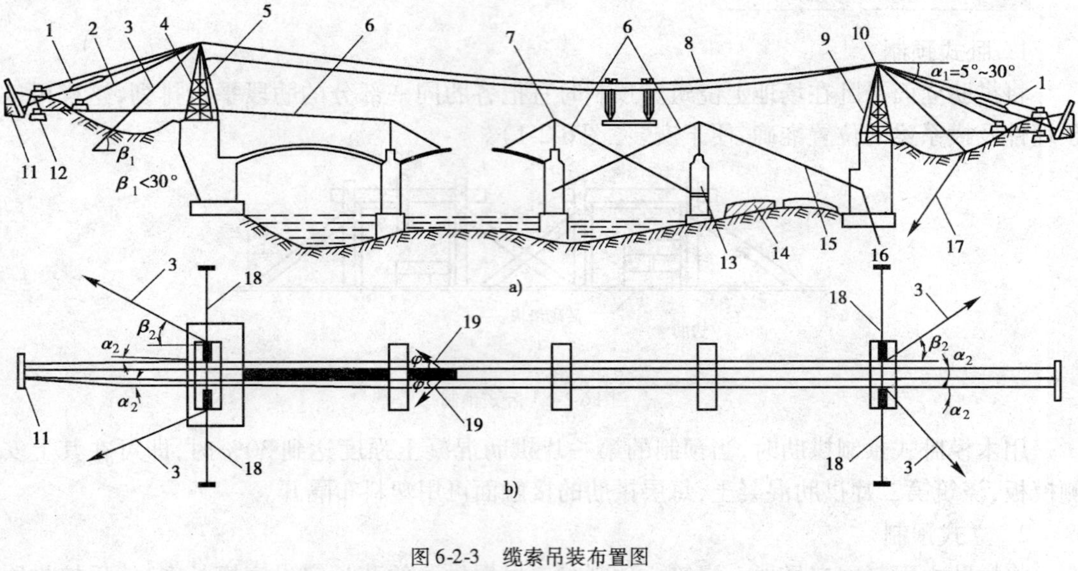

图 6-2-3 缆索吊装布置图

1-主索张紧绳;2-2 号起重索;3-后浪风;4-塔架;5-1 号起重索;6-扣索;7-平滚;8-主索;9-塔架;10-塔顶索鞍;11-地垄;12-手摇绞车;13-扣塔;14-待吊肋段;15-单排立柱浪风;16-法兰螺钉;17-牵引索;18-侧向浪风;19-浪风

3. 牵引索

用来牵引行车在主索上沿桥距方向移动(即水平运输)。

4. 结索

用于悬挂分索器,使主索、起重索、牵引索不致相互干扰。它仅承受分索器(包括临时作用在它上面的工作索)的重量及自重。

5. 扣索

当拱肋分段吊装时,需用扣索悬挂端肋及调整端肋接头处标高。其装置见图 6-2-5。

6. 浪风索

亦称缆风索。用来保证塔架、扣索排架等的纵、横向稳定及拱肋安装就位后的横向稳定。

7. 塔架及索鞍

塔架是用来提高主索的临空高度及支承各种受力钢索的重要结构。图6-2-6为高度13m的木塔架构造示意图。

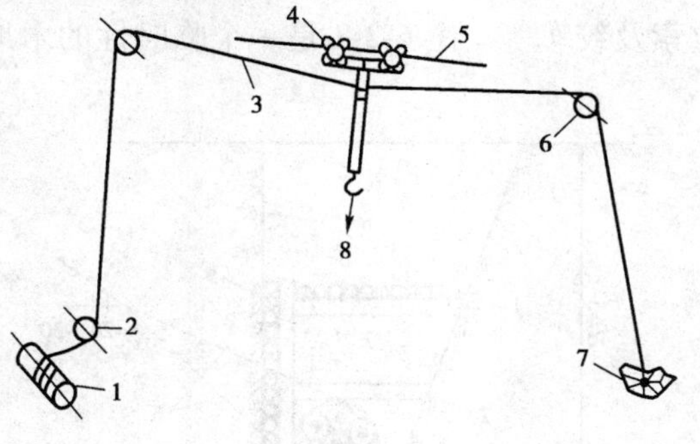

图6-2-4 起重索构造

1-卷扬机滚筒;2-转向滑轮组;3-起重索;4-行车;5-主索;6-滑轮组;7-地锚;8-吊重

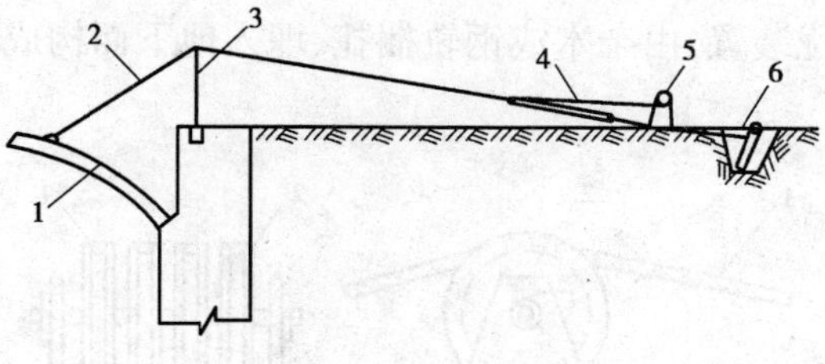

图6-2-5 扣索构造

1-拱肋;2-扣索;3-扣索排架;4-张紧索;5-绞车;6-地锚

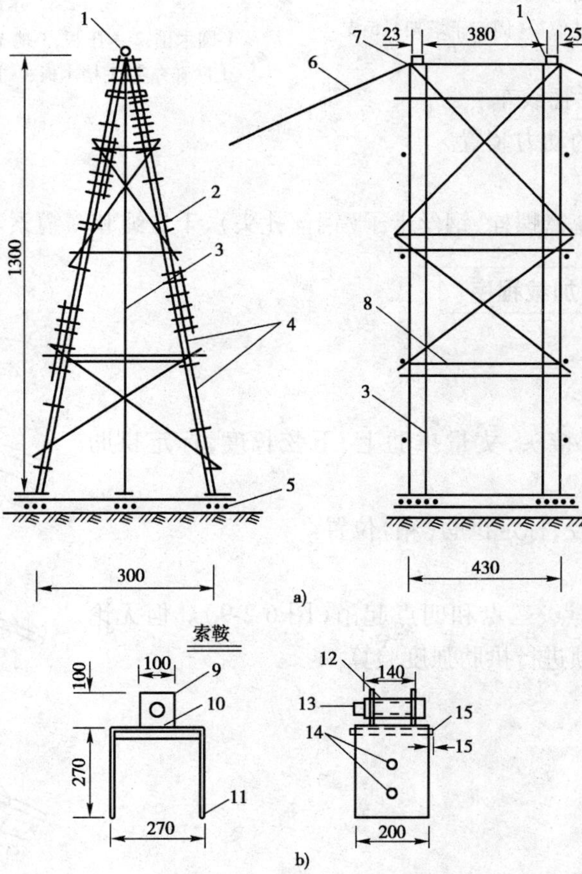

图6-2-6 木塔架构造

a)木塔架;b)索鞍

1-索鞍;2-螺栓,$\phi16$;3-立柱;4-立柱,$\phi20$;5-枕木;6-风缆,$\phi12$;7-横梁,24×24×471;8-对角平撑木;9-钢板,180×100×10;10-电焊;11-钢板弯成U形,200×799×15;12-钢套筒,$\phi35$;13-销钉,$\phi35$;14-螺栓孔,$\phi16$;15-钢板,245×230×15

塔架顶上设置了为放置主索、起重索、扣索等用的索鞍(图 6-2-7),它可以减少钢丝绳与塔架的摩阻力,使塔架承受较小的水平力,并减小钢丝绳的磨损。

8. 地锚

亦称地垅或锚碇。用于锚固主索、扣索、起重索及绞车等。图 6-2-8 是一个临时性的木地垅装置,由杂木或钢轨捆扎、埋入地下而构成。

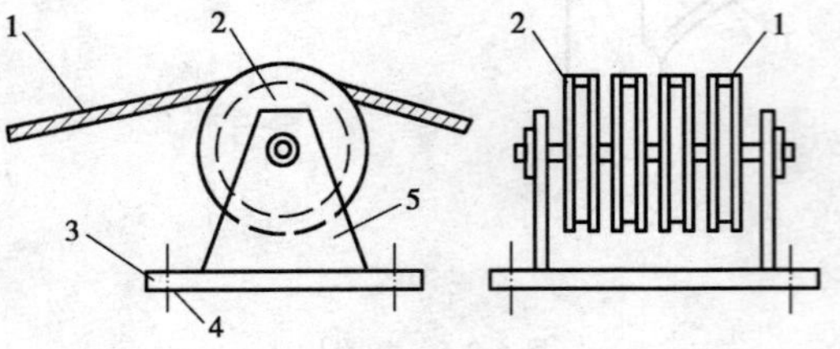

图 6-2-7 索鞍构造

1-主索;2-滑轮;3-垫板;4-联结螺栓(固定于塔架);5-支承板

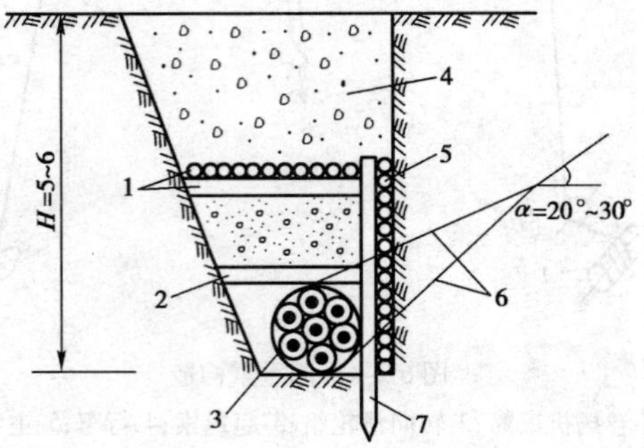

图 6-2-8 木地垅装置

1-圆木排;2-木压板;3-地垄木(ϕ30 杂木);4-粘土砂砾夯实;5-挡木板;6-主索;7-圆木桩

9. 电动卷扬机及手摇绞车

用作牵引、起吊等的动力装置。

10. 其他附属设备

如各种倒链葫芦、花篮螺栓、钢丝卡子(钢丝扎头)、千斤绳和横缆索。

三、 吊装方法和加载程序

1. 拱肋(箱)吊装

1)准备工作

(1)检查拱肋(箱)接头,丈量拱肋上、下弦长度,标定拱肋(箱)中线;

(2)丈量墩台净跨径,标定拱肋(箱)位置。

2)吊点位置

拱肋吊装可采用二点、三点和四点起吊(图 6-2-9)。但无论采用哪种吊装方法,必须进行拱肋强度验算。

3)起吊设备

(1)扒杆起吊;

(2)船只起吊;

(3)缆索起吊;

(4)起重机械起吊;

(5)跨墩门架起吊。

2. 加载程序

1)对于中、小跨径拱桥,一般规定是:

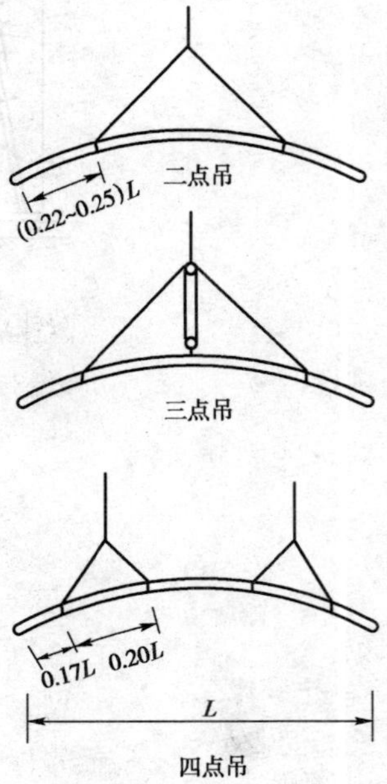

图 6-2-9 拱肋吊装方法

(1)跨径在 20m 以下,或者跨径在 20～35m,拱轴系数 m 小于 2.814 的双曲拱桥,可自两侧拱脚开始向拱顶方向对称安砌拱波。当拱波合龙后,安砌拱波的砂浆强度达到 2500kPa 时再由两侧拱脚向拱顶方向对称均衡地浇筑拱板混凝土。

(2)跨径在 20～35m,拱轴系数 m 大于 2.814 的双曲拱,可采用图 6-2-10 所示的程序加载。

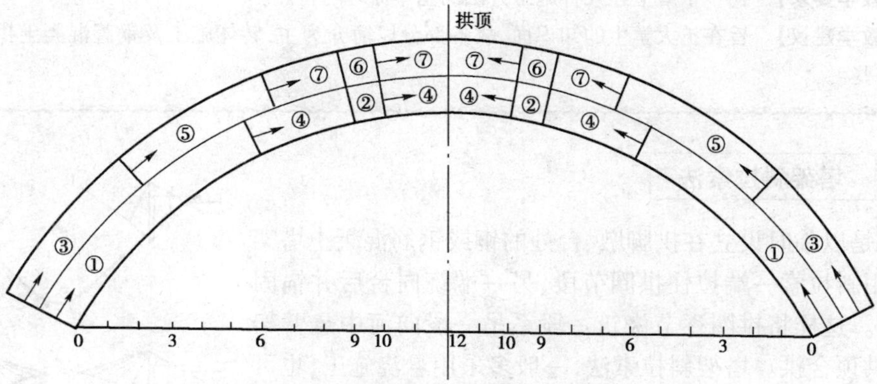

图 6-2-10 加载程序

(3)35m 以上的大跨径拱桥必须作施工加载程序设计。计算截面一般应包括拱顶、拱脚、拱跨 1/8 点、1/4 点、3/8 点等处截面。

2)分环、分段、均衡对称加载。

双曲拱、箱形拱桥等采用组合截面的主拱圈,在拱肋或拱箱安装成拱后,为了减轻拱肋的负担,并使后砌部分能尽早协助拱肋一同承重,可采用分环砌筑的方法。

为了避免拱肋产生过大的不均匀变形,也可增加工作面。对于大、中跨径的拱桥,在分环的同时,还应采取分段及均衡对称加载的方法。即在拱的两个半跨上,按需要分成若干段,并在相应部分同时进行相等数量的施工加载,如图 6-2-10 所示。

同时还需注意,在多孔连续拱桥的两个邻孔之间也需均衡加载,两孔的施工进度不能相差太远,以免桥墩承受过大的单向推力而产生过大的位移,造成施工进度快的一孔的拱顶下沉、邻孔的拱顶上冒,导致拱圈开裂、破坏。

3)在各施工阶段强度、稳定性、挠度计算的基础上,应预先估计施工过程中可能出现的各种问题,并采取相应的预防措施,以确保工程的质量和安全。

思考与练习

1. 构件预制的方法有哪几种?有何特点?
2. 缆索吊装设备主要由哪几部分组成?
3. 合龙方式有哪几种?适合在什么情况下使用?

课题三　拱桥其他施工方法

【内容提要】 塔架斜拉索法、刚性骨架法、刚性骨架与塔架斜拉索联合法、斜吊式悬臂浇筑法、转体施工法、钢管混凝土拱桥施工简介。

【教学要求】 初步了解上述几种施工方法的基本原理与特点。

【教学建议】 旨在扩大学生的知识面，故各部分以简介为主，转体施工及钢管混凝土拱桥可适当多讲些。

一、塔架斜拉索法

该法是以临时设立在拱脚墩、台处的钢或钢筋混凝土塔架为支柱，用斜拉索一端拉住拱圈节段，另一端绕向台后并锚固在岩盘上。这样将拱圈逐节浇筑一段系吊一段向河中悬臂架设，直至拱顶合拱。塔架斜拉索法，一般多采用悬浇施工，也可用悬拼法施工，但后者用得较少。其施工示意如图 6-3-1 所示。

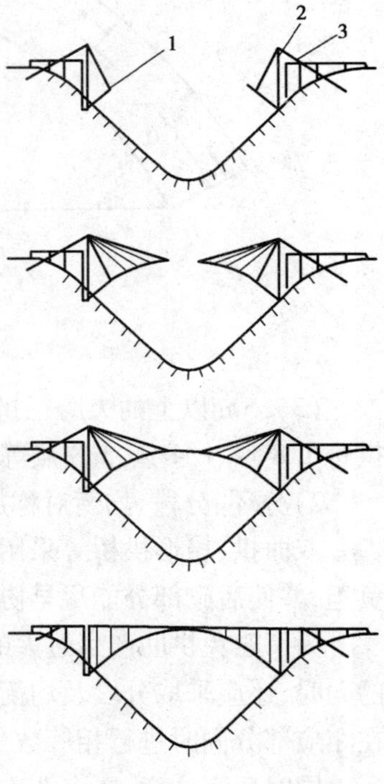

图 6-3-1　塔架斜拉索法施工

二、刚性骨架施工法

这种方法是用劲性钢材（如角钢、槽钢等型钢）作为拱圈的受力钢材，在施工过程中，先把这些钢骨架拼装成拱，作施工钢拱架使用，然后再现浇混凝土，把这些钢骨架埋入拱圈（拱肋）混凝土中，形成钢筋混凝土拱。该方法的优点是可以减少施工设备的用钢量，整体性好，拱轴线易于控制，施工进度快等。但结构本身的用钢量大，且需用型钢较多，故在桥梁工程中尚不多用，有时仅用于旧桥改建或加固工程。刚性骨架施工法，主要施工步骤如图 6-3-2 所示。

三、刚性骨架与塔架斜拉索联合法

该法是充分利用刚性骨架法及塔架斜拉索法的优点，适合于较大跨径拱桥的施工。它是分两阶段施工：第一阶段用塔架斜拉索法施工靠近拱脚部分；第二阶段用刚性骨架法施工中间部分，此时需用安装在骨架底部的特殊活动作业车来分段浇筑混凝土。其施工示意如图 6-3-3 所示。

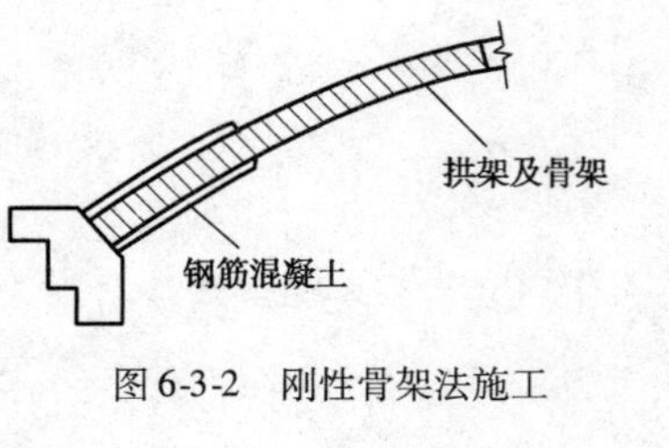

图 6-3-2　刚性骨架法施工

四、斜吊式悬臂施工法

该法将拱箱的肋部、拱上立柱和临时工具杆——上弦钢拉杆和斜压杆（拱跨合龙后即拆除）预制成一个拼装单元（图 6-3-4）。主拱分几段吊装，每段由二个拼装单元借助横系梁及横隔板组成一个立体框构。

利用一具简易的钢制人字吊架进行悬拼。吊架先支承在桥墩上,再随着安装要求逐段前移。悬拼前,将吊架安装在桥墩的临时混凝土牛腿支座上,用一台卷扬机起吊第一组框构。框构就位后,将由上弦临时拉杆用联接钢板、插销与墩顶的混凝土锚固墙联接牢固后即可拆除吊架(图6-3-4a),然后把吊架移到第一组框构的前端吊装第二组框构(图6-3-4b),最后分别在两侧已安装好的框构端部树立木扒杆起吊中段(图6-3-4c),合龙后再安装预制的拱箱底板、顶盖板及横隔板,焊接接缝间预留钢筋,现浇接缝间和开口箱肋中的混凝土,使之形成一个封闭的单箱结构。拱箱形成后,拆除上弦拉杆和斜压杆,浇筑实腹段混凝土,铺设空腹段预制钢筋混凝土Ⅱ形桥面板。

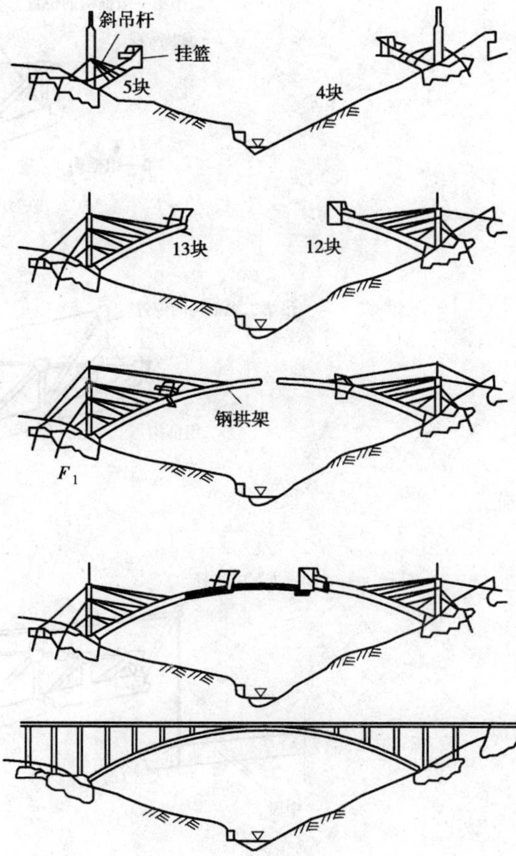

图6-3-3　刚性骨架法及塔架斜拉索法联合施工

五、 转体施工法

拱桥转体施工法可按转动方向分为竖向转体、平面转体以及平、竖结合转体。

1. 竖向转体施工

该方法是在竖直位置浇注拱肋混凝土,或者单孔拱桥利用桥台两岸斜坡地形作支架浇注拱肋混凝土,然后再从两边逐渐放倒预制拱肋搭接成桥。

这样的施工方法比用拱架施工可节省投资和材料,但如果跨径过大,拱肋过长,则竖向转动不易控制,施工过程中易出现问题,故一般只宜在中、小跨径拱桥中使用。

2. 平面转体施工

其施工要点是:将拱圈分为两个半跨,分别在两岸利用地形作简单支架(或土牛拱胎),现浇或预制拼装拱肋(拱桁),安装拱肋间横向联系(如横隔板、横系梁等),把扣索(钢丝绳或高强钢丝束)的一端锚固在拱肋的端部(靠拱预附近),使扣索自拱顶经过肋上的临时支架延伸至桥台尾部并锚固,然后用液压千斤顶(或手摇卷扬机和链条滑车)收紧扣索,使拱肋脱模(或脱架),借肋铺有聚四氟乙烯板或其他润滑材料和钢件的环形滑道(如用二硫化钼作润滑剂的球形铰加钢轮滑道),用手摇卷扬机牵引,慢速地将拱肋转体180°(或小于180°)合龙,最后再进行主拱圈和拱上建筑的施工。图6-3-5为跨径70m的钢筋混凝土肋拱转体体系的构造示意图。

3. 平、竖结合转体

当受到地形条件及施工条件的限制,不可能在桥梁的设计平面和桥位竖直平面内预制,则转体既要平转还要竖转才能就位。

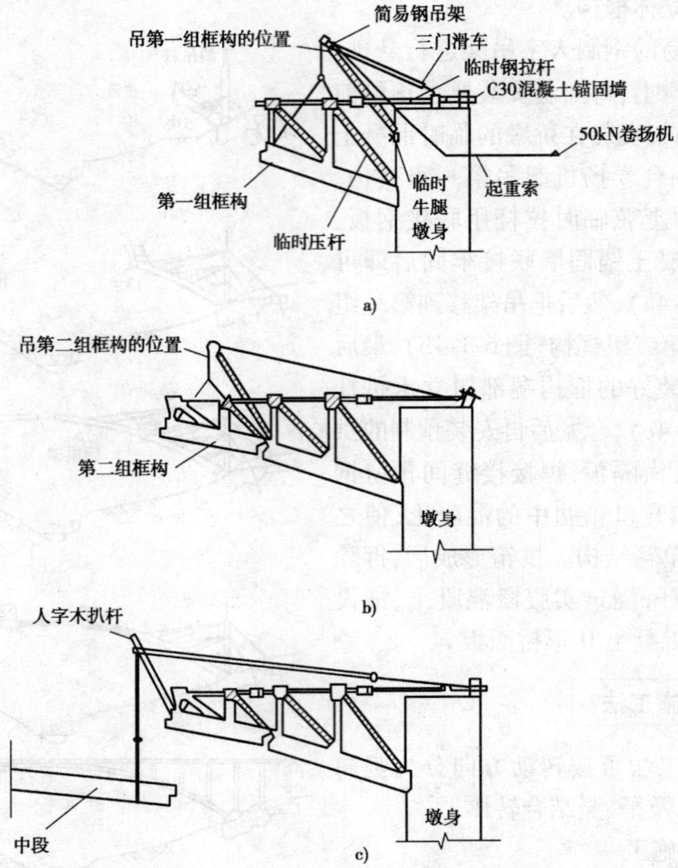

图 6-3-4　斜吊式悬臂法施工

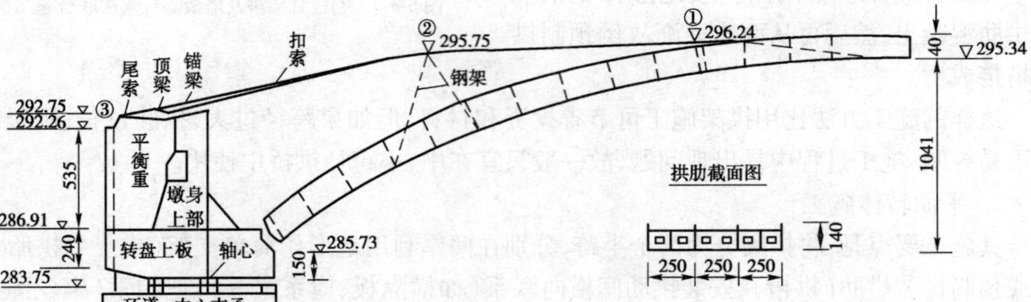

图 6-3-5　肋拱转体体系构造

转体施工法的关键设备是转盘，它由转盘轴心，环形滑道上板、底板等组成。实践表明，转盘滑道采用摩阻力很小（动摩擦系数约为 0.04 ~ 0.05）的镀铬钢板与四氟板环道面接触方案较好。转盘直径的确定是由环道四氟板工作压力大小及保证转动体系的稳定性而确定，为了使转动部分（环形滑道上以上部分）重心恰好与转盘轴心位置重合，以便启动时环道受力均衡，需要利用桥台自重及临时压重（即平衡重，一般可用低标号砂浆砌块石）来调整。

实践表明，拱桥转体施工方法具有结构合理，受力明确，施工设备少，工艺简便，节约施工用材，施工安全（变高空作业为岸边陆地上作业），速度快，造价低等优点。与常用的缆索吊装施工法相比较，全跨分两段且全桥宽一次合龙，减少了吊装段数，结构整体刚度大，纵、横向稳定性好。据比较，转体施工比有支架施工可节约木材约60%以上，比用钢塔架缆索吊装施工节约施工用钢材约70%～80%。但目前此法只适用于单跨拱桥施工。

六、钢管混凝土拱桥简介

钢管混凝土拱桥是以钢管为拱圈外壁，在钢管内浇注混凝土，使其形成由钢管和混凝土组成的拱圈结构。钢管混凝土结构的主要特点在于钢管对混凝土的套箍作用，从而使钢管内混凝土处于三向受力状态，提高了混凝土的抗压强度和变形能力。在施工上由于钢管的重量轻、刚度大、吊装方便，故可以作为拱圈施工的劲性支架或模板。此外，钢管混凝土拱桥断面尺寸较小、结构轻巧、造型极佳。这些优点，使钢管混凝土拱桥在大跨度拱桥中很快得到推广应用。

1. 钢管拱肋制作

钢管混凝土拱桥所用的钢管材料一般采用A3钢和16Mn钢。钢管由钢板卷管成型，管节的长度由钢板宽度确定，一般管节长度为120～180cm。管节一般为直管，钢板厚度一般为10～20mm。采用桁式截面时，上下弦之间的腹杆由于直径较小，可以直接采用无缝钢管。拱肋制作的关键在于拱肋在放样平台上的精确放样及严格控制焊接质量，应尽量减少工地高空焊接。

1）钢管卷制和焊接

钢板利用焰割机切割，但应将热力影响宽度3～5mm去掉。拱肋及横撑结构外表面均应先喷丸除锈，按一级表面清理。钢板卷制前，应根据要求将板端开好坡口，将钢板送入卷板机卷成直筒体，卷管方向应与钢板压延方向一致。轧制的管筒的失圆度和对口错边偏差均应满足相应施工规程要求。将卷成的钢管纵向缝焊接成直管。对焊成的直钢管应进行检查和校正，以确保组装的精度。

2）拱肋放样和拱肋段的拼装

将半跨拱肋在混凝土地面上按1∶1进行放样。沿放样的拱肋轴线设置胎架，在大样上放出吊杆位置及段间接头位置以及混凝土灌注孔位置。拱肋钢管的纵向焊缝各管节应互相错开，而且将纵向焊缝全部置于两肋板中间，以免外表面焊缝影响美观。对管段焊缝质量应进行超声探伤和X光拍片检查。当整孔安装或半孔安装时，风撑应在工地安装前焊完；当采用缆索安装时，风撑可在拱肋吊装完成后焊接。分段拱肋运至工地后，再在工地进行放样，将几段拱肋拼成安装的长度。在拱肋安装前应对拱肋尺寸和焊缝质量进行检查。

2. 拱肋安装和拱肋混凝土浇筑

钢管拱肋的安装，目前采用最多的施工方法为缆索吊装，其次为转体施工。

钢管拱肋内混凝土灌注可采用泵送顶升浇灌法和吊斗浇捣法。泵送顶升浇灌法是在钢管拱肋拱脚的位置安装一个带闸门的进料支管，直接与泵车的输送管相连，由泵车将混凝土连续不断地自下而上灌入钢管拱肋，无需振捣。采用吊斗浇捣法灌注时，在钢管拱肋顶部每隔4m开孔作为灌注孔和振捣孔。混凝土由吊斗运至拱肋灌注孔，通过漏斗灌入孔内，由插入式振捣器对混凝土进行振捣。对于泵送顶升浇灌法粗骨料粒径可采用 0.5～3cm，水灰比不大于 0.45，坍落度不小于 15cm；对于吊斗浇捣法粗骨料粒径可采用 1～4cm。为满足上述坍落度的要求，应掺入适量减水剂。为减少收缩量，可掺入适量的混凝土微膨胀剂。钢管内混凝土是否灌满，混凝土收缩后与钢管壁形成空隙这往往是较担心的问题。采用小铁锤敲击钢管听声音的方法是十分简单和有效的。当小铁锤敲击发出声音有空隙时，采用钻孔检查，也可用超声波进行检查。对有空隙部位进行钻孔压浆补强。

思考与练习

1. 转体的方法有哪几种？
2. 平面转体方法有哪几种？各适合于什么情况下使用？
3. 竖向转体适合于什么情况下使用？
4. 钢管混凝土拱桥拱肋混凝土浇筑时应注意哪些方面？

单元七　大跨径桥梁施工简介

课题一　悬索桥施工

【内容提要】 本课题主要讲述了悬索桥的结构形式、构造特点以及施工程序。
【教学要求】 了解悬索桥的结构形式、构造特点以及施工主要程序。
【教学建议】 本课题宜采用理论讲解与放映录像和组装模型相结合的方法进行授课。

一、悬索桥的结构形式和构造特点

悬索桥也称吊桥，它主要由主缆、锚碇、索塔、加劲梁、吊索组成，如图 7-1-1、7-1-2 所示。具有特点的细部构造还有：主索鞍、散索鞍、索夹等，如图 7-1-3 所示。

图 7-1-1　悬索桥

主缆：是悬索桥的主要承重结要结构，可由钢丝绳组成，也可用平行钢丝组成。大跨度悬索桥的主缆普遍使用平行钢丝式，可采用预制平行钢丝索股架设方法（PPWS 法），也可采用空中纺丝法（AS）架设。

锚碇：是锚固主缆的结构，主缆的丝股通过散索鞍分散开来锚于其中。根据不同的地质情况可修成不同形式的锚碇，如重力锚、隧锚等。

索塔：是支承主缆的结构。主缆通过主索鞍跨于其上。根据具体情况可用不同的材料修建，国内多为钢筋混凝土塔，国外钢塔较多。

图 7-1-2　悬索桥现场施工图

a)平台及基础施工;b)锚固墩施工;c)墩塔施工;d)主索跨鞍施工;e)主索跨海施工;f)主索整束施工;g)主索防护施工;h)吊索夹施工;i)主索完工;j)开始吊装主梁;k)主梁定位;l)主梁合龙

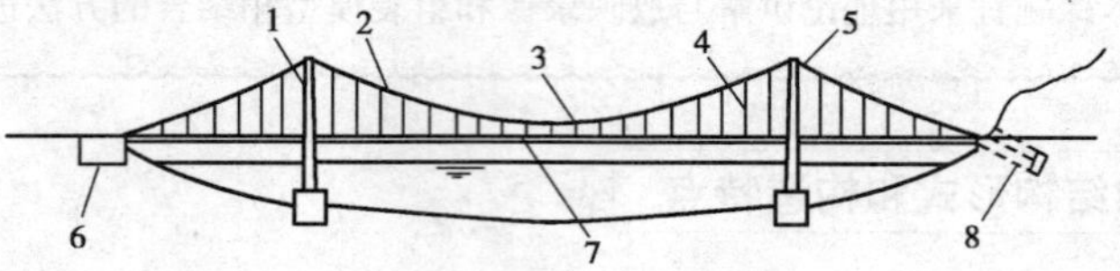

图 7-1-3　悬索桥主要构造

1-索塔;2-主缆;3-索夹;4-吊索;5-主索鞍;6-重力式锚碇;7-加劲梁;8-隧道式锚碇

加劲梁:是供车辆通行的结构。根据桥上的通车需要及所需刚度可选用不同的形式,如桁架式加劲梁、鹿茸平箱形加劲梁等。

吊索:它通过索夹把加劲梁悬持于主缆上。

大跨径悬索桥的结构形式根据吊索吊的加劲梁的形式可分为以下几种:

(1)竖直吊索,并以钢桁架作加劲梁,如图 7-1-4 所示。

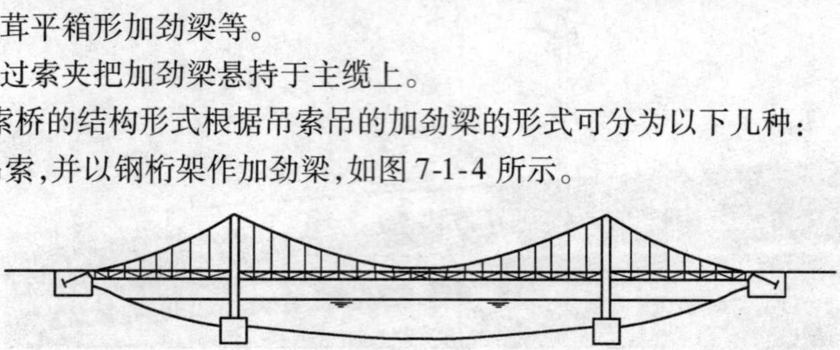

图 7-1-4　采用竖直吊索桁架式加劲的悬索桥

(2)采用三角形布置的斜吊索,以扁平流线形钢箱梁作加劲梁,如图 7-1-5 所示。

(3)前两者的混合式,即采用竖直吊斜吊索,流线形钢箱梁作加劲梁。

(4)除了有一般悬索桥的缆索体系外,还设有若干加强用的斜拉索,如图 7-1-6 所示。

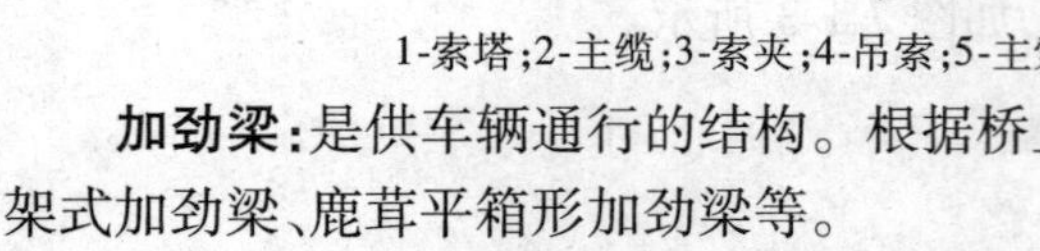

图 7-1-5　采用斜吊索钢加劲梁的悬索桥

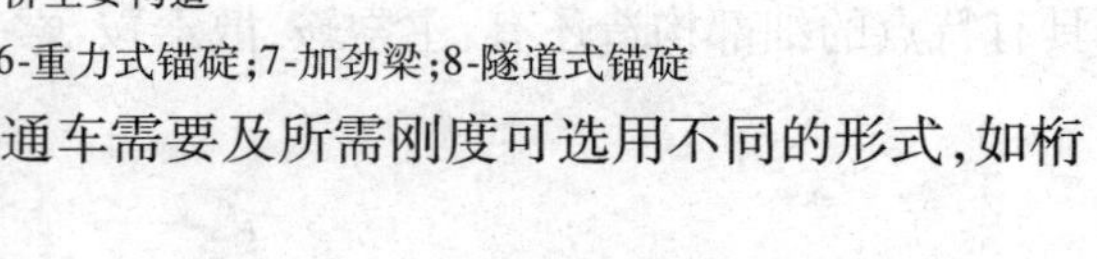

图 7-1-6　带斜拉索的悬索桥

无论采用上述何种结构形式，如果按加劲梁的支承构造来分的话，又可分为单跨两铰加劲梁悬索桥、三跨两铰加劲梁悬索桥及三跨连续加劲梁悬桥等，如图 7-1-7 所示。

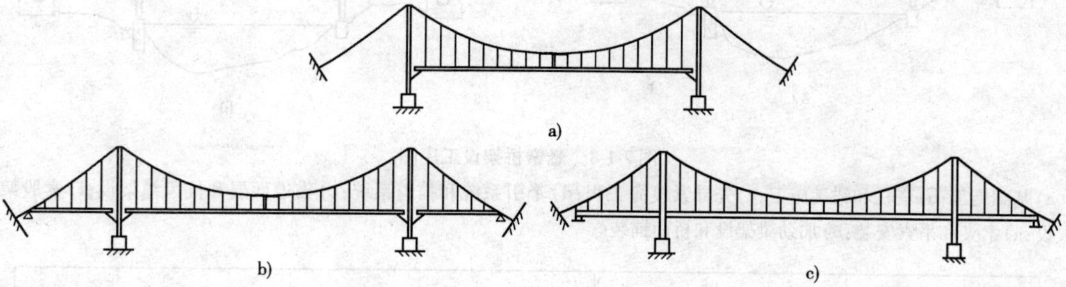

图 7-1-7　按支承构造划分悬索桥形式

不同结构形式的悬索桥在施工方法上也有一定的差异，本章主要介绍采用直吊杆的大跨径悬索桥的施工方法。

二、悬索桥的施工工序

施工单位到现场作进一步调查，合理布置施工场地；根据架设地点的地形条件、气象条件、作业环境及国内外的技术成果确定施工方案，完成施工设计。

悬索桥施工一般分下部工程和上部工程。先行施工的下部工程包括锚碇基础、锚体和塔柱基础。下部工程施工同时要作上部工程施工准备，其中包括施工工艺设计、施工设备购置或制造，悬索桥构件加工等。

上部工程施工一般分为主塔工程、主缆工程和加劲梁工程施工。

从基础施工开始到加劲梁架设的施工工序如图 7-1-8 所示。上部工程的施工顺序如图 7-1-9所示。

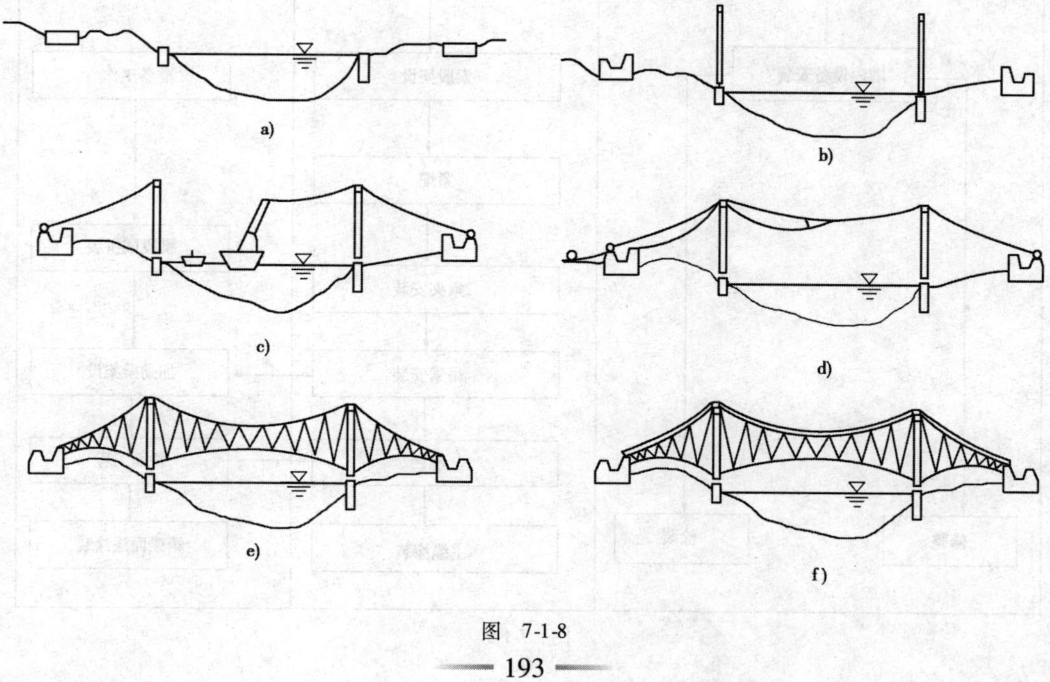

图　7-1-8

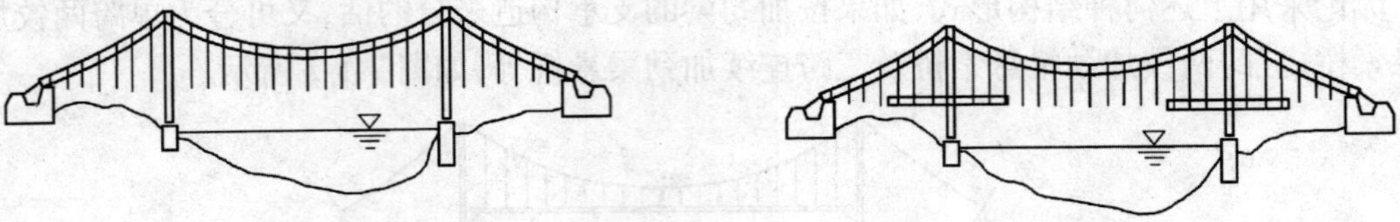

g)　　h)

图 7-1-8　悬索桥架设工序图

a)基础施工;b)塔柱和锚碇施工;c)先导索渡海工程;d)牵引系统和猫道系统;e)猫道面层和抗风缆架设;f)索股架设;g)索夹和吊索安装;h)加劲梁架设和桥面铺装

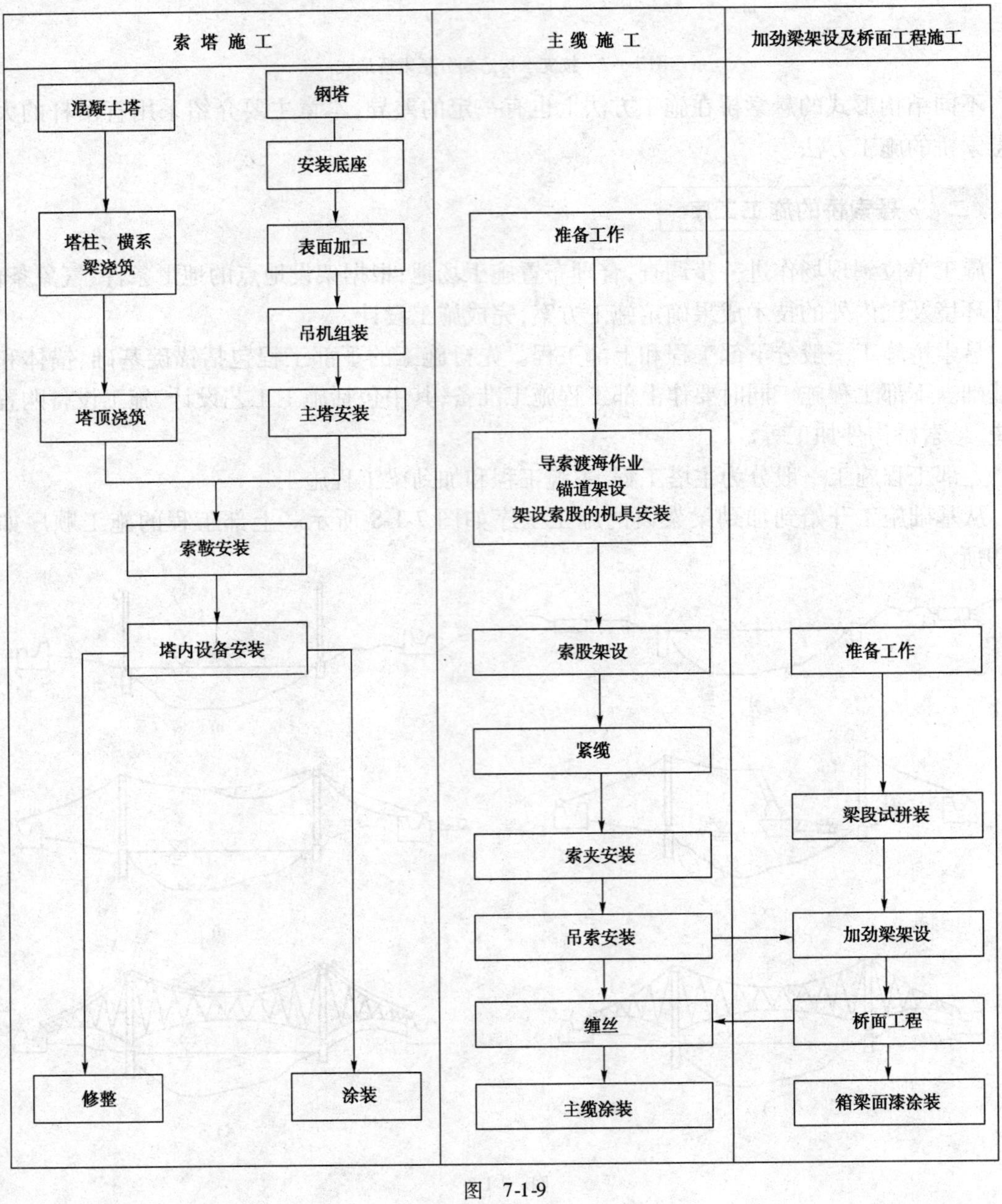

图　7-1-9

在施工过程中要特别注意委托加工件的工作,如钢塔、架和锚杆、索鞍、索股、索夹、吊索、加劲梁的加工,这些构件一定要提前做好备用,以免影响工期。

思考与练习

1. 悬索桥的结构组成有哪些?各有什么作用?
2. 悬索桥是按照什么程序施工的?

课题二　斜拉桥施工

【内容提要】　本课题主要讲述了斜拉桥的基本知识;预应力混凝土斜拉桥的塔、梁、索施工的常有方法、主要技术要求。

【教学要求】　了解斜拉桥的基本构造及预应力混凝土斜拉桥的塔、梁、索施工的常用方法以及施工顺序。

【教学建议】　本课题宜采用理论讲解与放映录像和组装模型相结合的方法进行授课。

一、预应力混凝土斜拉桥的基本知识

1. 预应力混凝土斜拉桥基本特点

1)斜拉桥基本原理

斜拉桥亦称斜张桥、斜缆桥或牵索桥等。它是以通过或固定于桥塔(索塔)并锚固于桥面系的斜向拉索作为上部结构主要承重构件的一种新结构。它不仅用高强度缆索代替桥墩,又使桥面处于预应力工作状态,因而是一种理想的适应大跨径桥梁和更有效地利用结构材料的新桥型(图 7-2-1、7-2-2)。

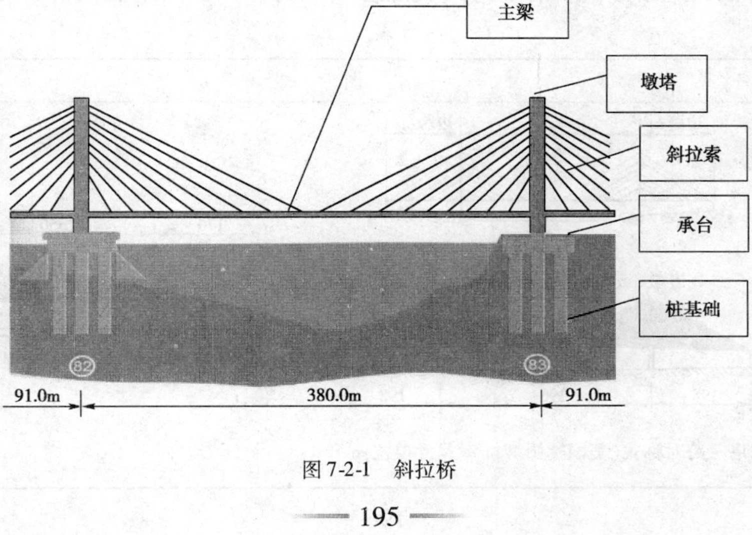

图 7-2-1　斜拉桥

图 7-2-2　斜拉桥现场施工图

a)平台施工；b)基础钻孔施工；c)吊放桩基钢筋笼；d)泵送混凝土进行施工；e)墩塔施工；f)墩塔斜拉索主梁进行一体化施工

2)主要特点及适用范围

斜拉桥具有建筑高度低、跨越能力大、安全通航、造型美观、材料省、造价低、养护简便、能限制噪声，并可悬臂拼装进行无支架施工等特点，适宜于河宽、水深、地质条件差、施工工作面窄和桥下通航要求高、桥址附近接坡少的地区应用，所以这种桥型用于修建大跨度公路桥、城市桥和铁路桥以及立交桥、跨线桥和人行桥等最为适合。

2. 斜拉桥的组合体系的分类及特点

斜拉桥是一种桥面体系以加劲梁受压或受弯为主，支承体系以斜索受拉及桥塔受压的桥梁。其独具的墩塔、斜拉索、主梁等三要素是区别于其他结构型式桥梁的主要构件。由于三者的不同类型及其相互结合，形成种种各具特点的桥型。

现代斜拉桥最典型的孔跨布置形式有双塔三跨式与独塔双跨式。无论是双塔三跨式还是独塔双跨式，在边跨内如有需要都可以设置辅助用的中间墩。在特殊情况下，斜拉桥也可以布置成独塔单跨式、双塔单跨式、多塔多跨式及混合式，如表 7-2-1 所示。

表 7-2-1

分　类	图　式
双塔三跨式	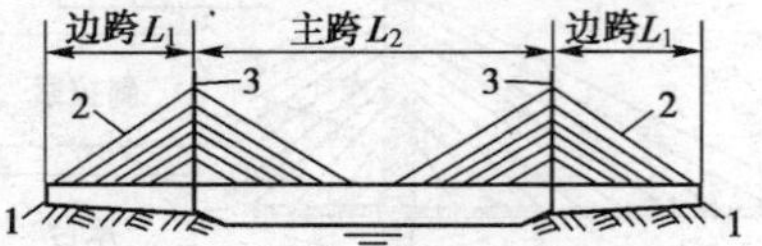 双塔三跨式 1-边墩（或桥台）；2-端锚索；3-桥塔  双塔三跨对称式（美国达姆岬桥）（尺寸单位：m） 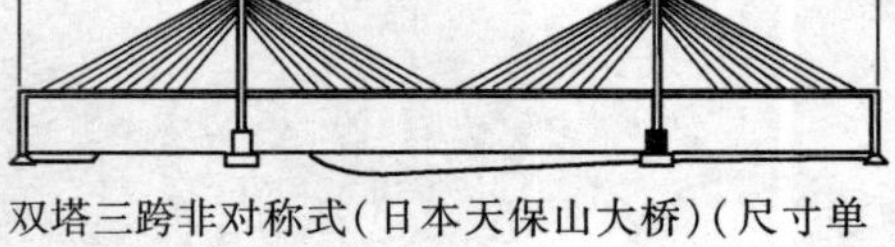 双塔三跨非对称式（日本天保山大桥）（尺寸单位：m）

续上表

分　类	图　式
独塔双跨式	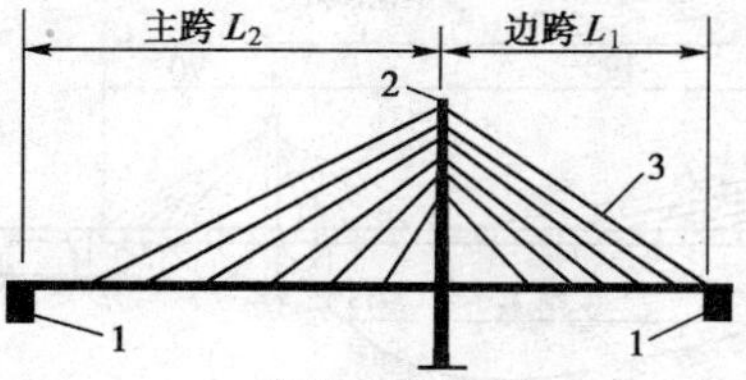 独塔双跨式 1-边墩（或桥台）;2-桥塔;3-端锚索 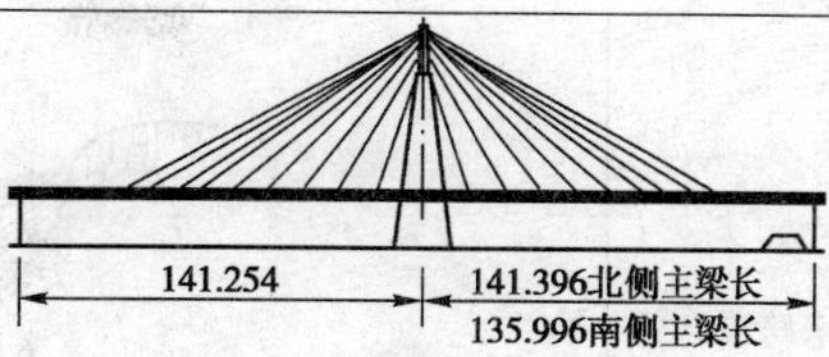 德国 LudWigshafen 桥的刚性塔（尺寸单位:mm） 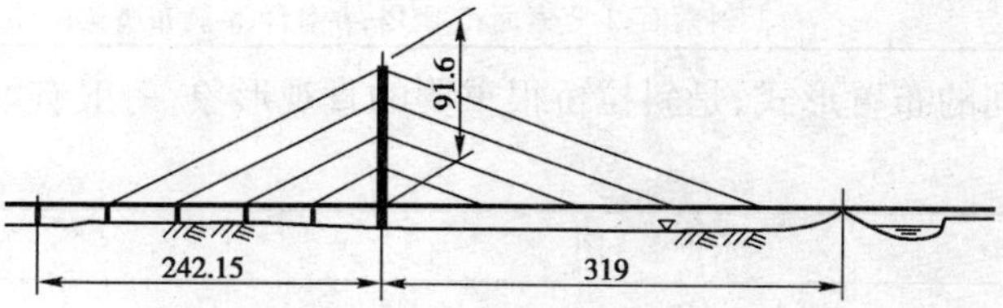 德国 Kine 桥（单位:m）
独塔单跨式	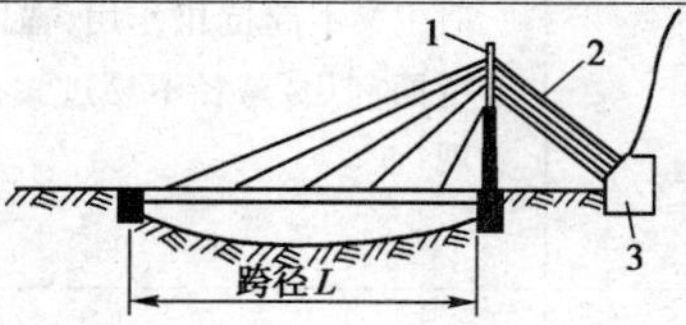 单跨式斜拉桥 1-桥塔;2-塔后斜索;3-地锚 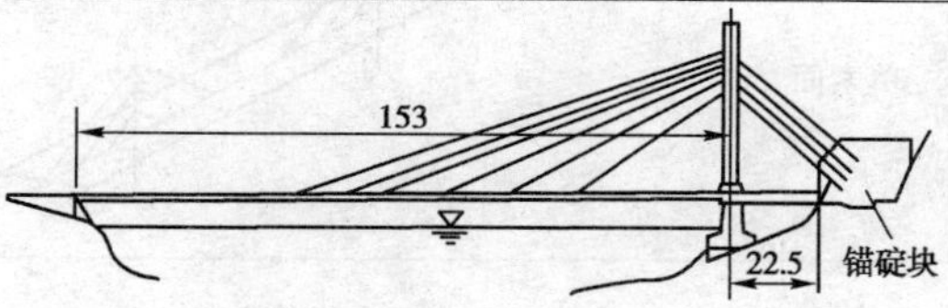 日本秩父桥（单位:m） 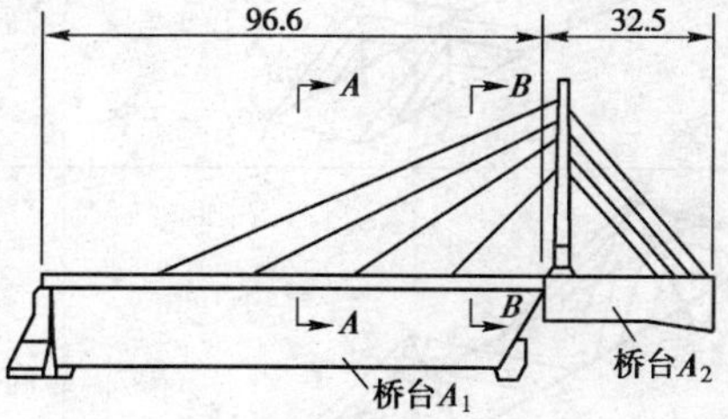 日本松个山桥（单位:m）
多塔多跨式	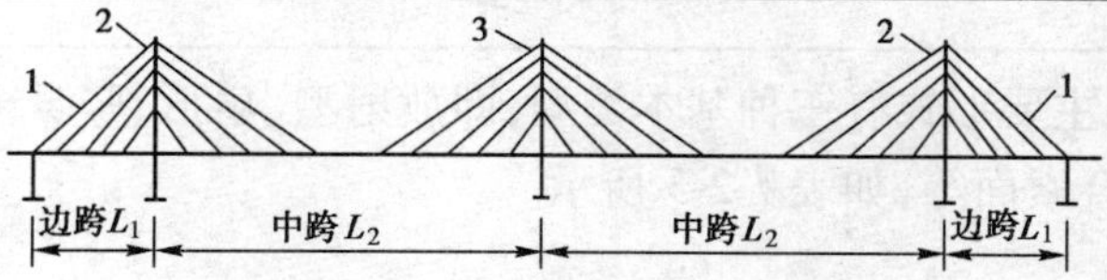 多塔多跨式斜拉桥 1-端锚索;2-边塔;3-中间塔 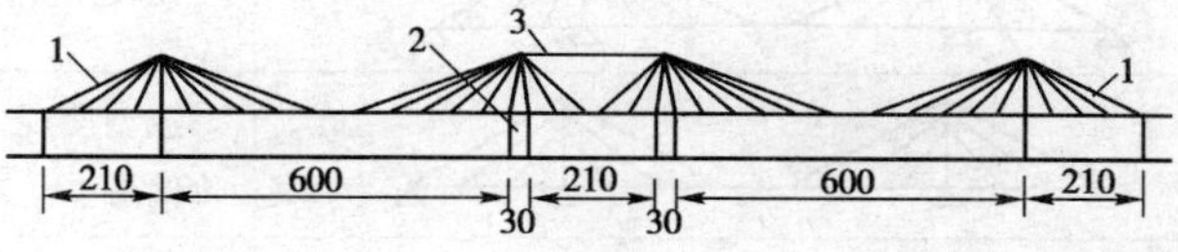 （单位:m） 1-端锚索;2-半刚性塔;3-水平拉索

续上表

分　类	图　式
塔跨混合式	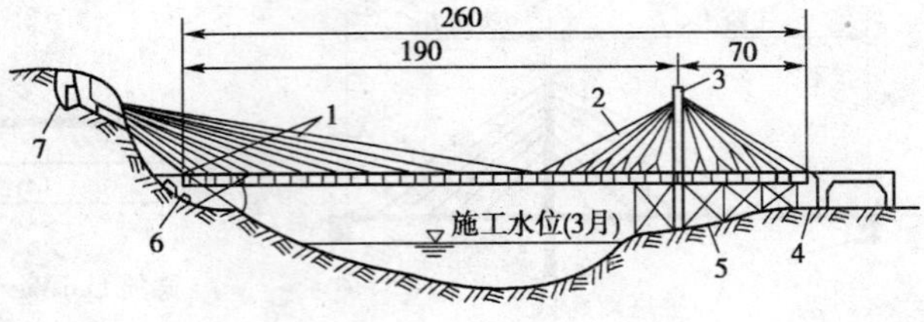 四川达县洲河桥(单位:m) 1-斜索面;2-竖索面;3-南塔;4-南台;5-满布膺架;6-北台;7-北锚

斜索在空间的布置形式,是斜拉桥很重要的直观形象,一般有如表 7-2-2 所列的几种。

表 7-2-2

类　型	示 意 图	说　明
单索面	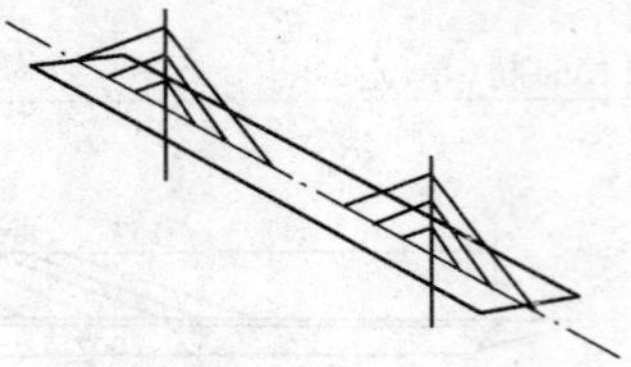	对主梁不起抗扭作用,锚固于桥面中央不利于桥面利用,跨径不易过大,但施工方便,造型美观
竖向双索面	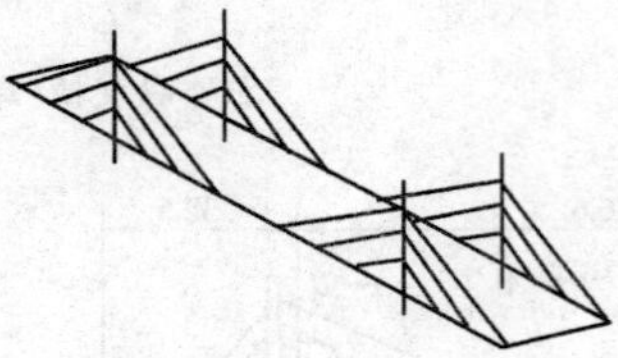	对主梁有抗扭作用,安全性高,桥面利用率高,大小跨径均适宜,施工难度大
斜向双索面	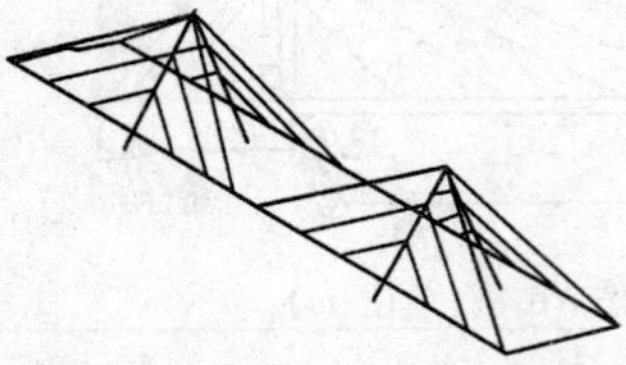	对主梁有抗扭作用,安全性高,桥面利用率高,大小跨径均适宜,但斜索零乱,施工难度大

斜索索面的主要形式有三种基本类型,即放射型、扇形、竖琴形,除此之外还有星形索面、分叉形索面、混合索面等,如表 7-2-3 所示。

表 7-2-3

类　型	示 意 图	说　明
放射型 (标准扇形)	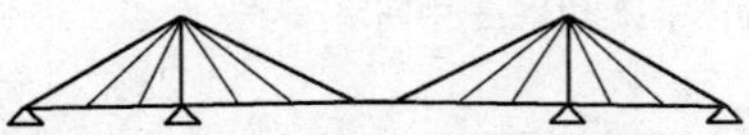	比较经济,造型美观,但塔上受力集中
扇形 (半扇形)	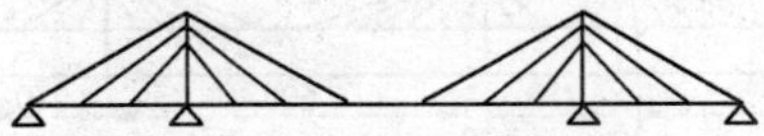	造型美观,受力分布较均匀,应用最广,但造价偏高
竖琴形 (平行形)	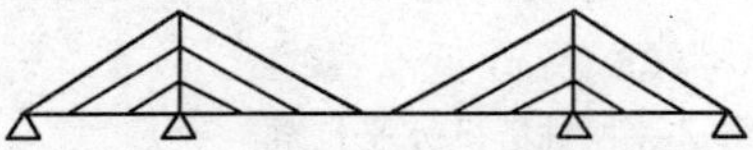	梁、塔受力均匀,施工易控制,应用较广,但造价高,工序较多

续上表

类　型	示 意 图	说　明
星形索面	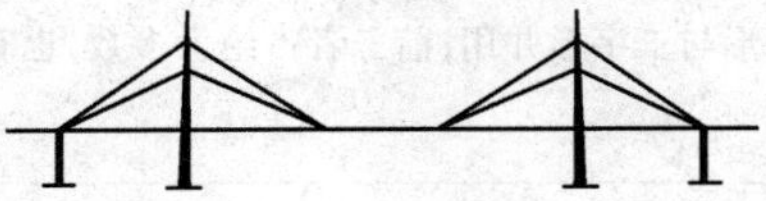	梁上受力集中,一般不用
分叉形索面		梁上受力均匀,塔上受力集中,不易斜索安装,应用少
混合索面	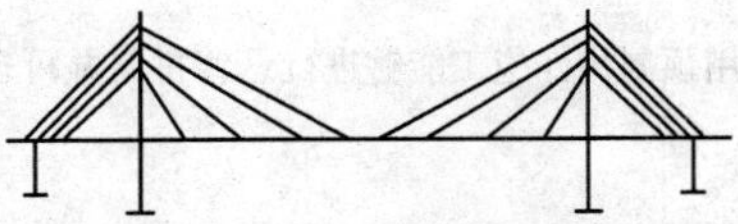	施工难度大,多用于特殊环境

斜拉桥桥塔的形式是多种多样的,总体上可归纳为如表 7-2-4 所示。

表 7-2-4

桥梁纵向的形式		
桥梁横向的形式	单索面类	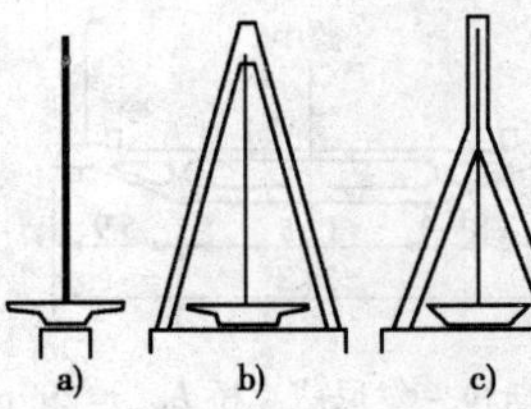
	双索面类	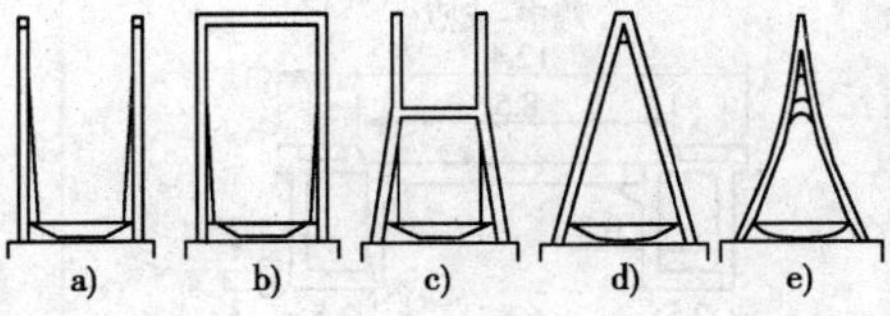
	高净空桥的塔架形式	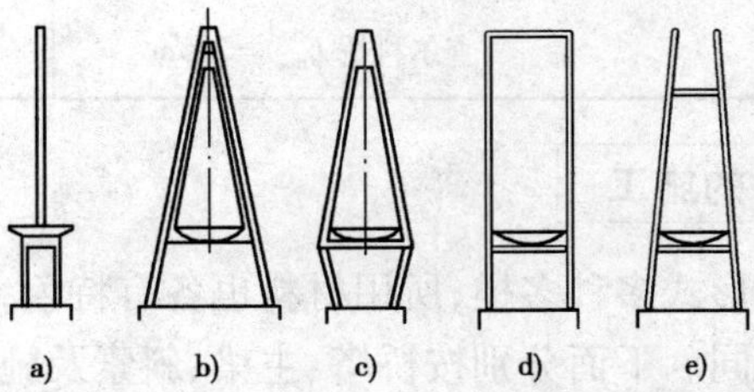

斜拉桥的主梁截面形式根据所用材料及索面的单双有所不同,下面仅以预应力混凝土梁为例作介绍,如表 7-2-5 所示。

表 7-2-5

项　目		型式、内容与实例简述
斜拉桥的主梁选用	截面	主梁的截面为箱形、工字形或箱形与工字形并用，前三者占绝大多数，也有少数斜拉桥的主梁用空心板梁或桁架
	箱梁工字梁特点	箱梁的特点是抗扭刚度大，横向刚度也较大，能适用于跨度大、桥面宽的桥梁的多种斜拉桥应用，可通过设置横梁或横撑，使斜拉桥的斜缆索的拉力传递到主梁上，这样一面或两面锚固缆索均可； 工字梁的特点是横向刚度小，但通过设置横隔板可提高刚度，工字梁比较轻，从短跨到长大跨均能适用； 箱梁和工字梁均能预制化生产，用预制构件施工能够进行悬臂拼装并可现场浇筑悬臂，有利于施工
斜拉桥的主梁实例	密索式大跨预应力混凝土梁简图	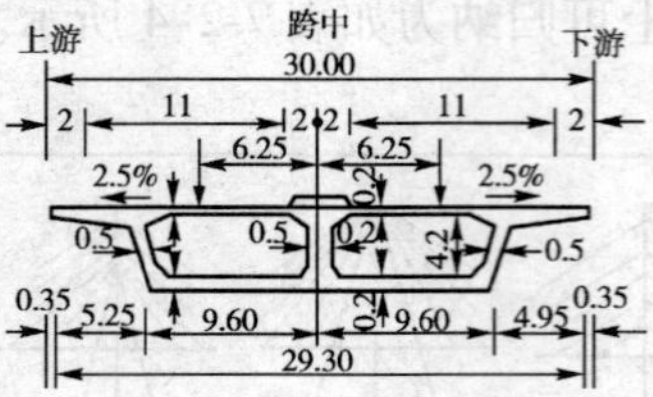 麦廷桥 $L_{max}=145m$ 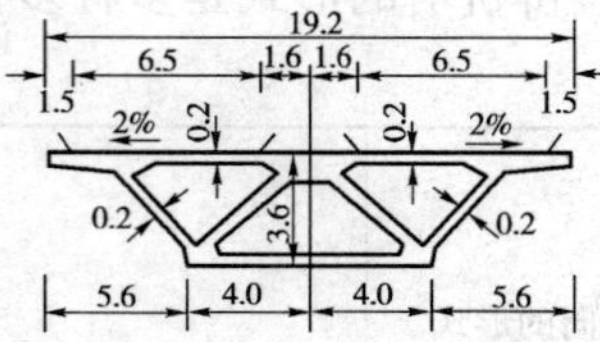 市罗顿纳桥 $L_{max}=320m$ 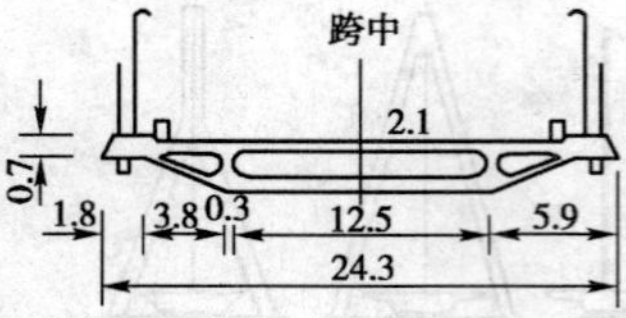 帕斯科－发尼威克桥 $L_{max}=299m$ 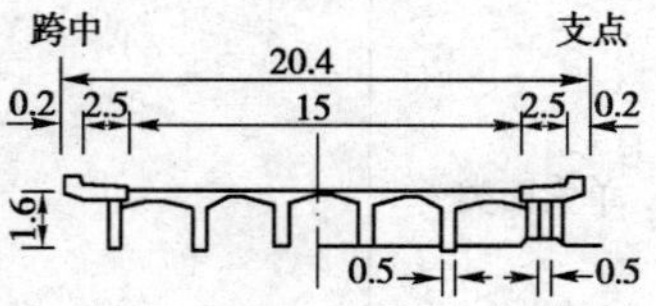 $L_{max}=134m$ 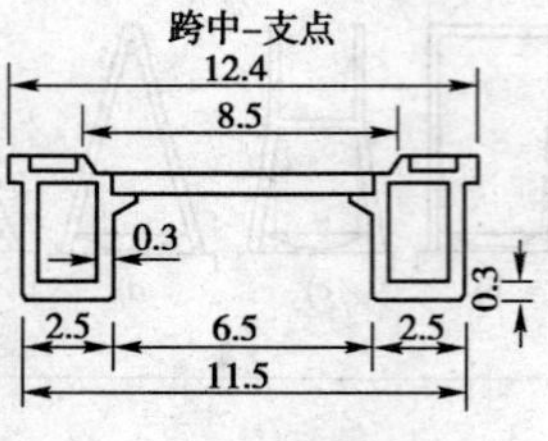 查尔科桥 $L_{max}=245m$ 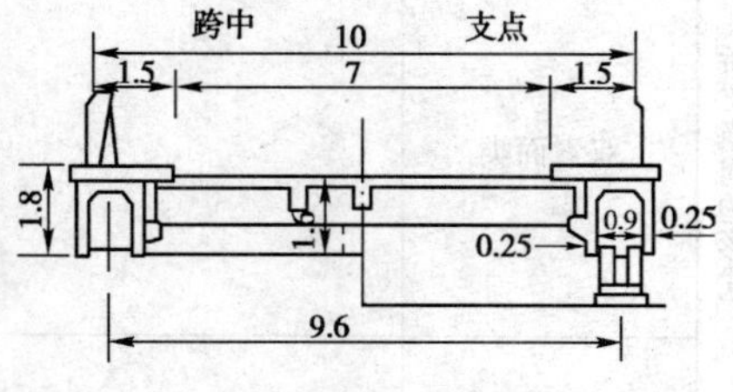 切夫桥 $L_{max}=144m$

二、斜拉桥的施工

由于斜拉桥的形式多种多样，所用材料也各有特色，因此其施工方法、施工程序、操作要求及注意事项各不相同。下面分别按桥塔、主梁、斜索及施工管理等4个方面进行介绍。

1. 索塔施工

斜拉桥索塔施工与高桥墩的施工要求基本相同，由于索塔有多种型式，因此应根据不同索

塔型式确定相应的施工方式方法

2．斜缆索的施工

1)斜缆索制作

斜缆索系指由高强钢丝为材料的斜缆索，其类型为平行钢丝束绞制工艺和热挤聚乙烯护套等工艺制成的钢铰线(索)，前者多为工地现场制作，后者则为工厂制作，具有较高的内在质量和防腐能力，有条件时宜优先考虑采用，具体要求见表7-2-6。

2)斜索的架设

斜索的架设的施工顺序如图7-2-3所示，包括从设置锚固部件到清场处理一系列的工序在内。架设方法要考虑桥梁规模(斜索长度)、主塔形状、斜索的布置形状、斜索的材料和防锈方法这几点进行综合研究。

斜缆索制作有关要求　　表7-2-6

<table>
<tr><th colspan="2">项　目</th><th>斜缆索制备有关要求</th></tr>
<tr><td colspan="2">斜缆索色彩要求与制作</td><td>由聚乙烯材料作护套的斜缆均为黑色。当设计要求采用涂料制成彩色外套时，应在斜缆索安装调试完成后进行，所用涂料必须具有抗老化的能力；当设计要求在工厂制索时直接制成彩色外套时，则可采用两次挤塑的工艺，在黑色护套挤塑完成后，继续加挤所需的彩色护套</td></tr>
<tr><td colspan="2">斜缆索的截面形式</td><td>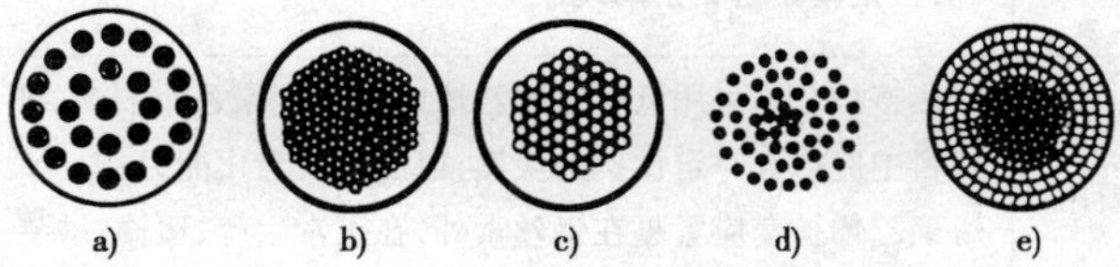

a)钢筋索；b)钢丝索；c)钢绞线索；d)单股钢绞缆；e)封闭式钢缆</td></tr>
<tr><td rowspan="6">平行钢丝索的制作</td><td>调直与防锈</td><td>未经镀锌的高强钢丝应堆放于室内，并防止潮湿锈蚀。使用前须注意调直，用调直机进行调直和除锈。经调直的钢丝其弯曲矢高≤5mm/m，表面不能有烧伤发蓝的痕迹，并在调直后的钢丝表面均匀涂抹防锈油脂</td></tr>
<tr><td>钢丝排列夹紧定位</td><td>在编索平台上按锚板孔的位置将钢丝分层排列，并注意标准丝安排在最外层，不可错位，然后用梳板将钢丝梳理顺直；再用特别的夹具，将梳理顺直的钢索夹紧定位；夹具间距一般可为2m。夹紧的钢索断面应符合设计形状，且能保证钢丝之间相互密贴，无松动现象</td></tr>
<tr><td>内防腐处理</td><td>在夹紧定位后的钢丝束上须进行内防腐处理，一般可采用涂刷橡胶沥青防水涂料和包以玻璃纤维的做法。要求涂料涂刷均匀，无空白漏涂现象；玻璃纤维布的包裹应紧密重叠</td></tr>
<tr><td>平行索的内防护</td><td>平行钢丝索的外防护有多种处理方法，一般宜采用聚乙烯管作护套，安装后再在护套内压注特种水泥砂浆。因此，护套需能承受一定的内压并具有一定的防老化的能力。可根据设计所要求的直径与管壁厚度，由专业工厂制作，其分节长度可视工地现场及运输条件确定</td></tr>
<tr><td>护套安装</td><td>平行钢丝索的外防护完成后，即可套入聚乙烯套管，要求将每节聚乙烯管接顺，并保持其接缝平整严密</td></tr>
<tr><td>堆放要求</td><td>平行索应保持顺直、平放、支点间距一般不应大于4m，堆放场地要求干燥阴凉；堆放工地现场须有保护措施，以防碰撞、磨损缆索表面</td></tr>
</table>

续上表

项目		斜缆索制备有关要求
绞制钢丝索的制作	防锈、防伤	绞制钢索所用高强钢丝为未镀锌时，应用除锈、防锈油等作临时防腐措施；当采用镀锌钢丝时，亦须注意在放丝绞制过程中防止擦伤镀锌表层 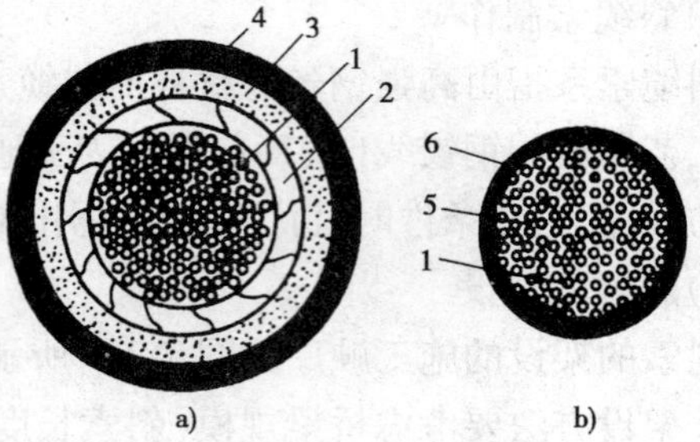 PE 套管 a)压浆索套；b)热挤索套 1-高强钢丝；2-钢丝缠绕；3-水泥浆；4-PE 套管；5-防锈油；6-PE 热挤塑套
	绞制要求	钢丝应按设计断面进行排列定位，不能错位。钢索绞制的角度须严格控制在 2°～4°以内
	缠绕紧密	钢索绞制成型后立即绕上高强复合带 2～4 层，要求绕缠紧密，经绕缠后的钢束断面形状应正确，且钢丝紧密无松动现象
	热挤护套要求	热挤护套可采用低密度聚乙烯或高密度聚乙烯材料，根据设计决定的材料性能选用。聚乙烯材料中应掺有一定比例的炭黑，以提高抗老化能力； 聚乙烯护套应紧裹在钢丝索外，在正常生产、运输、吊装过程中，不应脱壳。护套外观应光滑圆整，厚度偏差不大于 1mm
	缆索长度	挤好护套后的缆索长度应大于成品索的设计长度，换算成标准温度在无应力状态下的长度，经精确丈量，复核无误后将两端切齐，要求端面与缆索垂直，不能歪斜

设置锚固 → 架设斜索 → 斜索张拉 → 清场处理

图 7-2-3　斜索的架设

(1)设置锚固部件

斜索两端安装在钢结构上或埋置于混凝土中的锚固件位置应装得精确。一般将桥塔一侧的锚固部件先在钢塔柱上安装就位，如为混凝土塔柱时则先在地面用钢构架作临时固定后再整体或分批起吊就位。这样只要将钢构架固定好就能确保各根斜索锚固部件位置精确度。位于主梁一侧的锚固部件，如主梁为钢结构，则在工厂内事先安装就位；可利用移动式吊篮的构架，或利用模板作支点来予以固定。斜索锚固点位置的精确安装乃是非常重要的，因此，要重点放在检查方法和微调方法上。

(2)斜索引架

斜索的引架作业是将斜索引架到桥塔锚固点与主梁锚固点之间的位置上。

斜拉桥中使用的斜索可以分为两大类。一类是在工厂内制造后运到现场的“预制索”，另一类是与主梁及桥塔的施工同时进行的在现场直接制造的“现制索”。

预制索常常是直接用吊机将斜索起吊就位，或用导向缆绳及绞车等引拉的方法来架设，如图 7-2-4 所示。

表7-2-7所示为斜索的引架方法和其与斜索截面的关系。

现制索常用导向索绳等将保护管先架设好，然后再将斜索本身插入保护管，如图7-2-5所示。

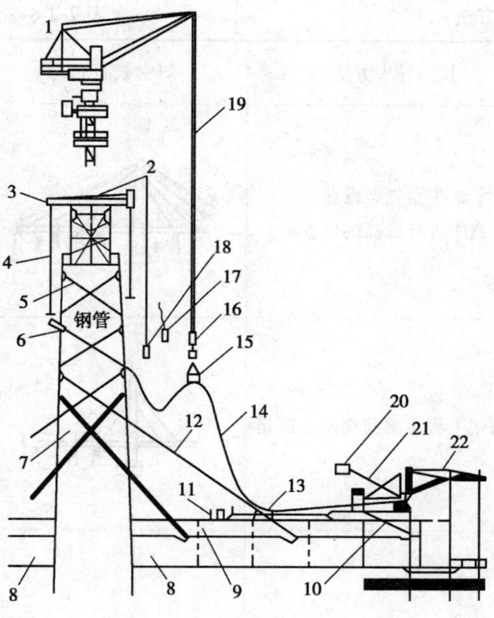

图7-2-4　使用爬升式塔吊架设预制斜索(呼子大桥)

1-塔吊;2-导向绞车;3-安装梁;4-导向绞索;5-钢管;6-绞拉用配件;7-主塔;8-墩顶节段;9-主梁;10-主梁侧钢管;11-松卷器;12-斜索×2根;13-锚头钢套管;14-斜索;15-吊具;16-吊钩;17-天线;18-操作开关;19-起吊索;20-绞车;21-绞索;22-吊篮

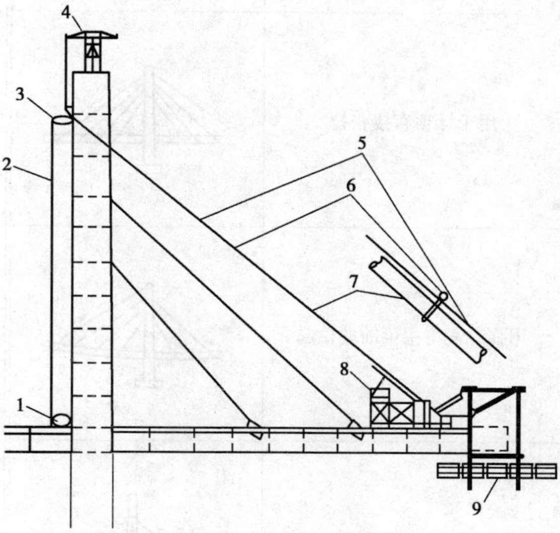

图7-2-5　现制索的架设示意(日本白屋桥)

1-钢绞线台座;2-PC钢绞线;3-推进机;4-机动绞车;5-架设用的钢绞线;6-吊杆;7-保护管;8-连接保护管用的平台;9-吊篮

斜索的引架方法　　表7-2-7

由塔顶吊机直接引架	由临时索及滑轮吊索引架	由临时索及垂直索引架	在工作猫道上引架
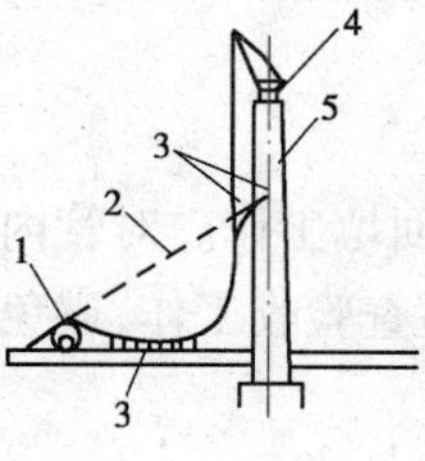	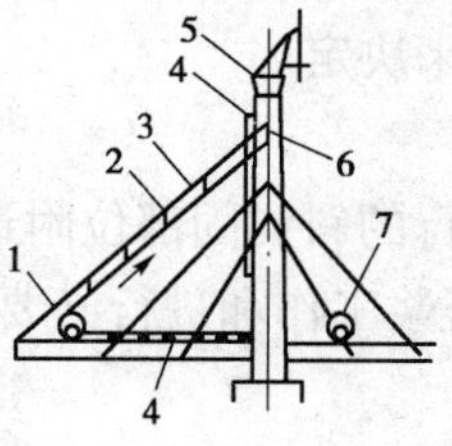	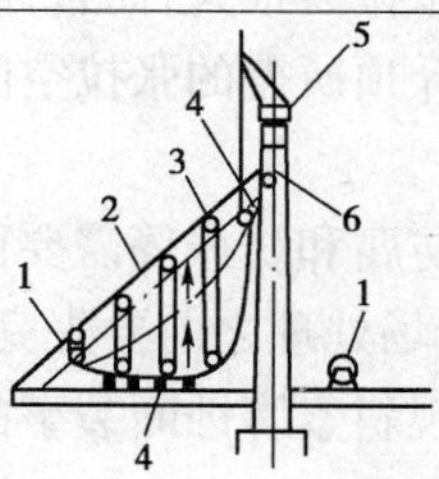	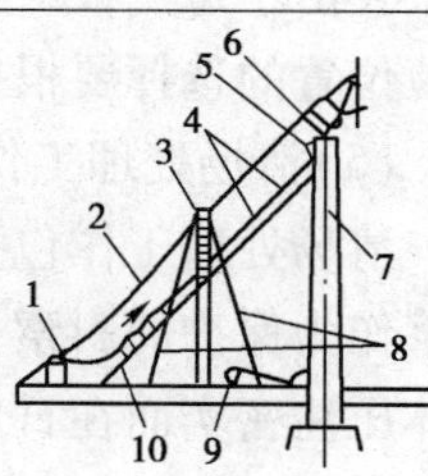
1-卷筒;2-引架位置;3-导向滑轮;4-塔顶吊机;5-引拉装置	1-移动式工作台;2-滑轮吊索;3-临时索;4-导向滑轮;5-塔顶吊机;6-引拉装置;7-卷筒	1-卷筒;2-临时索;3-固定式吊点;4-导向滑轮;5-塔顶吊机;6-引拉装置	1-卷筒;2-工作猫道;3-辅助立柱;4-滑轮;5-导向滑轮;6-塔顶吊机;7-引拉装置;8-缆风;9-绞车;10-轨条设备

(3)斜索张拉

斜索的张拉作业是在斜索引架完毕后导入一定的拉力，使斜索开始受力而参与工作。如表 7-2-8 所示为 5 种张拉作业的方法。

斜索的张拉方法

表 7-2-8

拉力导入方法	斜索截面形式	拉力导入方法	斜索截面形式
用千斤顶直接张拉	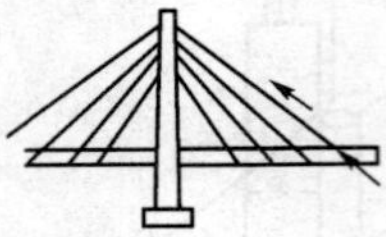	将主梁先架设在高于设计标高的位置	
用临时索将主梁前端拉起	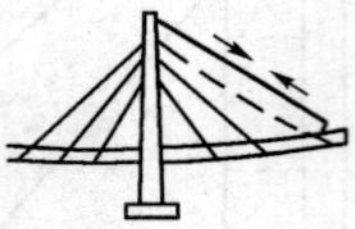	在膺架上将主梁前端向上顶起	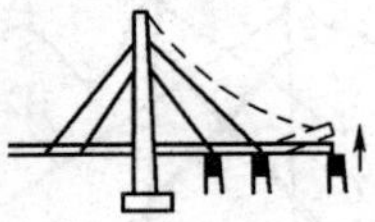
用千斤顶将鞍座顶起	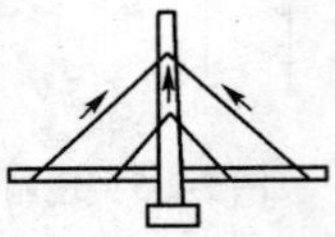		

(4)张拉注意事项

①为了减小桥和主梁承受的不平衡弯矩，应该尽可能对称张拉，要准备有足够的千斤顶数量。

②斜索的张拉：有伸臂架设时最外一根斜索的初次张拉，内侧紧邻一根斜索的二次张拉，主梁合龙后的最终张拉，以及施工中中间的调整张拉等。

③由于千斤顶很大，有时在锚固部位需要有安装设施来安装千斤顶。

④由于每一根斜索的张拉力很大，而且伸长量也很大，千斤顶和底座等均是大型的，因此张拉位置的选择要根据千斤顶所需的张拉空间等来决定。

(5)清场处理工作

清场处理工作包括因防腐和防振等需要而进行的斜锚固部位附近的回填工作。对管内以压浆作为保护的斜索，在清场处理之前要先完成压浆工作和进行必要的检查验收工作，避免因浆体压注密实而在日后出现斜索腐蚀断裂事故。

3. 主梁施工

斜拉桥的主梁施工，可采用悬臂浇筑、悬臂拼装、纵向顶推、横向顶移、在支架上架设安装、在支架上就地浇筑以及平转法等方案，一般可根据设计原则和具体条件进行技术经济比较选择。采用不同的施工方案，其施工顺序也各不相同，下面就以上海杨浦大桥为例介绍一下斜拉桥架梁施工顺序，如表 7-2-9 所示。

表 7-2-9

序号	图　例	说　明
1	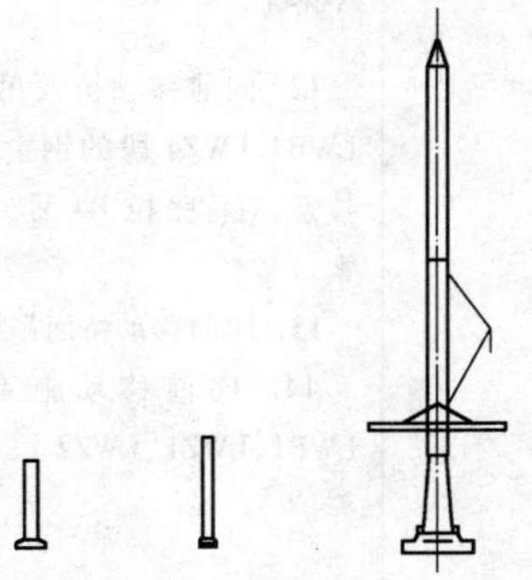	1. 用3000kN 地面吊机安装 0 号段钢主梁、钢横梁、桥面板及 0 号索,安装施工平台。0 号段梁,塔临时固结体系形成。 安装施工平台。 2. 张拉 B0 号、Z0 号拉索。 安装台令扒杆及临时索塔,用台令扒杆吊装 LWB0、LWZ0 段的钢主梁、钢横梁,张拉 LWB0、LWZ0 段上的施工临时索。 3. 用台令扒杆吊装 LWB1、LWZ1 段的钢主梁、钢横梁
2	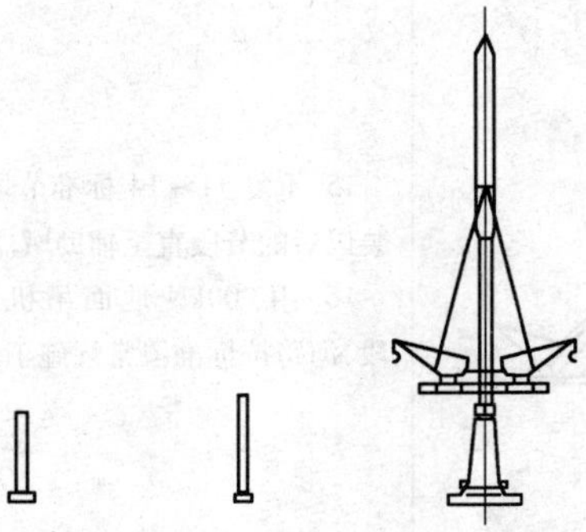	4. 安装 B1 号、Z1 号索,张拉 B1 号、Z1 号索,张拉 B1 号、B0 号、Z0 号、Z1 号索后拆除施工临时索。 5. 安装 LWB0、LWZ0 、LWB1、LWZ1 段桥面板,对称张拉 B1 号、Z1 号、B0 号、Z0 号索。 6. 拼装桥面吊机。 施工平台到位
3	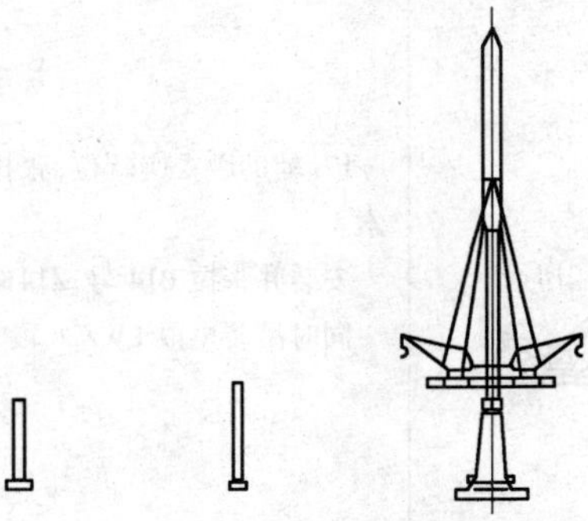	7. 用桥面吊机安装 LWB2、LWZ2 段的钢主梁、钢横梁、桥面板和拉索,对称张拉 B2 号、Z2 号、B1 号、Z1 号拉索。 8. 向前移动桥面吊机,对称张拉 B2 号、Z2 号、B1 号、Z1 号拉索。 9. 向后移动施工平台,对称张拉 B2 号、Z2 号、B1 号、Z1 号拉索。 浇筑 LWB0、LW0、LWZ0 段桥面板接缝混凝土并养护
4	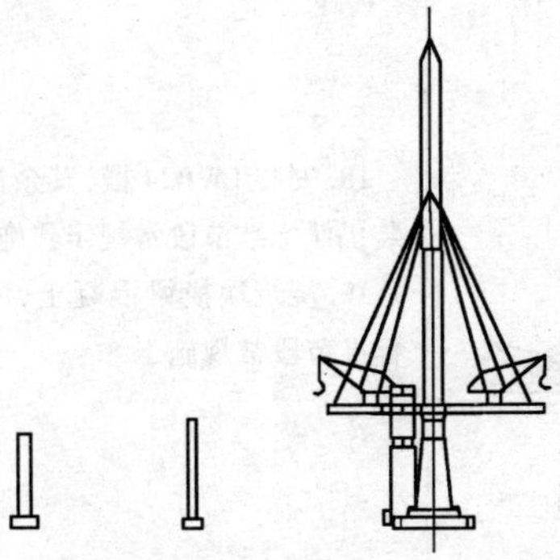	10. 安装垂直提升架,拆除台令扒杆。 11. 安装 LWB3、LWZ3 段的钢主梁、桥面板并张拉 B3 号、Z3 号拉索

续上表

序号	图　例	说　明
5	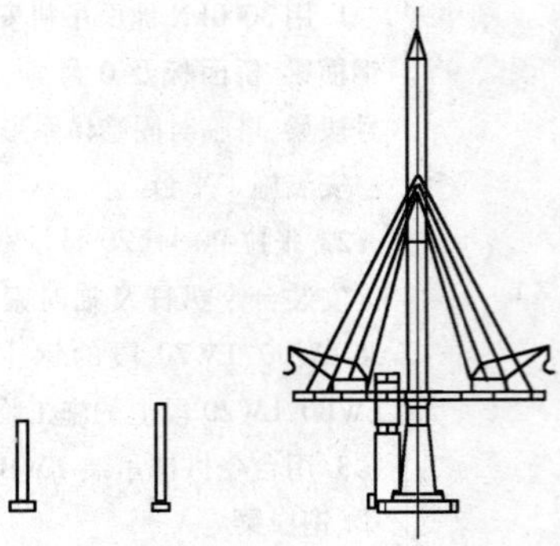	12. 向前移动桥面吊机和施工平台，安装 LWB4、LWZ4 段的钢主梁、钢横梁、桥面板和拉索，对称张拉 B4 号、Z4 号、B3 号、Z3 号拉索。 13. 向前移动桥面吊机。 14. 向前移动施工平台，浇筑 LWB2、LWB1、LWZ1、LWZ2 段桥面板接缝混凝土并养护
6	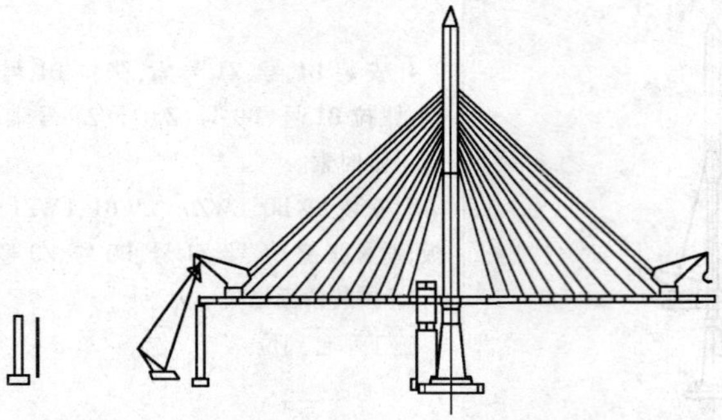	15. 重复 11～14 标准节段循环施工步骤安装以后的节段直至辅助墩。 16. 用 200kN 地面吊机安装岸跨 LWB14 段，河跨按标准段常规施工
7	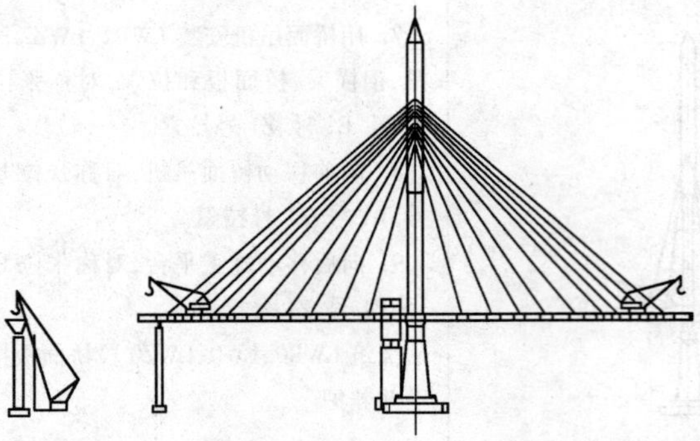	17. 辅助墩支座就位，张拉辅助墩中锚固拉索。 安装并张拉 B14 号、Z14K 号索。 同时吊装尾段 LWZ26 段
8	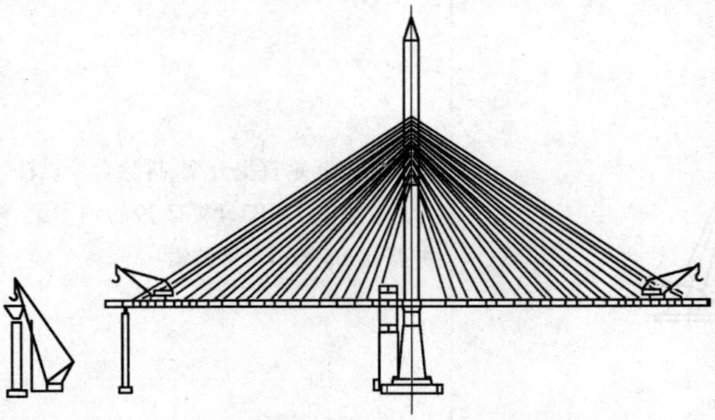	18. 安装 LWB24 段，其余岸跨、河跨节段安装仍照标准节段常规步骤施工。 19. 浇筑端横梁混凝土，河跨、岸跨继续按标准节段常规施工

续上表

<table>
<tr><th>序号</th><th>图　例</th><th>说　明</th></tr>
<tr><td>9</td><td>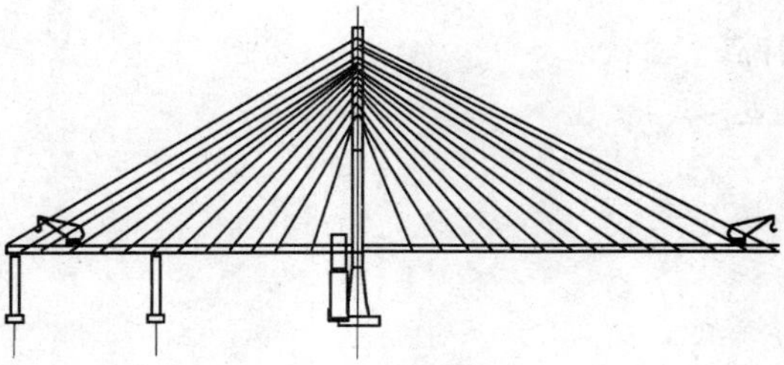</td><td>20. 按标准节段常规施工方法安装 LWB23,LWZ23 段,后进行边跨合龙。
21. 河跨按常规步骤安装 LWZ24 段钢主梁、钢横梁、桥面板、拉索,对称张拉 B24、Z24 号索。
22. 重复标准节段常规施工方法进行河跨施工至 LWZ31 段安装完毕,其间相应安装岸跨桥面板及拉索、岸跨、河跨的 31 对索均张拉到位</td></tr>
<tr><td>10</td><td colspan="2">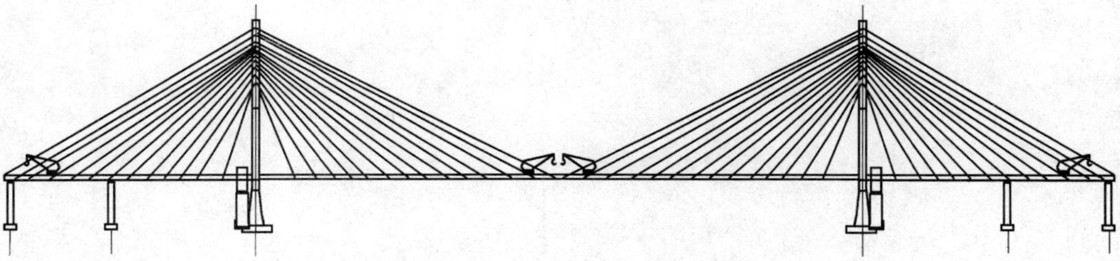
23. 装中孔合龙段钢主梁,全桥合龙,一待钢主梁合龙立即释放临时固结构造,使全桥呈全漂浮结构体系</td></tr>
<tr><td>11</td><td colspan="2">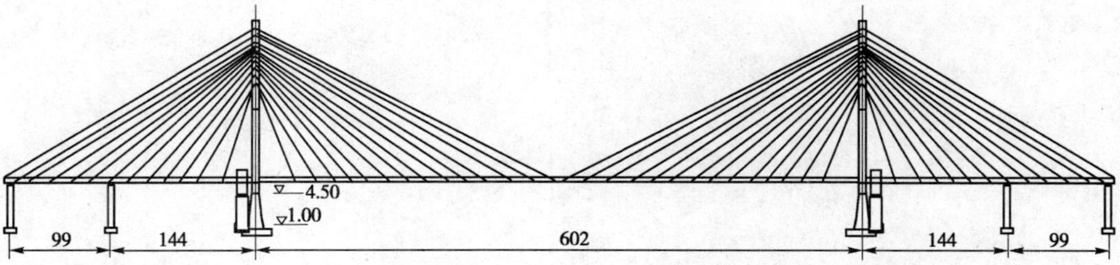

24. 守装中孔合龙段桥面板,张拉相应钢索。
25. 浇筑桥面板接缝混凝土,完成全桥结构合龙。
26. 张拉边跨及中跨桥面板预应力钢索。
27. 对称拆除桥面吊机。
28. 安装桥面系,与此同时进行全桥拉索索力总调整。
29. 铺设桥面铺装。
30. 竣工加载试验。
31. 全桥竣工通车</td></tr>
</table>

思考与练习

1. 简述斜拉桥的主要结构及其分类特点。
2. 简述塔柱、主梁的施工方法及其要点。
3. 简述斜拉索安装要点及注意事项。
4. 简述斜拉桥架梁施工顺序。

8 单元八　桥面系施工

【内容提要】 伸缩装置、桥面防水层、桥面铺装、人行道系。

【教学要求】 了解伸缩装置、桥面防水层、桥面铺装、人行道系等构造分类特点及应用;初步掌握常用的各种伸缩装置、桥面防水层、桥面铺装、人行道系的施工要点及相关技术要求。

【教学建议】 本课题重点内容是伸缩装置,由于伸缩装置构造比较复杂,授课时最好多借助实物或实物录像,有条件采用项目教学法效果更好。

桥面系包括桥面伸缩装置、桥面防水层、桥面铺装,以及护轮带、人行道、栏杆与护栏、灯柱等附属工程。虽然这些都是非主体工程,但其设置是否合理、施工质量是否良好,将直接影响整座桥梁的安全使用。伸缩装置、桥面防水层、桥面铺装,以及护轮带、人行道、栏杆与护栏虽然共存于桥面,但其本身具有独立性,因此其施工特点及相关技术要求各不相同。

一、伸缩装置

桥梁伸缩装置是为了使车辆平稳通过桥面并满足桥面变形的需要,在桥面伸缩接缝所设置的各种装置的总称。

目前我国常用的伸缩装置按传力方式和构造特点大致可分为对接式、钢制支承式、橡胶组合剪切式、模数支承式和无缝式五大类。本节将介绍不同种类伸缩装置的具体安装施工方法及要求。

1. 钢板伸缩装置

1)梳形钢板伸缩装置

梳形钢板伸缩装置是由梳形板、锚栓、垫板、锚板、封头板及排水槽等组成,有的还在梳齿之间填塞合成橡胶,以起防水作用。图 8-0-1 为梳形钢板伸缩装置的构造实例。

安装梳形钢板伸缩装置时,应首先按设计标高将锚栓预埋入预留孔内,然后焊接锚板,并调整封头板使之与垫板齐平,最后再安装梳形板和浇筑混凝土。安装程序为:桥面整体铺装→切缝→缝槽表面清理→将构件放入槽内→用定位角铁固定构件位置及标高→布设焊接锚固筋→在混凝土接缝表面涂底料→浇筑树脂混凝土→及时拆除定位角铁→养生→填缝→结束。

2)滑动钢板伸缩装置

滑动钢板伸缩装置,一侧用螺栓锚定牵引板,另一侧搁置在桥台边缘处的角钢上,角钢与牵引板间设置滑板,用钢板的滑动适应结构的伸缩。缝间可填充压缩材料或加设盖板,如图

8-0-2 所示。滑动钢板通过橡胶垫块始终紧压在护缘角钢上，这样既消除了不利的拍击作用，又显著减小了车辆的冲击作用。

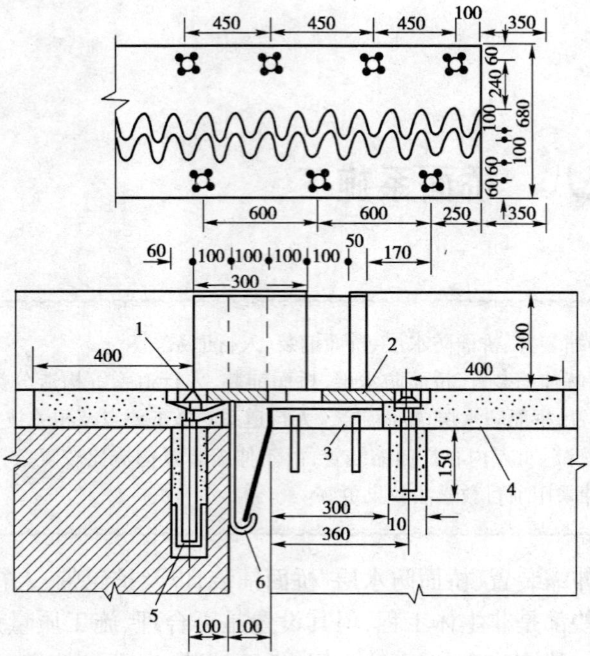

图 8-0-1 梳形钢板伸缩装置构造图（单位：mm）

1-封头板；2-垫板；3-锚板；4-C40 混凝土；5-锚栓；6-排水槽

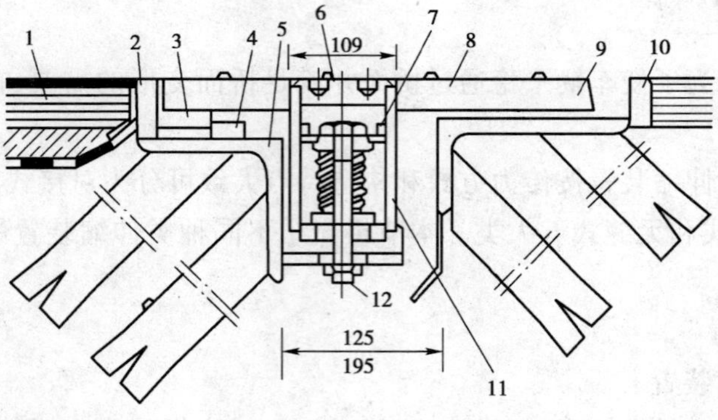

图 8-0-2 滑动钢板伸缩装置构造（单位：mm）

1-路面；2-钢板，65×20；3-翻转板；4-橡胶，30×20；5-加劲钢板，150×16；6-螺纹板；7-弹簧盒；8-牵引板；9-滑板；10-钢板，50×20；11-无缝钢管；12-锤形大头螺栓

2. 橡胶伸缩装置

橡胶伸缩装置是指伸缩体采用橡胶构件的伸缩装置。伸缩体所用的橡胶有良好的耐老化、耐气候和抗腐蚀的性能。

适用温度范围：氯丁胶型（普通型）：+60 ~ −25℃；三元乙丙胶型（耐寒型）：+60 ~ −45℃；橡胶硬度（邵氏硬度）：50±5 ~ −60±5℃；伸缩体两端用 A3 钢固定。

橡胶伸缩装置尚在发展中，经常有新产品推出，种类繁多，本课题仅列出几类。

1)纯橡胶伸缩装置

纯橡胶伸缩装置有空心板型、W 形或 M 形。这类装置具有构造简单、伸缩性好、防水防尘、安装方便、价格低廉等优点,伸缩量为 30~50mm,一般用于低等级公路的中小桥梁。

(1)空心板型橡胶伸缩装置

①构造特点

空心板型橡胶伸缩装置,是指利用橡胶富有弹性和耐老化特性,将其嵌入型钢制成的槽内,使橡胶在气温升降变化时始终保持受压状态的伸缩装置。根据伸缩量不同的需要做成二孔或三孔的形式,如图 8-0-3 所示。

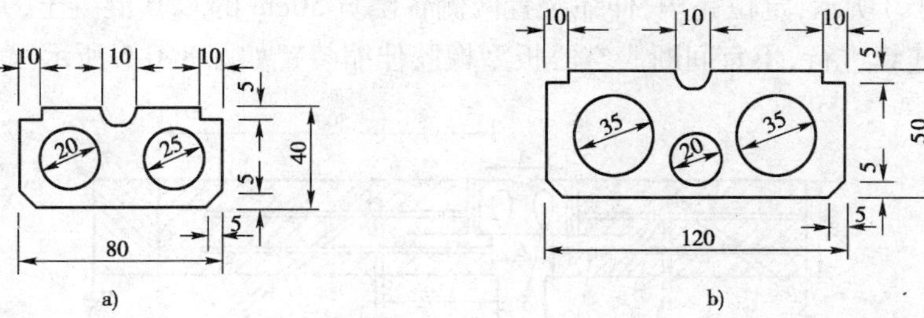

图 8-0-3　空心板形伸缩装置构造图(单位:mm)

②施工安装程序

施工安装程序如图 8-0-4 所示。

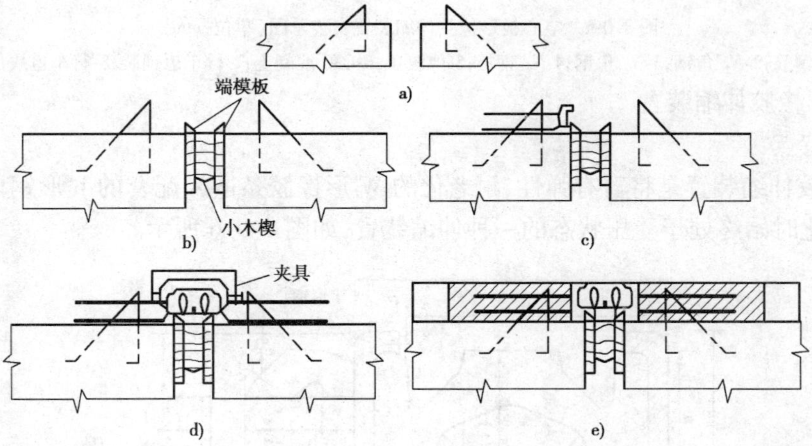

图 8-0-4　空心板形橡胶伸缩装置施工安装程序示意图

a)安装准备;b)立端模板;c)左侧型钢定位;d)右侧型钢定位;e)混凝土浇注

a. 安装准备

如图 8-0-4a)所示,清理梁端、顶面凿毛、冲洗,各梁伸出不齐者应予以修整,以利设置端模板。

b. 立端模板

如图 8-0-4b)两端模板要用小木楔挤紧。木楔横桥向尺寸应尽量小,以使其在梁伸长时能被挤碎,缩短时可自由脱落,模板由下面设法取出。模板应尽量薄,顶端削成 45°角,楔子应打入适当深度,使其顶部不阻碍胶条压缩时向下凸变。

c. 左侧型钢定位

如图 8-0-4c)所示，将左侧型钢组件焊好后，按设计要求用定位钢筋点焊于架立钢筋上，然后将胶条相互接触的表面进行除锈去油污等清理工作。

d. 涂胶、对合、加压、右侧型钢定位

如图 8-0-4d)所示，右侧型钢与胶条相互接触的表面除锈去油污，并将橡胶伸缩条两侧胶面打毛，然后涂以“202”或“203”胶水，立即对合，用特别夹具加压至计算的安装定位值后，与左侧同样方法点焊定位。定位完毕拆除所有夹具。

e. 浇筑混凝土

如图 8-0-4e)所示，定位完毕，伸缩装置两侧各浇宽 50cm 的 C30 混凝土，并注意养护。以上各道工序应连续进行，不宜间断。空心板型橡胶伸缩装置如图 8-0-5 所示。

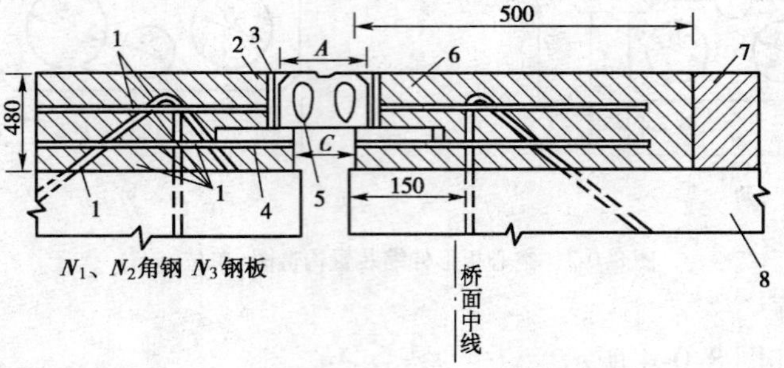

图 8-0-5　空心板形橡胶伸缩装置安装总图(单位:mm)

1-钢筋;2-N_1 角钢;3-N_2 角钢;4-N_3 钢板;5-橡胶条;6-C30 混凝土;7-行车道铺装;8-行车道块件

(2)W 形橡胶伸缩装置

①构造特点

W 形橡胶伸缩装置是将富有弹性、耐老化的 W 形橡胶条嵌入配套的 L 形钢内，橡胶条在气温升降变化时始终处于受压状态的一种伸缩装置，如图 8-0-6 所示。

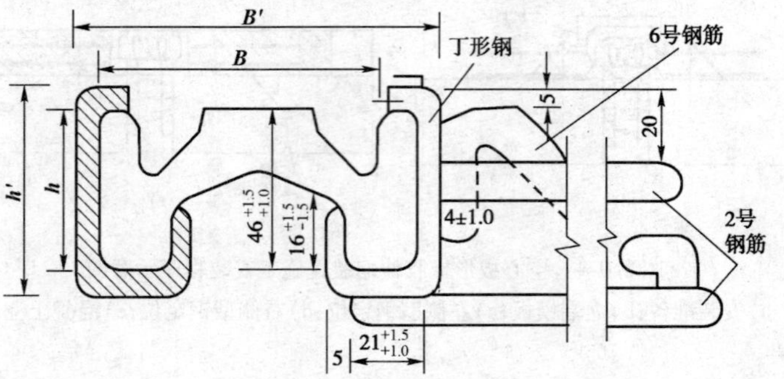

图 8-0-6　W 形橡胶伸缩装置构造图(单位:mm)

②施工安装程序(如图 8-0-7 所示)

a. 安装准备

如图 8-0-7a)所示，具体步骤同上。

b. 立端模板

如图 8-0-7b）所示，具体步骤同上。

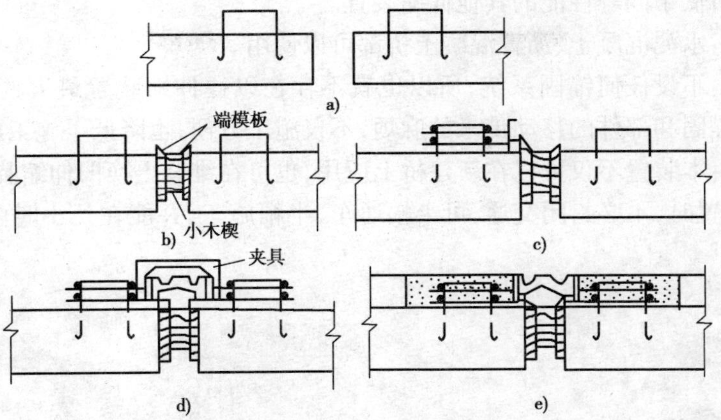

图 8-0-7　W 形橡胶伸缩装置安装施工程序示意图

c. L 形钢定位

如图 8-0-7c）、8-0-7d）所示，将左侧型钢组用垫块垫平，然后与胶条相互接触的表面进行除锈去油污等清理工作，再将橡胶用旋凿压入左侧型钢中。将右侧型钢与胶条相互接触的表面进行除锈去油污，然后橡胶条用旋凿压入右侧型钢中，用特制夹具加压至安装时计算的安装定位值后，按设计要求用定位钢筋点焊于架立钢筋上，定位完毕拆除所有夹具。

d. 浇筑混凝土

如图 8-0-7e）所示，具体步骤同上。

2）模数式伸缩装置

这类伸缩装置在构造上的共同点是：均由 V 形截面形状的橡胶密封条，嵌接于异型边梁钢和中梁钢内组成可伸缩的密封体，异型钢梁直接承受车辆荷载，且可根据要求的伸缩量，随意增加中梁钢和密封橡胶条，加工组装成各种伸缩量的系列产品；其不同点仅在于承重异型钢梁和传递伸缩力的传动机构形式及原理上的差异。在工程上使用较多的品牌有“万宝”系列、“SSFB”系列、“J-75” 系列、“XF 斜向支承” 系列等，如图 8-0-8、8-0-9 所示。

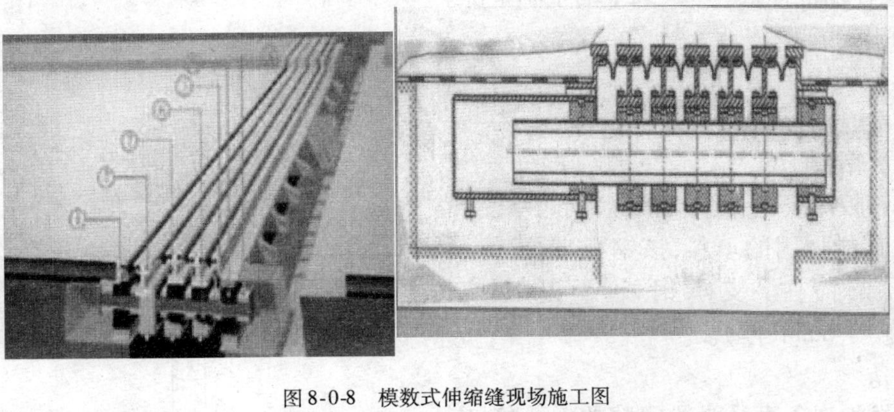

图 8-0-8　模数式伸缩缝现场施工图

3）改性沥青填充型伸缩装置

改性沥青填充型伸缩装置，由以橡胶、塑料、沥青等为主的多种高分子聚合物与碎石拌和后，现浇填充于桥梁变形缝的槽口内而成。这种装置较之其他伸缩装置有以下优点。

①优质:是一种桥面无缝的伸缩装置,与路面平接,行车平稳,防水可靠。

②价廉:价格低于同等性能的其他伸缩装置。

③适应性好:水泥混凝土、沥青混凝土桥都可以使用。

④施工简便:不设任何锚固系统,所以也就不存在以往伸缩装置最大的病害——锚固失效,从而免除了锚固和部件的移动带来的麻烦,不仅施工方便,也降低了施工成本。

⑤安装迅速:本装置不仅可以在新建桥上应用,也可在维修更换旧伸缩装置时使用。在维修更换旧伸缩装置时,不必封闭交通,可半幅通车,半幅施工,并能在几小时内完成作业,完工后1h即可通车。

图8-0-9 模数式伸缩缝现场施工图

a)施工状态;b)完工状态

改性沥青填充型伸缩装置是一种高阻尼材料,可承受三维变形和作用力,行车平稳,防水可靠。但由于使用时间还不长,现在也只能用在伸缩量小于50mm的中小桥上,对大位移量伸缩缝还无能为力。下面就以万宝埋入式伸缩装置为例进行介绍。

万宝埋入式伸缩装置(亦称无缝伸缩缝)是美国WBA公司20世纪90年代研制的一种新型独特的伸缩装置。该伸缩装置由支承钢板和用新型弹性材料混合石料加固的特种填料组成,应用在伸缩位移量50mm以下的中小型桥梁。

(1)构造特点

如图8-0-10所示。

①构造、材料

a. 支承钢板

支承钢板用于保护梁端接缝,同时承受弹性材料及石料加固的填料,该钢板带孔,便于将发泡嵌条锚住。支承钢板尺寸不小于200mm(宽)×6mm(厚)。

b. 嵌条

闭孔发泡嵌条直径为梁间隙的1.5倍,应具耐热性能。

c. 改性弹性材料

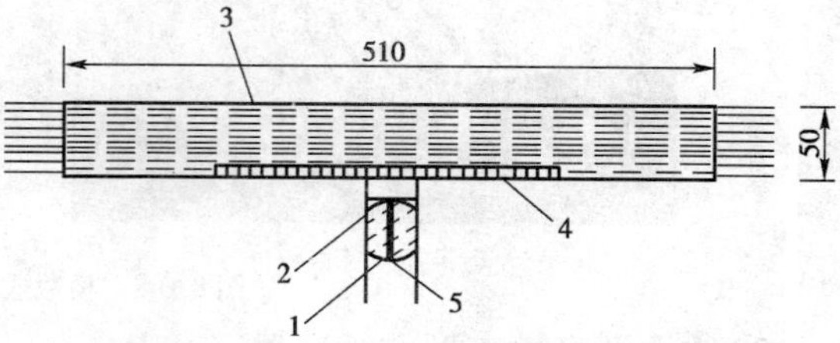

图8-0-10 万宝埋入式伸缩装置构造图(单位:mm)

1-发泡嵌条;2-伸缩缝粘合剂;3-弹性体材料(粘合剂和填料);4-支承封头板,6厚×200宽;5-中央铁钉(钉孔中心距300)

该弹性材料经过特殊改性，以保证材料能在较大温度范围内，既具柔韧性又有较高的软化点（82℃），因此在室外温度下不会发生流变现象，它与支承钢板、角状的填料一起作为伸缩装置的主体材料。

d. 石料

采用二次清洗后干燥的 1 号和 1-A 石料（下列为通过以下筛子尺寸的石料的百分数）

1 号石料	25mm：10%	1-A 石料	13mm：100%
	13mm：90% ~100%		6mm：90% ~100%
	6mm：0 ~15%		3mm：0 ~15%

②槽口尺寸

伸缩装置槽口最小安装尺寸为 510 mm 宽、50mm 深，应完整、清洁、干燥。

（2）施工安装程序

①埋入式伸缩装置根据接缝长度和体积发运材料。将支承钢板切割成 1m 或 1.5m 长度发运，改性弹性材料和石料计算体积后按量发运。

②本伸缩装置应由生产工厂或工地专业施工队伍进行施工，以确保质量。

③现场准备

a. 路面、人行道、防护栏中的槽口应根据施工图确立尺寸，所有接缝间隙大于 6mm 的都必须先填充发泡嵌条。槽口最小宽度为 510mm，最小深度为 50mm。

b. 将发泡嵌条置于接缝开口处，约低于开口 25mm，将预先加热的弹性体结合料浇注于接缝剩余空间的部分，要注意保证弹性接合料不流出缝处。

c. 将钢板沿接缝中心线首尾相连，在钢板中心位置钉入钉子，通过预钻孔用锤子直接钉入弹性结合料中，这些钉子用于钢板定位。然后将弹性体及石料混合，进行浇注。

④浇注混合填料

a. 在安装前弹性粘接料必须加热熔化至一定温度（不低于 191℃），整个槽口宜用热空气枪或丙烷气加热，然后将加热的粘接料浇注于槽口的侧部和底部及钢板的表面。

b. 将预先计量的石料置于混合搅拌器中，加热不低于 121℃，并把已热的粘接料加到石料中，混合约 5min，直至所有石料被粘接料包裹为止，然后将混合物浇满槽口，并搅拌、振捣。

c. 待接缝浇满后，再在顶部表面敷设细砂，抹平，其顶面宜略高于路面标高，并用压路机械顺向压实，冷却后即可通车。

4）TST 弹塑体、碎石填充型伸缩装置

TST 材料系由多种高分子聚合物与沥青混合而成。高温（140 ~190℃）显示与沥青一样的流动性，在常温下（ –25 ~60℃）显示为具有弹性和可塑性的固体。TST 永不固化，并长期保持这种性能。TST 在 –25℃时，仍有 100% 的延伸率，而将其用在伸缩装置上，仅需要大约 5% 的伸长与压缩，因而不会开裂或拉断。这种 TST 装置，现在只能用到最大的伸缩量 50mm 的中小桥梁上。

（1）构造特点

如图 8-0-11 所示。

①组成

a. 跨缝板。跨缝板的作用，是为了防止施工中碎石落下和保证伸缩体均匀收缩。

b. 海绵体。其作用是防止施工中熔化的 TST 漏掉。

c. 碎石。碎石有足够的能力支持荷载,在碎石内浇灌上弹塑体将碎石固定以满足伸缩装置的均匀收缩。

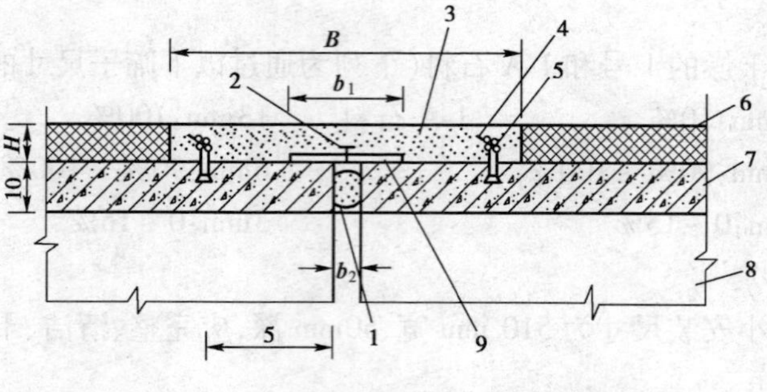

图 8-0-11 TST 填充型伸缩装置构造图(单位:cm)

1-海绵条;2-铁钉;3-TST 碎石;4-钢筋,$\phi12$;5-膨胀螺栓;6-沥青混凝土铺装(或水泥混凝土);7-现浇混凝土;8-预制板;9-钢盖板

②槽口尺寸(表 8-0-1)

槽 口 尺 寸(mm) 表 8-0-1

伸缩量	10	20	30	40	45	50
槽口宽 B	200	300	400	500	600	700
槽口深 H	60	60	80	80	80	80
梁端间隙 b_2	20	20	30	40	40	40

(2)施工安装程序

①TST 填充型伸缩装置应由生产工厂或工地专业施工队伍施工,以确保质量。

②施工环境的要求

a. 可靠的交通安全保障;

b. 无雨天气;

c. 风力大于 3 级,温度低于 10℃时不宜施工。

③施工步骤

a. 清扫伸缩装置周边的桥面。

b. 按设计要求确定的槽口宽度放线、切缝、清理。

c. 距离槽口 5cm,每间隔 25cm 打入一个膨胀螺栓,每米两边共 8 只,其高度在 $H/2$ 的槽口深,并中螺丝内侧螺帽上顺缝方向通焊一根 $\phi12$ 钢筋。

d. 清洗槽口,用火焰喷射器烘干槽口,并将槽口加热。

e. 用海绵胶条填塞变形适,不留空隙,以免熔化的 TST 漏掉。

f. 用 TST 专用粘合剂涂刷槽口壁,涂刷要饱满,不堆积不露白,晾干 15min 左右即可。

g. 浇入一层熔化的 TST,并用刮板均匀涂满槽口的底面与侧面。

h. 放置专用跨缝板盖住变形缝,跨缝板较圆一定要对中。梁端间隙≤40mm,用专用塑料板;梁端间隙 >40mm,用规定的钢板,且每段长度不得大于 1000mm,并插入定位针。

i. 从槽口一端开始,插入第一层已加热至 100 ~ 150℃ 的粗粒碎石,厚度以能见到下面的 TST 为准。然后浇入第二层 TST,淹没碎石即可;为加速 TST 渗透和排气,可用钢钎不断插捣。

j. 按上述步骤浇筑 TST 和碎石 2～3 层，到距槽口顶面 10mm 左右时，暂停作业，这时 TST 还在继续渗透、排气、收缩，按上述方法施工另一条伸缩缝。大约 1h 后，已施工未罩面的伸缩缝，TST 渗透、排气、收缩停止，表面出现孔隙和凹陷，此时可用加热后粒径为 5～10mm 的细粒料石罩面，用平头铲将细粒料拍紧、找平，使粒料高出槽口 3 mm 左右为宜，最后在粒料上非常小心地浇一层 TST，使其充满粒料孔隙并刚淹没粒料为止。若施工精心，一般不需要修整，自然冷却 1～2 h 后即可开放交通，如急需通车，可用冷水强制降温，30min 后可放行车辆。

5）D·S 布朗公司弹体填充式伸缩装置

该产品专业小位移量（≤50mm）设计。布朗 502 弹塑体是由多种高分子聚合而成，它在高温（140℃以上）为熔态，在常温（-25～60℃）是弹塑性固体。受到快速作用力（如冲击、振动）时显示高弹性，在缓慢作用力（如温度作用下的收缩、自然状态下的徐变）下显示可塑性，其延伸性好，粘结力强，不会开裂。这也是 502 弹塑体能用在碎石填充式伸缩装置上的依据，是伸缩装置构成和工作的主体。

（1）构造及尺寸

如图 8-0-12 所示。

①构造、材料

a. 布朗 502 弹塑体。由多种高分子聚合而成的一种高粘弹塑材料。

b. 集料。特别精选的黑色花岗石，按特定级配混合均匀，加倍清洗、干燥，用作集料，与 502 弹塑体拌和，增大密实度和承载力。

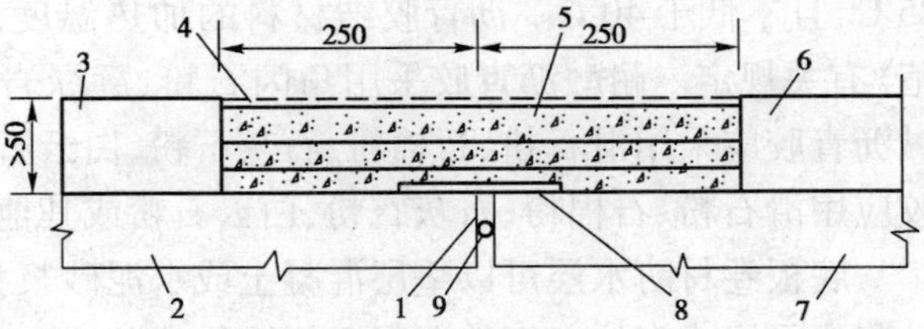

图 8-0-12　D·S 布朗填充式伸缩装置构造图（单位：mm）

1-伸缩缝间隙；2-混凝土梁体；3-面层（混凝土）；4-磨耗层（米石）；5-502 弹塑体按比例层铺；6-502 弹塑体底胶；7-相邻梁体；8-跨缝铝板；9-密封条

c. 米石。特别精选黑色花岗石，加倍清洗、干燥，用作表面磨耗层。

d. 跨缝板。选用铝板，厚 1mm，宽 150mm（当预留间隙大于 50mm 时，应适当加宽），标准长度为 1.2m 或 1.5m，作为跨缝板，防止集料落入缝隙并保证伸缩体均匀伸缩。

e. 密封条。用高弹性海绵制成，防止熔化的 502 弹塑体泄漏。

②槽口尺寸

按标准预留槽口，最小槽深 50mm，宽度 500mm，无需锚固。根据桥面的具体情况，槽深可适当增加。

（2）施工安装程序

①切割槽口，最小深度 50mm，宽度 500mm；

②用风镐、钢丝刷清除所有杂物；

③用火焰喷射枪清洁、干燥槽口；

④在槽底、槽边涂底胶，晾干 10～15min；

⑤在伸缩间隙处嵌入密封条，浇入熔化的 502 弹塑体填满间隙；

⑥放置跨缝板对中压紧；

⑦在槽底槽边涂一层熔化的 502 弹塑体，厚 1～2mm；

⑧在搅拌机中将集料加热到 135～163℃，在熔化炉中将 502 弹塑体加热到 188℃；

⑨拌和502弹塑体集料；

⑩在拌和料按比例分层摊铺、捣实，最后一层填料比桥面略高；在热粘结剂上撒一层米石，用压路机压实平齐。

二、桥面防水层

桥面防水层，设置在行车道铺装层下边，它将透过铺装层渗下的雨水汇积到排水设施排出。桥面防水层有以下几种类型：卷材防水层、涂料防水层、水泥砂浆防水层、石灰三合土或胶泥防水层。

1. 卷材防水层

热铺卷材防水层，应采用石油沥青油毡、沥青玻璃布油毡、再生胶油毡等。铺贴石油沥青卷材，必须使用石油沥青胶结材料；铺贴焦油沥青卷材，必须使用焦油沥青胶结材料。

防水层所用的沥青，其软化点应较基层及防水层周围介质的可能最高温度高出20~25℃，且不低于40℃。沥青胶结材料的加热温度，应符合国家标准《屋面工程施工及验收规范》有关规定。耐酸沥青胶采用角闪石粉、辉绿岩粉、石英粉或其他耐酸矿物粉为填充料；耐碱沥青胶应采用滑石粉、石棉粉、石灰石粉、白云石粉或其他而耐酸矿物粉为填充料；耐碱沥青胶应用滑石粉、石棉粉、石灰石粉、白云石粉或其他耐碱的矿物粉为填料。

底板卷材防水层可以垫层混凝土或水泥砂浆找平层作为基层，侧墙卷材防水层可以水泥砂浆找平层或直接以钢筋混凝土侧墙作为基层。基层必须牢固、平整、洁净；铺贴卷材前应尽量干燥；基层表面的阴阳角处，均应做成圆弧形或钝角。

铺贴卷材前，表面应用冷底子油满涂铺匀，待冷底子油干燥后方可铺贴卷材。卷材铺贴应符合下列规定：

(1)卷材铺贴前应保持干燥，并应将表面的云母、滑石粉等清除；

(2)卷材搭接长度，长边不应小于10cm，短边不应小于15cm；上下两层和相邻两幅卷材的接缝相互错开，上下层卷材不得相互垂直；

(3)粘贴卷材的沥青胶厚度，一般为1.5~2.5mm，不得超过3mm；

(4)在转角处，卷材的搭接缝应留置在底面上距侧墙不小于60cm处；

(5)在底板和墙角面处的卷材防水层，应在铺设前先将转角抹成钝角或圆弧形，铺设时并应在防水层上加铺附加层，附加层一般可采用二层同样的油毡或一层沥青玻璃布油毡，铺贴时应按转角处的形状粘贴紧密；当转角由三个不同方向表面构成时，除附加层外，应加一层沥青玻璃布油毡或金属片予以加固；

(6)粘贴卷材应展平压实，卷材与基层和各层卷间必须粘结紧密，并将多铺的沥青胶结材料挤出，搭接缝必须封缝严密，防止出现水路；粘贴完最后一层卷材后，表面应再涂一层厚为1~1.5mm的热沥青胶结材料。

2. 涂料防水层

涂料防水层是在混凝土结构表面上涂刷防水涂料以形成防水层或附加防水层。防水涂料可使用沥青胶结材料或合成树脂、合成橡胶的乳液或溶液。在较潮湿的基面上涂刷防水涂料时，应采用湿固型涂料或乳化沥青、阳离子氯丁橡胶乳化沥青等亲水性涂料。涂料防水层施工前的基层表面必须平整、密实、洁净。

(1)沥青胶结材料防水层施工的规定：

①基层表面应满涂冷底子油，并宜使其干燥；

②沥青胶结材料防水层一般涂二层，每层厚1.5~2.0mm；

③沥青胶结材料所用沥青的软化点、加热温度和使用温度，可参照卷材防水层；

④沥青胶结材料防水层施工温度不得低于-20℃，如温度过低，必须采取保温措施。

在炎热季节施工时，应采取遮阳措施，防止烈日暴晒及沥青流淌。

(2)合成树脂或合成橡胶乳液、溶液的防水涂料施工的规定：

①乳液或溶液防水涂料的配合比应按照设计规定或涂料说明书办理，配制时应搅拌均匀。

②防水涂料可用手工抹压、涂刷或喷涂，厚度应均匀一致，每道涂料厚度应按不同涂料确定，一般为1.0~3.0mm。

③第一层涂层涂刷完毕，必须干燥结膜后，方可涂刷下一层，一般涂2~3层。涂刷第一层时必须与混凝土密实结合，不得夹有空隙。

④涂料中如配合有挥发性溶剂时，应在3~4h内完成。

⑤涂料防水层中夹有玻璃丝布等夹层时，应在涂刷一遍涂料后，逐条紧贴玻璃丝布并扫平、压紧，使胶结料吃透布面。涂贴应均匀，不得有起鼓、翘边、皱折、流淌等现象。玻璃丝布搭接要求，可参照卷材防水层办理。

⑥施工时最低气温，当采用水乳型橡胶沥青时，不低于+5℃。雨天及大风天不得施工。

3. 水泥砂浆防水层

水泥砂浆防水层分为掺外加剂的水泥砂浆防方层、刚性多层作法防水层两种。

(1)水泥砂浆防水层材料应符合下列规定：

①水泥宜采用普通水泥或膨胀水泥，亦可采用矿渣水泥，侵蚀性环境中的水泥砂浆防水层，应按设计规定选用水泥，严禁使用过期、结块、失效水泥；

②外加剂宜采用减水剂或氯化物金属盐类防水剂；

③砂宜用中砂；

④水宜用不含有有害物质的纯净水。

水泥砂浆中水泥和砂的配合比，一般可采用1:2~1:2.5(体积比)；水灰比可采用0.4~0.45；坍落度可用7~8cm；纯水泥浆水灰比可采用0.4~0.6。采用外加剂的水泥砂浆，配合比应按有关技术规定执行。

(2)水泥砂浆防水层的铺设应符合下列规定：

①底层表面平整、粗糙、干净和湿润，不得有积水；

②刚性多层作法的防水层，各层宜连续施工，紧密贴合，不留施工缝；

③水泥砂浆应分层铺设，每层厚度5~10mm，前层初凝后再铺设后一层，总厚度不宜小于20mm；

④铺抹的最后一层，应将表面压光；

⑤采用水泥砂浆与纯水泥浆交替铺设的方法时，应先铺设纯水泥浆，再铺设水泥砂浆，可交替铺设4~5层。

水泥砂浆在气温不低于5℃的条件下施工和养护，养护期不少于7~10昼夜；水泥砂浆强度达到设计强度后方可承受水压。

4. 石灰三合土或胶泥防水层

在非冰冻区,中、小拱桥可采用三合土防水层,其厚度可为10cm左右。在铺设之前应先将拱背按排水方向做成一定的坡度,并砌抹平整。为确保防水效果,最好涂抹一层沥青。

三合土中之石灰应使用石灰胶或熟石灰粉。胶泥宜采用塑性指数大于15者,石灰和土应用5mm的筛子过筛,砂一般采用细砂。石灰、胶泥和细砂的比例可据胶泥成分采用2:1:3或2:1:4。

配好的混合料应在使用7天前拌和均匀并加水贮存。使用时应再次拌和,使用稠度均匀适宜;其用水量不宜过多,以达到塑性为止。

铺设时应注意拍打平整、密实。铺设完成后应覆盖养护,防止日晒、雨淋。发现裂纹时,应及时拍打密实。等表面不再发生裂缝后,才能在其上铺筑填充料。非冰冻地区的小跨径拱桥,也可采用胶泥做防水层,但须严格控制胶泥的含水量,以防干裂。

以往梁式桥的桥面防水工程,一般用1~3层沥表防水卷和2~3层防水涂料。这种体系的主体即石油沥青其适应性和耐久性差,但施工条件苛刻,故逐渐不被采用而改用防水混凝土。路面为水泥混凝土的高等级公路上,桥面防水采用防水混凝土成为较通用的方式。防水混凝土的施工,按《公路桥涵施工技术规范》(JTJ 041)的有关规定办理。

三、桥面铺装

1. 沥青桥面铺装

桥面铺装采用沥青混凝土铺筑时,为防止沥青混凝土中的集料损坏防水层,宜在防水层上先铺一层沥青砂作保护层。

2. 水泥混凝土桥面铺装

桥面铺装采用水泥混凝土铺筑时,有两种方式:一种方式是全桥面铺装防水混凝土,其厚度一般为6~8cm;另一种方式是在桥面铺装上再设置7cm厚的防水混凝土。防水混凝土层铺筑完成后,须及时覆盖和养护,并在混凝土达到设计强度后才能通车。

3. 桥面铺装施工注意事项

对预应力混凝土梁式桥,由于预应力损失、桥面铺装等第二部分恒载及活载的作用等因素,均会对梁体挠度造成一定影响。当上挠度过大时,将使桥面铺装施工产生困难,导致桥面铺装层在跨中较薄而支点外较厚,从而不能满足设计厚度的要求。因此,除应在梁体施工时采取有效措施过大的上挠度外,当梁体的实际上挠度已较大,并不可避免将对桥面铺装层的施工造成不利影响时,应采取调整桥面标高等措施,以保证铺装层的厚度。

四、人行道系

1. 概述

桥面上设置的护轮安全带、路缘石、防撞护栏、装饰块、人行道、栏杆及照明灯柱等属于桥面系施工的范畴。

对大多数桥梁而言,桥面系施工的主要工作内容是小型块件的预制和安装。随着公路等级的提高和长大桥梁的不断兴建,现浇混凝土防撞栏和金属防撞栏的施工也非常普遍。由于小型块件的混凝土体积较小,工序虽简单但较繁琐,块件数量多,所耗费的工时亦多,而施工产值却不高，所以块件预制和安装的质量往往不被重视。

桥面系的施工，不仅要满足桥梁使用功能上的要求，对外观质量也应有较高的要求。在施工中，除应采取合理的工艺控制方法保证预制块件的质量外，安装（或现浇）施工的重点是控制好线形和标高两个方面，使其协调一致，平顺美观。

2. 护轮安全带和路缘石

护轮安全带可以做成预制块件安装或与桥面铺装层一起现浇。预制的安全带块件有矩形截面和肋板截面两种，如图8-0-13所示，以矩形截面最为常用。现浇的安全带宜每隔 2.5 ~ 3m 做一断缝，以避免与主梁的收缩不一致而被拉裂。

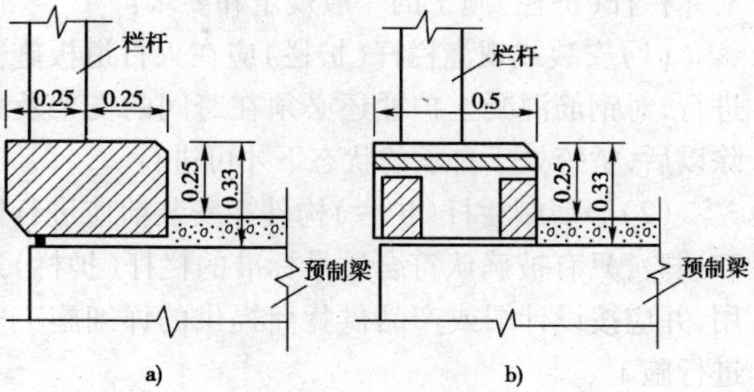

图 8-0-13　安全带（单位：m）

a）矩形截面；b）肋板截面

预制块件若采用人工搬运安装，每个块件的安装质量最大不应超过 200kg。安装前要精确放样，弯桥、坡桥要注意线形的平顺。块件必须坐浆安装，要落位准确，全桥对直，安装后线条直顺、整齐、美观。

路缘石一般 8 ~ 35cm，与安全带相类似，其施工的方法和工艺要求亦与护轮带相同。

3. 人行道

人行道顶面一般高出桥面 25 ~ 30cm，按人行道板安装在主梁上的位置分搁置式和悬臂式，如图 8-0-14 所示；预制块件分整体式和分块式，如图 8-0-15 所示。

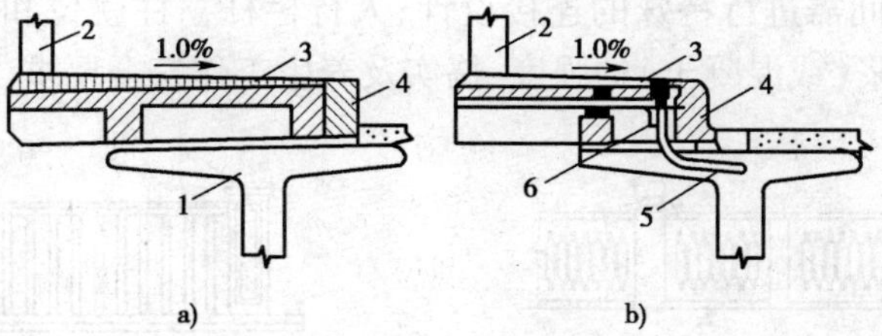

图 8-0-14　人行道

a）搁置式；b）悬臂式

1-T 梁；2-栏杆；3-铺装层；4-缘石；5-锚固钢筋；6-锚接钢筋

有吊装能力时，可将人行道板和梁整体分块预制，整体悬砌出边梁之外，使施工快而方便。分块式人行道板，预制块件小而轻，但施工繁琐，整体性差。

人行道板一般是预制拼装，也可现浇。在预制或现浇人行道板时，要注意预留出安装灯柱、栏杆的位置，埋设好预埋件。

人行道梁必须采用稠水泥砂浆坐浆安装，并以此来形成人行顶面的横向排水坡；安装悬臂式人行道板时，需注意将构件上设置的钢板与桥面板内的锚栓焊牢后，完成了人行道梁的锚固，才可安砌或浇筑人行道板，以设计无锚固的人行道梁，人行道板的铺设应按照由里向外的次序操作。

人行道应在桥面断缝处做成伸缩缝。

人行道防水层通过人行道板与路缘石砌缝外与桥面防水层连成整体。

4. 栏杆与护栏

栏杆是桥梁工程的重要组成部分，对桥梁工程的评价起着直观的作用。栏杆施工不仅要保证质量，还要满足艺术型和美观的要求，见图 8-0-16～8-0-19。

栏杆（护栏）施工的一般规定和要求：

（1）安装或现浇栏杆（护栏）应在人行道板施工完成后进行，对钢筋混凝土护栏还必须在跨间的支架及脚手架拆除以后，桥跨处于自承的状态下才可进行。

（2）金属制栏杆（护栏）构件在安装前应进行质量检查和试验，只有被确认符合质量标准的栏杆（护栏）产品才使用，并应按设计图或产品供货商提供的详细施工安装方法进行施工。

（3）栏杆（护栏）必须全桥对直、校平（弯格、坡桥要求平顺）；栏杆（护栏）顶的标高应符合设计要求，以使线形顺适，外表美观，不得有明显的下垂和拱起。竣工后的栏杆（护栏）中线、内外两个侧面及相同部分上的各个杆件等，均应分别在一条直线或一个平面上。

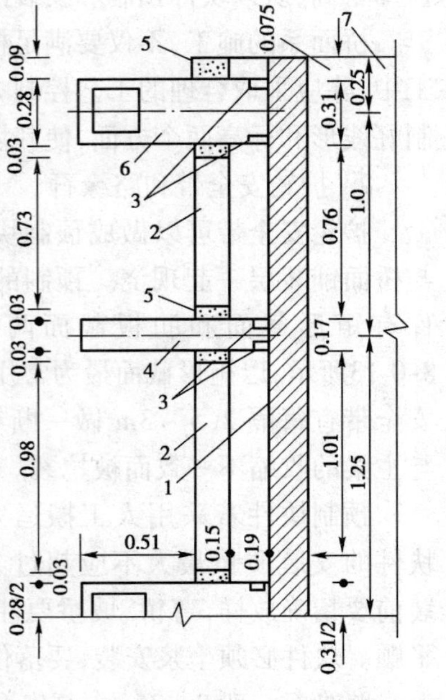

图 8-0-15　预制装配悬臂式人行道的构造（单位：m）

1-缘石；2-支撑梁；3-固定锚栓；4-人行道 B；5-混凝土填空；6-人行道 A；7-翼缘板

（4）栏杆（护栏）的连接必须牢固。钢筋混凝土墙式护栏宜采用就地浇筑的方法进行施工，当采用预制件时，护栏与桥面板（人行道板）间需进行特殊的连接设计；人行栏杆立柱就位和嵌固是施工重点，必须严格保证填充水泥砂浆（或混凝土）的强度、捣实及养生工作符合要求。

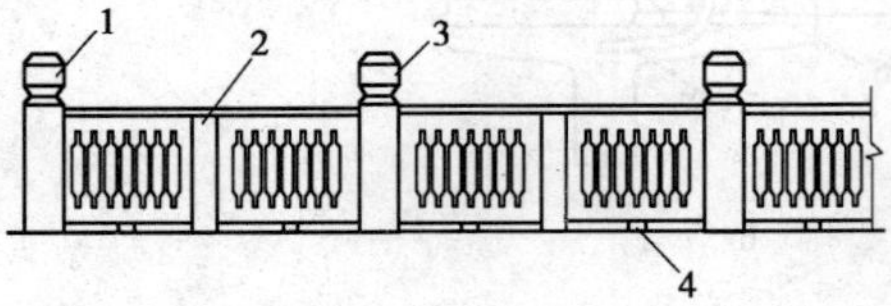

图 8-0-16　节间式栏杆

1-端柱；2-暗柱；3-中柱；4-支托

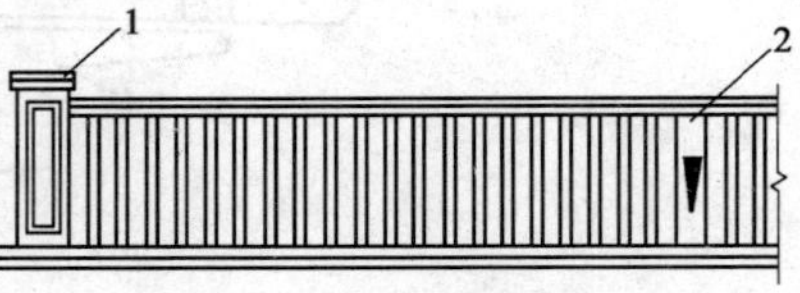

图 8-0-17　连续式栏杆

1-端柱；2-暗柱

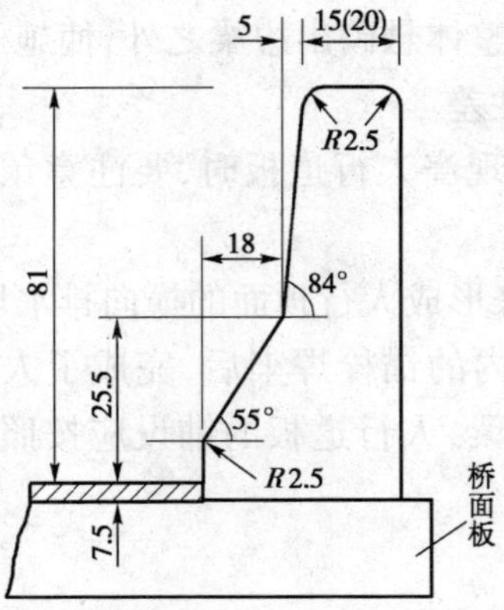

图 8-0-18　钢筋混凝土墙式护栏（单位：cm）

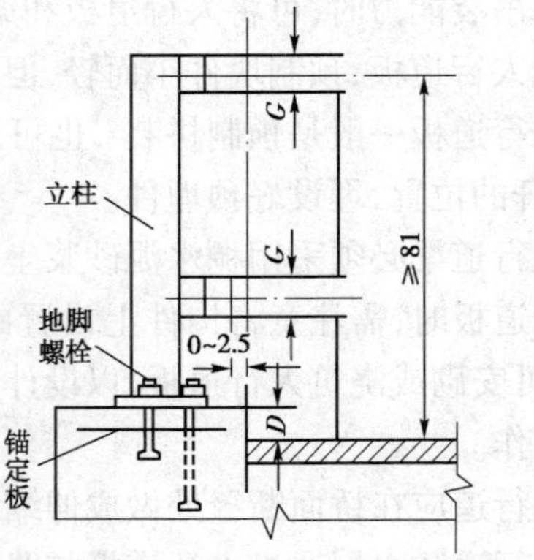

图 8-0-19　金属制桥梁栏杆（单位：cm）

(5)栏杆(护栏)的外表应平整、光洁、美观,钢筋混凝土栏杆(护栏)不应出现蜂窝、麻面。不合规格的构件一定要废除。金属构件在安装过程中应尽量避免损坏保护层,安装完成后,应对被损坏的保护层按规定方法修复。钢栏杆是混合式栏杆的外露钢筋,要采用双层防腐,确保防腐效果。

(6)伸缩缝要妥善处理。人行栏杆伸缩缝的设置和施工质量需保证栏杆节间随主梁一同伸缩,伸缩缝内应填满橡胶或沥青胶泥等弹性、不透水的材料,不应有松散的砂浆和活动时有可能剥落的砂浆薄皮。

5. 灯柱

灯柱常用钢管或铸铁管架立,一般采用钢筋(或钢板)焊接(或螺栓锚固)在桥面预埋的锚栓上,再用水泥砂浆填缝固定。安装灯柱时,必须在全桥对直和校平,对坡桥、斜桥则要求平顺。

灯柱施工的一般要求:

(1)安装前对构件要进行全面检查,符合质量要求才能使用;

(2)灯柱按设计的位置准确放样;

(3)灯柱的连接必须牢固,线条顺直、整齐、美观,电路安全可靠;

(4)灯柱的竖直度:顺桥向、横桥向均不大于10mm。

思考与练习

1. 简述各类伸缩装置的构造特点及安装要点。

2. 简述桥面防水层的分类及施工要求。

3. 简述桥面铺装的作用、分类及施工要求。

单元九 涵洞施工

课题一 施工准备工作

【内容提要】 本课题主要介绍了涵洞的施工准备工作和施工放样。

【教学要求】

应知:1. 熟悉涵洞施工前的准备工作;2. 掌握涵洞施工放样的方法。

应会:能进行涵洞的施工放样。

【教学建议】 本课题宜采用理论讲解与实操训练相结合的一体化教学方法进行授课。

一、准备工作

涵洞施工除应按照单元一进行准备外,还应注意下列事项:

1. 现场核对

涵洞开工前,应根据设计资料,结合现场实际地形、地质情况,对其位置、方向、孔径、长度、出入口高程以及与灌溉系统的连接等进行核对。核对时,还需注意农田排灌的要求,需要增减涵洞数量、变更涵型或孔径时,应向监理反映,按照合同有关规定办理。

2. 施工详图

若原设计文件、图纸不能满足施工需要时,例如地形复杂处的陡峻沟谷涵洞、斜交涵洞、平曲线或大纵坡上的涵洞、地质情况与原实际资料不符处的涵洞等应先绘出施工详细图或变更设计图,然后再依图放样施工。

3. 施工放样

涵洞中线和涵台位置的测定应按本单元的方法办理。

二、涵洞的施工放样

涵洞施工中的测量工作主要是测设涵洞中心桩位以及涵洞轴线方向。对于涵洞,设计资料一般会给出中心桩号、斜交角、涵长等,根据这些资料,可以测设涵洞中心桩以及轴线。

涵洞施工设计图表是施工放样的依据,根据设计中心里程,在地面上标定涵洞位置并设置涵洞纵向轴线。当涵洞位于路线的直线部分时,其中心应根据线路控制桩的方向和附近百米桩里程来测定;位于曲线部分时,应按曲线测设方法测定。

涵洞轴线确定后量出上下游涵长,考虑出入水口是否顺畅,当无需改善时,用小木桩标定涵端,用大木桩控制涵洞轴线,并以轴线为基准测定基坑和基础在平面上的所有尺寸,用木桩标出,如图 9-1-1 所示。或者设置线板,在线板上以凹痕指出所有基础边沿及边墙在平面上的外形。线板在预定基坑范围以外 1.0 ~ 1.5m 处钉以水平的木桩,各木桩间距 2 ~ 3m,将线板固定在木桩上,如图9-1-2所示。

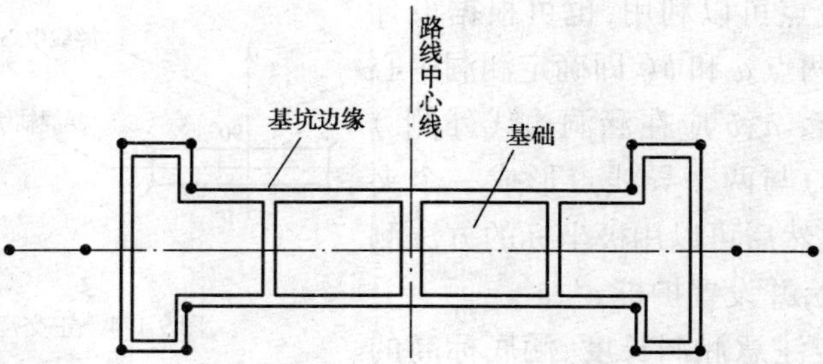

图 9-1-1　涵洞基础的放样

1. 涵洞中心桩的测设

涵洞中心桩测设通常可以利用离桥涵最近的已经测设的中桩位置,计算涵洞中心到前后中桩的距离,采用直接丈量的方法测设,如图 9-1-3 所示。

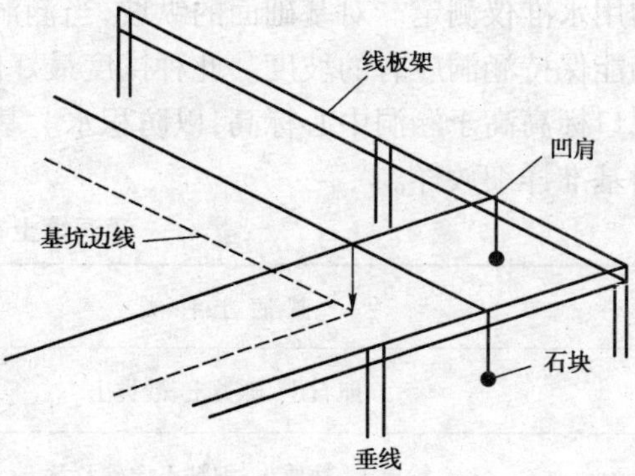

图 9-1-2　线板

对于附近有可以利用的导线点时,也可利用路线附近的导线,根据计算的涵洞中心坐标,计算距离和夹角。采用极坐标的放样方法测设涵洞中心如图 9-1-3 所示,将经纬仪安置在导线点 A 上,后视导线点 B,然后将照准部旋转角 θ,即为涵洞中心所在方向,在此方向上从 A 点开始量取水平距离 L 所得就是要测设的涵洞中心。

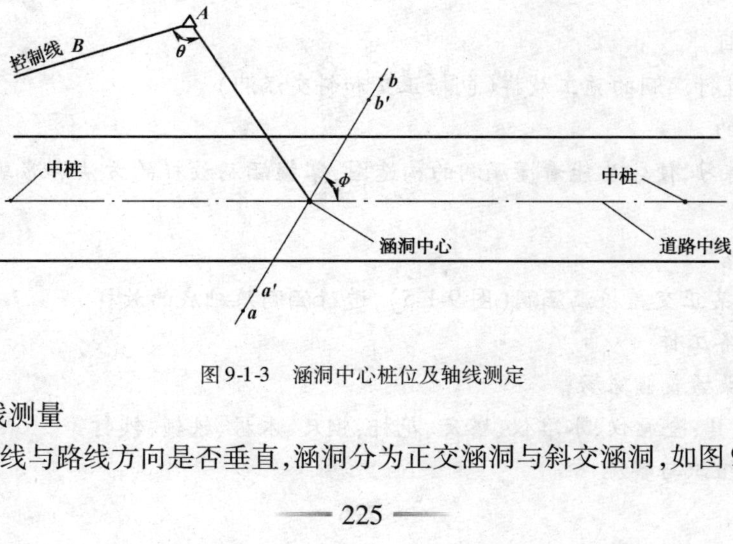

图 9-1-3　涵洞中心桩位及轴线测定

2. 涵洞轴线测量

根据涵洞轴线与路线方向是否垂直,涵洞分为正交涵洞与斜交涵洞,如图 9-1-4 所示。

对于正交涵洞，其轴线垂直于路线中线。在涵洞中心位置确定以后，可利用方向架确定其轴线方向。或者将经纬仪架设在涵洞中心桩处，后视路线方向，盘左、盘右旋转 90°(或 270°)，取其平均位置，即为涵洞轴线方向。为了方便在施工过程中恢复轴线，一般在轴线方向设立护桩，如图 9-1-4 所示。

对于斜交涵洞，可将经纬仪架设在涵洞中心桩处，后视路线方向，盘左、盘右旋转一个角度为斜交角 ϕ (或 $180-\phi$)，取其平均位置，即为涵洞轴线方向。

如果附近有导线点可以利用，也可根据设计资料，确定轴线上某两点 a 和 b(即确定涵洞中心沿轴线到 a、b 的距离，a、b 应在涵洞边线外侧) 的坐标，则以 a(或 b) 与两个导线点形成一个夹角，计算夹角和距离，然后可以用极坐标的方法测设 a 和 b 的实际位置，并设置护桩 a'、b'。

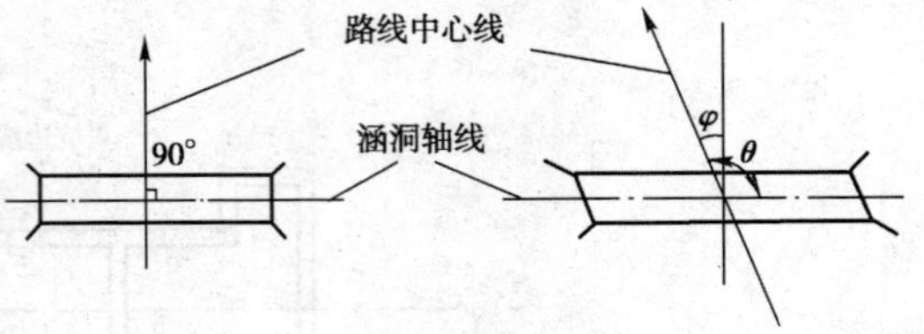

图 9-1-4　正交涵洞与斜交涵洞

测量放样时，应注意涵洞长度、涵底标高的正确性。对位于曲线和陡坡上的涵洞应考虑加宽、超高和纵坡的影响。涵洞各个细部的高程，均用水准仪测定。对基础面的纵坡，当涵洞填土在 2m 以上时，应预留拱度，以便路堤下沉后仍能保持涵洞应有的坡度。此种拱度最好做成弧形，其数值可按表 9-1-1 所列计算，但应使进水口标高高于涵洞中心标高，以防积水。基础建成后，安装管节或砌筑涵身时均应以涵洞轴线为基准详细放样。

涵洞填土在 2m 以上的预拱度　　表 9-1-1

基底土种类	涵洞建筑拱度
卵石土、砾类土、砂类土	$H/80$
粉质土、粘质土、细粘土质砂及黄土	$H/50$

注：H 为线路中心处涵洞流水槽面到路基设计高的填方高度。

附：实训模块

1. 实训项目

用坐标法进行涵洞的施工放样(包括正交和斜交涵洞)。

2. 实训目的

通过实训练习，使学生能看懂涵洞的构造图，掌握涵洞放样的方法和步骤，能进行涵洞的放样。

3. 实训内容

参考题目：某正交盖板涵涵洞(图 9-1-5)，进行涵洞基础底的放样。

4. 实训准备工作

(1)场地：操场或篮球场；

(2)仪器工具：全站仪、水准仪、塔尺、花杆、钢尺、木桩、铁锤、铁钉等。

5. 实训的组织与实施

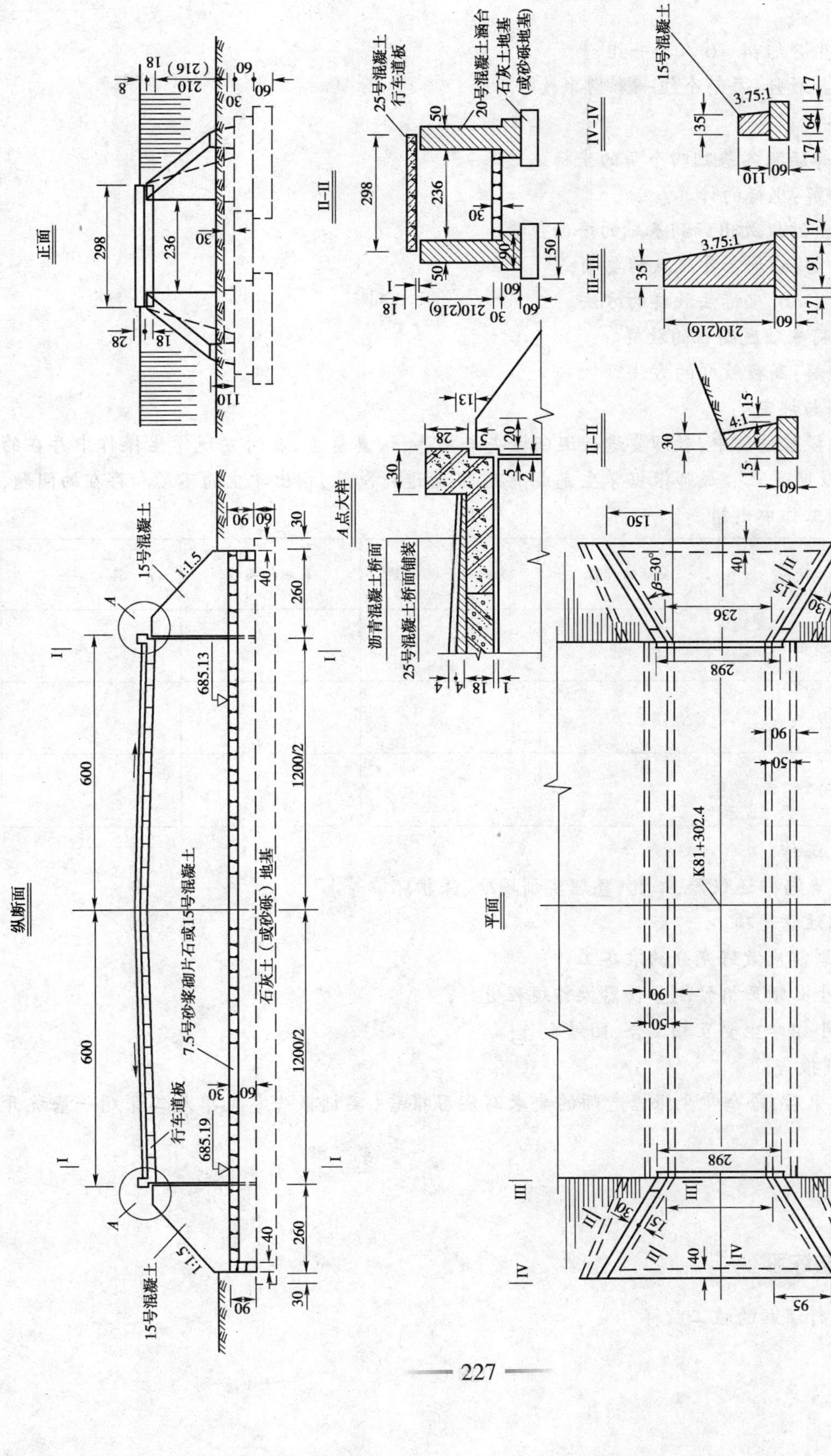

附注：1.本图尺寸单位除标高以m计外,余均以cm计;
2.括号内尺寸数字为出水口台高;
3.行车道板一般构造图及钢筋布置另图表达,本图中未示出。

图 9-1-5 盖板涵布置图

1)人员

(1)学生分组:4~6人为一组;

(2)指导教师:每两个组一名指导教师。

2)实施

(1)计算涵洞各基础四个角的坐标。

教学讲解:坐标的计算。

(2)用全站仪放出涵洞基础的平面位置。

教学讲解:a.加密导线点的要领;

b.坐标法放样的方法。

(3)涵洞基础底高程的放样。

教学讲解:高程放样的方法。

3)检查与评定

学生在操练过程中,教师要进行巡回检查与指导,认真负责,及时发现学生操作中存在的问题,以便及时更正。教师根据学生完成情况,及时进行总结,指出学生的不足和存在的问题,避免在今后工作中出错。

项　目	坐标的计算	基础的平面位置	基础的高程	其　他
存在问题				
得分				
总分				

4)收尾工作

检查清点与归还仪器、工具,整理实训场地、保护环境等。

5)实训注意事项

(1)实训前应做好充分的准备工作;

(2)学生必须严格按测量仪器操作规程进行;

(3)各小组学生要互相配合,团结合作。

6. 实训报告

实训结束后,每个学生根据老师的要求写实习报告(实训报告参见单元二课题一基坑开挖实训模块)。

思考与练习

如何进行涵洞的施工放样?

课题二 涵洞施工

【内容提要】 本课题主要介绍了管涵、拱涵、盖板涵和箱涵以及涵洞附属工程的施工。

【教学要求】

应知：1. 了解管节的运输与装卸；2. 掌握各种管涵的施工程序及方法；3. 掌握拱涵、盖板涵和箱涵施工程序及方法；4. 掌握涵洞附属工程的施工；5. 了解各类涵洞的施工质量标准。

应会：1. 能进行各种涵洞的施工；2. 能进行涵洞附属工程的施工。3. 能参与涵洞质量的检验。

【教学建议】本课题宜采用理论讲解与实操训练。放映录像与现场观摩相结合的方法授课。

一、管涵

公路工程中的管涵有混凝土管涵和钢筋混凝土管涵，目前我国公路工程中多采用钢筋混凝土管涵。公路管涵的施工多系预制成管节，每节长度多为 1m，然后运往现场安装。

管涵的施工包括管节的预制、管节的运输与装卸及管涵的安装。

1. 涵管的预制和运输

预制混凝土管可采用振动制管法、离心制管法、悬辊制管法和立式挤压制管法。鉴于公路工程中涵管一般为外购，故对涵管预制不再进行详细说明，但涵管进场后必须对其质量进行检验。

混凝土管节成品的质量检验分为尺寸检验和强度检验。

混凝土管节成品质量要求及尺寸允许偏差如表 9-2-1 所示。

混凝土管节成品质量要求和尺寸允许偏差　　表 9-2-1

项　目		质量要求或允许偏差(mm)	检查方法和数量
1. 管节形状		端面应平整并与其轴线垂直，斜交管涵进出水口管节的外端面，应按斜交角度进行处理	目测，用垂心吊线
2. 管壁内外侧表面		应平直圆滑，如有蜂窝，每处面积不得大于 30mm × 30mm，深度不得超过 10mm；其总面积不得超过全面积的 1% 并不得露筋，蜂窝处应修补完善后方可使用	目测，用钢尺丈量
3. 管节混凝土强度		符合设计要求	合同条件养护的试件
4. 管节整体强度		符合设计要求	合同规定时按管节整体强度的试验方法试验
5. 涵管吸水率		不超过干管质量的 6%	合同规定时按涵管吸水率的试验方法试验
6. 管节尺寸允许偏差(mm)	管节长度	0 ~ 10	沿周边检查 4 处
	内(外)直径	不小于设计值	两端各检查 4 处
	管壁厚度	-3，正值不限	两端各检查 4 处
	顺直度	矢度不大于 0.2%	

涵管强度试验应按规范要求的方法进行，其抽样数量及合格要求为：

(1)涵管试验数量应为涵管总数的1%～2%，但每种孔径的涵管至少要试验1个。

(2)如首次抽样试验未能达到试验标准时，允许对其余同孔径管节再抽选2个重新试验。只有当2个重复试验的管节达到强度要求时，涵管才可验收。

(3)在进行大量涵管检验性试验时，是以试验荷载大于或等于裂缝荷载时还没有出现裂缝者为达到标准。

在北方冬季寒冷冰冻地区，混凝土涵管还应进行吸水率试验，要求钢筋混凝土和无筋混凝土涵管的吸水率不得超过干管质量的6%。

管节运输与装卸过程中，应注意下列问题：

(1)待运的管节其各项质量应符合前述的质量标准，应特别注意检查待运管节设计涵顶填土高度是否符合设计要求，防止错装、错运；

(2)运输管节的工具，可根据道路情况和设备条件采用汽车、拖拉机拖车，不通公路地段可采用马车；

(3)管节的装卸可根据工地条件，使用各种起重设备如龙门吊机、汽车吊和小型起重工具、滑车、链滑车等；

(4)在装卸和运输过程中，应小心谨慎。运输途中每个管节底面宜铺以稻草，用木块圆木楔紧，并用绳索捆绑固定，防止管节滚动相互碰撞破坏，固定方法可参考图9-2-1；

(5)从车上卸下管节时，应采用起重设备；严禁由汽车上将管节滚下，造成管节破裂。

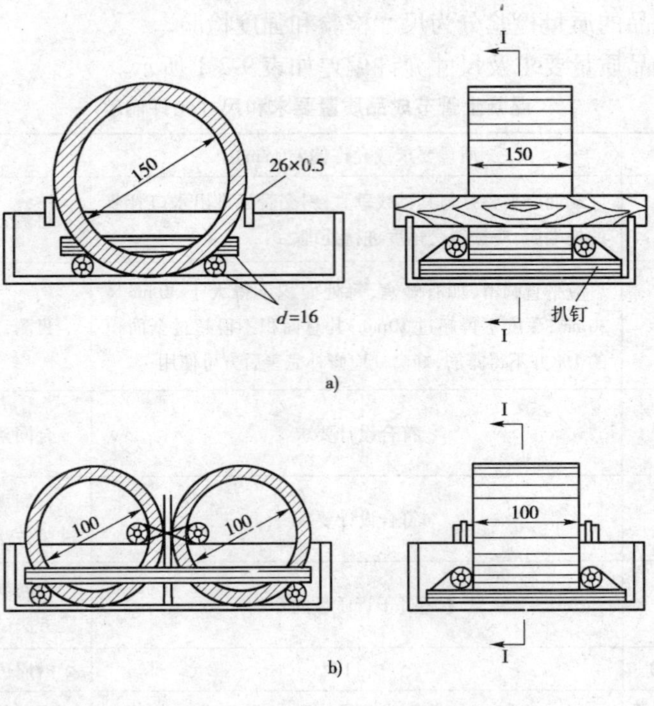

图9-2-1　涵管固定在车身内的方法(单位:cm)

a)断面I-I；b)断面I-I

2. 管涵施工程序

管涵可分为单孔、双孔的有圬工基础和无圬工基础的管涵，现将其施工程序简介如下：

1）单孔有圬工基础管涵

（1）挖基坑并准备修筑管涵基础的材料；

（2）砌筑圬工基础或浇筑混凝土基础；

（3）安装涵洞管节，修筑涵管出入口端墙、翼墙及涵底（端墙外涵底铺装）；

（4）铺设涵管防水层及修整；

（5）铺设涵管顶部防水粘土（设计需要时），填筑涵洞缺口填土及修建加固工程。

整个程序如图 9-2-2 所示。

2）单孔无圬工基础管涵

洞身安装程序如图 9-2-3 所示。

（1）挖基与备料与图 9-2-2 同，本图未示出；

（2）在捣固夯实的天然土表层或矿砂垫层上，修筑截面为圆弧状的管座，其深度等于管壁的厚度；

（3）在圆弧管座上铺设垫底的防水层，然后安装管节，管节间接缝宜留 1cm 宽，缝中填防水材料；

（4）在管节的下侧再用天然土或砂砾垫层材料作培填料，并捣实至设计高程（如图所示），并切实保证培填料与管节密贴。再将防水层向上包裹管节，防水层外再铺设粘质土，水平径线以下的一部分特别填土，应立即填筑，以免管节下面的砂垫层松散，并保证其与管节密贴。在严寒地区这部分特别填土必须填筑不冻胀土料。

（5）修筑管涵出入口端墙、翼墙及两端涵底和进行整修工作（图中未示出）。

3）双孔无圬工基础管涵

洞身施工程序如图 9-2-4 所示。

（1）挖基、备料与前同（本图未示出）。

（2）在捣固夯实的天然土表层或砂垫层上修筑圆弧状管座，其深度等于管壁的厚度。

（3）按图 9-2-3 的程序，先安装右边管并铺设防水层，在左边一孔管节未安装前，在砂垫层上先铺设垫底的防水层，然后按同样的方法安装管节。管节间接缝尽量抵紧，管节内外接缝均以强度 10MPa 水泥砂浆填塞。

（4）在管节下侧用天然土或砂垫层材料做填料，夯实至设计高程处（如图所示），并切实保证与管节密贴。左侧防水层铺设完后，用贫混凝土填充管节间的上部空腔，再铺设软塑状粘性土。

防水层及粘土铺设后，涵管两侧水平径线下的一部分填土应立即填筑，以免管节下面的砂垫层松散。在严寒地区此部分填土必须填筑不冻胀土料。

（5）修筑管涵出入口两端端墙、翼墙及涵底和整修工作。

4）涵底陡坡台阶式基础管涵

沟底纵坡很陡时，为防止涵洞基础和管节向下滑移，可采用管节为台阶式的管涵，每段长度一般为 3～5m，台阶高差一般不超过相邻涵节最小壁厚的 3/4。如坡度较大，可按 2～3m 分段或加大台阶高度，但不应大于 0.7m，且台阶处的净空高度不应小于 1.0m。此时在低处的涵顶上应设挡墙，以掩盖可能产生的缝隙，见图 9-2-5。

无圬工基础的陡坡管涵，只可采用管节斜置的办法，斜置的坡度不得大于 5%。

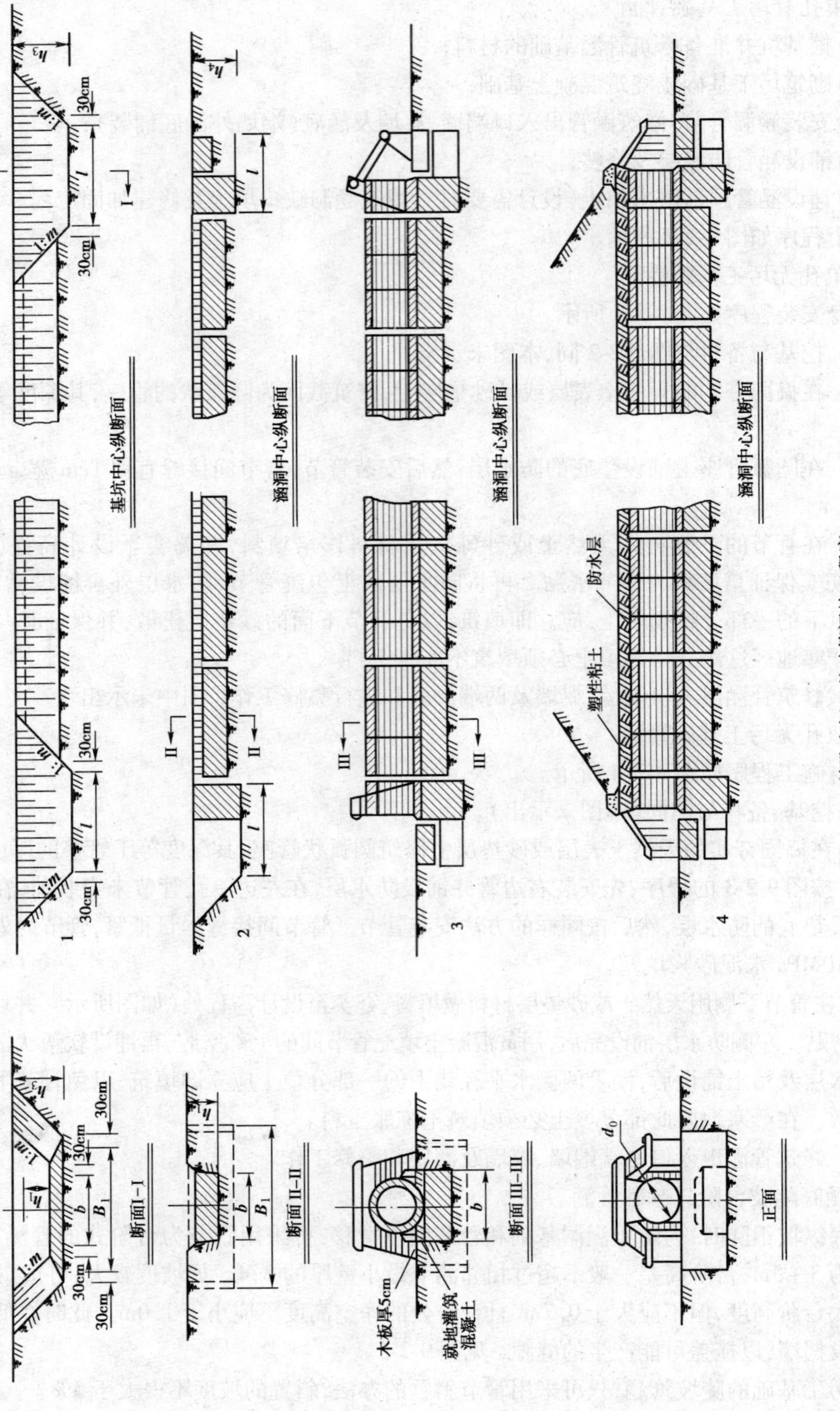

图9-2-2 单孔有圬工基础管涵施工程序

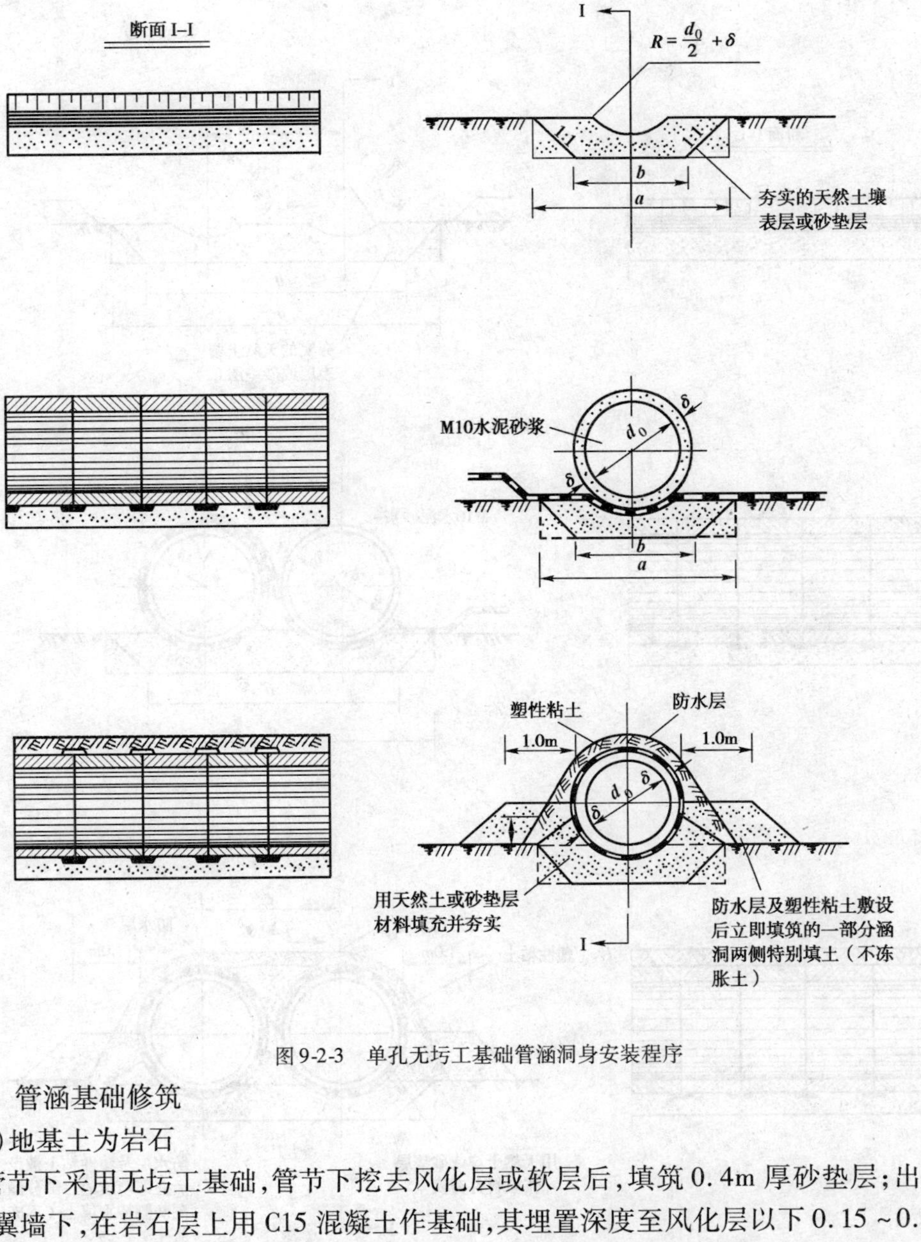

图 9-2-3　单孔无圬工基础管涵洞身安装程序

3. 管涵基础修筑

1)地基土为岩石

管节下采用无圬工基础,管节下挖去风化层或软层后,填筑 0.4m 厚砂垫层;出入口两端端墙、翼墙下,在岩石层上用 C15 混凝土作基础,其埋置深度至风化层以下 0.15 ~0.25m 并最小等于管壁厚度加 5cm。风化层过深时,可改用片石圬工,最深不大于 1m。管节下为硬岩时,可用混凝土抹成与管节密贴的垫层。

2)地基土为砾石土、卵石土或砂砾、粗砂、中砂、细砂或匀质粘性土

管节下一般采用无圬工基础,对砾、卵石土先用砂填充地基土空隙并夯实,然后填筑 0.4m 厚砂垫层;对粗、中、细砂地基土表层应夯实;对匀质粘性地基土应做砂垫层;出入口两端端墙、翼墙的圬工基础埋置深度,设计无规定时为 1.0m,对于匀质粘性土,负温时的地下水位在冻结深度以上时,出入口两端端墙、翼墙圬工基础埋置深度为 1.0 ~1.5m;当冻结土深度不深时,基础埋深宜等于冻结深度的 0.7 倍,当此值大于 1.5 时,可采用砂加卵石在圬工基础下换填至冻

结深度的0.7倍。

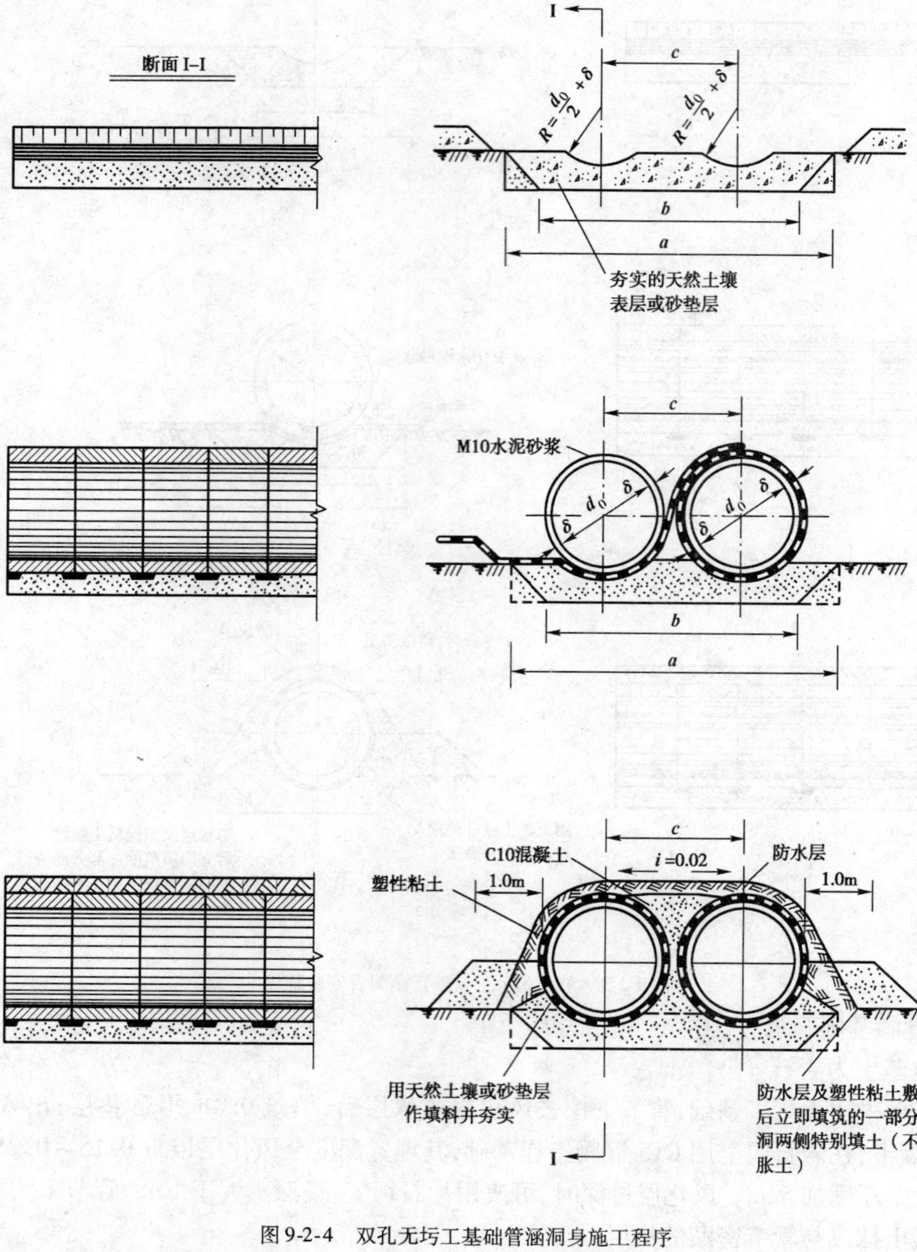

图9-2-4　双孔无圬工基础管涵洞身施工程序

3）地基土为粘性土

管节下应采用0.5m厚的圬工基础，出入口两端端墙、翼墙基础埋置深度为1.0～1.5m；当地下水冻结深度不深时，埋深应等于冻结深度；当冻结深度大于1.5m时，可在圬工基础下用砂夹卵石换填至冻结深度。

4）必须采用有圬工基础的管涵

（1）管顶填土高度超过5m；

(2)最大洪水流量时,涵前壅水高度超过2.5m;

(3)河沟经常流水;

(4)沼泽地区深度在2.0m以内;

(5)沼泽地区淤积物、泥炭等厚度超过2.0m时,应按特别设计的基础施工。

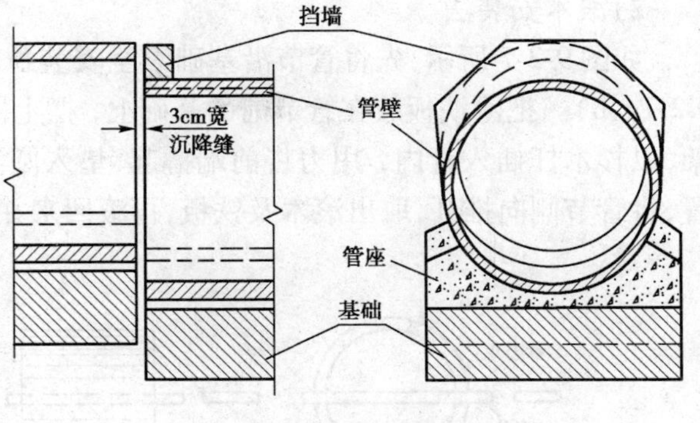

图9-2-5　陡坡台阶管涵

5)严寒地区的管涵基础施工

常年最冷月份平均气温低于-15℃的地区称严寒地区。

(1)匀质粘性土和一般粘性土的基础均须采用圬工基础;

(2)出入口两端端墙、翼墙基础应埋置在冻结线以下0.25m;

(3)一般粘性土地区的地下水位在冻结深度以上时,管节下埋置深度应为$H/8$(H为涵底至路面填土高度),但不小于0.5m,也不得超过1.5m。

6)基础砂垫层材料

可采用砂、砾石或碎石,但必须注意清除基底植物层。为避免管节承受冒尖石料的集中应力,当使用碎石、卵石作垫层时,要有一定级配或掺入一定数量的砂,并夯捣密实。

7)软土地区管涵地基处理

管涵地基土如遇到软土,应按软土层厚度分别进行处理。当软土层厚度小于2.0m时,可采取换填土法处理,即将软土层全部挖除,换填当地碎石、卵石、砂夹石、土夹石、砾砂、粗砂、中砂等材料并碾压密实,压实度要求94%~97%。如采用灰土(石灰土、粉煤灰土)换填,压实度要求93%~95%,换填土的干密度宜用重型击实试验法确定。碎石或卵石的干密度可取2.2~2.4t/m^3。换填层上面再砌筑0.5m厚的圬工基础。

当软土层超过2m时,应按软土层厚度、路堤高度、软土性质作特殊设计处理。

4. 管节安装

管节安装应从下游开始,使接头面向上游;每节涵管应紧贴于垫层或基座上,使涵管受力均匀;所有管节应按正确的轴线和图纸所示坡度敷设。如管壁厚度不同,应使内壁齐平。在敷设过程中,要保持管内清洁无脏物、无多余的砂浆及其他杂物。

管节安装可根据地形及设备条件采用下列各种办法:

1)滚动安装法

如图9-2-6所示,管节在垫板上滚动至安装位置前,转动90°使其与涵管方向一致,略偏一侧。在管节后用木撬棍拨动至设计位置,然后将管节向侧面推开,取出垫板再滚回原位。

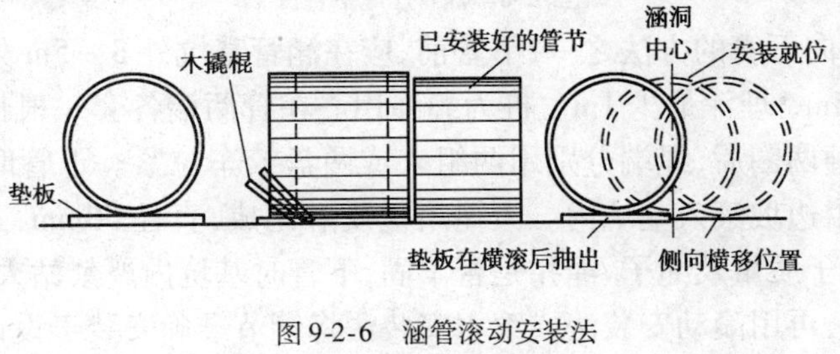

图9-2-6　涵管滚动安装法

2)滚木安装法

如图 9-2-7 所示,先将管节沿基础滚至安装位置 1m 处,旋转 90°,使与涵管方向一致(图 9-2-7a、b)。把薄铁板放在管节前的基础上,摆上圆滚木 6 根,在管节两端放入半圆形承托木架,以杉木杆插入管内,用力将前端撬起,垫入圆滚木(图 9-2-7c、d、e),再滚动管节至安装位置,将管节侧向推开,取出滚木及铁板,再滚回来并以撬棍(用硬木护木承垫)仔细调整。

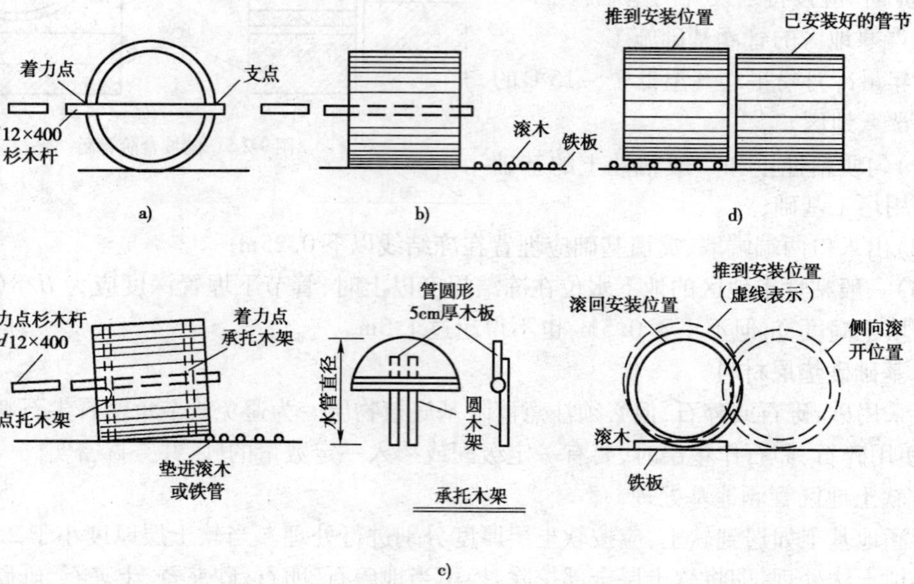

图 9-2-7 涵管滚木安装法

3)压绳下管法

当涵洞基坑较深,需沿基坑边坡侧向将管滚入基坑时,可采用压绳下管法,如图 9-2-8 所示。

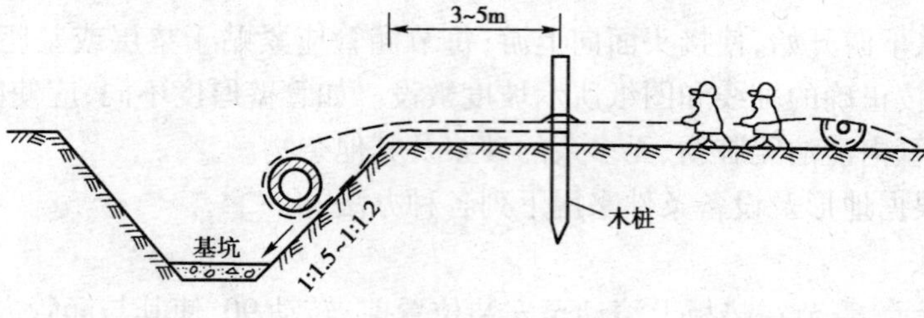

图 9-2-8 涵管压绳下管法

压绳下管法是侧向下管的方法之一,下管前,应在涵管基坑外 3 ~ 5m 处埋设木桩,木桩直径不小于 25m,长 2.5m,埋深最少 1m。桩为缠绳用。在管两端各套一根长绳,绳一端紧固于桩上,另一端在桩上缠两圈后,绳端分别用两组人或两盘绞车拉紧。下管时由专人指挥,两端徐徐松绳,管子渐渐由边坡滚入基坑内。大绳用优质麻制成,直径 50mm,绳长应满足下管要求。下管前应检查管子质量及绳子、绳扣是否牢固,下管时基坑内严禁站人。

管节滚入基坑后,再用滚动安装法或滚木安装法将管节准确安装于设计位置。

4）龙门架安装法

如图9-2-9所示，这种方法适用于孔径较大管节的安装，移动龙门架时，可在柱脚下放3根滚杠，用撬棍拨移。所需工具材料参见表9-2-2。

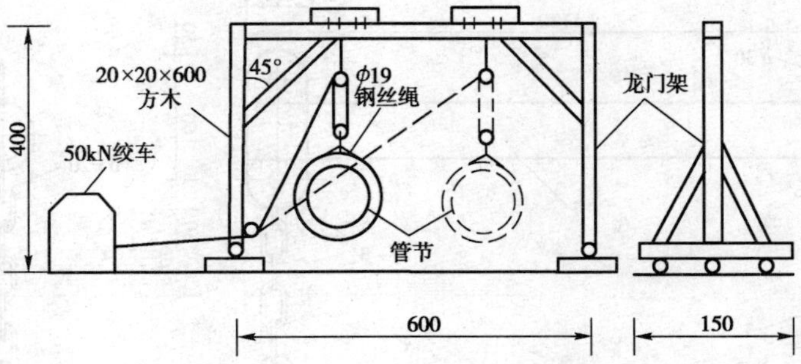

图9-2-9　用龙门架安装涵管法（单位：cm）

龙门架安装涵管需用工具材料　　表9-2-2

名　称	规　格	单　位	数　量
绞车	50kN	台	1
钢丝绳	ϕ19mm×200mm	根	1
钢丝绳	ϕ19mm×8m	根	2
滑车	350mm	个	4
转向滑车		个	2
卡环		个	3
撬棍		根	4
信号旗	红白旗	对	1

5）吊车安装法

使用汽车或履带吊车安装管节甚为方便，但一般零星工点，机械台班利用率不高，宜在工作量集中的工点使用。

为了加快工程进度，保证管节安全就位，用吊车安装时可采用特殊吊钩，如图9-2-10所示。吊钩由支杠1和横梁2组成，支杠和横梁均用外径102mm和管壁厚7mm的钢管制成，套钩3用3号钢制成，厚20mm，嵌入支杠1终端的槽内并焊上。套钩4厚10mm装在横梁2的套筒上也同样用电焊焊上。支杠1的两端挂着链条和钩子5。

用吊车起吊管节时，将横梁2穿进管节，然后把套钩4挂在钩子5上，管节用吊车吊起并安装在涵管的基础上。在管节准确安装就位后，将钩子5与套钩4脱离并把横梁2取出。管节间的缝隙应小于1cm。

5. 安装管节注意事项：

（1）应注意按涵顶填土高度取用相应的管节。对管节应检查合格后方可使用。

（2）各管节应顺流水坡度安装平顺，当管壁厚度不一致时应调整高度使内壁齐平，管节必须垫稳坐实，管道内不得遗留泥土等杂物。

（3）对插口管，接口应平直，环形间隙应均匀，并应安装特制的胶圈或用沥青、麻絮等防水材料填塞,不得有裂缝、空鼓、漏水等现象;对平接管,接缝宽度应不大于 10~20mm,禁止用加大接缝宽度来满足涵洞长度要求;接口表面应平整,并用有弹性的不透水材料嵌塞密实,不得有间断、裂缝、空鼓和漏水等现象。

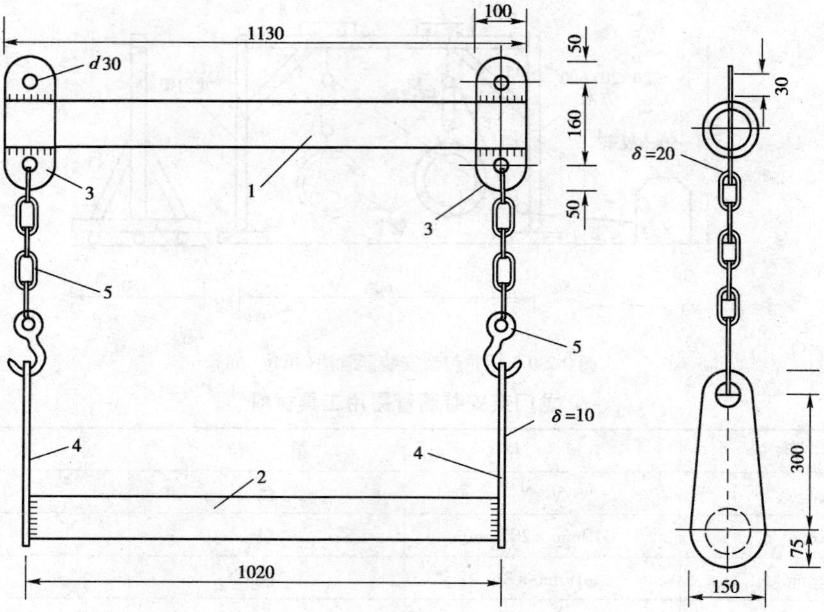

图 9-2-10 安装管节的吊钩架(单位:mm)
1-支柱;2-横梁;3-上套钩;4-下套钩;5-钩子

6. 管涵施工注意事项

(1)有圬工基础的管座混凝土浇筑时应与管座紧密相贴,浆砌块石基础应加做一层混凝土管座,使圆管受力均匀;无圬工基础的圆管基底应夯填密实,并做好弧形管座。

(2)无企口的管节接头采用顶头接缝,应尽量顶紧,缝宽不得大于1cm,严禁因涵身长度不够,而将所有接缝宽度加大的方法来凑合涵身长度。管身周围无防水层设计的接缝,需用沥青麻絮或其他具有弹性的不透水材料从内、外侧仔细填塞。设计规定管身外围做防水层的,按前述施工程序施工。

(3)长度较大的管涵设计有沉降缝的,管身沉降缝应与圬工基础的沉降缝位置一致。缝宽为 2~3cm,应用沥青麻絮或其他具有弹性的不透水材料从内、外侧仔细填塞。

(4)长度较大、填土较高的管涵应设预拱度。预拱度大小应按设计规定设置。

(5)各管节设预拱度后,管内底面应成平顺圆滑曲线,不得有逆坡相邻管节。如因管壁厚度不一致(在允许偏差内)产生台阶时,应凿平后用水泥环氧砂浆抹补。

附:实训模块

1. 实训项目

管节的安装。

2. 实训目的

通过实训,使学生熟悉管节安装的几种方法和步骤,能进行管节的安装和质量检查。

3. 实训内容

根据实际情况安装3~5节、孔径为1.0m的圆管。

4. 实训准备工作(以滚木安装法为例)

(1)场地:操场或篮球场;

(2)仪器工具:全站仪或经纬仪、水准仪、塔尺、花杆、钢尺、工程线、木桩、铁锤、铁钉等;

(3)管节:钢筋混凝土管;

(4)其他工具:木撬棍、垫板;薄钢板、圆滚木6根、半圆形承托木架、杉木杆等。

5. 实训的组织与实施

1)人员

(1)学生分组:4~6人为一组;

(2)指导教师:每两个组一名指导教师。

2)实施

(1)放出涵洞的轴线及涵管的直径投影线。

教学讲解:涵管直径投影线的放样要领。

(2)进行管节的安装。

教学讲解:a. 管节安装的要点;

b. 管节的接缝缝宽的控制;

c. 管涵的质量标准。

(3)测量涵管流水面的高程。

教学讲解:涵管流水面高程的测量要领。

3)检查与评定

学生在操练过程中,教师要进行巡回检查与指导,认真负责,及时发现学生操作中存在的问题,以便及时更正。教师根据学生完成情况,及时进行总结,指出学生的不足和存在的问题,避免在今后工作中出错。

项目	轴线偏位	流水面的高程	涵管长度	相邻管节面错口	其他
存在问题					
得分					
总分					

4)收尾工作

检查清点与归还仪器、工具,整理实训场地、保护环境等。

5)清理场地

6)实训注意事项

(1)实训前应充分做好准备工作;

(2)学生必须严格按测量仪器操作规程和管节安装程序进行,要注意安全;

(3)根据实际情况选择管节安装的方法,有条件应指导学生操练各种方法;

(4)各小组学生要互相配合,团结合作。

6. 实训报告

实训结束后，每个学生根据老师的要求写实习报告。

二、 拱涵、盖板涵和箱涵

混凝土和钢筋混凝土拱涵、盖板涵、箱涵的施工分为现场浇筑和在工地预制安装两大类。

1. 就地浇筑(或砌筑)的拱涵、盖板涵

1)拱涵基础

(1)整体式基础

两座涵台的下面和孔径中间使用整块的混凝土浇筑的基础称为整体式基础。其地基土的承载力应满足设计文件规定。若设计无规定，则填方高 H 在 1 ~ 12m 时，必须大于 0.2MPa；H 大于 12m 时必须大于 0.3MPa 。湿陷性黄土地基，不论其表面承载力多大，均不得使用整体式基础。

(2)非整体式基础

两座涵台的下面为独立的现浇混凝土或浆砌片石基础，两者之间不相连的称为非整体式基础。其地基土要求的容许承载力较上述的基础为高，当设计文件无规定时，一般应大于 0.5MPa。

(3)板凳式基础

两座涵台下面的混凝土基础之间用较薄的混凝土或钢筋混凝土板在顶部连接，一起浇筑成似同板凳一样的基础，其地基土容许承载力的要求处于前两者之间，设计文件无规定时，应为大于 0.4MPa 的砂类土或“中密”以上的碎石土。

上述地基土的承载力大小可用轻型动力触探仪进行测试。

根据当地材料情况，基础可采用 C15 片石混凝土或 M5 水泥砂浆砌片石，石料强度不得低于 25MPa。

2)支架和拱架

就地浇筑的拱涵和盖板涵，宜采用组合钢模板，在缺乏钢木材料的情况下，可采用全部土胎。

(1) 钢拱架和木拱架

钢拱架是用角钢、钢板和钢轨等材料在工厂(场)制成装配式构件，在工地拼装使用。图 9-2-11是用钢轨制成的跨径 1.5 ~ 3.0m 拱涵的钢拱架。

木拱架主要是由木材组合而成，拆装比较方便。但这种拱架浪费木材，应尽量不使用。图 9-2-12为跨径 2.0 ~ 3.0m 的木拱架。

(2) 土牛拱胎(土模)

在水流不大的情况下，小桥涵施工可以用土牛拱胎代替拱架，这种方法既能节省木料，又有经济、安全的特点。

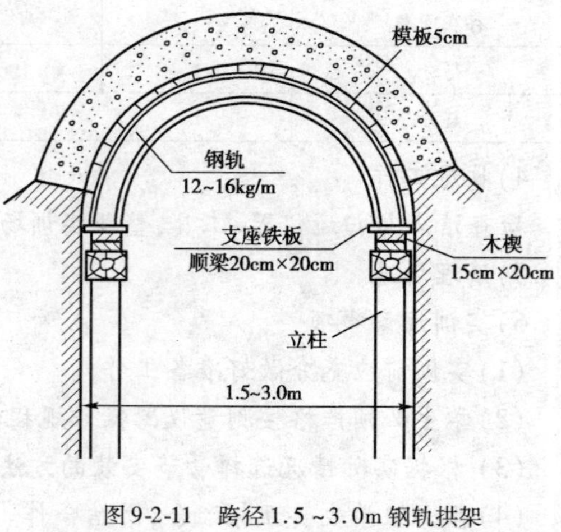

图 9-2-11　跨径 1.5 ~ 3.0m 钢轨拱架

根据河流水流情况，土牛拱胎有全填土拱胎（图 9-2-13）、设有透水盲沟的土拱胎（图 9-2-14a）、三角形木拱架土拱胎（图 9-2-14b）、木排架土拱胎（图 9-2-15）等形式。

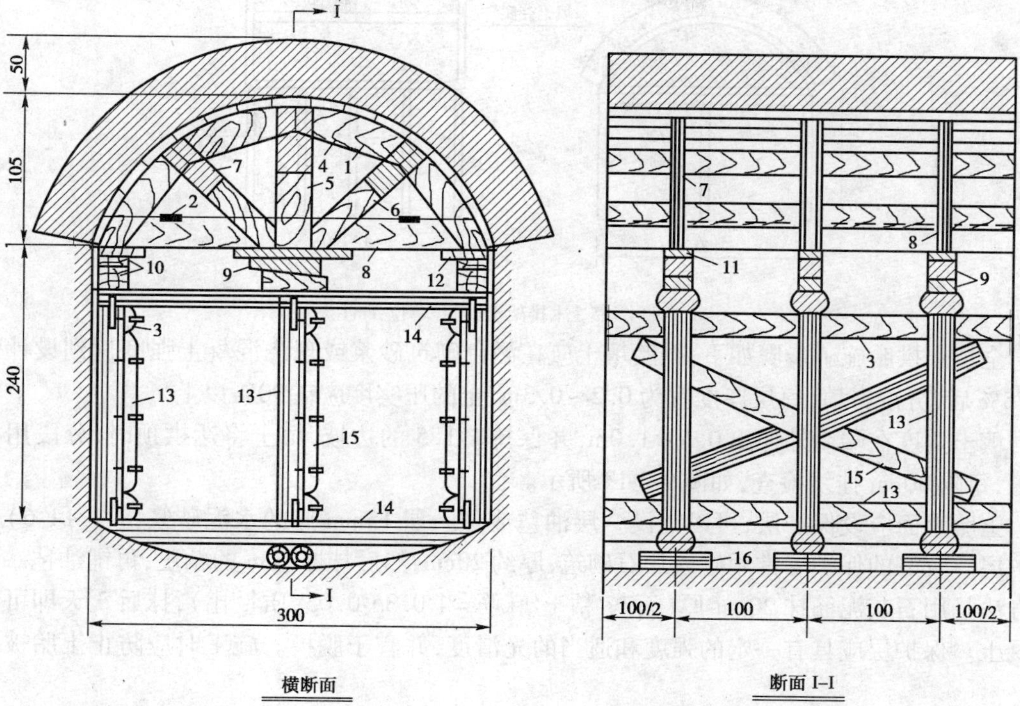

图 9-2-12　跨径 2.0 ~ 3.0m 的木拱架（单位：cm）

1-模型板；2、3-平联系木；4-弓形板；5、6-撑木；7-夹板；8-拉杆木；9、10-楔木；11、12-楔顶板；13-柱木；14-槛木；15-斜联系木；16-垫木

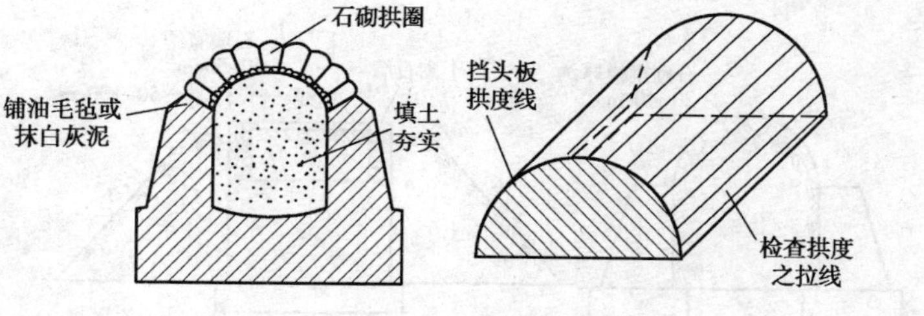

图 9-2-13　全填土拱胎及检查法

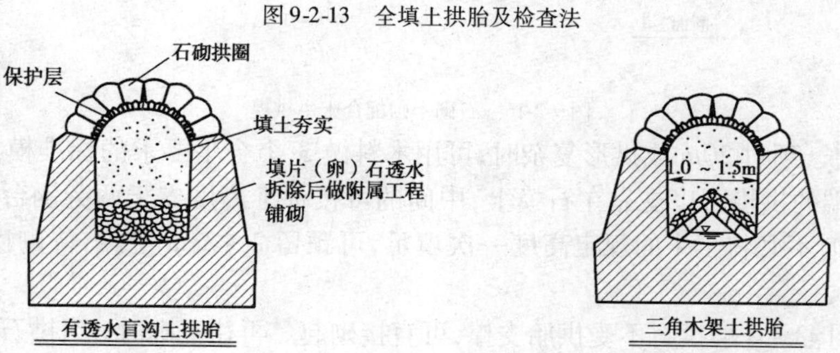

图 9-2-14　可渗水的土拱胎

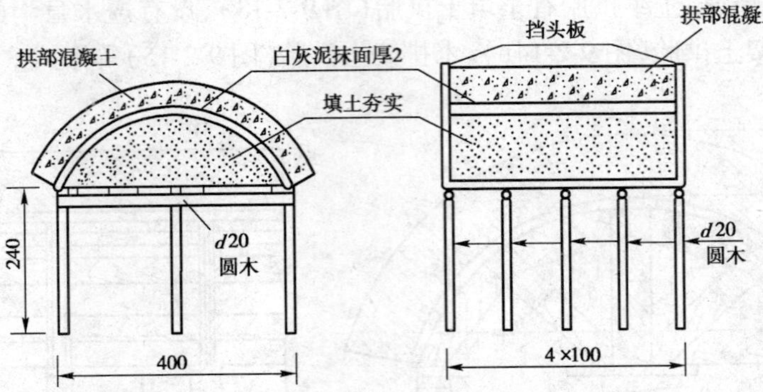

图 9-2-15 木排架土拱胎(单位:cm)

全填土拱胎施工步骤如下:拱胎填土应在涵台砌筑砂浆或现浇混凝土强度达到设计强度的 75% 后,分层夯填,每层厚度宜为 0.2~0.3m,土的压实度应在 90% 以上。

填土宽度在端墙外伸出 0.5~1.0m,并保持 1:1.5 的边坡,填土将达拱顶时,分段用样板校正,每隔 30cm 挂线检查,如图 9-2-13 所示。

土胎表面应设保护层,可以铺设一层油毡或抹一层 15mm 厚的水泥砂浆(1:4~1:6)作为保护层。较好的保护层常用砖或片石砌筑,厚约 20cm,然后抹厚 2cm 的粘土,再铺油毡。最好的方法是用石灰泥筋抹 20cm 厚(石灰:粘土:麻筋 =1:0.35:0.03,质量比),抹后 3 天即可浇筑混凝土。保护层应具有一定的强度和适当的光滑度,并宜于脱模。施工时应防止土胎被水浸湿。

对砌石拱圈,土牛拱胎上若不设保护层时,可用下述方法砌筑拱圈:在涵台砌筑好后,利用暂不使用的石料,把涵孔两端堵住,干砌一道宽约 40~50m、厚约 20~40cm 的拱形墙(上抹青草泥)作为拱模,以便砌拱时挂线之用,然后在桥孔中间用土分层填筑密实,如图 9-2-16 所示。

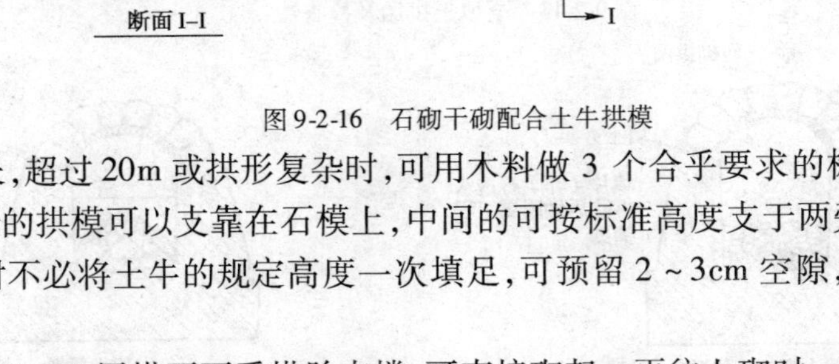

图 9-2-16 石砌干砌配合土牛拱模

如洞身很长,超过 20m 或拱形复杂时,可用木料做 3 个合乎要求的标准模,两端及中间各置一个,两端的拱模可以支靠在石模上,中间的可按标准高度支于两旁涵台上并埋置于土中。填筑土牛时不必将土牛的规定高度一次填足,可预留 2~3cm 空隙,待砌拱石时,边砌边填筑。

起拱线以上 3~4 层拱石不受拱胎支撑,可直接砌起。再往上砌时,因拱石的部分重力由拱胎支撑着,可用木板顺拱石灰缝按规定拱度放在拱石灰缝处的土牛上,木板下面以土石垫好,随即开始安砌这一层的拱石。砌好后将垫板取出,并将空隙用土填满捣实,再把垫板按规定拱度垫在上一层拱石砌缝处的土牛上，继续砌上一层拱石。如有较充分的木板时，木板可不抽出周转。拱石砌至拱顶附近时，应先将这部分的土模夯打坚实。填到与标准拱模相差 3 ~ 5cm 为止。因土牛拱胎虽经夯实仍不够坚硬，当拱石放上去时极易压缩，拱石的高度及位置不易正确，因此需要在拱石下面的四角垫上片石，使土牛与拱石保持一定的空隙以便校正拱石位置。拱石位置校正后，将其下面的空隙填砂捣实，然后在砌缝中灌以砂浆，这样可以保持不漏浆，同时挖去土牛后，灰缝中预填的砂子自然脱落，省去沟缝时剔灰缝的麻烦。

若用土牛拱胎浇筑盖板涵，其土牛填至涵台顶面标高即可，施工方法与拱涵同。

当河沟中有少量流水而采用土胎施工时，除采用木排架土胎外，亦可根据水流大小，在全填土土胎下设渗水沟，埋设钢筋混凝土管、瓦管或用木料做成三角形水孔。

在施工过程中预计有洪水到来的河沟中不能采用土牛拱胎法砌筑拱圈。

3）拱涵与盖板涵基础、涵台、拱圈、盖板的施工

上述构件施工时应按下列要求进行：

（1）涵洞基础

无论是圬工基础或砂垫层基础，施工前必须先对下卧层地基土进行检查验收，地基土承载力或密实度符合设计要求时，才可进行基础施工。对于软土地基应按照设计规定进行加固处理，符合要求后，才可进行基础施工。

对孔径较宽的拱涵、盖板涵兼作行人和车辆通道时，其底面应按照设计用圬工加固，以承受行人和车辆荷载及磨耗。

（2）圬工基础

圬工基础的施工工艺和技术要求可参照本书桥梁基础部分有关要求进行。

（3）砂垫层基础

砂垫层基础的施工工艺和技术要求可参照本节管涵基础部分进行。

（4）涵洞墩、台

涵洞墩、台的施工工艺和技术要求可参照本书桥梁墩台部分的有关要求进行。

（5）涵洞拱圈和钢筋混凝土盖板

拱圈和盖板浇筑或砌筑施工应注意：拱圈和出入口拱上端墙的施工，应由两侧拱脚向拱顶同时对称进行；钢筋混凝土、混凝土拱圈和盖板混凝土的现场浇筑施工，宜连续进行，避免施工接缝；当涵身较长时，可沿长度方向分段进行，每段应连续一次浇筑完成，接缝应设在涵身沉降缝处。

4）拱架和支架的安装和拆卸

（1）安装的一般要求

拱架和支架支立牢固，拆卸方便（可用木楔作支垫），纵向连接应稳定，拱架外弧应平顺。拱架不得超越拱模位置，拱模不得侵入圬工断面。

拱架和支架安装完毕后，应对其位置、顶部标高、节点联系纵横向稳定性进行检查，不符合要求者，立即进行纠正。

（2）拆卸的一般要求

拱架和支架的拆除及拱顶填土的时间应符合下列条件：

拱圈砌筑砂浆或混凝土强度达到设计强度的75%时，方可拆除拱架，达到设计强度后，方

可回填土。

在拱架未拆除的情况下，拱圈砌筑砂浆或混凝土强度达到设计强度的75%时，可进行拱顶填土，但在拱圈强度达到设计强度的100%后，方可拆除拱架。

拱涵拆除拱架可用木楔，木楔用比较坚硬的木料斜角对剖制成，并将剖面刨光。两块木楔接触面的斜度为1:6～1:10。在垫楔时应使上面一块的楔尖各伸出下面一块楔尾以外，这样在拆架时敲击木楔比较方便。木楔垫好后将两端钉牢。

拆卸拱架时应沿拱涵整个宽度上将拱架同时均匀降落，并从跨径中点开始，逐步向两边拆除。

2. 就地浇筑的箱涵

箱涵又称矩形涵，它与盖板涵的区别是：盖板涵的台身与盖板是分开浇筑的，台身还可以采用砌石圬工，成为简支结构。而箱涵是上顶板、底板与左、右墙身是连续浇筑的，成为刚性结构，如图9-2-17所示。

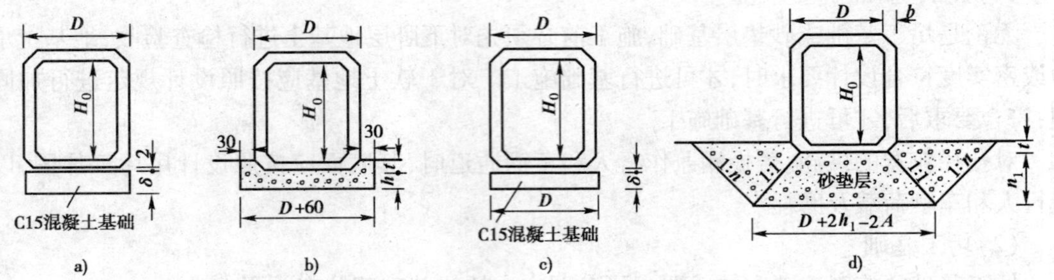

图9-2-17　箱形涵洞基础类型

a)出入口涵节基础；b)洞身涵节无基础；c)洞身涵节有基础；d)洞身涵节在软弱地基土上换填砂垫层

H_0-涵节净高；t-涵节埋入垫层厚度；δ-C15混凝土基础厚度，根据地质，地形条件经设计决定；D-涵节外形宽度；h_1-换填砂垫层深度，根据验算或下卧层位置确定；n-挖基边坡；根据基底土质确定；b-涵节角隅倒角宽度

1)箱涵基础

涵身基础分为有圬工基础和无圬工基础两种。两种基础的构造及尺寸如图9-2-17所示。

2)涵身和底板混凝土的浇筑

箱涵身的支架、模板可参照现浇混凝土拱涵和盖板涵的支架、模板制造安装。浇筑混凝土时注意事项与浇筑拱涵与盖板涵相同。

3. 装配式拱涵、盖板涵和箱涵

1)预制构件结构的要求

(1)拱圈、盖板、箱涵节等构件预制长度，应根据起重设备和运输能力决定，但应保证结构的稳定性和刚性，一般不小于1m，但亦不宜太长。

(2)拱圈构件上应设吊装孔，以便起吊。吊孔应考虑平吊及立吊两种，安装后可用砂浆将吊孔填塞。箱涵节、盖板和半环节等构件，可设吊孔，也可于顶面设立吊环。吊环位置、孔径大小和制环用钢筋应符合设计要求，并要求吊钩伸入吊环内和吊装时吊环筋不断裂。安装完毕，吊环筋应锯掉或气割掉。

(3)若采用钢丝绳捆绑起吊可不设吊孔或吊环。

2）预制构件的模板

预制构件的模板有木模、土模、钢丝网水泥模板、翻转模板、拼装式模板等。

（1）木模

预制构件木模所用木材等有关内容详见单元四课题一。

木模与混凝土接触的表面应平直，在拼装前，应仔细选择木模厚度，并将模板表面刨光。木模接缝可做成平缝、搭接缝或企口缝。当采用平缝时，应在拼缝内镶嵌塑料管（线）或在拼缝外钉以板条，内压水泥袋纸，以防漏浆。若在模板内侧表面铺一层回纺粗布，可提前拆模。预制拱圈木模如图 9-2-18 所示，竖向施工支立方法与圆管模板同。

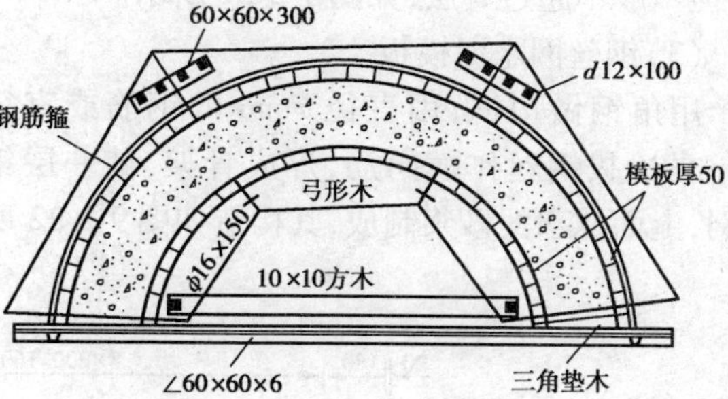

图 9-2-18　预制拱圈木模（单位：mm）

（2）土模

为了节约木材、钢材，预制构件时，可采用土、砖模。土模分为地下式、半地下式和地上式。土模如图 9-2-19 所示，砖模如图 9-2-20 所示。

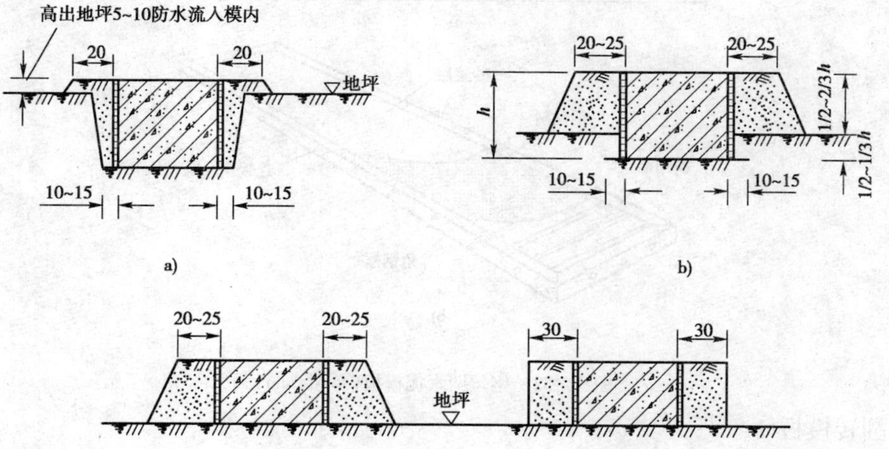

图 9-2-19　土模（单位：cm）

a）地下式土模；b）半地下式培土土模；c）地上式培土土模；d）地上式“板打样”土模

图 9-2-20　砖模（单位：cm）

土模宜用低液限粘土（$W_1 < 50$，W_1 为液限），土中不应含杂质，粒径应小于 1.5cm，土的湿度应适当。夯筑土模时含水量一般控制在 20% 左右，夏季含水量可高一些，冬季可低一些。

预制土模的场地必须坚实、平整，按照构件的放线位置进行拍底找平。为了减少土方挖填量，一般根据自然地坪拉线顺平即可。如场地土质不好，含砂多，湿度大，可以夯打厚10cm 灰土(2∶8)后，再行找平、拍实。

为了节省场地，可用土模重叠浇筑混凝土构件，但一般不超过3层，如图9-2-21所示。

(3)钢丝网水泥模板

用角钢做边框，用直径6mm的钢筋或直径4mm的冷拔钢丝作横向筋，焊成骨架，铺一层钢丝网，上面抹水泥砂浆制成，其构造如图9-2-22所示。

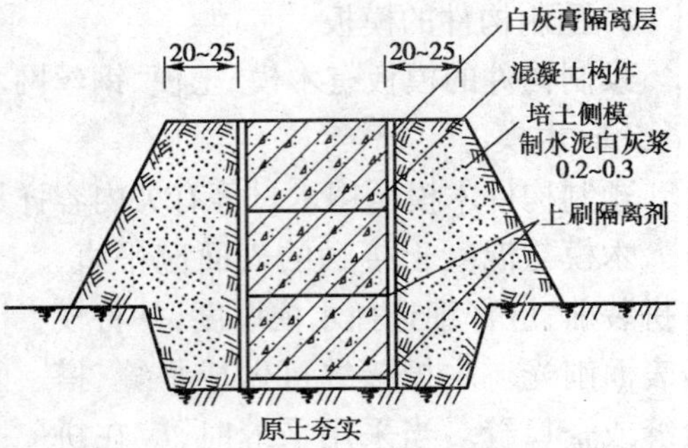

图9-2-21　半地下式重叠生产构件的土模(单位:cm)

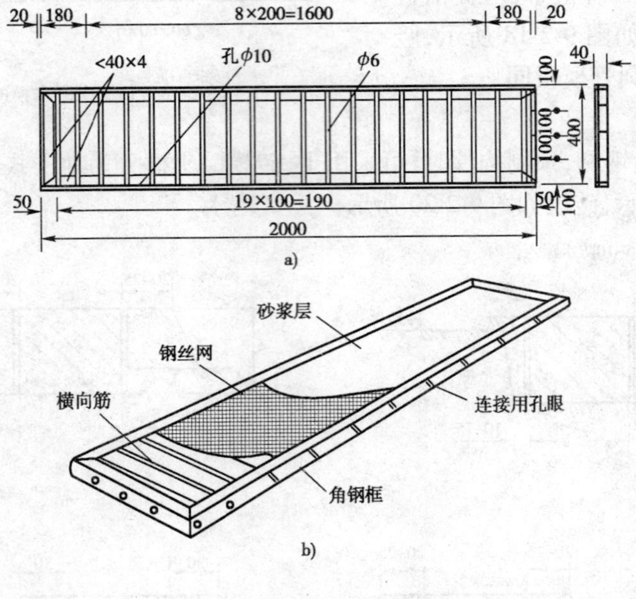

图9-2-22　钢丝网水泥模板(单位:mm)

(4)翻转模板

适用于中、小型混凝土预制构件，如涵洞盖板、人行道块、缘石、栏杆等。构件尺寸不宜过长，对矩形板、梁，长度不宜超过4m，宽度不宜超过0.8m，高度不宜超过0.2m。构件中钢筋直径一般不宜超过14mm。

翻转模板应轻便坚固，制造简单，装拆灵活，一般可做成钢木混合模板。

翻转模板由翻转架和模板两部分组成。翻转架有木制和钢制两种，其构造如图9-2-23所示。模板由底板、侧模、端模和芯模等组成。

(5)拼装式模板

它是由各种尺寸的标准模板利用销钉连接并与拉杆、加劲构件等组成预制构件所需形状的模板。

拼装式模板一般采用钢、木、胶合板、钢丝网等材料制作，由于在厂内加工制造，模板板面平整、尺寸准确、体积小、重量轻、拆装容易、运输方便，能适应各种形状构件的需要，可在混凝土预制构件中广泛采用。

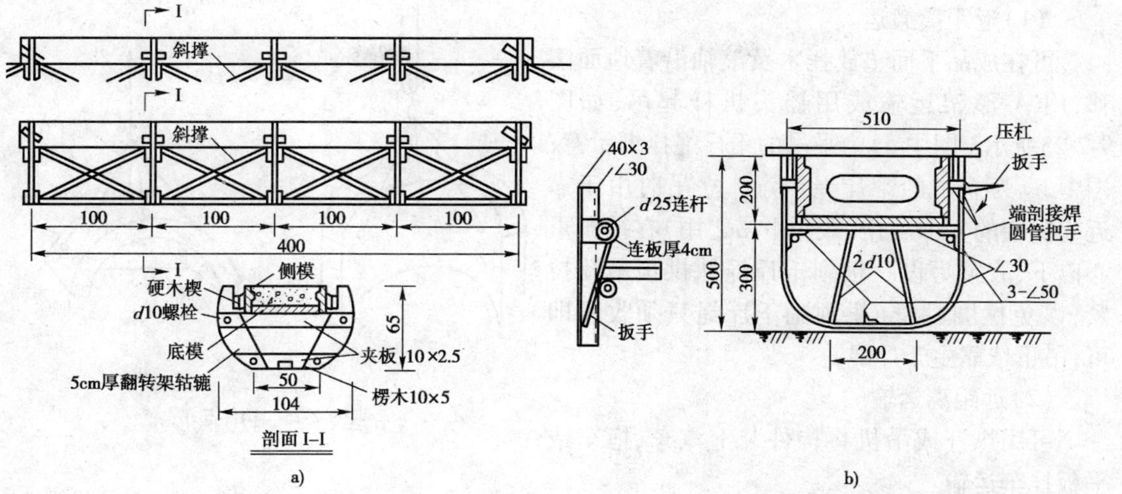

图9-2-23　翻转架模板(cm)

a)木翻转架模板;b)钢翻转架模板

(6)混合模

土模可与砖模、木模、钢丝网水泥模、钢模等定型模板组成快速脱模混合模,如图9-2-24所示,可快速脱模,流水作业,效果较好。

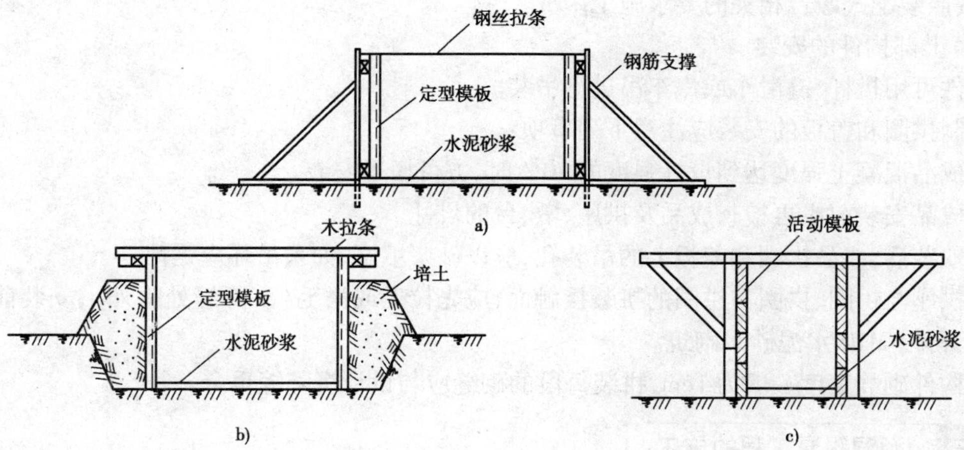

图9-2-24　混合模

a)地上钢丝网水泥模板混合模;b)半地下定型水泥模板混合模;c)工具式侧模板混合模

无论采用何种模板都应保证满足规范要求。尤其是有预埋件时,应采取措施,确保预埋件的正确位置。

3)构件运输

构件必须在达到设计强度后,经过检查质量和大小符合要求,才能进行搬运。搬运时应注意吊点或支承点的设置,务必使构件在搬运过程中保持平衡、受力合理,确保搬运过程中的安全。

常用的运输方法有：

(1)近距离搬运

可在成品下面垫放托木及滚轴沿着地面滚移，用 A 形架运输或用摇头扒杆起吊，如图 9-2-25所示。图中 a)为平吊的千斤绳拴绑示意；图中 b)为立吊的千斤绳示意。立吊时由于靠近起拱线的 4 个吊孔(兼作平吊之用)在拱圈重心以下，故须另设一根副千斤绳从拱顶吊孔拉紧，以免拱圈翻身(拱顶副千斤绳只须收紧即可，吊重依靠主千斤绳)。

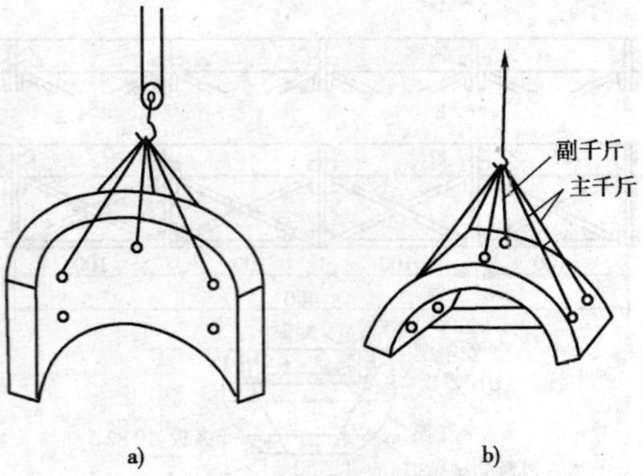

图 9-2-25　构件起吊

(2)远距离运输

可用扒杆或吊机将构件装上汽车、拖车或平板挂车运输。

4)施工和安装

(1)基础

根据地基土类别和基础类型与就地浇筑的涵洞基础施工方法相同。

(2)拱涵和盖板涵的涵台身

涵台身大多采用砌筑结构，可按照就地浇筑的涵台身施工方法施工。如采用装配式结构时，可按照装配式墩台相关的要求施工。

(3)上部构件的安装

构件可用扒杆、链滑车或汽车吊进行吊装。

预制拱圈和盖板的安装应注意下列事项：

①成品混凝土强度达到设计强度的 70% 时，方可搬运安装。

②成品安装前应再检查成品及拱座、墩、台的尺寸。

③安装后，成品拱圈和盖板上的吊装孔，应以砂浆填塞，如系吊环应锯掉。

④拱座与拱圈、拱圈与拱圈的拼装接触面，应先拉毛或凿毛(沉降缝处除外)，安装前应浇水湿润，再以 M10 水泥砂浆砌筑。

⑤构件砌缝宽度一般为 1cm，拼装每段的砌缝应与设计沉降缝重合。

三、 涵洞附属工程的施工

涵洞主要附属工程除前面已专项列述的外，包括防水层、沉降缝、进出水口处理和涵洞缺口填土等，分述如下。

1. 防水层

1)防水层的作用和设置部位

涵洞的钢筋混凝土结构设置防水层的作用是防止水分侵入混凝土内，使钢筋锈蚀，缩短结构寿命。北方严寒地区的无筋混凝土结构也需要设置防水层 ，防止水分侵入混凝土内 ，因冻胀造成结构破坏。

防水层的材料多种多样。公路涵洞使用的主要防水材料是沥青，有些部位可使用粘土，以图节省工料费用。

防水层的设置部位如下：

(1)各式钢筋混凝土涵洞(不包括圆管涵)

此类涵洞的洞身及端墙,在基础以上凡被土掩埋部分,均须涂以热沥青两道,每道厚1~1.5mm,不另抹砂浆。

(2)混凝土及石砌涵洞

此类涵洞的洞身、端墙和翼墙的被土掩埋部分,只需将圬工表面凿平,无凹入存水部分,可不设防水层。但北方严寒地区的混凝土结构仍需设防水层。

(3)钢筋混凝土圆管涵

此类管涵的防水层的管节接头采用平头对接,接缝中用麻絮浸以热沥青塞满,管节上半部从外往内填塞;下半部从管内向外填塞。管外靠接缝裹以热沥青浸透的防水纸8层,宽度15~20cm。包裹方法:在现场用热沥青逐层粘合在管外壁上接缝处。外面再在全长管外裹以塑性粘土。

在交通量小的县、乡公路上,可用质量好的软塑状粘质土掺以碎麻,沿全管敷设20cm厚,代替沥青防水层(接缝处理仍照前述施工)。

(4)钢筋混凝土盖板明涵

此类涵洞的盖板部分表面可先涂抹热沥青两次,再于其上设2cm厚的防水水泥砂浆或4~6cm厚的防水混凝土。其上可按照设计铺设路面。涵、台身防水层按照上述方法办理。

(5)砖、石、混凝土拱涵

此类涵洞的上部结构防水层敷设,可参见本书单元六拱桥施工。

2)沥青的熬制与敷设

沥青可用锅、铁桶等容器以火熬制,或使用电热设备。铁桶装的沥青,应打开桶口小盖,将桶横倒搁置在火炉上,以文火使沥青溶化后,从开口流入熬制用的铁锅或大口铁桶中。熬制用的铁锅或铁桶必须有盖,以便在沥青飞溅或着火时,用以覆盖。熬制处应设在工地下风方向,与一般工作人员、料堆、房屋等保持一定距离,锅内沥青不得超过锅容积的2/3。熬制中应不断搅拌至全部为液态为止。溶化后的沥青应继续加温至175℃(不得超过190℃)。熬好的沥青盛在小铁桶中送至工点使用。使用时的热沥青温度不宜低于150℃。涂敷热沥青的圬工表面应先用刷扫净,消除粉屑污泥。涂敷工作宜在干燥温暖(温度不低于 +5℃)的天气进行。

3)沥青麻絮、油毡、防水纸的浸制方法和质量要求

沥青麻絮(沥青麻布)可采用工厂浸制的成品或在工地用麻絮以热沥青浸制。浸制后的麻絮,表面应呈淡黑色,无孔眼、无破裂和叠皱,撕断面上应呈黑色,不应有显示未浸透的布层。对成卷布料,边部不应碎裂,不应互相粘叠,布卷端头应平整。

油毡是用一种特制的纸胎(或其他纤维胎)用软化点低的沥青浸透制成,浸渍石油沥青的称石油毡,浸渍焦油沥青的称焦油沥青油毡。为了防止在储存过程中相互粘着,油毡表面应撒上一层云母粉、滑石粉或石棉粉。

防水纸(油纸)是用低软化点的沥青材料浸透原纸做成的,除沥青层较薄,没有撒防粘层外,其他性质与油毡相同。

油毡和防水纸可以从市场上采购,其外观质量应符合如下要求:

(1)油毡和防水纸外表不应有孔眼、断裂、叠皱及边缘撕裂等现象,油毡的表面防粘层应均匀地撒布在油毡表面上。

(2)毡胎或原纸内应吸足油量,表面油质均匀,撕开的断面应是黑色的,无未浸透的空白纸层或杂质,浸水后不起泡、不翘曲。

(3)气温在25℃以下时,把油毡卷在2cm直径的圆棍上弯曲,不应发生裂缝和防粘层剥落等现象。

(4)将油毡加热至80℃时,不应有防粘层剥落、膨胀及表面层损坏等现象。夏季在高温下不应粘在一起。

铺设油毡和防水纸所用粘贴沥青应和油毡、防水纸有同样的性能。煤沥青油毡和防水纸必须用煤沥青粘贴。同样,石油沥青油毡及防水纸,也一定要用石油沥青来粘贴,否则,过一段时间油毡和防水纸就会分离。

2. 沉降缝

1)沉降缝设置目的

结构物设置沉降缝的目的是避免结构物因荷载或地基承载力不均匀而发生不均匀沉陷,产生不规则的多处裂缝,而使结构物破坏。设置沉降缝后,可限定结构物发生整齐、位置固定的裂缝,并可事先在沉降缝处予以处理;如有不均匀沉降,则将其限制在沉降缝处,有利于结构物的安全、稳定和防渗(防止管内水流渗入涵洞基底或路基内,造成土质浸泡松软)。

2)沉降缝设置的位置和方向

涵洞洞身、洞身与端墙、翼墙、进出水口急流槽交接处必须设置沉降缝,但无圬工基础的圆管涵仅于交接处设置沉降缝,洞身范围不设。具体设置位置视结构物和地基土的情况而定。

(1)洞身沉降缝

一般每隔4~6m设置1处,但无基础涵洞仅在洞身涵节与出入口涵节间设置。缝宽一般3cm,两端与附属工程连接处也各设置1处。

(2)其他应设沉降缝处

凡地基土质发生变化、基础埋置深度不一、基础对地基的荷载发生较大变化处、基础填挖交界处、采用填石垫高基础交界处,均应设置沉降缝。

(3)岩石地基上的涵洞

凡置于岩石地基上的涵洞,不设沉降缝。

(4)斜交涵洞

斜交涵洞洞口正做的,其沉降缝应与涵洞中心线垂直;斜交涵洞洞口斜做的,沉降缝与路基中心线平行;但拱涵与管涵的沉降缝,一律与涵洞轴线垂直。

3)沉降缝的施工方法

沉降缝的施工,要求做到使缝两边的构造物能自由沉降,又能严密防止水分渗漏。故沉降缝必须贯穿整个断面(包括基础)沉降缝具体施工方法如下:

(1)基础部分

可将原基础施工时嵌入的沥青木板或沥青砂板留下,作为防水之用。如基础施工时,不用木板,也可用粘土填入捣实,并在流水面边缘以1:3水泥砂浆填塞,深度约15cm。

(2)涵身部分

缝外侧以热沥青浸制的麻筋填塞,深度约5cm,内侧以1:3 水泥砂浆填塞,深度约15cm,视沉降缝处圬工的厚薄而定。可以用沥青麻筋与水泥砂浆填满;如太厚,亦可将中间部分先填以粘土。

(3)沉降缝的施工质量要求

沉降缝端面应整齐、方正,基础和涵身上下不得交错,应贯通,嵌塞物应紧密填实。

(4)保护层

各式有圬工基础涵洞的基础襟边以上,均顺沉降缝周围设置粘土保护层,厚约 20cm,顶宽约 20cm。对于无圬工基础涵洞,保护层宜使用沥青混凝土或沥青砂胶,厚度 10 ~ 20cm。

沉降缝的构造如图 9-2-26 所示。

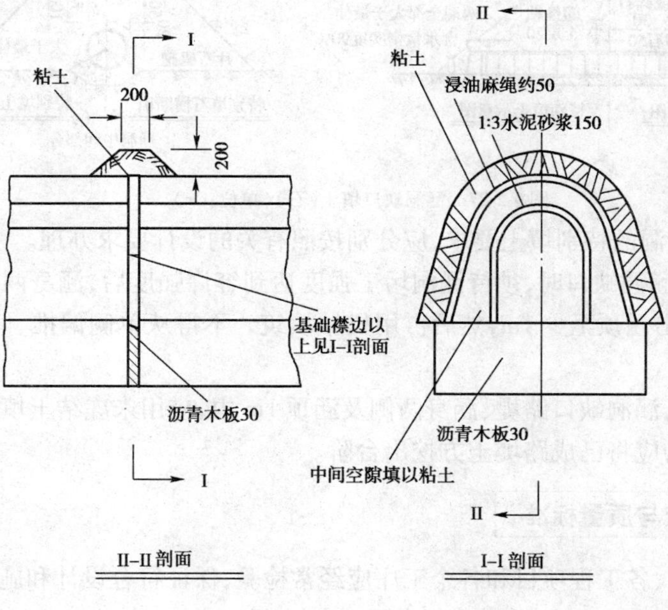

图 9-2-26　涵洞沉降缝(单位:cm)

3. 涵洞进出水口

涵洞进出水口工程是指涵洞端墙、翼墙(包括八字墙、锥坡、平行廊墙)以外的部分,如沟底铺砌和其他进出水口处理工程。

1)平原区的处理工程

涵洞出入口的沟床应整理顺直,与上、下系统(天沟、路基边沟、排水沟、取土坑等)连接应圆顺、稳固,保证流水顺畅,避免损害路堤、村舍、农田、道路等。

2)山丘区的处理工程

在山丘区的涵洞底纵坡超过 5% 时,除进行上述整理外,还应对沟床进行干砌或浆砌片石,翼墙以外的沟床当坡度较大时,也应铺砌防护。防护长度、砌石宽度、厚度、形状等,应按图纸施工。如设计图纸漏列,应按合同规定向业主提出,由业主指定单位作出补充设计。

4. 涵洞缺口填土

(1)建成的涵管、圬工强度达到设计要求的强度后,应及时回填。回填土要切实注意质量，严格按照有关施工规定和设计要求办理。

(2)填土路堤在涵洞每侧不小于两倍孔径的宽度及高出洞顶1m范围内，应采用非膨胀的土由两侧对称分层仔细夯实。每层厚度10～20cm，特殊情况亦可用与路堤填料相同的土填筑。管节两侧夯填土的密实度标准，高速公路和一级公路为95%；其他公路为93%。管节顶部其宽度等于管节外径的中间部分填土，其密实度要求与该处路基同。如为填石路堤，则在管顶以上1.0m的范围内应分三层填筑：下层为20cm厚的粘土，中层为50cm厚的砂卵石，上层为30cm厚的小片石或碎石。在两端的上述范围及两侧每侧宽度不小于孔径的两倍范围内，码填片石，如图9-2-27所示。

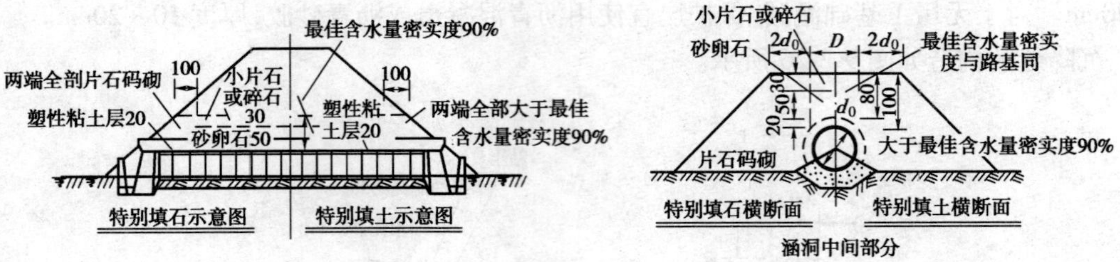

图9-2-27　涵洞缺口填土(石)(单位:cm)

对于其他各类涵洞的特别填土要求，应分别按照有关的设计要求办理。

(3)用机械填筑涵洞缺口时，须待涵洞圬工强度达到容许强度后，涵身两侧应用人工或小型机具对称夯填，高出涵顶至少1m，然后再用机械填筑。不得从单侧偏推、偏填，使涵洞承受偏压。

(4)冬季施工时，涵洞缺口路堤、涵身两侧及涵顶1m内，应用未冻结土填筑。

(5)回填缺口时，应将已成路堤土方挖出台阶。

四、质量检查与质量标准

涵洞的各种材料、各工程项目和各个工序应经常检验，保证符合设计和施工技术规范的要求。

1. 管涵施工质量标准

(1)各部尺寸允许偏差见表9-2-3。

管涵允许偏差　表9-2-3

项　目	允许偏差(mm)
轴线偏位	50
流水面高程	±20
涵管长度	+100，-50
管座宽度(包括基础)	≥设计值
相邻管节面错口 (应下游低于上游)	3(管径≤1.0m)
	5(管径>1.0m)

(2)管身顺直，进出水口平整，无阻水现象。

(3)帽石及一字墙或八字墙平直，无翘曲现象。

2. 拱涵、盖板涵施工质量标准

(1)各部尺寸允许偏差见表9-2-4及表9-2-5。

(2)涵身顺直,涵底铺砌紧密平整,拱圈圆滑。

(3)进出水口与上下游沟槽连接圆顺,流水畅通。

拱涵允许偏差　　表9-2-4

项　目		允许偏差(mm)
轴线偏位		30
流水面高程		±20
跨径		±20
拱圈厚度	混凝土	±15
	石料	±20
涵台尺寸		±20
长度		+100,-50
砌体平整度		20

盖板涵允许偏差　　表9-2-5

项　目		允许偏差(mm)
轴线偏位	明涵	20
	暗涵	50
结构尺寸		±20
流水面高程		±20
长度		+100,-50
孔径		±20
顶面高程	明涵	±20
	暗涵	±20

思考与练习

1. 简述各种管涵的施工程序。
2. 哪些情况必修采用有圬工基础的管涵?
3. 管涵施工应注意哪些事项?
4. 箱涵和盖板涵有何区别?
5. 预制拱圈和盖板的安装应注意的事项有哪些?
6. 简述防水层、沉降缝设置部位及沉降缝的施工方法。

10 单元十　桥 涵 养 护

课题一　桥梁养护的基本知识

【内容提要】　桥梁养护工作的主要内容和基本要求、桥梁养护工程分类、桥梁维修加固的步骤、桥梁检查与评价、养护对策。

【教学要求】

应知：了解桥梁养护工作的主要内容和基本要求、桥梁养护工程分类、桥梁维修加固的步骤、桥梁检查与评价以及养护对策。

应会：能够填写桥梁检查记录，对桥梁进行常规评价，并能提出相应的养护对策。

【教学建议】　结合《公路桥涵养护规范》(JTG H11—2004)实施教学，重点讲授桥梁检查与评价

桥梁是确保公路畅通的咽喉，为了保证桥梁经常处于完好的技术状态，延长其使用年限，满足承载能力和通行能力要求，必须对桥梁进行养护、维修及加固。

一、桥梁养护工作的主要内容和基本要求

桥梁建成后，为了适应公路交通运输事业的发展，确保正常运营，必须加强经常性的检查养护维修。桥梁养护维修的基本要求是：

(1)建立、健全公路桥涵的检查、评定制度。对公路桥涵构造物进行周期性的检查，系统地掌握技术状况，及时发现缺损和相关环境的变化。按桥梁检查结果，对桥梁技术状况进行分类评定，制定相应的养护对策。

(2)建立公路桥梁管理系统和公路桥梁数据库，实施桥涵病害监控，实行科学决策。逐步建立特大型桥梁荷载报警系统，地震、洪水和流冰等预防决策系统。

(3)公路桥涵养护应做到：桥涵外观整洁，桥面铺装坚实平整、横坡适度，桥头连接顺适，排水畅通，结构完好无损，标志、标线等附属设施齐全完好。

(4)桥涵构造物的养护，首先应使原结构保持设计荷载等级的承载要求及设计交通量的通行要求。根据交通发展的需要，也可通过改造和改建来提高承载能力和通行能力。

在确定改造或改建工程方案时，应注意新旧结构之间的关系，充分发挥原有结构的作用。

(5)养护作业和工程实施应注意保障车辆、行人的安全通行及环境保护。

(6)桥涵构造物养护应有对付洪水、流冰、泥石流和地震等灾害的防护措施,同时备有应急交通方案。

(7)新建或改建桥梁交工接养,应有完备的交接手续并提供成套技术数据。特大桥和大桥应配置养护设施、机具,设置养护工作通道、扶梯、吊杆、平台,设计单位应提供养护技术要点及要求。未配置或配置不能完全满足养护工作需要的,可根据实际需要增添。

(8)桥涵构造物的检查及技术状况评定、养护对策、维修、加固、改建的竣工验收等有关技术文件,均应按统一格式完整地归入桥梁养护技术档案及数据库。

二、桥梁养护工程分类

桥梁的养护按其工程性质、规模大小、技术难易程度划分为小修保养、中修、大修和改建和专项工程五类。各类养护工程分别包括下列内容:

1. 小修保养工程

(1)保养:对公路桥涵及其附属构造物进行预防性工作,主要包括以下工作:

①清除污泥、积雪、杂物,保持桥面、隧道内及洞口清洁;

②疏通涵管,疏导桥下河槽;

③养护伸缩缝,疏通泄水孔,栏杆油漆;

(2)小修:对桥涵轻微损坏部分进行修补,使其保持完好状态的工程项目,主要包括以下工作:

①局部修理,更换栏杆和修理泄水孔、伸缩缝、支座和桥面的局部轻微损坏;

②修补墩、台及河床铺底和防护圬工的微小损坏;

③修理涵洞和进出口的铺砌。

2. 中修工程

对公路桥涵及其附属构造物一般性磨损和局部损坏进行定期的修理加固,以恢复原状况的小型工程项目,主要包括以下工作:

(1)修理、更换木桥的较大损坏构件及防腐;

(2)修理、更换中、小桥支座、伸缩缝及个别构件;

(3)大、中型钢桥的全面油漆防锈和各部构件的检修;

(4)永久性桥墩、台侧墙及桥面的修理和小桥桥面的加宽;

(5)重建、增建、接长涵洞;

(6)桥梁河床铺底或调治构造物的修复和加固;

3. 大修工程

对桥涵及其附属构造物的较大损坏进行周期性的综合修理,以全面恢复到原设计标准的技术状况,或在原技术等级范围内进行局部改善和个别增建,以逐步提高其通行能力的工程项目。如:

(1)不提高技术等级的大、中型桥梁的加宽、加固、加高;

(2)增改建小型桥梁和技术性简单的中桥;

(3)增改建较大的河床铺底和永久性调治构造物;

(4)吊桥、斜拉桥的修理与个别索的调整更换;

(5)大桥桥面铺装的更换;

(6)大桥支座、伸缩缝的修理、更换。

4. 改建工程

对桥涵及其附属构造物因不适应交通量、荷载、泄洪要求而提高技术等级,或因公路局部改移需要重建,或为了显著提高通行能力而进行的较大型、大型工程项目。如:

(1)提高公路技术等级的加固、加宽、加高大、中桥梁;

(2)增改建小型立体交叉桥和10km以内整段改善的大、中桥梁。

5. 专项工程

专项抢修工程是指采用临时性措施在最短的时间内恢复交通的工程措施。专项修复工程是指采用永久性措施恢复桥涵原有的功能。对于阻断交通的桥涵修复工程,应优先安排。

三、桥梁维修加固的步骤

对桥梁进行维修加固,一般可采用如下步骤:

(1)检查桥梁现状及损坏情况;

(2)调查桥梁的有关技术资料和现有交通状况;

(3)提出维修加固的方案并进行分析比较;

(4)确定方案并进行维修加固施工。

四、桥梁检查

1. 桥梁检查分类和内容

桥梁检查分为经常检查、定期检查和特殊检查三类。

1)经常检查

主要指对桥面设施、上部结构、下部结构及附属构造物的技术状况进行的检查。

经常性检查也叫一般检查,以目测为主,配合简单工具量测,一般与桥梁的小修保养工作结合进行,每月至少进行一次(汛期应加强不定期检查)。要当场填写"桥梁经常检查记录表"(表10-1-1),现场登记所检查项目的缺损类型,估计缺损范围及养护工作量、提出相应的小修保养措施,为编制辖区内的桥梁养护(小修保养)计划提供依据。经常检查中发现桥梁重要部件存在明显缺损时,应及时向上级提交专项报告。具体检查的项目和内容见《公路桥涵养护规范》(JTG H11—2004)。

2)定期检查

为评定桥梁使用功能,制定管理养护计划提供基本数据,对桥梁主体结构及其附属构造物的技术状况进行的全面检查,它为桥梁养护管理系统搜集结构技术状态的动态数据。

定期检查的时间应符合下列规定:

(1)定期检查周期根据技术状况确定,最长不得超过3年。新建桥梁交付使用1年后,进行第一次全面检查。临时桥梁每年检查不少于一次。

(2)在经常检查中发现重要部(构)件的缺损明显达到三、四、五类技术状况时,应立即安排一次定期检查。

桥梁定期检查工作应按规范程序进行,具体检查的项目和内容详见《公路桥涵养护规范》

（JTG H11—2004）。

桥梁经常检查记录表　　　　表 10-1-1

管理单位：

路线编码		路线名称		桥位桩号	
桥梁编号		桥梁名称		养护单位	
部件名称	缺损类型	缺损范围		保养措施意见	
翼墙					
锥坡、护坡					
桥台及基础					
桥墩及基础					
地基冲刷					
支座					
上部机构异常变形					
桥与路连接					
伸缩缝					
桥面铺装					
人行道、缘石					
栏杆、护栏					
标志、标线					
排水设施					
照明系统					
桥面清洁					
调治构造物					
其他					
负责人		记录人		检查日期	

定期检查是以目测观察结合仪器观测进行，必须接近上述各部件仔细检查其缺损情况，并做好以下工作：

①现场校核桥梁基本数据（桥梁基本状况卡片桥梁管养单位应对辖区内所有桥梁建立“桥梁基本状况卡片”（见《公路桥涵养护规范》（JTG H11—2004）的附录），将有关信息输入数据库，建立永久性档案）。

②当场填写“桥梁定期检查记录表”（表 10-1-2），记录各部件缺损状况并做出技术状况评分。

③实地判断缺损原因，确定维修范围及方式。

④对难以判断损坏原因和程度的部件，提出特殊检查（专门检查）的要求。

⑤对损坏严重、危及安全运行的危桥，提出限制交通或改建的建议。

⑥根据桥梁的技术状况,确定下次检查时间。

桥梁定期检查记录表 表 10-1-2

管理单位(县级):

路线编码			路线名称		桥位桩号		
桥梁编号			桥梁名称		下穿通道名		
桥长(m)			主跨结构		最大跨径		
管养单位			建成年月		上次大中修日期		
上次检查日期			本次检查日期		气候		
部件号	部件名称	评分(0~5)	特别检查	维修范围	维修方式	维修时间	费用(元)
1	翼墙、耳墙						
2	锥坡、护坡						
3	桥台及基础						
4	桥墩及基础						
5	地基冲刷						
6	支座						
7	上部主要承重构件						
8	上部一般承重构件						
9	桥面铺装						
10	桥与路连接						
11	伸缩缝						
12	人行道						
13	栏杆、护栏						
14	照明、标志						
15	排水设施						
16	调治构造物						
17	其他						
总体状况评定等级			全桥清洁状况评分		保养小修状况评分		
经常性养护建议							
负责人			记录人		检查日期		
缺损说明							

3)特殊检查

特殊检查是查清桥梁的病害原因、破损程度、承载能力、抗灾能力,确定桥梁技术状况的工作。

(1)特殊检查分为专门检查和应急检查。

专门检查:根据经常检查和定期检查的结果,对需要进一步判明损坏原因、缺损程度或使用能力的桥梁,针对病害进行专门的现场试验检测、验算与分析等鉴定工作。

应急检查:当桥梁受到灾害性损伤后,为了查明破损状况,采取应急措施,组织恢复交通,对结构进行的详细检查和鉴定工作。

(2)一般在下列四种情况下作特殊检查:

①在地震、洪水、滑坡、超重车辆行驶及行船或重大漂浮物撞击之后;

②决定对单一的桥梁进行改造、加固之前;

③桥梁定期检查难以判明损坏原因、程度及整座桥的技术状况时;

④桥梁技术状况规定为四类者,具体见《公路桥涵养护规范》(JTG H11—2004)桥梁技术状况评定标准。

(3)桥梁特殊检查应根据需要对以下三个方面问题做出鉴定:

①桥梁结构材料缺损状况。包括对材料物理、化学性能退化程度及原因的测试鉴定;结构或构件开裂状态的检测及评定。

②桥梁结构承载能力。包括对结构强度、稳定性和刚度的检算、试验和鉴定;静载、动载试验。

③桥梁防灾能力。包括桥梁抵抗洪水、流冰、风、地震及其他地质灾害等能力的检测鉴定。

2. 桥梁结构检查的主要部位

桥梁上部结构及下部桥墩的重复检查部位分别见表10-1-3和表10-1-4所示。

桥梁上部结构重点检查部位 表10-1-3

结构形式	重点部位(加○处)		备注
简支梁	侧面 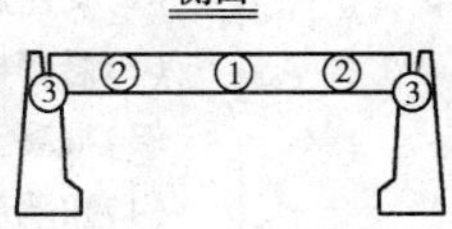		(1)跨中处 (2)1/4跨径处 (3)支座处
连续梁、悬臂梁(有铰)	侧面 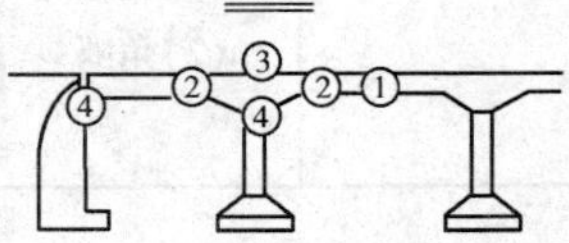	横断图 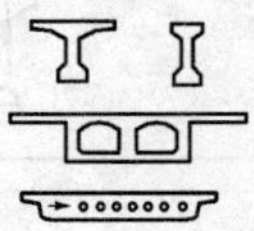	(1)跨中处 (2)反弯点(约1/3跨径处) (3)桥墩处梁顶部 (4)支座处
刚架	侧面 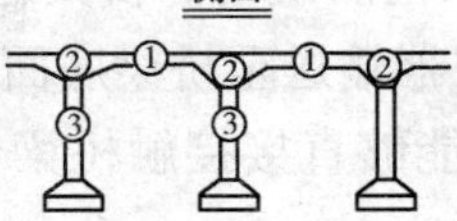		(1)跨中处 (2)角隅处 (3)腿部

桥墩重点检查部位 表 10-1-4

结构形式	重点部位(加○处)	备　注
单独桥墩		(1)支座底板
T形桥墩	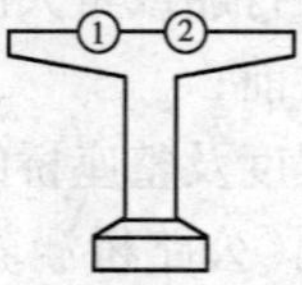	(1)支座底板 (2)悬臂根部
π形桥墩	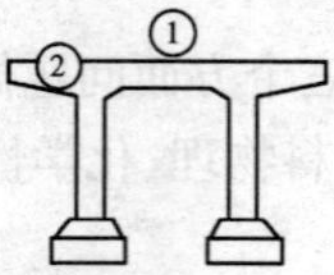	(1)支座底板 (2)悬臂根部
单悬臂梁式桥墩		(1)支座底板 (2)悬臂根部(上悬臂、下悬臂) (3)角隅
Y形桥墩		(1)支座底板 (2)混凝土接缝处 (3)Y形交接处
单悬臂梁式框架桥墩	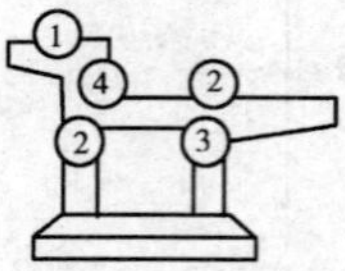	(1)支座底板 (2)悬臂根部 (3)混凝土接缝处 (4)角隅部
框架式桥墩		(1)支座底部 (2)角隅

3. 桥梁检查常用设备

影响桥梁使用寿命的桥跨结构、支座、基础墩台等构造,由于其地理环境等条件的制约,要及时地进行检查有时很不方便,这就要求使用专用的桥梁检测设备。桥梁检测车就是一种移动方便、展开迅速、使用灵活、可将人员及必要的工具和仪器输送至桥梁底面进行检查、修理作业的工程设备,它能够方便的进入桥梁底部,使检查人员能够直接接触桥梁各部位,从而为桥梁进行检查和轻度的维修保养提供作业平台。

常见的桥梁检测车一般由底盘、工作装置(四边形连接举升机、构升降塔、作业平台)、操作装置和应急操作系统组成，其行走和工作状态如图 10-1-1 所示。

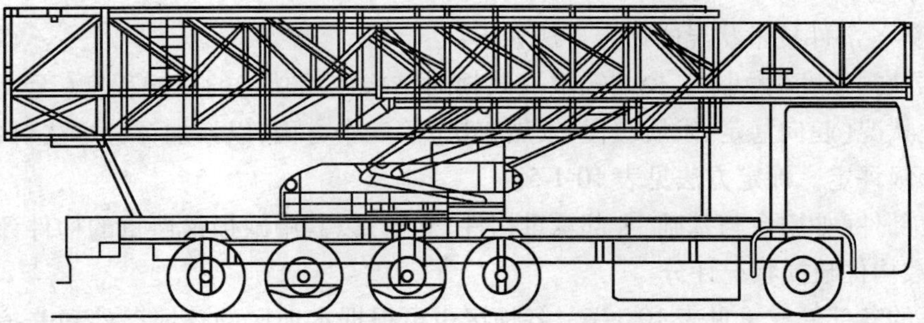

行走状态

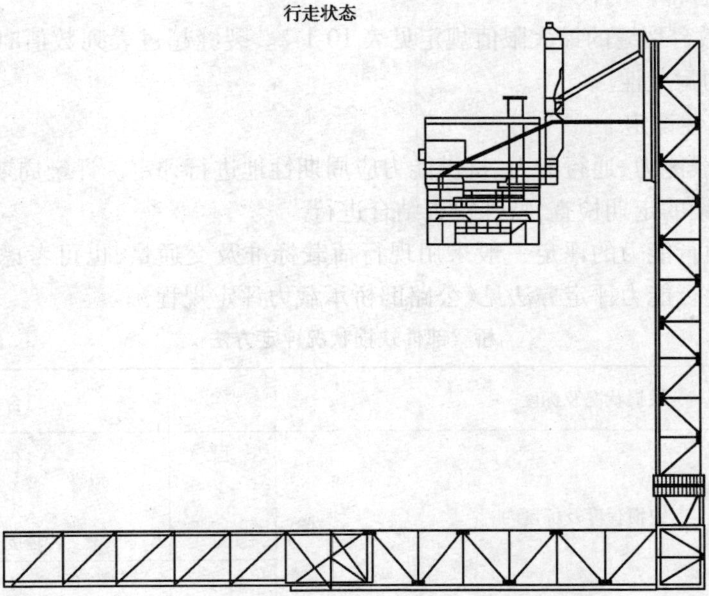

工作状态

图 10-1-1　桥梁检测车结构示意图

五、桥梁评价

1. 桥梁评价分类

桥梁评定分为一般评定和适应性评定。

(1)一般评定是依据桥梁定期检查资料，通过对桥梁各部件技术状况的综合评定，确定桥梁的技术状况等级，提出各类桥梁的养护措施。

(2)桥梁适应性评定包括以下内容：依据桥梁定期及特殊检查资料，结合试验与结构受力分析，评定桥梁的实际承载能力、通行能力、抗洪能力，提出桥梁养护、改造方案。

(3)一般评定由负责定期检查者进行，适应性评定应委托有相应资质及能力的单位进行。

2. 桥梁一般评定

全桥总体技术状况等级评定，宜采用考虑桥梁各部件权重的综合评定方法。亦可按重要部件最差的缺损状况评定，或对照《公路桥涵养护规范》(JTG H11—2004)桥梁技术状况评定标准进行评定。

(1)桥梁各部件技术状况的评定方法如下：

①根据缺损程度(大小、多少或轻重)、缺损对结构使用功能的影响程度(无、小、大)和缺损发展变化状况(趋向稳定、发展缓慢、发展较快)等三个方面，以累加评分方法对各部件缺损状况做出等级评定。评定方法见表10-1-5。

②重要部件(如墩台与基础、上部承重构件、支座)以其中缺损最严重的构件评分；其他部件，根据多数构件缺损状况评分。

③推荐的各部件权重见表10-1-6。各地区也可根据本地区的环境条件和养护要求，采用专家评估法修订各部件的权重。

(2)梁、拱、墩台裂缝的最大限值规定见表10-1-7。裂缝超过表列数值时应进行修补或加固，以保证结构的耐久性。

3. 桥梁适应性评定

对桥梁的承载能力、通行能力、抗洪能力应周期性地进行评定。评定周期一般为3~6年。评定工作可与桥梁的定期检查、特殊检查结合进行。

承载能力、通行能力的评定一般采用现行荷载标准及交通量，也可考虑使用期预测交通量。承载能力、通行能力评定方法见《公路旧桥承载力评定规程》。

桥梁部件缺损状况评定方法　　表10-1-5

缺损状况及标度			组合评定标度					
缺损程度及标度		程度	小——→大 少——→多 轻度——→严重					
		标度		0	1	2		
缺损对结构使用功能的影响程度	无、不重要	0				0	1	2
	小、次要	+1				1	2	3
	大、重要	+2				2	3	4
以上两项评定组合标度				0	1	2	3	4
缺损发展变化状况的修正	趋向稳定	−1			0	1	2	3
	发展缓慢	0			1	2	3	4
	发展较快	+1		1	2	3	4	5
最终评定结果			0	1	2	3	4	5
桥梁技术状况及分类			完好 一类	良好	较好 二类	较差 三类	差的 四类	危险 五类

注："0"表示完好状态，或表示没有设置的构造部件。当缺损程度标度为"0"时，不再进行叠加。

"5"表示危险状态，或表示原未设置，而调查表明需要补设的部件

推荐的桥梁各部件权重及综合评定方法 　表 10-1-6

<table>
<tr><th>部　件</th><th>部件名称</th><th>权重 W_i</th><th>桥梁技术状况评定方法</th></tr>
<tr><td>1</td><td>翼墙、耳墙</td><td>1</td><td rowspan="17">(1)综合评定采用下列计算式：
$$D_r = 100 - \sum_{i=1}^{z} R_i W_i / 5$$
式中：R_i——按表 10-1-5 方法对各部件的确定的评定标度(0～5)；
W_i——各部件权重，$\sum W_i = 100$；
D_r——全桥结构技术状况评分(0～100)；评分高表示结构状况好，缺损少。
(2)评定分类采用下列界限
$D_r \geqslant 88$　一类
$88 > D_r \geqslant 60$　二类
$60 > D_r \geqslant 40$　三类
$40 > D_r$　四类、五类

$D_r \geqslant 60$ 的桥梁，并不排除其中有评定标度 $R_i \geqslant 3$ 的部件，仍有维修的需求</td></tr>
<tr><td>2</td><td>锥坡、护坡</td><td>1</td></tr>
<tr><td>3</td><td>桥台及基础</td><td>23</td></tr>
<tr><td>4</td><td>桥墩及基础</td><td>24</td></tr>
<tr><td>5</td><td>地基冲刷</td><td>8</td></tr>
<tr><td>6</td><td>支座</td><td>3</td></tr>
<tr><td>7</td><td>上部主要承重构件</td><td>20</td></tr>
<tr><td>8</td><td>上部一般承重构件</td><td>5</td></tr>
<tr><td>9</td><td>桥面铺装</td><td>1</td></tr>
<tr><td>10</td><td>桥头与路堤连接部</td><td>3</td></tr>
<tr><td>11</td><td>伸缩缝</td><td>3</td></tr>
<tr><td>12</td><td>人行道</td><td>1</td></tr>
<tr><td>13</td><td>栏杆、护栏</td><td>1</td></tr>
<tr><td>14</td><td>灯具、标志</td><td>1</td></tr>
<tr><td>15</td><td>排水设施</td><td>1</td></tr>
<tr><td>16</td><td>调治构造物</td><td>3</td></tr>
<tr><td>17</td><td>其他</td><td>1</td></tr>
</table>

裂　缝　限　值 　表 10-1-7

<table>
<tr><th>结构类型</th><th colspan="3">裂 缝 种 类</th><th>允许最大缝宽(mm)</th><th>其他要求</th></tr>
<tr><td rowspan="5">钢筋混凝土梁</td><td colspan="3">主筋附近竖向裂缝</td><td>0.25</td><td></td></tr>
<tr><td colspan="3">腹板斜向裂缝</td><td>0.30</td><td></td></tr>
<tr><td colspan="3">组合梁结合面</td><td>0.50</td><td>不允许贯通结合面</td></tr>
<tr><td colspan="3">横隔板与梁体端部</td><td>0.30</td><td></td></tr>
<tr><td colspan="3">支座垫石</td><td>0.50</td><td></td></tr>
<tr><td rowspan="2">预应力混凝土梁</td><td colspan="3">梁体竖向裂缝</td><td>不允许</td><td></td></tr>
<tr><td colspan="3">梁体纵向裂缝</td><td>0.20</td><td></td></tr>
<tr><td rowspan="3">砖、石、混凝土拱</td><td colspan="3">拱圈横向</td><td>0.30</td><td>裂缝高度小于截面高度一半</td></tr>
<tr><td colspan="3">拱圈纵向</td><td>0.50</td><td>裂缝长度小于跨径的 1/8</td></tr>
<tr><td colspan="3">拱波与拱肋结合处</td><td>0.20</td><td></td></tr>
<tr><td rowspan="5">墩台</td><td colspan="3">墩台帽</td><td>0.30</td><td rowspan="5">不允许贯通墩身截面一半</td></tr>
<tr><td rowspan="3">墩台身</td><td>经常受浸蚀性水影响</td><td>有筋无筋</td><td>0.20
0.30</td></tr>
<tr><td>常年有水，但无浸蚀性水影响</td><td>有筋无筋</td><td>0.25
0.35</td></tr>
<tr><td colspan="2">干沟或季节性有水河流</td><td>0.40</td></tr>
<tr><td colspan="3">有冻结作用部分</td><td>0.20</td></tr>
</table>

注：表中所列除特指外适用于一般条件。对于潮湿环境和空气中含有较强腐蚀性气体条件下的缝宽限制应要求严格一些。预应力混凝土梁指全预应力或部分预应力 A 类结构。

六、养护对策

(1)对一般评定划定的各类桥梁,分别采取不同的养护措施:

一类桥梁进行正常保养;二类桥梁需进行小修;三类桥梁需进行中修,酌情进行交通管制;四类桥梁需进行大修或改造,及时进行交通管制,如限载、限速通过,当缺损较严重时应关闭交通;五类桥梁需要进行改建或重建,及时关闭交通。

(2)对适应性不能满足的桥梁,应采取提高承载力、加宽、加长、基础防护等改造措施。若整个路段有多座桥梁的适应性不能满足,应结合路线改造进行方案比较和决策。

思考与练习

1. 简述桥梁养护维修的工作内容、桥梁养护工程分类及维修加固的步骤。
2. 什么是经常性检查?其检查的项目和内容有哪些?
3. 定期检查的时间应符合哪些规定?其检查的项目和内容有哪些?
4. 什么是特殊检查?何时需作特殊检查?其检查的项目和内容有哪些?

课题二　桥梁上部构造养护、维修与加固

【内容提要】 钢筋混凝土及预应力混凝土梁桥的维修加固、拱桥的维修加固。

【教学要求】

应知:掌握钢筋混凝土及预应力混凝土梁桥、拱桥的维修加固方法。

应会:能够根据病害提出修补方案,并能根据修补方案编制出实施计划。

【教学建议】 结合图片或录像实施教学,有条件时可采用项目教学法。

桥跨结构是桥梁的主要承重结构,除直接承受车辆荷载的作用外,还长期暴露在自然界中。当桥跨结构出现缺陷,长期受到自然界的各种因素的影响,势必会扩大、加深、发展,危及桥梁的安全。因此,发现桥跨结构出现缺陷后,必须及时进行调查研究,分析缺陷的产生原因、现状、发展趋势,以及桥梁遭受破坏的程度,对使用的影响等,及时采取措施进行维修加固。

一、桥面系的养护与维修

1. 桥面铺装

桥面铺装材料主要有水泥混凝土和沥青类材料两种,由于使用材料不同,缺陷的形式也不一样,沥青类铺装层的缺陷主要有:泛油;松散、露骨;裂缝;高低不平、产生跳车。普通水泥混凝土铺装层的缺陷主要有:磨光;裂缝;脱皮、露骨;高低不平。

(1)桥面铺装的养护工作。

应经常清扫桥面,保持桥面清洁完整和有一定的路拱。桥面在雨后应随时将积水排到泄

水管排除，冬季结冰或下雪后应及时清除桥面上的冻块或积雪。严禁在桥面上堆置杂物或作晒场等。此外，桥面防水层有损坏也要及时修复。

(2)水泥混凝土铺装层如有磨光、脱皮、露骨或破裂等缺陷时，通常可用如下方法进行维修：

①原结构凿补。将原水泥混凝土铺装层的表面凿毛，并尽可能深一些，使集料露出，用清水冲洗干净并充分润湿，再涂刷上同标号的水泥砂浆（或其他粘结材料），最后铺筑一层4～5cm厚的水泥混凝土铺装层（在桥梁荷载能力容许的前提下）。

②采用黑色路面改建桥面。采用黑色路面即沥青类材料修补桥面铺装，一般较水泥混凝土铺装容易，且上下结合也比较牢靠，施工期间对交通影响也较小。但路面改变了原有结构且必须全桥加铺，否则影响美观。黑色路面修补的结构可采用沥青表面处治或沥青细砂罩面，也可加铺一层2～3cm的沥青混凝土。采用沥青细砂时，应先涂刷沥青漆，使之与旧面层结合良好。

③全部凿除，重筑铺装层。桥面铺装层如已损坏严重，可采用全部凿除，重筑铺装层的方法修补。新铺的面层可采用普通水泥混凝土，也可采用钢纤维混凝土等其他材料。

(3)沥青类桥面铺装层出现缺陷后，应及时处理，经常保持桥面完好平整。

(4)桥面凹凸不平，如因构件连接处沉陷不均引起时，可采用在桥下以液压千斤顶顶升，调整构件连接处标高，使其顶面具有相同高度的方法进行维修。

2. 排水系统

1)常见缺陷

桥面排水设施主要有泄水管和引水槽两种，这两种排水设施的常见缺陷有：

(1)泄水管的管道破坏，损伤。在外界作用影响下产生局部破裂，损伤，出现洞穴而产生漏水；

(2)管体脱落。主要由于接头连接不牢而产生掉落，失去排水作用；

(3)管内有泥石杂物堵塞，从而排水不畅，水流不通；

(4)管口有泥石杂物堆积；

(5)引水槽有堆泥、堵塞，水流不畅，槽口破裂损坏而出现漏水、积水等。

2)排水设施的养护维修

(1)桥面的泄水管、引水槽要及时清扫、疏通。缘石的横向泄水孔道，不够长的要加以接长，避免桥面水流沿梁侧流泻。

(2)泄水管损坏要及时修补，接头不牢已掉落的要重新安装接上，损坏严重的要予以更换。

(3)引水槽破裂的要重新修理，长度不足时予以接长。当槽口太小，不能满足排水需要时要扩大槽口重新修筑。

3. 人行道、栏杆、护栏、防撞墙

栏杆、护轮带是桥面上的安全设施，如有损坏、裂缝、变形、腐蚀应迅速修复，养护中应注意以下几点：

(1)人行道块件应牢固、完整，桥面路缘石应经常保持完好状态。若出现松动、缺损应及时进行修整或更换。

(2)桥梁栏杆应经常保持完好状态。栏杆柱应竖立正直，扶手应无损坏、断裂，伸缩缝处的水平杆件应能自由伸缩。栏杆柱、扶手如有缺损，应及时补齐。因栏杆损坏而采用临时防护措施时，使用时间不得超过 3 个月。

(3)钢筋混凝土栏杆开裂严重或混凝土剥落，应凿除损坏部分，修补完整。

(4)钢质栏杆应涂漆防锈，一般每年一次。

(5)护栏、防撞墙应牢固、可靠，若有损坏应及时修理或更换。钢护栏与钢筋混凝土护栏上的外露钢构件应定期涂漆防锈，一般每年一次。

(6)桥梁两端的栏杆柱或防撞墙端面，涂有立面标记或示警标志的，应定期涂刷，一般一年一次，使油漆颜色保持鲜明。

(7)桥上灯柱应保持完好状态，如有缺损和歪斜，应及时修理、扶正。灯具损坏应及时更换，保证夜间照明。

4. 伸缩装置

目前常用的桥面伸缩缝有锌铁皮伸缩缝、钢板式伸缩缝和橡胶伸缩缝三种。由于伸缩缝设置在桥梁梁端构造薄弱部位，直接承受车辆反复荷载作用，又多暴露于大自然中，受到各种自然因素的影响，因此，可以说伸缩缝是易损坏，难修补的部位，经常发生各种不同程度的缺陷。

伸缩缝出现缺陷后会使车辆行驶出现跳车、噪声，甚至引起交通事故，同时缺陷不及时修补会向结构主体进一步发展。因此，对桥面伸缩缝要经常注意养护，经常检查，出现破坏后即要进行必要的修补或者更换。

1)桥面伸缩缝的养护

桥面伸缩缝要经常注意养护，使其发挥正常作用。对于锌铁皮 U 形槽伸缩缝要防止杂物嵌入；梳形钢板伸缩缝梳齿缝内塞进杂物时要及时清除；钢板伸缩缝缝板在震断时要及时修复；橡胶伸缩缝的橡胶老化时要注意修理更换。

2)伸缩缝缺陷的修补与更换

修补前应查明原因，采用行之有效的、与之相适应的修补方法，修补工作要依据缺陷的程度，或部分修补，或部分以至全部更换。

(1)对于锌铁皮伸缩缝，当其软性填料老化脱落时，在充分扫清原缝隙泥土后，重新注入新的填缝料。当铺装层破坏时，要凿除重新铺筑。凿除破损部位要划线切割(或竖凿)，如图 10-2-1 所示。清扫旧料后再铺筑新面层。当采用混凝土浇筑时，要采用快硬水泥并注意新旧接缝要保持平整，对铺筑部分要加以初期养生。

(2)对于钢板伸缩缝，当钢板与角钢焊接破裂时，应清除污垢后重新焊牢；当梳齿断裂或出现裂缝后，也要采限焊接方法进行修补，如图 10-2-2 所示。排水沟堵塞后应及时予以清除。

(3)以下几种伸缩装置出现下列病害时，应及时进行更换。

①U 形锌铁皮伸缩装置的锌铁皮老化、开裂和断裂。

②钢板伸缩装置或锯齿钢板伸缩装置的钢板变形，螺栓脱落，伸缩不能正常进行。

③橡胶条伸缩装置的橡胶条老化、脱落、固定角钢变形、松动。

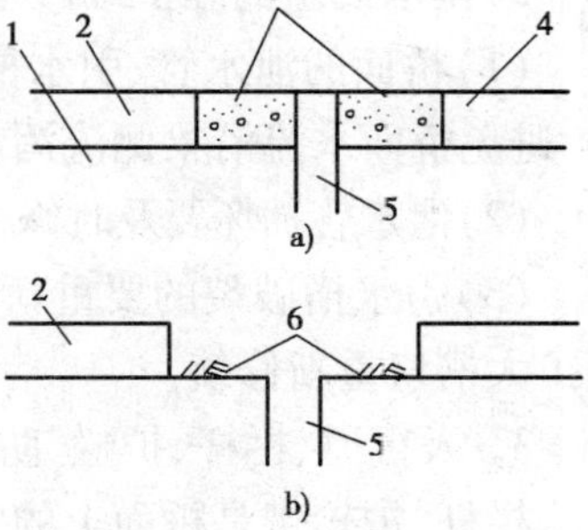

图 10-2-1　伸缩缝两侧面层损坏时的修补情况

a)对损坏部分划线切割或凿除；b)对桥面板稀薄部凿出粗糙面

1-桥面板；2-铺装层；3-应凿除的铺装层；4-切割或凿除线；5-伸缩缝；6-修凿出粗糙面

④板式橡胶伸缩装置的橡胶板老化开裂，预埋螺栓松脱，伸缩失效。

更换的伸缩装置应选型合理，伸缩量应满足桥跨结构变形需要，安装应牢固、平整、不漏水。

(4)桥面伸缩缝的修补或更换工作大多不断绝交通。因此，通常可考虑采用限制车辆通行，半边施工，半边通行车辆；或白天使用盖板，夜间施工时禁止通行；或白天使用盖板，夜间限制车辆通行，半边施工，半边开放交通等方法。总之，均要注意抓紧时间，尽量缩短工期，保证修补质量。

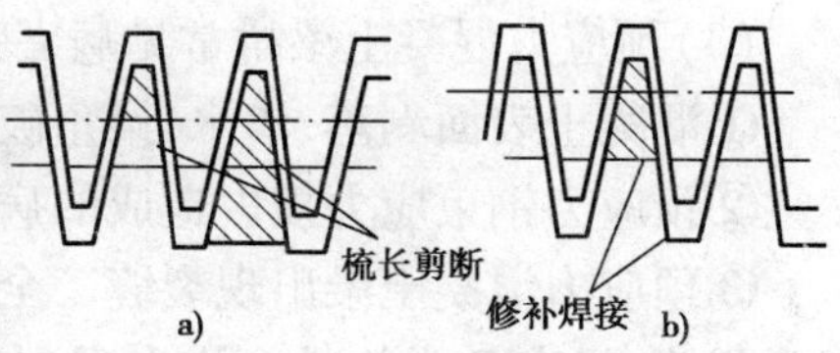

图 10-2-2　梳形钢板伸缩缝当梳齿断裂时的修补

5. 标志、标线和交通安全设施

(1)桥上的交通标志应齐全、醒目、牢固，标志板应保持整洁、无裂纹和残缺。若有损坏应及时整修。

(2)交通标线应经常保持完好、清晰，定期进行标线重涂。

(3)桥上的防眩板应保持齐全、整洁，若有损坏应及时整修。

(4)桥上的防护隔离设施应完整、牢固，若有损坏应及时修理。

(5)桥上设置的航空灯、航道灯及供电线路、通信线路必须保持完好状态，如有损坏应立即修复。避雷设备要经常保持完好，接地电阻要符合要求，接地线附近禁止堆放物品，禁止挖取接地线的覆土。

另外，桥头搭板脱空、断裂或枕梁下沉引起桥路连接不顺畅，出现桥头跳车时，应进行维修处理。用于桥梁观测的标点、传感器、接线等应保持完好。如有损坏和故障应及时维修。

二、钢筋混凝土梁桥和预应力混凝土梁桥的养护维修与加固

1. 日常养护

(1)钢筋混凝土梁桥日常养护维修内容为：清除表面污垢；修补混凝土空洞、破损、剥落、表面风化以及裂缝；清除暴露钢筋的锈渍、恢复保护层；处理各种横、纵向构件的开裂、开焊和锈蚀。

保持箱梁的箱内通风，未设通风孔的应补设。梁体的污垢宜用清水洗刷，不得使用有腐蚀性的化学清洗剂。

(2)钢筋混凝土梁桥常见病害及采用的处理方法：

①对梁(板)体混凝土的空洞、蜂窝、麻面、表面风化、剥落等应先将松散部分清除，再用高强度等级的混凝土、水泥砂浆或其他材料进行修补。新补的混凝土要密实，与原结构应结合牢固、表面平整。新补的混凝土必须实行养生。

②梁体若发现露筋或保护层剥落，应先将松动的保护层凿去，并清除钢筋锈迹，然后修复保护层。如损坏面积不大可用环氧砂浆修补，如损坏面积过大可用喷射高标号水泥砂浆的方法修补。

③梁(板)体的横、纵向联结件开裂、断裂、开焊，可采取更换、补焊、帮焊等措施修补。

④钢筋混凝土梁桥的裂缝处理：当裂缝的宽度大于限值及裂缝分布超出正常范围时，应作处理。钢筋混凝土梁的裂缝最大限值见表 10-1-7。

当裂缝宽度在限值范围内时,可进行封闭处理,一般涂刷环氧树脂胶。

当裂缝宽度大于限值规定时,应采用压力灌浆法灌注环氧树脂胶或其他灌缝材料。

当裂缝发展严重时,应加强观测,查明原因,按照本规范的有关规定进行加固处理。

(3)预应力混凝土梁桥常见病害:

①混凝土表面剥落、渗水,梁角破碎、露筋,钢筋锈蚀、局部破损等。

②预应力钢束应力损失造成的病害。

③预应力混凝土梁出现裂缝。全预应力及部分预应力 A 类构件正常使用条件下不允许出现裂缝,只有 B 类构件允许出现裂缝。裂缝的类型除与钢筋混凝土梁桥相同的之外,还有沿预应力钢束的纵向裂缝,锚固区局部承压的劈裂缝。

(4)空气、雨水、河流水中含有对混凝土和钢筋有侵蚀的化学成分时,应对桥梁结构进行防护。

(5)钢筋混凝土构件的修补:

①在昼夜平均气温低于5℃的冬季维修桥梁时,对修补的混凝土构件应采取保温措施,保证混凝土的凝固硬化。

②用于修补加固的混凝土、钢材,其强度和其他质量指标应不低于原桥材料。修补用的混凝土强度等级应比原强度等级提高一级,在 pH 值小于 5.6 的地区,所用水泥应根据环境特点采用耐酸的硅酸盐水泥、抗铝硅酸盐水泥等。

③受拉区修补用的混凝土宜用环氧树脂配制,受压区修补用的混凝土可用膨胀水泥配制。用水泥混凝土或沙浆修补的构件应加强养生,有条件时宜用蒸气养生或封闭养生。

2. 维修与加固

钢筋混凝土及预应力混凝土梁桥的维修加固一般通过主梁加固来实现。目前比较成熟且应用较广的技术有:增加构件截面和配筋加固法、粘贴钢板加固法、施加预应力加固法、改变结构体系加固法及增加构件加固法等。

1)增加构件截面和配筋加固法

对于抗拉强度不足的简支梁桥,可在梁底部(受拉区)或侧面增配补强主筋,或在腹板上增设补强箍筋,然后喷涂或浇筑混凝土,从而使梁的抗弯截面增大,以提高梁的承载能力。

增加构件截面和配筋加固法的优点是,能在桥下施工,不影响交通,加固工作量不大,而且加固的效果也较为显著,一般多用于梁板桥的加固(图 10-2-3)。

其加固程序为:

(1)将梁下面的混凝土保护层凿去,露出主筋,并将原箍筋切断拉直。

(2)在暴露的原有主钢筋上缠上或焊上需要补充的拉力钢筋。

(3)恢复箍筋,即将原箍筋接长,焊接成型。

(4)浇筑混凝土保护层。材料可采用环氧树脂混凝土或膨胀水泥混凝土。

(5)养生。

2)粘贴钢板加固法

粘贴钢板加固法是采用化学粘贴剂将钢板粘贴在梁(板)的受拉缘或薄弱部位,使之与结构物形成整体,用以代替需增设的补强钢筋,提高梁的承载能力,达到补强效果的一种加固方法如图 10-2-4 所示,一般采用环氧树脂浆液作为粘贴剂。

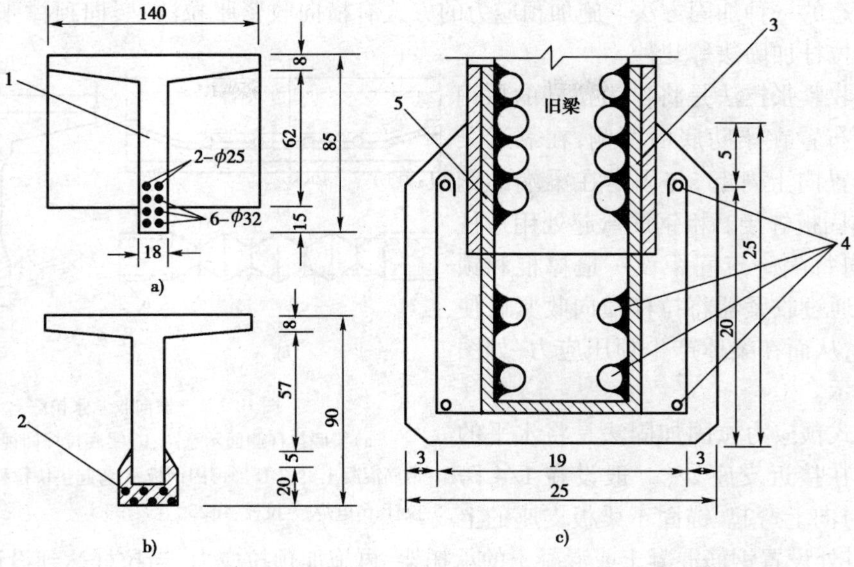

图 10-2-3 增加构件截面和配筋加固法示意图(尺寸单位:cm)

1-加固前梁体断面;2-加固后增加部分(小石子混凝土);3-连接新旧钢筋的钢板;4-加固钢筋;5-阴影部分表示钢筋与钢板焊接在一起

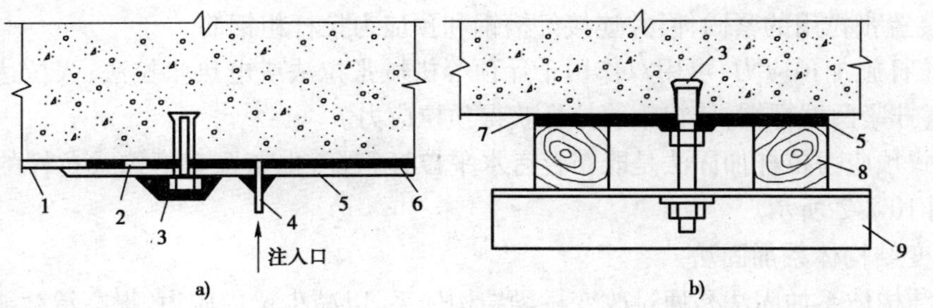

图 10-2-4 粘贴钢板加固法

a)注入施工法;b)压贴施工法

1-排气管;2-垫块;3-安装用锚固螺栓;4-注入管;5-钢板;6-液状环氧树脂系列粘结剂;7-油灰状环氧树脂系列粘结剂;8-垫木;9-角钢

粘贴钢板加固法的施工程序如下:

(1)表面处理,对梁(板)底面混凝土凿毛,使集料露出,并清除破碎部分和浮尘。钢板表面的油污和锈蚀应清除干净。

(2)粘贴钢板。粘贴钢板一般可用注入施工法和压贴施工法。从使用效果来看压贴施工法较好。压贴施工法施工时先在混凝土粘贴面上用冲击钻成孔,钻孔可采用梅花形布置如图 10-2-5 所示。

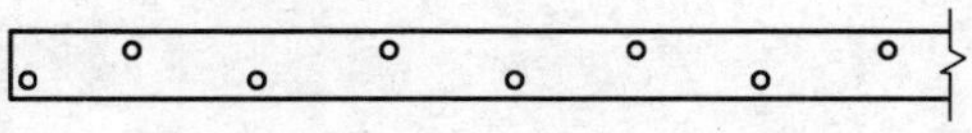

图 10-2-5 钻孔布置图

(3)防护处理。先清除钢板外面污物和锈蚀,涂一层树脂薄浆,再涂两层防锈漆。

3)施加预应力加固法

施加预应力加固法是运用预应力原理,在原梁体外受拉区域施加一定预压应力,来改善结构受力状态的一种加固方法。施加预应力的方式有横向收紧张拉法、竖向顶撑张拉法和组合式预应力拉杆加固法等几种。

横向收紧张拉法是将作为拉杆的粗钢筋分两层布置在梁肋底面两侧，在靠近梁端适当位置向上弯起，与固定在梁端的钢制U形锚固板焊接。粗钢筋弯起处用短柱支撑，纵向每隔一定间距设一道撑棍和锁紧螺栓。通过收紧器将拉杆横向收紧而使拉杆受拉，从而在梁体产生预压应力，如图10-2-6所示。

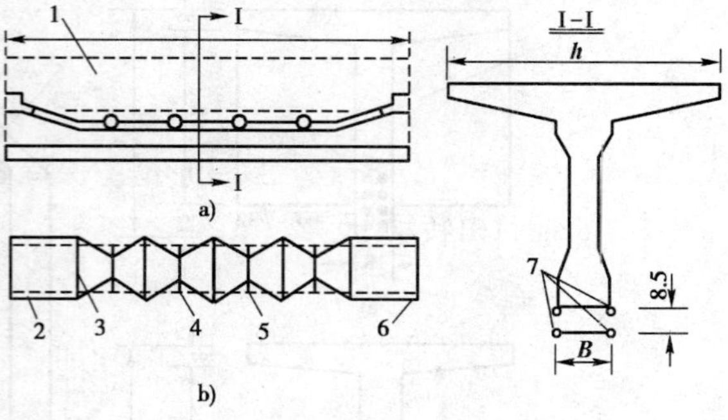

图 10-2-6　横向收紧张拉法

a)梁底拉杆侧面示意图；b)梁底拉杆仰视示意图

1-钢筋混凝土梁；2-U形铆固钢板；3-弯起垫块拉杆；4-销紧钢栓；5-拉杆；6-电焊；7-拉杆，4ϕ25

下撑式预应力拉固加固法是将水平的补强拉杆在接近支座处（一般设在1/4跨径的地方）向上弯起，锚固于梁板支座的上部，弯起点处设置钢筋混凝土或混凝土的承托架，再施加预拉应力，当拉杆达到设计应力值后，通过拉杆承托架传力，对梁结构产生作用力，起到卸载作用。其施工程序一般为：

（1）凿好主梁锚固点孔洞，孔洞直径应较锚固套管大2～3cm，以便用环氧树脂砂浆将套管埋入。

（2）装置张拉用的紧固件，并连接好槽钢和预应力拉杆粗钢筋。

（3）拉杆施加预应力，可用双作用千斤顶等机械张拉法或电热张拉法，张拉达到规定吨位和长度后，拧紧两端螺帽，使粗钢筋拉杆获得预拉应力。

组合式预应力拉杆加固法是既布置有水平拉杆箱杆，也布置有下撑式拉杆的一种加固方法 。如图10-2-7所示。

4）改变结构体系加固法

改变结构体系加固法是通过改变桥梁结构体系，以减少梁内应力，提高承载能力的一种加固方法。如在桥下净空和墩台基础受力许可的条件，采用在梁（板）底下加八字撑的方法使简支梁变成连续梁，如图10-2-8所示。

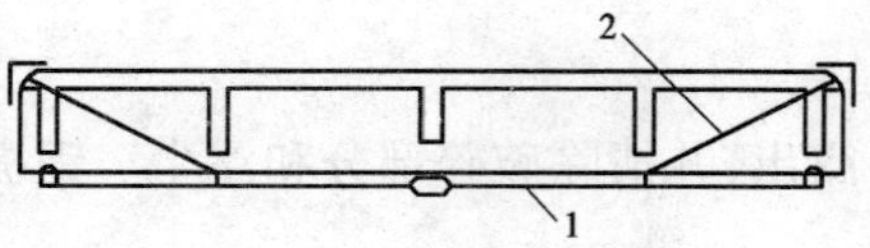

图 10-2-7　组合式预应力拉杆加固法

1-水平预应力补强拉杆；2-下撑式预应力补强拉杆

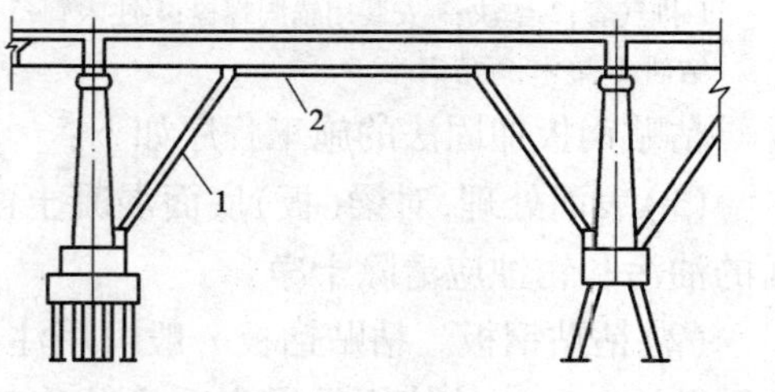

图 10-2-8　改变结构体系加固法

1-钢筋混凝土斜撑；2-钢筋混凝土水平撑

三、拱桥的养护维修与加固

1. 日常养护与维修

（1）经常清除表面污垢及圬工砌体因渗水而在表面附着的游离物。

(2)经常疏通泄水管孔,保持桥面及实腹拱拱腔排水畅通。如发现拱桥桥面漏水应及时修补,空腹拱的主拱圈(肋)若发现渗水,应对拱背进行清理,清除可能积水的残渣、堆积物等,并用砂浆等材料抹平或堵塞裂缝。实腹拱若发现主拱圈渗水,应检查拱腔排水系统,必要时可挖开拱上填料,修补防水层,修理排水管道。

(3)主拱及拱式腹拱的拱铰及变形缝应保持正常工作状态。清除弧面铰及变形缝内嵌入的杂物,保持能自由转动、变形。填缝材料如油毛毡,浸渍沥青的木板等,如有损坏应及时更换。

(4)构件表面缺陷及局部损坏的修补,主要有以下几类:

①圬工砌体的边角压碎、砌块断裂,干砌石拱桥砌缝张口等,可用水泥砂浆修补。若个别块体压碎或脱落,应用新的块体填塞更换,更换时应保证嵌挤或填塞紧密。砌缝砂浆若发生脱离,应凿除后重新用干硬性砂浆或微膨胀砂浆填筑,表面重新勾缝。

②钢筋混凝土拱构件的表面缺损与裂缝修补与钢筋混凝土梁桥相类似。

③钢管混凝土拱钢构件表面的防锈涂层应保持完好,并定期重涂,养护工作与钢桥有关部分相类似。

④实腹拱的侧墙若发生较大变形、开裂,应查明原因并作相应处理。若是填料不实,或拱腔积水,应挖开拱上填料,修补防排水系统,拆除鼓凸部分侧墙后重新砌筑,重新回填拱上填料及重作路面。也可酌情换用轻质填料或加大侧墙尺寸。

若发现侧墙与拱圈之间脱开,或侧墙上有斜向(若是砌体通常沿砌缝成锯齿状)开裂,应检查墩台与主拱的变形。开裂轻微且不再发展的,可作一般修补裂缝处理。若开裂严重或裂缝在发展中,应考虑加固、改造方案。

(5)中、下承式拱桥的吊杆养护与斜拉桥的拉索养护相类似。

系杆拱桥的系杆混凝土裂缝应用环氧砂浆等材料进行处理。系杆采用无混凝土包裹的预应力钢束时,应定期对钢束的防锈保护层进行养护、更换防护油脂等。系杆的支承点如有下沉要及时调整。

(6)冬季月平均气温低于 $-20℃$ 的地区,对淹没于结冰水位的拱圈,应在枯水期从结冰水位以上 50cm 开始至拱脚涂抹一层防冻环氧砂浆,砂浆表面再涂刷沥青进行保护。

2. 圬工拱桥的维修加固

圬工拱桥的维修加固一般通过拱圈加固来实现。常用的方法有:

1)原拱圈下增设拱圈加固法

在桥下净空容许,或根据水文资料,桥下泄水面积容许缩小时,可在原有拱圈下部增设拱圈,即紧贴原拱圈下面,喷射钢丝网水泥拱圈或浇筑钢筋混凝土新拱圈,如图 10-2-9。

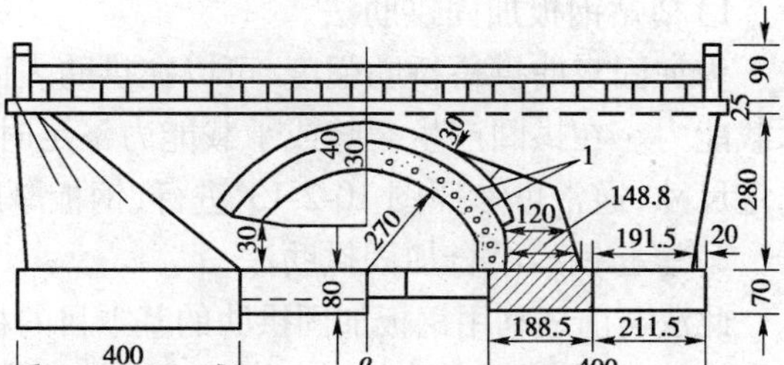

图 10-2-9 原拱圈下增设拱圈加固法

1-牵钉, $\phi 12$

2)原拱上增设钢筋混凝土拱圈加固法

从拱圈上面加一层新拱圈,即挖开原拱顶填土层直到拱背,洗净修补好,凿毛,加筑新拱圈。如图 10-2-10 所示。在加厚拱圈时,应同时考虑墩台受力是否安全可靠等因素。当多

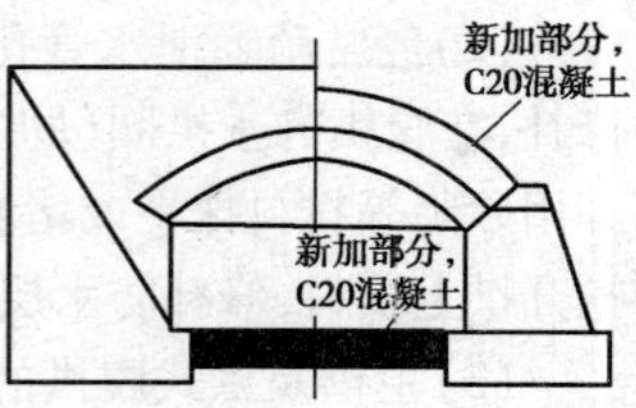

图 10-2-10　原拱上增设钢筋混凝土拱圈加固法

孔石拱桥需全部加设新拱圈时，必须对称地同时拆除拱上填料。

3）用双银锭腰铁钳入、卡牢相邻拱石的加强拉结法。

对石砌拱桥采用锁牢整体拱圈的办法，可使相邻拱石得到加强，该法在我国古代桥梁建造中最早使用。如图 10-2-11。

4）石拱桥拱圈加固的钢板箍（或钢拉杆）与螺栓锚固法

石拱桥亦可在拱圈的跨中和 1/4 处加设三道（或多道，视具体情况而定）钢板箍（钢板厚可用 6～8mm）或钢拉杆，用螺栓在拱底及拱侧钻孔锚固，并注意将锚固点设在拱圈厚度的 1/3 处，如图 10-2-12 所示。

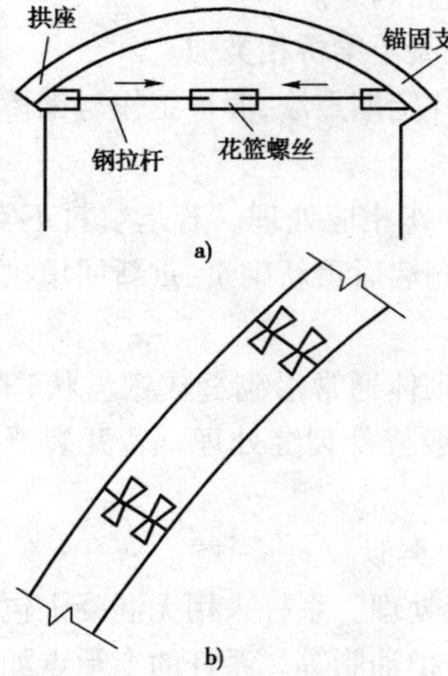

图 10-2-11　用双银锭腰铁钳入、卡牢相邻拱石的加强拉结法

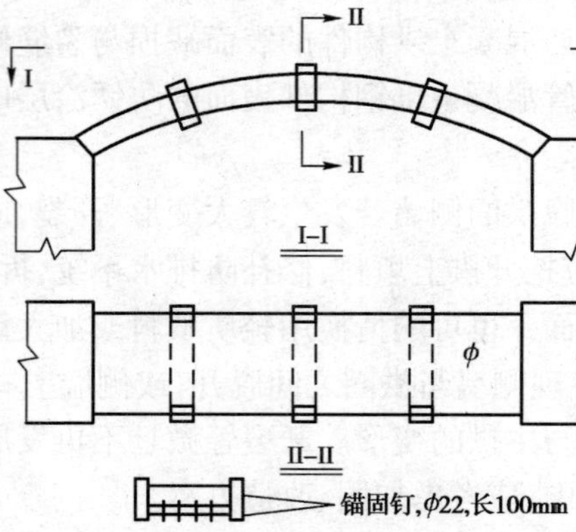

图 10-2-12　石拱桥拱圈加固的钢板箍（或钢拉杆）与螺栓锚固法

3. 双曲拱桥的维修加固

双曲拱桥的维修加固，除对下部构造采取维修加固措施外，上部构造的维修加固主要是指对拱肋的加强，拱横向系梁的加强以及上部结构填料的调整等工作，具体分述如下：

1）粘贴钢板加固拱肋法

为加固双曲拱桥桥肋强度，可以在拱肋表面清洁后，用环氧类砂浆粘结钢板的方法提高其承载能力。在拱圈产生裂缝或承载能力不足时，采用该法加固效果明显。一般可视具体情况选定尺寸，通常可参照图 10-2-13 进行，钢板厚度宜用 4～10mm，过厚时施工比较困难。

2）螺栓钢板结合加固拱肋法

此法与前述利用钢板加固拱肋的基本目的相同，但不是单纯依靠粘结，而是除了利用胶粘剂之外，再按一定间距凿孔并埋入螺栓，然后就钢板预钻孔对准预埋件位置穿入并以螺帽紧固。

3）扩大拱肋截面加固法

此法是通过采用钢筋和混凝土外包加大原拱肋，从而达到扩大拱肋的截面尺寸，增加拱肋断面的含筋率或变无筋拱肋为有筋拱肋，提高拱肋的抗弯刚度的一种加固方法，如图 10-2-14

所示。其作用明确，效果显著，应用也广。

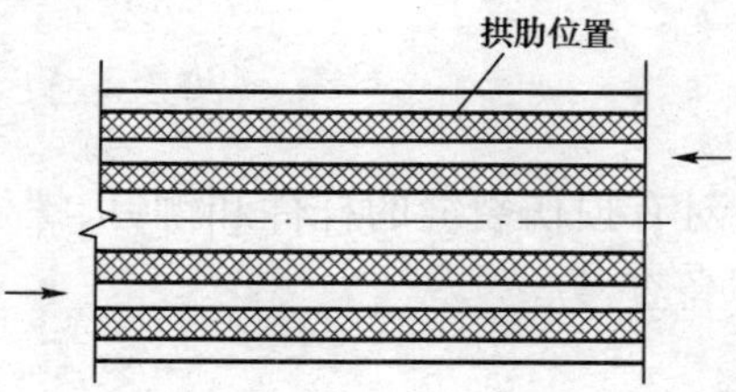

图 10-2-13　粘贴钢板加固拱肋法

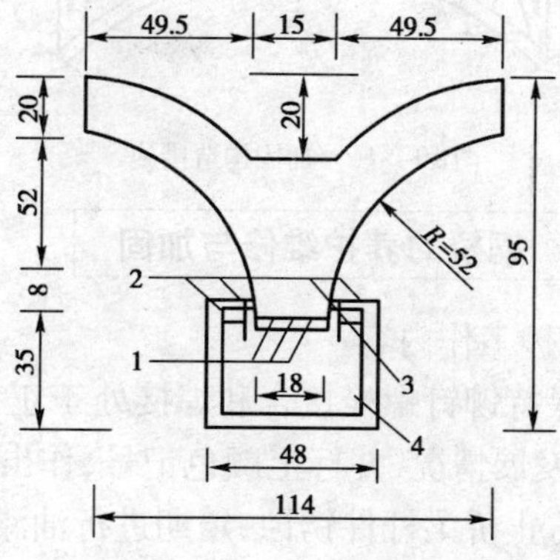

图 10-2-14　扩大拱肋截面加固法

1-原拱肋钢筋，3ϕ16；2-纵向架立钢筋，ϕ10；3-横向钢筋，ϕ16；4-加大断面

4）增设拱肋加固法

可在原桥每条或有的拱肋下新加拱肋，也可在原桥最外侧两拱肋旁新增拱肋并加强横向联系。

5）调整拱上自重、改变结构体系加固法

当双曲拱桥由于自重或地基承载力不足，致使拱脚发生水平位移或转动，拱轴线发生变形时，在条件许可的情况下，可采取调整拱上自重的布置，改变双曲拱桥结构体系的方法，来改善拱圈受力情况，以达到加固的目的。根据具体情况，常采用的方法有：

（1）拆除拱上建筑，改建为桁架拱，以减轻自重，并使主拱圈主要承受全部活载及活载引起的轴压力。拆除拱上建筑时应保留立柱脚钢筋，以便桁架结点固定在拱圈上。桁架腹杆以采取三角形为宜，它的下结点较少，可减轻构造上的困难，桁架拱的布置如图 10-2-15 所示。

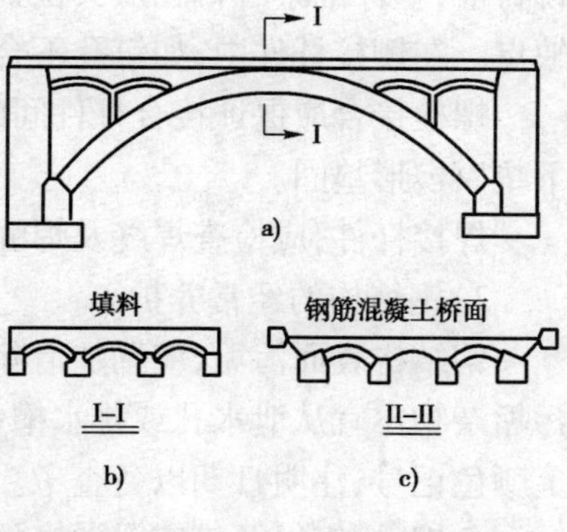

图 10-2-15　桁架拱的布置图

（2）清除拱上建筑及实腹段范围内的填料，降低拱顶断面高度，浇筑钢筋混凝土桥面板，并用混凝土填料加强原有拱上建筑与桥面板的联系，从而加强拱上建筑刚度，使整个体系向柔拱刚梁转化，促使主拱圈在活载作用下主要承担轴力，而弯矩转让给加固后的拱上建筑。加固构造措施如图 10-2-16 所示。

（3）当立柱无钢筋，改造为桁架有困难时，可将拱上结构改造为刚架拱。如图 10-2-17 所示。计算结果表明，刚架拱在空腹范围内主拱圈的弯矩要比无铰双曲拱小，而且拱脚弯矩也将减少得特别多。

6）顶推加固法

顶推的基本作法是在一端桥台的拱脚处安装顶推装置，将拱肋自拱脚向跨中方向顶推，使两拱脚间已发生的相对位移减小以至完全消除，以减轻或消除因桥台位移对上部结构产生的危害。

图 10-2-16　加固构造措施

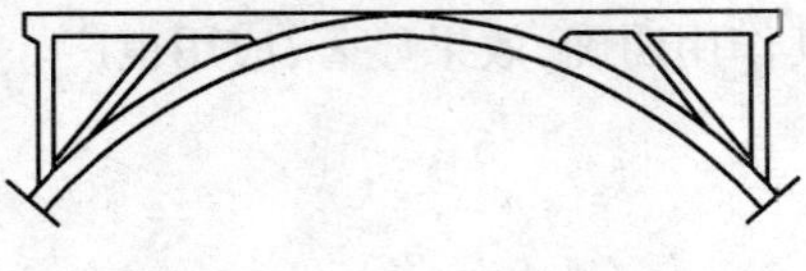

图 10-2-17　改造为刚架拱的方法

四、钢桥的养护维修与加固

1. 养护工作内容

(1)保持铆钉螺栓接合和焊接处于正常状态,对有损伤裂缝的杆件和铆钉、螺栓等,应经常观察其发展情况,并标上颜色记号,作出记录,以备查考。

(2)防止桥梁杆件锈蚀,定期进行油漆。

(3)矫正桥梁杆件局部变形。

(4)对基座的观测保养。

(5)经常清除节点和缝隙部位的积水,保持清洁干燥。

2. 养护工作要点

1)接合点养护

对铆钉结合点应经常留意,不紧密的铆钉结合点,可用铁锤敲打来发现,如在敲打时手指能觉出铆钉震动,则此铆钉已松弛,必须更换。所有松动和损坏的铆钉应予更换,凡是更换过的铆钉在检验之后,均应涂上与桥梁结构显著不同的颜色,并记入桥梁记事簿中,注明其数量和位置。

在检验更换铆钉时,应对其所有相邻而未更换的铆钉加以敲击,看是否受到损伤。在更换铆钉前,应仔细察看钉孔及其位置是否正确,如钉孔不圆或偏位大于2mm时,须扩钻孔径消除缺点。在铆接杆件中,如钉孔不合适时,禁止采用强力钻进的铆接方法。

螺栓接合应保证接合杆件间的紧密,如接合杆件表面位置有角度时,则应在螺帽和螺钉之下垫以楔形垫圈。

焊接杆件,应检查焊缝及焊缝附近钢的情况,清除焊渣。

2)钢结构的经常养护

钢结构表面污垢,应勤加清除,保证杆件清洁,特别要注意最易积聚污垢的部位。清除的污垢杂物不宜从泄水孔或排水槽中扫出,以免堵塞。对已裂缝的杆件,应仔细观察其发展,划上颜色记号,注明日期以备查考。

角钢、槽钢以及工字梁翼缘的局部弯曲可以用撬棍矫正。如角钢弯曲较严重,可以用弓形螺旋顶或油压千斤顶来矫正。禁止用烧锻钢材的方法来矫正。

钢杆件如有不同方向的弯曲,应先矫正一个方向,然后再矫正另一方向。如杆件同时有扭转和弯曲,应先矫正弯曲,再矫正扭转。在拆卸杆件时,可安设临时性结构来承担被修理杆件的受力作用,以保证行车安全。

杆件如由于穿孔和破裂削弱断面时,可用垫板或夹板夹紧铆固或焊固。把边缘锉平,使之结合紧密。如杆件因锈蚀而使横截面减少,或受较短或较深的创伤,宜用电焊填补。

3)钢桥涂漆

各种钢结构桥梁的钢杆件,都应涂漆防锈,以延长其使用年限。如油漆部分失效,钢件生锈,应及时除锈补漆;大面积油漆失效,可消除失效面漆,挖补失效底漆后加漆两层面漆;油漆大部分失效透锈时,应全部铲除后,重新打底漆和涂面漆。

如发现油漆漆面裂纹、起泡、皱皮,露出底层的漆面钢材,油漆表面色泽灰暗,光彩不及四周匀亮,有的部分有锈迹,经查出应及时补漆,以防扩大锈蚀。

除锈质量好坏,严重影响油漆质量。因而除锈应做到点锈不留,除锈彻底,打磨匀亮,揩擦干净。除锈还可采用化学方法,即在浓度10%的无机酸中加入0.2%~0.4%的面粉、糠、树胶或乙焦油等缓蚀剂来清洗锈蚀。使用这种化学方法,对于清除细小的构件的锈蚀,效果较为良好。

油漆层数原则上应为底、面漆各两层,对于易遭受损坏或工作条件困难的部位应多漆一层面漆。漆膜总厚度至少应为0.5mm。在第一层底漆干燥后,应对裂缝、不平整处和局部凹痕的部位用油性腻子腻塞,并对腻封质量进行检查,发现缺点,应予清除。

为了使新涂的油漆与钢料表面粘结得坚固持久,在涂漆之前,对铁锈、旧漆、污垢、尘土、矿物油和水,均应仔细清除。对所有较容易锈蚀的节点杆件,凹处缝隙,纵、横梁及主桁架的弦杆尤应仔细清理。

钢桥的油漆工作,应在天气干燥和温暖季节(不低于+5℃)进行。油漆时的气温应与被漆钢构件表面温度相同。对于风沙大、雾大、雨天及表面潮湿的钢杆件,不宜进行油漆。

3. 钢桥的杆件加固法

(1)钢板梁由于穿孔或破裂削弱断面时,可补贴钢板或用钢夹板夹紧并铆接来加固,这时钢板的边缘应锉平,使之结合紧密。如钢板受到了较短或较深的创伤,宜用电焊填补。

(2)采用增设水平加劲肋、竖向加劲肋的方法加固钢板梁。

(3)钢桁梁加固一般用补加新钢板、角钢或槽钢来加大杆件截面。加固可用栓接、铆接或焊接。

(4)加设加劲杆件,或增强各杆件间的联系。

(5)在结合处用贴板拼接,加设短角钢加强桁架杆件与节点板的连接。

(6)如桥梁下挠显著增加,销子与销孔有损坏或上下弦强度不足,应停止交通进行检查修理或更换。

(7)钢结构杆件在修理加固之后,应涂漆防锈。

4. 恢复和提高整桥承载力的加固方法及适用范围

(1)增设补充钢梁,可装在原有各梁之间,也可以紧靠在原有各梁的旁边。

(2)用加劲梁装在原主梁的下缘或下弦杆上。加劲梁加固方法,适宜于不通航的桥孔或桥下净空足够的小型桥梁。

(3)用体外预应力加固,预应力施加在下挠后的下弦杆截面上。预应力加固法对桥下净空的影响较小,施工方便,但预应力钢索的防锈工作较困难。

(4)用拱式桁架结构装在原主梁的上面,拱脚和原主梁固接或铰接。适宜于下部结构能承受所增加恒载的通航桥孔的加固。

(5)用悬索结构加在原主梁上面,可使被加孔的恒载转移到悬索上,以改善结构的变形。这种方法可在运营状态下进行,适宜于下部结构能承受所增加恒载的通航桥孔的加固。

(6)在不影响排洪和通航的情况下,可在桥孔中间添建桥墩,缩短跨径,减小桁梁杆件的内力。为了承受新增支点处的剪应力,在新桥墩墩顶处的上部结构中,必须加置竖杆及必要的斜杆。

(7)对于多孔简支桁架,分联将其转变为连续桁架,可采用体外预应力加固方法,使被连接的主桁上弦杆在墩顶处得以补强。

五、钢—混凝土组合梁桥的养护维修与加固

1. 日常养护与维修

钢—混凝土组合梁桥的日常养护参见钢筋混凝土桥和钢桥的有关部分。应注意对其结合部位的保养维修,防止桥面水渗漏造成钢构件锈蚀及钢和混凝土之间的联结失效。

2. 加固方法及适用范围

(1)钢—混凝土组合梁桥的钢结构部分加固,可采用钢桥的加固方法。

(2)钢筋混凝土桥面板可按下列方法加固。

①若钢筋混凝土桥面板小范围开裂,将开裂部分及周围一个板厚范围内的混凝土凿除,用高标号微膨胀混凝土填补。

②钢筋混凝土桥面板大面积开裂,可参照原桥的施工工艺采用更换预制板或重新浇筑混凝土板的方法。

③采用更换预制桥面板的方法,应在拆除旧桥面板4~6个月前将预制板预制完成。宜对预制板施加临时预压应力,待接缝混凝土浇筑完毕后,再释放临时预压应力。

④采用重新浇筑混凝土桥面板的方法,应在拆除旧桥面后,使钢梁产生反拱,再浇筑混凝土。在混凝土的浇筑过程中,必须设置强度足够的临时支架,以减小浇筑过程中恒载对结构产生的不利影响。

⑤在钢梁顶面增设剪力键,加强桥面板与钢梁的整体性,这种方法可与以上方法联合使用。

六、斜拉桥的养护维修与加固

1. 日常养护与维修

(1)斜拉桥梁体和索塔部分的养护,视其结构类型可按钢筋混凝土桥、预应力混凝土桥及钢桥的相关规定进行,参见有关章节。

(2)拉索的养护

①拉索两端的锚具及护筒应经常保持清洁和干燥。塔端锚头若漏水、渗水应及时用防水材料封堵,梁端锚头若漏水、积水应及时将水排出并封堵水源。

②定期更换拉索两端锚具锚环内的防护油。

③定期更换钢护筒与套管连接处的防水垫圈及阻尼垫圈,做好搭接处的防水处理。

④对索端钢护筒作涂漆防锈处理。

⑤若拉索护套出现开裂、漏水、渗水应及时处理。可剥开已损坏的护套,将已潮湿的钢索吹干,对已生锈的钢索作好除锈处理,再涂刷防护漆及防护油,并用玻璃丝布或其他防护材料包扎严密。

⑥斜拉索的减震装置要保持正常工作状态,发现异常或失效要及时维修。

(3)桥上附属设施的养护

①索塔的扒梯应每年保养一次,包括除锈、油漆、修理损坏的部件。进出口检查门应经常保持完好。有工作或观光电梯的,应按有关规定进行保养。

②空心索塔的塔内应经常保持通风干燥。塔内通风照明系统每年至少检查保养一次，损坏的灯具应及时更换。

2. 斜拉索的调整和更换

(1)对因钢索、锚具损坏而超出安全限值的拉索应及时进行更换。

(2)对索力偏离设计限值的拉索进行索力调整。张拉的顺序、级次和量值应按设计规定进行，并测定索力和延伸值同时进行控制。

(3)拉索的更换按改建工程进行，应对各方案技术经济的合理性进行分析比选，确定安全、简便的施工方案。竣工后必须对全桥斜拉索的索力和主梁高程进行测定，检验换索效果，并作为验收的依据。

七、悬索桥(吊桥)的养护维修与加固

1. 日常养护与维修

(1)悬索桥梁体和索塔部分的养护，视其结构类型可按钢筋混凝土桥及钢桥的相关规定进行，参见规范有关章节。

(2)主缆各索股的受力应保持均匀，经检查若个别索股受力出现明显偏差、松弛或过紧，应通过索端拉杆螺栓进行调整。

(3)防止主缆索股的锚头、锚杆、裸露索股、分索器、散索鞍等锈蚀，涂装防锈油漆的部分应定期涂刷，涂抹黄油的部分应定期更换，发现剥落、锈蚀应及时处理。

(4)主缆索的防护层如有开裂、剥落应尽快修复，必要时可切开防护层检查主缆是否锈蚀并作相应处理，处理完毕后应及时修复。采用涂敷黄油防锈并用简易包裹作防护层的，应定期更换黄油及防护层，并保持其完好状态。

(5)网格式悬索桥，肢杆拉索应保持正常的工作状态，若发现松弛，可调整端头拉杆螺母使其复位。

(6)索鞍应经常清扫，防止尘土杂物堆积、积水(雪)及锈蚀。索鞍的辊轴或滑板应保持正常工作状态。

(7)锚室及封闭的索鞍罩内应保持干燥。有除湿设备的应保持设备正常工作，出现故障及时检修。

(8)索夹、索鞍、吊杆等的紧固螺栓应保持其原设计受力状态，视其工作情况，每半年至两年定期紧固，若发现松动应及时紧固。

(9)若吊杆有明显摆动、倾斜或检查发现其受力变化，应查明原因。若索夹松动，应使其复位并紧固锚栓；若拉杆螺栓松动，应予拧紧；若吊索锚头出现松动，应予更换。吊杆复位后应进行索力检测。

(10)吊杆的保护套，止水密封圈、防雨罩等应保持完好，若发现老化、开裂、破损要及时修补、更换。

(11)吊杆的减震装置要保持正常工作状态，发现异常或失效要及时检修。

(12)未作衬砌的岩石锚室或锚洞，若有表面风化或表面裂纹，应用环氧树脂沙浆或钢丝网水泥砂浆进行处理。

2. 加固方法及适用范围

(1)减少悬索桥竖向变位的加固方法：

①设置中央构件，把加劲梁与主缆索在跨中联结起来。

②把直吊杆(索)改为斜吊杆(索)或交叉斜吊杆(索)。

③增加斜拉索改变结构受力体系，斜拉索可设在主跨1/4跨径区段，并妥善解决斜拉索与加劲梁及索塔的锚固，同时注意解决索塔受力平衡问题。

(2)减少悬索桥横向摆动的加固方法：

①在桥的上、下游增设加劲梁侧向风缆。

②在桥的上、下游各架设一根跨河钢缆，其高度可略低于桥面，用钢丝绳将桥道梁与过河钢缆作多点联结，适当张紧形成抛物面网络。

③加强加劲梁的水平风撑，加大横向刚度。

(3)主缆垂度调整

对采用少量索股的悬索桥，结构条件许可时，才可对主缆的垂度进行调整。

先将要调整的主缆一侧的恒载卸载，放松索夹，用卷扬机或其他张拉设备逐股张紧主缆索索股，再用调整索股端头的螺杆固定。

(4)索鞍座复位。当索鞍座偏移超出设计允许值时，可用千斤顶将辊轴归位。

(5)锚碇及锚室结构开裂、变形，应及时查明原因，进行加固处理。锚碇板开裂，可增补钢筋混凝土锚碇板，支撑开裂或破损可增加型钢支撑，若锚室发生变形、位移，可用增加压重等方法处理。

八、T形刚构及桁式T构的养护

1. 主要病害

T形刚构的病害，主要为各部产生裂缝。

箱形T构产生的裂缝主要有：弯曲裂缝、剪切裂缝、由错误的内应力分布产生的裂缝、支承产生的裂缝、温度应力引起的裂缝、锚固处或锚头附近的裂缝、底部力筋竖向曲率引起的裂缝、平面曲线形力筋拉直力引起的裂缝、力筋不直引起的裂缝。

桁式T构可能产生的裂缝主要有：桥面因温度梯度产生的裂缝、拉杆节点处的次应力产生的裂缝、支座偏位的裂缝。

2. 养护和修理

1)灌注环氧树脂或环氧砂浆

(1)清缝：灌注前先凿除混凝土的松散组织，将裂缝凿成“V”形槽，用钢刷和压缩空气清除槽内浮尘，然后用丙酮擦干表面；

(2)布嘴：骑缝布嘴；

(3)封缝：用玻璃布粘贴，防止漏浆；

(4)试气：封缝后，向缝内充压缩空气，检查有无漏气；

(5)灌浆：用气压灌浆泵灌注；

(6)检查：检查浆液有无灌饱。

2)挠曲裂缝修理

(1)调节支座标高。

(2)补加永久性预应力。

3)剪切裂缝的修理

加做竖向预应力筋,以承受腹板剪力,减少裂缝。

九、立体交叉的养护

立体横跨设施多数采用梁式结构,有钢结构和钢筋混凝土结构,其正常维修养护应参照本课题所述的有关方法和措施。

对于下穿式立叉设施,因地势往往较低,排水有困难,如条件许可时,可采用自然排水,以节省正常养护管理费用,但其排水的沟管一般偏长、纵坡偏小。容易积水和淤砂,要经常养护清理,特别是进水口的窨井和出水口必须保持完好状态,使水流畅通。

下穿式立交设施如采用机械排水,排水泵阀和动力设备、排水管道要保持功能完好,运转正常,并作定期检查维修,其他配套设备如窨井、沉淀池(井)要经常清淤,排除污杂物,以防堵塞管道,影响排水。

下穿式立交设施,要保持标准净空。如因地形限制,净空不够,应与有关部门取得联系。在两侧桥基深度许可的条件下,可将公路路面标高继续降低至符合标准为止。排水有困难者宜增设机械排水,并在这段低洼地段建水泥混凝土路面为宜。

下穿式立交,如因宽度不足需要拓宽时,可在相邻跨径之间另辟桥洞,作分向行驶。为防止超高车辆撞坏立交设施,可在立交桥跨前10m左右,另外树立同样高度的龙门架(钢或钢筋混凝土结构均可),万一有超高车通行必先撞坏龙门架,以保护立交设施。

对上跨式立交桥,应保持桥面排水系统的完好状态,保证桥面水按规定方向和地点排出,防止桥面水向下行道任意溢流、渗漏,要经常对上行式立交桥的沟渠管道和窨井进行疏通、清淤和维修保养,确保完整无缺。

立交的夜间照明非常重要,要随时检查照明器具和电力线路有无损坏或短缺,漏电现象,开关、灯柱是否完好,照明灯是否正常,若有缺损或异常变化要及时修理和更换。

用来制止行人或动物进入立体交叉的栅栏,要定期检查和修理,防止人为破坏和自然损蚀,栅栏附近的垃圾、杂物应随时清理;油漆栅栏的颜色要保持鲜明。禁止就地焚烧垃圾,以免损伤栅栏。

横跨立交设施的各种警告、禁令和指示标志要齐全、鲜明、清晰,不得有模糊陈迹和残缺不全。

十、桥梁支座的养护与更换

桥梁支座是桥梁上下部结构的结合点,如有损坏将严重影响到桥梁承载能力和使用寿命,所以必须注意经常养护,保证其处于正常的工作状态。

1. 日常养护

(1)支座各部应保持完整、清洁,每半年至少清扫一次。清除支座周围的油污、垃圾,防止积水和积雪,保证支座正常工作。

(2)滚动支座的滚动面应定期涂润滑油(一般每年一次)。在涂油之前,应把滚动面揩拭干净。

(3)对钢支座要进行除锈防腐。除铰轴和滚动面外,其余部分均应涂刷防锈油漆。

(4)及时拧紧钢支座各部接合螺栓,使支承垫板平整、牢固。

(5)应防止橡胶支座接触油污引起老化、变质。

(6)滑板支座、盆式橡胶支座的防尘罩,应维护完好,防止尘埃落入或雨、雪渗入支座内。

2. 支座维修与更换

(1)支座如有缺陷或产生故障不能正常工作时,应及时予以修整或更换。

①支座的固定锚销剪断,滚动面不平整,轴承有裂纹或切口,辊轴大小不合适,混凝土摆柱出现严重开裂、歪斜,必须更换。

②支座座板翘起、变形、断裂时应予更换,焊缝开裂应予整修。

③板式橡胶支座出现脱空或不均匀压缩变形时应进行调整。

④板式橡胶支座发生过大剪切变形、中间钢板外露、橡胶开裂、老化时应及时更换。

⑤油毡垫层支座失去功能时,应及时更换。

(2)调整、更换板式橡胶支座,钢板支座,油毛毡垫层支座采用如下方法:在支座旁边的梁底或端横隔处设置千斤顶,将梁(板)适当顶起,使支座脱空不受力,然后进行调整或更换。调整完毕或新支座就位正确后,落梁(板)到使用位置。

(3)需要抬高支座时,可根据抬高量的大小选用下列几种方法:

①垫入钢板(50mm 以内)或铸钢板(50 ~ 100mm)。

②更换为板式橡胶支座。

③就地浇筑钢筋混凝土支座垫石,垫石高度按需要设置,一般应大于100mm。

思考与练习

1. 钢筋混凝土及预应力混凝土梁桥主梁加固的方法有哪几种?试述其加固原理。
2. 试述圬工拱桥的加固方法。
3. 试述双曲拱桥的维修加固方法。

课题三　桥梁下部构造养护、维修与加固

【内容提要】 桥梁墩台、基础的缺陷;桥梁墩台、基础的养护与维修;墩台、基础的加固、墩台、基础的改建。

【教学要求】

应知:初步掌握桥梁墩台、基础的缺陷、桥梁墩台、基础的养护、维修、加固方法、桥梁墩台、基础的改建方法等。

应会:能够根据病害提出修补方案,并能根据修补方案编制出实施计划。

【教学建议】 本课题宜采用结合图片或录像实施教学,有条件时可采用项目教学法。

一、桥梁墩台、基础的缺陷

桥梁墩台、基础在使用过程中,还将受到大气、雨水的侵袭,洪水的冲刷。在地震区,还不

可避免地受到地震力的作用。再加上过桥车辆的日益重型化,实际上有相当一部分墩台所受的负荷强度远远超过设计规范的负荷要求。所以,桥梁墩台、基础经过多年使用后将会出现不同程度的损坏,产生各种缺陷,严重影响桥梁的使用寿命。

1. 墩台基础的允许沉降

简支梁桥墩台基础的沉降和位移,超过以下容许限值或通过观察裂缝持续发展时,应采取相应措施予以加固:

(1)墩台均匀总沉降值(不包括施工中的沉降):$2.0\sqrt{L}$(cm);

(2)相邻墩台总沉降差值(不包括施工中的沉降):$1.0\sqrt{L}$(cm);

(3)墩台顶面水平位移值:$0.5\sqrt{L}$(cm)。

注:

①L为相邻墩台间最小跨径,以m计,跨径小于25m时仍以25m计算。

②桩、柱式柔性墩台的沉降,以及桩基承台上墩台顶面的水平位移值,可视具体情况确定,以保证正常使用为原则。

2. 桥梁基础的缺陷

桥梁基础大致可分为天然地基上的浅基础(明挖基础)和桩基础、沉井基础以及混合基础等深基础,桥梁基础结构一般容易发生的主要缺陷有:

(1)基础的沉降和不均匀沉降;

(2)基础的滑移和倾斜;

(3)基础结构物的异常应力和开裂。

桥梁基础的主要类型及其常见的缺陷见表10-3-1。

桥梁基础类型与常见缺陷 表10-3-1

基础类型			常见的缺陷
浅基础	天然地基上的浅基础		1. 埋置深度浅、易受冲刷而淘空; 2. 埋置深度不足,受冻害影响; 3. 地基不稳定,易产生滑移或倾斜
	岩石基础		1. 基础置于风化石层上,风化部分未处理好,经水流冲刷而淘空或悬空; 2. 受地震时的剪切作用,易产生裂缝
	人工地基基础		因处于软弱地基上,在竖向荷载作用下压实沉陷,使基础下沉
桩基础	打入桩	木桩	地下水位下降时,桩身常腐蚀
		钢筋混凝土预制桩	1. 打桩时,桩身受损坏; 2. 受水冲刷、浸蚀,产生空洞、剥落等; 3. 受船只或其他漂浮物的撞击而损坏
	钻(挖)孔桩		1. 施工时淤泥未完全清除,即灌注混凝土,因而使形成后的桩基产生下沉; 2. 施工不当,或受水冲刷,浸蚀而产生空洞、剥落、钢筋外露等; 3. 灌注混凝土过程中发生塌孔而未处理,桩身部分脱空; 4. 受外力冲击产生损坏
	管桩基础		承载力不足而使基础产生下沉
沉井基础			1. 地基下沉时,基础也常发生一些下沉; 2. 地基下沉不均匀时,或桥台台背高填土受地基侧向流动的影响时,基础产生滑移、倾斜

3. 墩(台)身的缺陷

桥墩(台)身位于桥梁上部构造和基础之间,由于具有将上部结构的荷载传递给基础的功能,因此,墩台容易受到上部结构荷载增加和基础出现缺陷的直接影响。尤其是当基础产生不均匀沉降、滑移、倾斜等现象时,将会使墩台受到影响而产生很大的损坏。

墩台损坏的主要形式是出现裂缝。常见的裂缝有水平裂缝、竖向裂缝及网状裂缝等。

桥梁墩(台)身的发生的各种缺陷按其发生的部位和形式的不同,可分为表层缺陷和内部缺陷两类。表层缺陷主要有:蜂窝麻面、露筋、孔洞层隙、磨损、表面腐蚀、构件变形等,内部隐蔽缺陷主要有:混凝土(或砂浆)的强度标号、抗渗标号、抗冻标号不足,内部空洞和蜂窝,钢筋的型号、数量、位置不对,焊接质量不良,混凝土保护层不足,钢筋的锈蚀等。

二、桥梁墩台、基础的养护与维修

1. 墩台、基础的养护

砖石、混凝土和钢筋混凝土桥梁墩台养护的目的和任务是为了使结构物完整、牢固、稳定、不发生倾斜,并减少行车震动和基础冲刷。对墩台及基础养护的主要工作内容有:

(1)应采取措施保持桥梁墩台基础附近河床的稳定。桥梁上下游各 200m 的范围内(当桥长的 1.5 倍超过 200m 时,范围应适当扩大)应做到:

①应适时地进行河床疏浚。每次洪水过后,应及时清理河床上的漂浮物,使水流顺利宣泄。

②在桥下树立警告示牌,禁止任何人或单位在上述范围内挖砂、取土、采石、倾倒废弃物,禁止进行爆破作业及其他危及公路桥梁安全的活动。

③不得任意修建对桥梁有害的建筑物,因抢险、防汛需要修筑堤坝、压缩或拓宽河床时,应事先报经交通主管部门或公路管理机构同意,并采取有效的防护措施。

(2)若基础冲刷过深或基底局部掏空,应立即抛填块石、片石、铅丝石笼等进行维护。

(3)桥下河床铺砌出现局部损坏时应及时维修。若砌块损坏,可补砌或采用混凝土修补。

(4)对设置的防撞、导航、警示等附属设施应经常检查、维护,保持良好状态。

(5)墩台表面应保持清洁,及时清除青苔、杂草、荆棘和污秽。

(6)圬工砌体长期受大气影响,雨水浸蚀而发生灰缝脱落,应重新勾缝。

(7)混凝土表面发生侵蚀剥落、蜂窝麻面等病害,应及时将周围凿毛洗净,用水泥砂浆抹干。

(8)圬工砌体镶面部分严重风化和损坏时,应予更换。用石料或混凝土预制块补砌,应结合牢固、色泽和质地与原砌体基本一致。

(9)梁式桥墩台顶面没有流水坡或坡面凹凸不平,有裂缝时,应及时铺填水泥砂浆或混凝土,做向横向坡度以利排水。

2. 墩台、基础的维修

1)表层缺陷的修补

对砖石和钢筋混凝土墩台表层出现的缺陷以及钢筋混凝土桩和排架所出现的混凝土剥落、露筋和裂缝等病害,均应进行维修,并应根据缺陷的严重程度及工地条件的不同采用不同的方法进行修理,具体方法如下。

(1)采用混凝土的修补法

对于混凝土墩台出现的蜂窝、空洞以及较大范围的破损等缺陷,一般可采用新鲜混凝土进行修补。用于修补的混凝土级配要良好,并须特别注意保证具有良好的和易性,以减少捣实工作的困难。

浇筑新混凝土之前,应先把墩台上的蜂窝或空洞缺陷部分尽可能凿除,同时对混凝土修补部位进行凿毛处理,并使老混凝土表面保持湿润、清洁、不沾尘土。然后马上在钢筋和其周围的混凝土上涂抹一层水泥浆液或其他胶粘剂,如1:0.4的铝粉水泥浆液、1:1的铝粉砂浆、环氧胶液等。浆液应仔细地刷进混凝土内并均匀刷到钢筋上。同时,在这些浆液涂抹后尚未凝固时,即可立即浇筑上新的混凝土。

用混凝土修补,一般有直接浇筑、喷射及压浆等几种方法。面积较大的修补工作,混凝土浇筑前还应立上横板,以保证修补的外观质量。同时,在混凝土浇筑以后应注意尽可能地捣实。图10-3-1为混凝土墩台中产生蜂窝的修补示意。

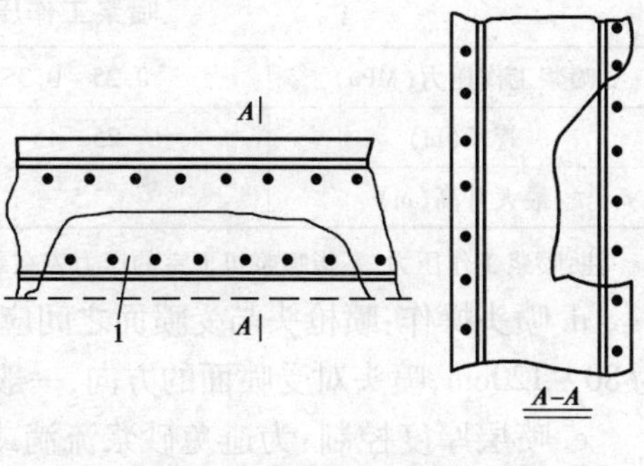

图10-3-1 混凝土墩台中产生蜂窝的修补
1-凿除产生蜂窝的混凝土

修补全部结束后,对修补部分要加强养护,其方法与常规混凝土的养护方法相同。

(2)采用水泥砂浆的修补法

①水泥砂浆人工涂抹法:这是对于面积小且损坏深度较浅的缺陷所采用的方法。在经处理的修补处,将拌和好的砂浆用铁抹抹到修补部位,反复压光后,按普通混凝土要求进行养护。过一段时间后再在修补的区域周围涂上两层环氧树脂胶液或铝粉水泥浆液,以便封闭产生的细微裂缝。

②喷浆修补法:喷浆修补法是指将水泥、砂和水的混合料,经高压通过喷嘴喷射到修补部位的一种修补方法。此法主要适用于重要混凝土结构物或大面积的混凝土表面缺陷和破损的修补。

A. 喷浆准备:

a. 对老混凝土进行凿毛处理,并洒水处理保持湿润状态。

b. 当修补要求挂网时,施工前应制作好钢筋网并安装固定好;

c. 当被喷面有渗水时,应先行处理使之阴干,以保证粘结良好。

B. 喷浆工艺流程:用于混凝土公路桥梁结构表层缺陷修补的喷浆法,一般是干料法。干料法喷浆工艺流程见图10-3-2。

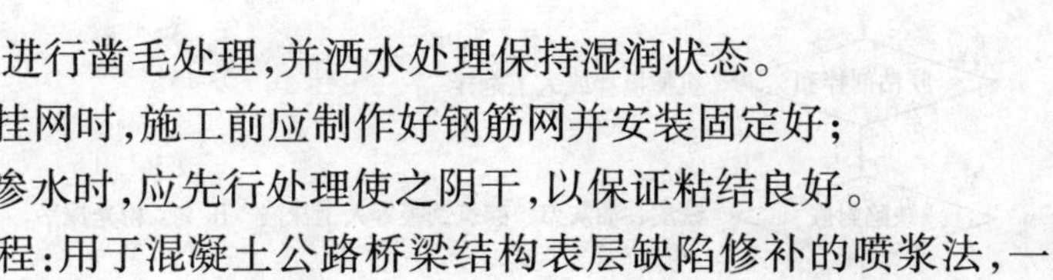

图10-3-2 喷浆工艺流程框图

C. 喷浆作业:

a. 喷料供应要求：喷浆前应准备充足的砂子和水泥。将砂子和水泥均匀拌和后，保存在不受风吹日晒之处，并及时使用，以免砂中的水分和水泥起水化作用而结成硬块。

b. 输料软管设置：软管长度一般可连接成 25 ~ 70m。最大升高不宜超过 10m。为了出料均匀和操作安全，不宜采用短于 15m 的软管。

c. 气压和水压的选择：喷浆工作压力应控制在 0.25 ~ 0.40MPa 的范围内，一般可根据输料软管的长度和上升高度而调整，可参见表 10-3-2。

喷浆工作压力、管长和上升高度的关系 表 10-3-2

喷浆工作压力(MPa)	0.25 ~ 0.35	0.30 ~ 0.40	0.35 ~ 0.40
管长(m)	25 ~ 45	45 ~ 70	100 ~ 120
最大升高(m)	5	10	—

注：喷浆工作压力，系指喷浆机下室的压力表在装料后正常工作时的读数。

d. 喷头操作：喷枪头与受喷面之间应保持适当的距离，距离的大小可视压力而定，一般要求为 80 ~ 120cm，喷头对受喷面的方向，一般应垂直，以使喷射物集中，减少回弹物，增强粘结性。

e. 喷层厚度控制：为避免砂浆流淌或因自重而堕落等现象发生，当喷射层要求较厚时，一般须分层喷射。喷射层每层厚度控制的数值如表 10-3-3 所示。

喷射层每层的最大厚度表 表 10-3-3

喷 射 条 件	仰 喷 时	侧 喷 时	俯 喷 时
最大厚度(mm)	20 ~ 30	30 ~ 40	50 ~ 60

f. 喷射层的养护：第一次洒水养护，一般应在喷射后 1 ~ 2h 后进行，以后洒水养护，应以保持表面湿润为度，养护期为 1 ~ 2 周。

(3)采用混凝土粘结剂的修补法

①表面封涂修补：对混凝土桥梁结构表面的风化、剥落、露筋及小面积的破损，一般可采用混凝土胶粘剂表面封涂的方法进行修补。

A. 人工表面封涂施工工艺：人工表面封涂修补的施工工艺，如图 10-3-3 所示。

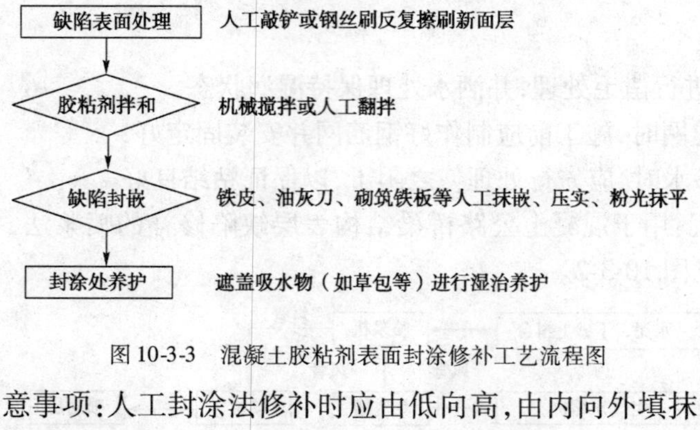

图 10-3-3　混凝土胶粘剂表面封涂修补工艺流程图

B. 人工封涂注意事项：人工封涂法修补时应由低向高，由内向外填抹，并保证在封涂缺陷的周围有 2cm 粘附面，对涂层的厚度一般不小于 2.5cm 为宜。

②浇筑涂层修补：混凝土结构破坏较大且深入构造内一定深度时，可采用混凝土胶粘剂浇筑涂层的方法加以修补。

A. 浇筑操作步骤：混凝土胶粘剂浇筑修补的操作步骤如图 10-3-4 所示。

B. 操作注意事项：

a. 施工操作时，应避免荷载或重力震动等干扰，当实施有困难时，应尽量减少影响，如半开放交通等。主梁及其他重要部位的修补，须使修补部位强度达到原结构强度的100%时，方可承受荷载、震动等。有支模的，其拆模时间应满足本条强度要求。

b. 修补部位，其早期、中期都应避免高温（>60℃）影响，更不能接近火。

c. 雨季施工应采取遮盖措施，避免表面起砂，影响修缮质量。

d. 除上述要求外，要注意所采用的混凝土胶粘剂的种类及其固有特性与使用要求，以确保操作质量。

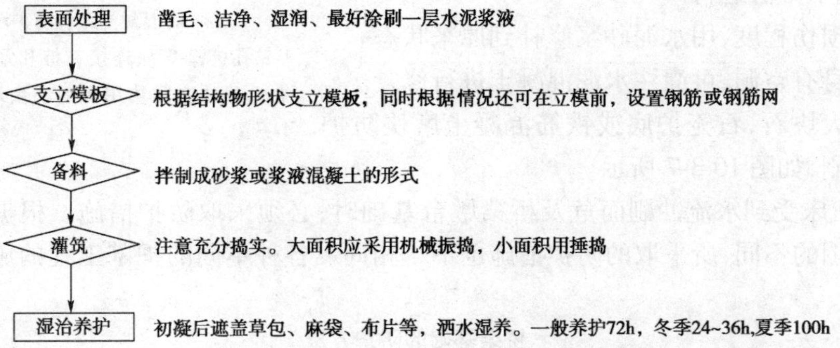

图10-3-4　混凝土胶粘剂浇筑涂层修补的流程图

2）其他缺陷的维修

（1）基础局部冲空或损坏，要分别情况及时进行修补

①水深在3m以下时，可筑草袋围堰或板柱围堰，然后把水抽干。当水难以抽干时，则可浇水下混凝土封底后再抽，抽水后以砌石或混凝土填补冲空部分，如图10-3-5所示。对于水下部分基础的修补，亦有不抽水而把钢筋混凝土薄壁套箱围堰下沉到损坏处附近河底，在套箱与桥墩间浇筑水下混凝土以包裹损坏或冲空处，如图10-3-6所示。

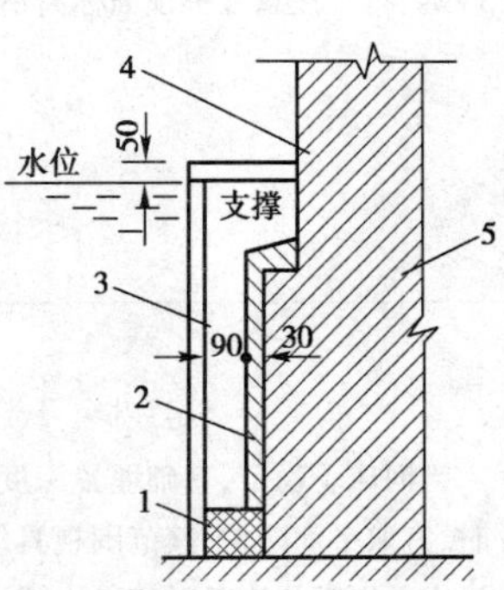

图10-3-5　抽水后修理桥墩
1-水下混凝土封底；2-钢筋混凝土护套；3-板桩围堰；4-支撑；5-桥墩砌体

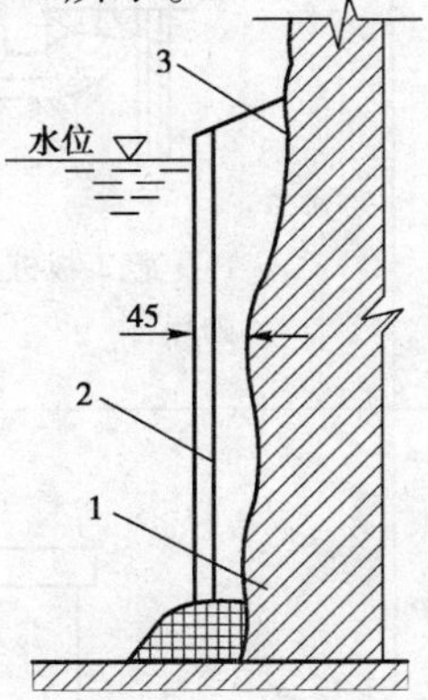

图10-3-6　不抽水后修理桥墩水下部分
1-桥墩砌体；2-钢筋混凝土护套；3-用水下混凝土填充

②水深在 3m 以上时，以麻袋盛干硬性混凝土，每袋装置量为麻袋容积的 2/3，通过潜水作业将袋装混凝土分层填塞冲空部分，并注意比基础宽 0.2～0.4m。

（2）当基础置于风化岩石上，基底外缘已被冲空时，应及时清除表面严重风化部分。在浅水时，填以混凝土，并将周围风化地基用水泥砂浆封闭。在深水时，要采取潜水作业，并铺以袋装干硬性混凝土。

（3）钢筋混凝土灌注桩和打桩基础受水冲刷侵蚀时，应采用如下方法进行修理：

①检查损伤程度，用水泥砂浆修补到原来状态。

②如桩身有空洞，可灌注水泥混凝土进行修复。

③抛填大块石、石笼护底或铁筋混凝土席块防护，以免继续冲刷，如图 10-3-7 所示。

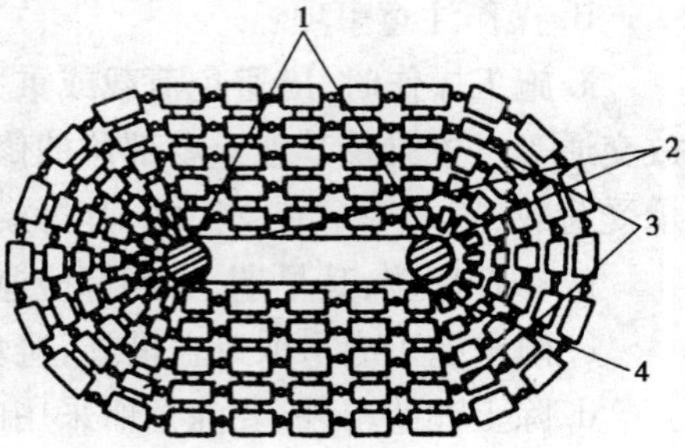

图 10-3-7　钢筋混凝土灌注桩和打桩基础用钢筋混凝土席块防护示意图

1-钻孔桩；2-席块连接在桩和系梁埋设的铁环上；3-席块之间均用有活动余地的铁环连接；4-系梁

（4）当河床受到水流冲刷而危及桥梁墩台基础时，必须采取防护措施。根据河床地质情况及冲刷范围的不同，所采取的防护措施也不尽相同。各种不同的护基工程的施工方法列于表 10-3-4。

桥梁基础的防护方法　　表 10-3-4

序号	方法	简　图	说　明
1	石笼或板桩防护	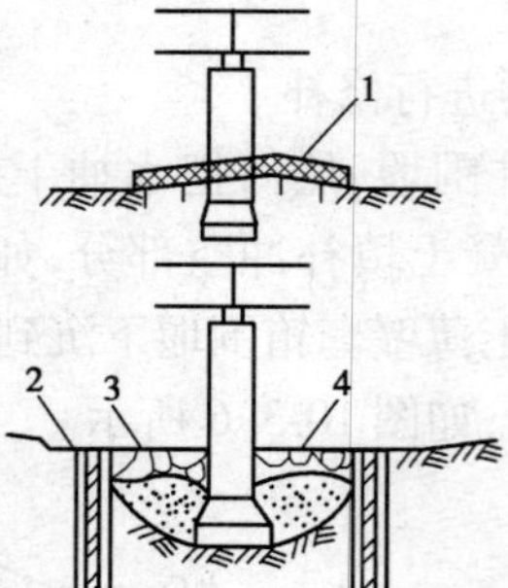 1-石笼；2-板桩；3-砂砾；4-浆砌片石	水流冲刷危及基础时，须采取防护措施： 1. 用竹子、铅丝或钢筋制成石笼护基，并将石笼间以钢筋或铅丝相互连接下沉； 2. 在土质或细砂砾河床，可筑板桩围堰堰内填砂砾、石。注意板桩顶面标高不应高于河床
2	水泥混凝土板或混凝土预制块防护	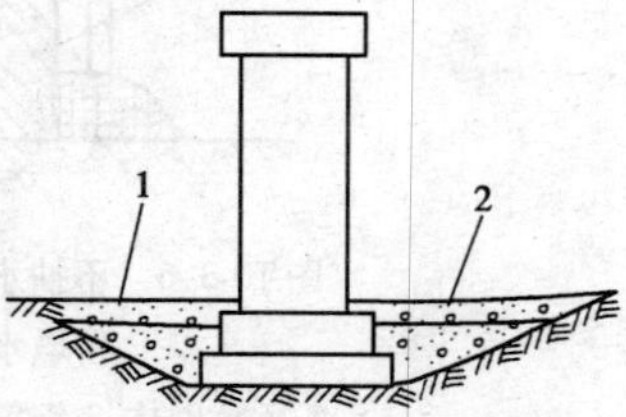 1-混凝土预制块；2-水泥混凝土	当河床不稳定，基础埋置深度浅，冲刷范围较大时，宜取平面防护，其范围视具体情况而定。在水流中不可部分施工时宜采用铺置混凝土块的办法防护。采用铺筑水泥混凝土防护时，需在河床整个宽度内进行，不能部分地施工

续上表

序号	方法	简　　图	说　　明
3	块、片石防护	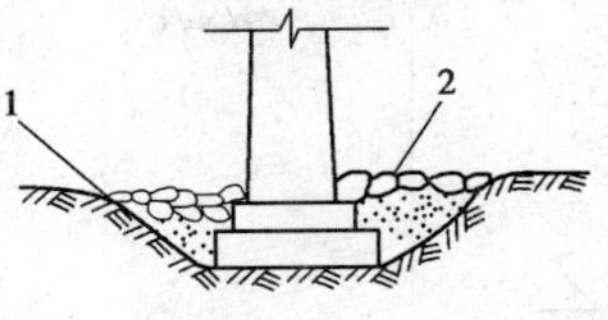 1-双层块片石;2-单层块片石	同上情况,亦可采取双层或单层块、片石作平面防护,但当河床面有淤泥杂物时,须加以清除,填以砂砾夯实后再行砌石,方能稳固
4	梢捆防护	 (尺寸单位:cm) 1-梢捆;2-片(卵)石	用长约1.5m鲜柳枝、荆条编成梢捆,内装片石或卵石,成捆置放于基础四周防护,具有较好的防冲效果。当冲刷力较大,可在梢捆上加压石块稳定
5	大桥抛石防护	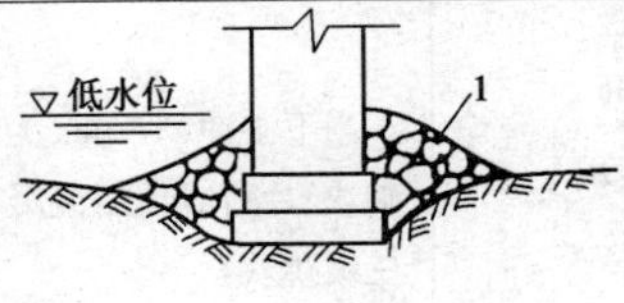 1-抛石	抛石防护用于深水墩台,将石块抛在桥梁墩台四周被冲刷的坑内,填满至高于河床面,以防再次冲刷
6	中、小桥抛石防护	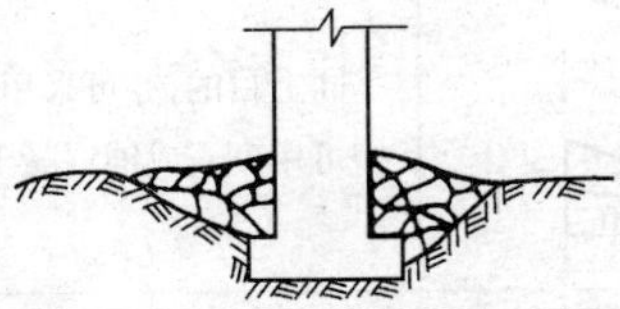	中、小桥梁墩台的抛石防护,应注意横桥跨的门坎埋置深度须比墩台四周挖深1.2~1.5m,以防水流正面冲刷
7	板桩墩头防护	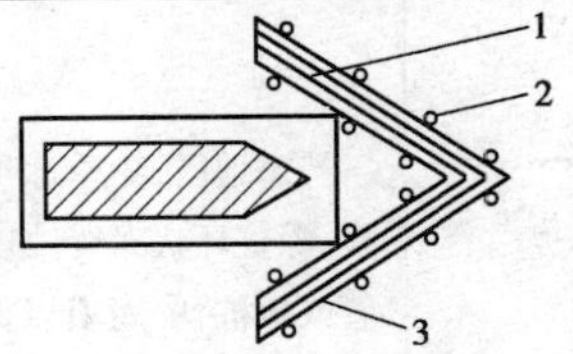 1-板桩;2-导向柱;3-横头梁	对于土质和砂砾石的变迁性河段,可采用板桩进行墩头防护。板桩顶面一般不应高出河床面,最好埋置在冲刷线以下,因板桩高出床面,会产生阻水,在板桩前造成局部冲刷,影响护桩安全。板桩尖头做成单向斜口式,打桩时可使板桩接缝紧密,板桩入土嵌制深度一般为0.5~1.0m
8	马蹄形大型铅丝笼填石护墩	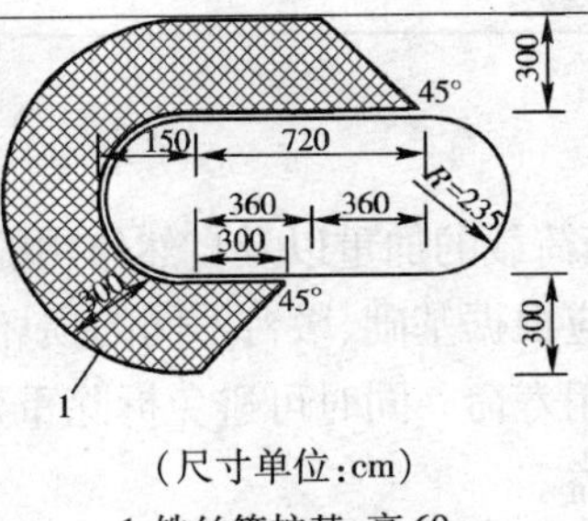 (尺寸单位:cm) 1-铁丝笼护基,高60	马蹄形大型铅丝笼,可用 ϕ8mm 钢筋作骨架,用8号铅丝编成网眼作外框,大铅丝笼宽3.0m,高0.6m,大铅丝笼在岸上编成后,用船运到桥墩处下沉就位,内填毛石,最后再加铅丝网盖

续上表

序号	方法	简　图	说　明
9	混凝土板防护	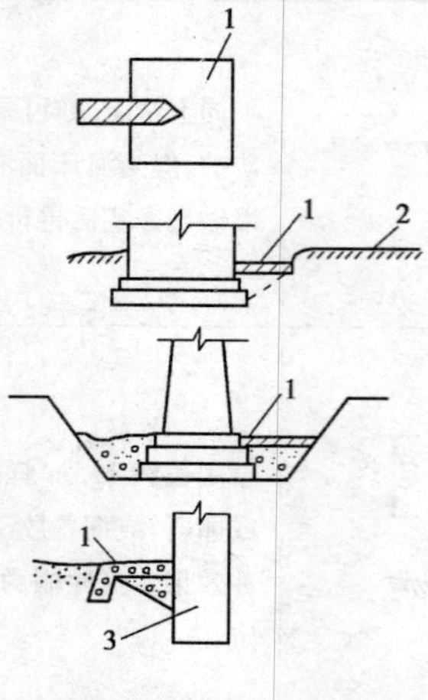 1-混凝土板;2-床面;3-桥墩	混凝土板属于局部冲刷平面防护,混凝土板应置于一般冲刷线以下,并应盖住所在位置的冲刷坑范围。混凝土板整体性强,抗冲耐磨,施工较方便,是一种防护桥墩局部冲刷的有效措施
10	三级消力坎防护	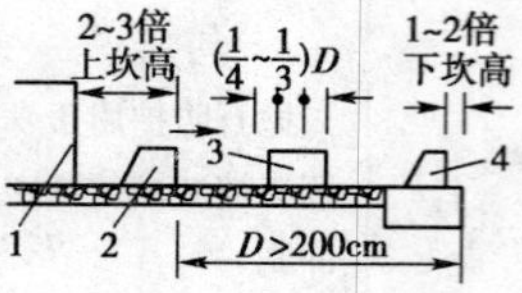 (尺寸单位:cm) 1-下游台口;2-上坎;3-平台;4-下坎	当下游冲刷严重,为缓冲水流冲刷影响,可用浆砌块、片石或预制混凝土块筑成三级消力坎(或称三级跳坎)
11	海曼式防护	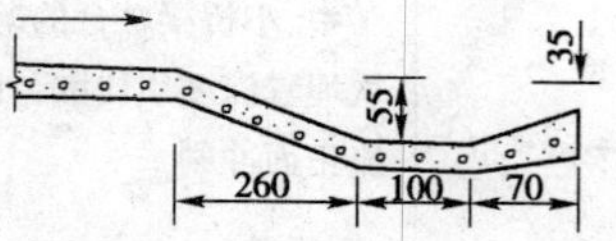	同上目的,亦可采用海曼式缓冲水流。海曼式防护可用砌石或铺混凝土
12	冻拔防护	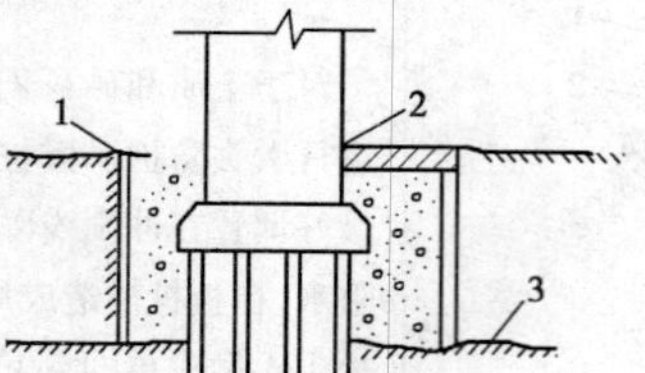 1-套管;2-沥青砂浆;3-冰冻线	严寒地区,冬季冰层厚度变化,易于发生浅桩冻拔,深桩环状冻裂,如桩基周围冰层较厚,可打入套管或板桩,中间填以保温材料,亦可将冰冻线以上(墩台周围)用矿渣换填

三、桥梁墩台、基础的加固

墩台和基础在使用过程中,由于过桥车辆荷载的加重以及自然作用的影响,会使基础产生沉陷、墩台出现倾斜和过大的裂缝。为此,往往应根据基础、墩台不同的损坏程度,不同的结构情况进行维修加固,以确保行车安全,延长桥梁使用寿命。同时可避免拆除重建,从而减少投资,充分发挥现有公路基本设施的经济效益和社会效益。

基础加固的常用方法有:扩大基础加固法、增补桩基法(打入桩或钻孔灌注桩)和人工地基加固(改良地基)法等。墩(台)加固的常用方法有:用钢筋混凝土套箍或护套加固贯通裂缝的墩台法;用支撑法或增建挡土墙法处理墩台滑移;以及用顶升法加固产生过大沉降的桥梁结构等,各种加固方法详见表10-3-5~10-3-7。

桥梁基础的加固方法　　　　表10-3-5

方法		简图	说明
墩台扩大基础加固法	桥台基础	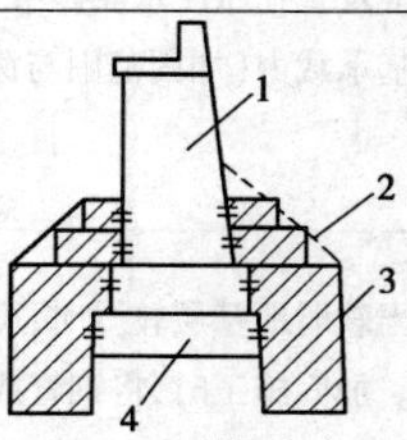1-台身;2-结合部分;3-加深加宽新基础;4-原有基础	当地基承载力不够,可采用扩大刚性基底承压面的方法。在刚性实体基础周围加砌圬工或混凝土,并钢筋锚接新旧基础,使之结合牢固,其施工顺序如下: 1.通常先在必须加宽的范围内先打板桩围堰,如墩台基底土壤不好时,应作必要的加固。 2.挖去堰内土壤,直挖至必要的深度(注意墩台的安全)。 3.在堰内把水抽干后,铺砌石块(浆砌),或作混凝土基础。 4.新旧基础要注意牢固结合,施工时,可加设联系(锚固)钢筋或插以钢销,以使加固扩大基础和旧基础牢固地结合成一整体
	桥墩基础	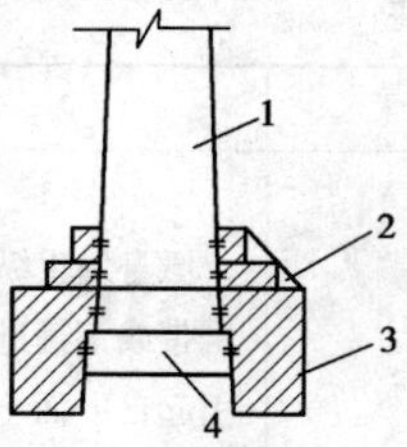1-墩身;2-结合部分;3-加深加宽新基础;4-原有基础	
增补桩基础加固法	新加打入桩	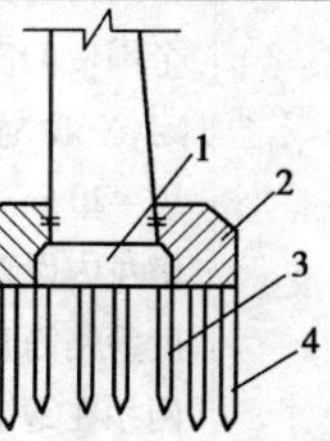1-原承台;2-新承台;3-原桩基;4-新加打入桩	同上情况,为提高地基承载力,对桩式基础可增基桩(钻孔桩或打入桩),并扩大原承台,使墩台的压力部分传递至新桩基。 对单排架桩式桥墩采用打桩(或钻孔灌注桩)加固时,如原有桩距较大(在4~5倍桩径时),可在桩间插桩。如原有桩距较小且通航净跨允许缩小时,可在原排架两侧增加桩数,成为三排的墩桩。 当桥台垂直承载力不足时,一般可台前增加一排桩并浇筑盖梁,以分担上部结构传来的压力
	新加钻孔桩	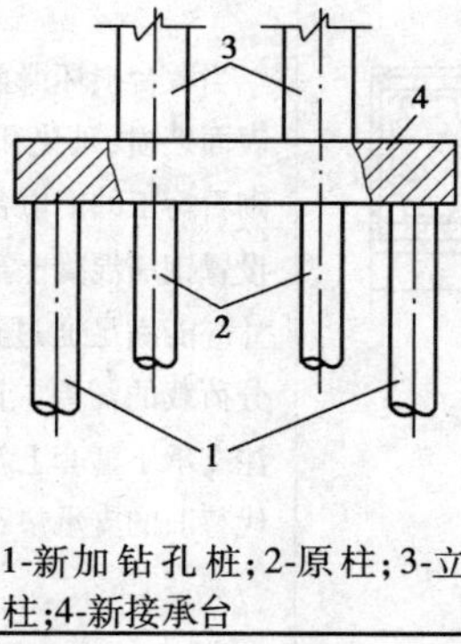1-新加钻孔桩;2-原桩;3-立柱;4-新接承台	

续上表

方法		简 图	说 明
人工地基加固法	注浆法	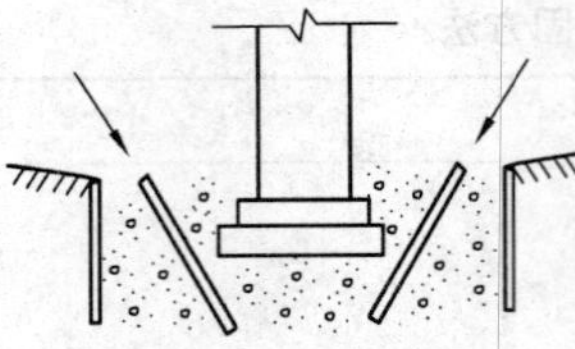	在墩台基础下，向墩台中心斜向钻孔基打入钻管，通过孔眼及管孔压注水泥砂浆、沸腾沥青、土的固结剂等提高地基承载力（加固范围与深度由计算确定）
	砂桩法		当软弱地基层较厚时，可用砂桩法改善地基的承载能力。加固施工时，将钢管或木桩打入基础周围的软弱土层中，然后将桩拔出，灌入经过干燥的粗砂，进行捣实，作为砂桩，达到提高土的密实度的目的

桥墩的加固方法 表10-3-6

方 法	简 图	说 明
围带加固法	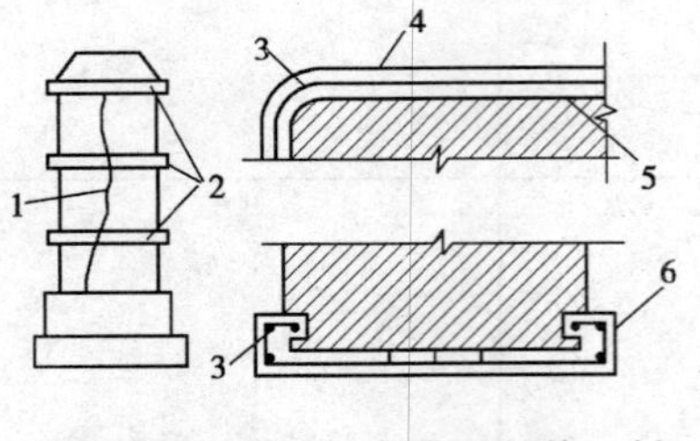 1-裂缝；2-钢筋混凝土围带；3-钢筋；4-桥墩环形围带；5-钢销；6-桥台U形围带	墩身发生纵向贯通裂缝，可用钢筋混凝土围带或钢箍进行加固，如因基础不均匀下沉引起自下而上的裂缝，则应先加固基础后，再确定采用灌缝或加箍的方法进行加固 加固时，一般在墩身上、中、下分设三道围带；其间距应大致相当于桥墩侧面的宽度。每个围带的宽度，则根据裂缝情况和大小而定，一般为墩台高度的1/10左右，厚度采用10～20cm。为加强围带与墩台的连接，应在墩身内设置直径10～25mm的钢销，埋入深度为钢筋直径的20倍左右，把围带的钢筋网扣在钢销上，埋钢销的孔眼要比销径大出15～20mm，先填满销孔再浇筑混凝土，同时填塞裂缝
用钢筋混凝土箍套加固桥墩	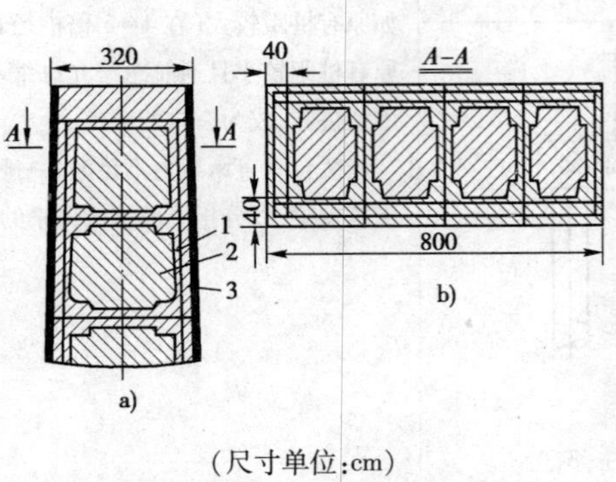 （尺寸单位：cm） 1-箍套间的拉杆；2-墩上圬工；3-箍套	当墩台损坏严重，如有严重裂缝及大面积表面破损、风化和剥落时，或由粗石圬工及砌石圬工的旧墩台，一般可用围绕整个墩台设置钢筋混凝土箍套的方法进行加固，其尺寸应能满足通过箍套传递所有荷载或大部分荷载的需要。同时，再改造墩台顶部，灌注支承于箍套上新的、强大的钢筋混凝土板代替旧的支承垫石，以使箍套参加工作

桥台的加固方法　　表 10-3-7

方　法	简　图	说　明
减轻荷载法	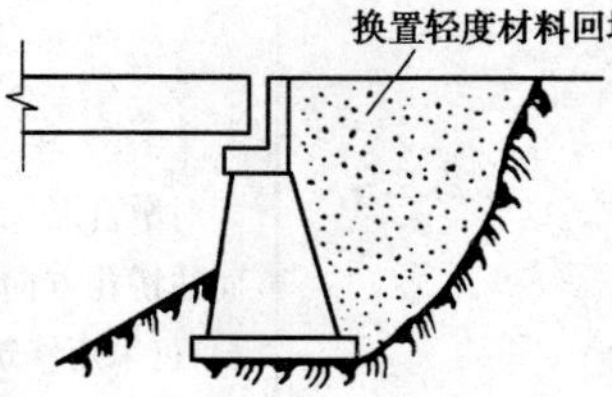	当台背土压力大，桥台有向桥孔方向位移，可在挖出台背填土后，改换轻质材料回填，减轻桥台对土压力的负荷，以使桥台稳定
增厚台身加固	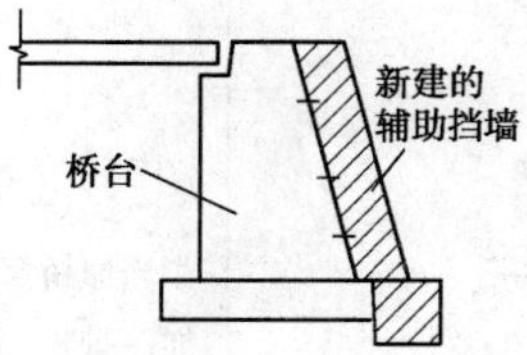	当梁式桥台背土压力大，形成桥台向桥孔方向位移，可挖去台背填土，加厚台身（桥台胸墙），并注意新旧混凝土结合牢固
更换台后填土并加便梁的加固	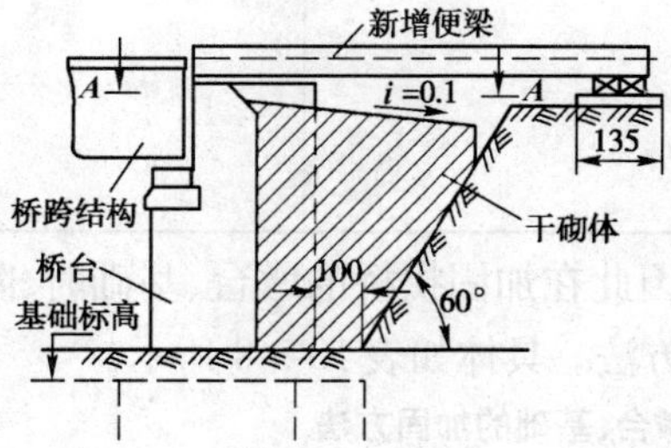（尺寸单位：cm）	为减轻路基对桥台的水平压力，需用具有大的内摩擦角的大颗粒土壤或干砌片石、砖等更换桥台后面填土，同时在台后新增架设便梁
支撑过梁加固	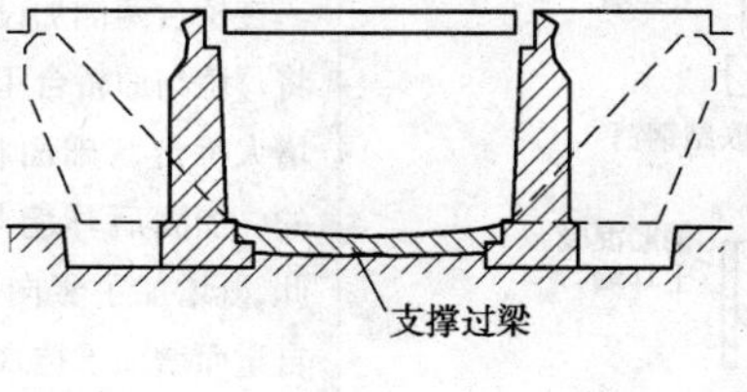	对于单跨的小跨径桥梁，可在两桥台基础之间建造支承过梁，以防桥台向跨中位移。如采用钢筋混凝土支承梁或浆砌片石撑板加固，支撑不高于河床

续上表

方　法	简　图	说　明
挡墙、支撑杆或挡块加固	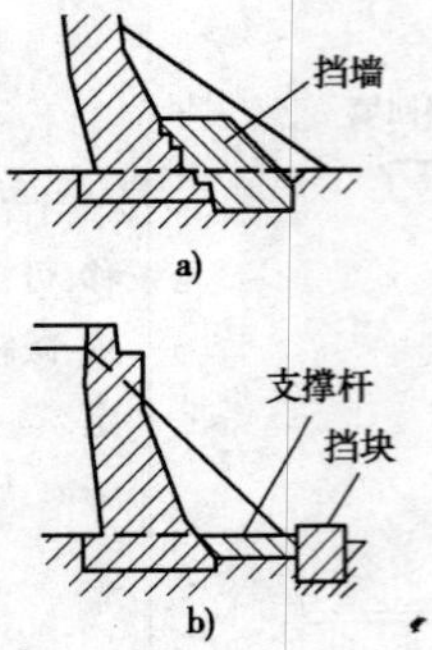	对墩台因尺寸不足,难以承受台背土压力而往桥孔方向产生倾斜或滑移的埋置式桥台,可采用修筑撑壁法进行加固
加桩加固	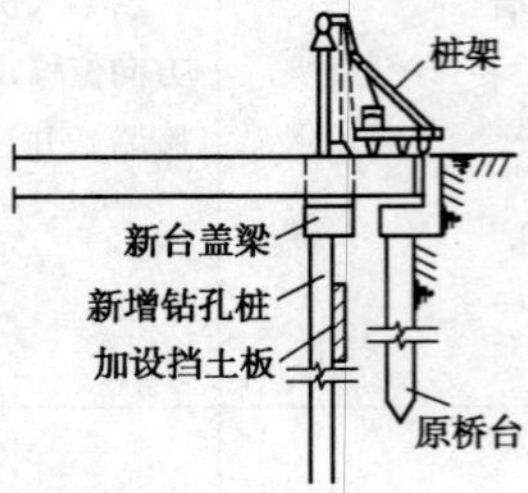	当原桥竖向承载力不足,一般可在台前增加一排桩,并浇筑盖梁,以分担上部结构传来的压力。打桩颧钻孔桩时可利用原桥面作脚手架,在桥面开洞、插桩。盖梁可单独受力,并可联结旧盖梁、旧桩共同受力

由于拱桥墩台承受巨大的水平推力,因此在加固拱桥的墩台、基础时,除可参照上述梁桥下部结构加固方法外,还应采取特殊的加固方法。具体如表10-3-8所示。

拱桥墩台、基础的加固方法　　表10-3-8

方　法	简　图	说　明
桥台扩大基础加固法	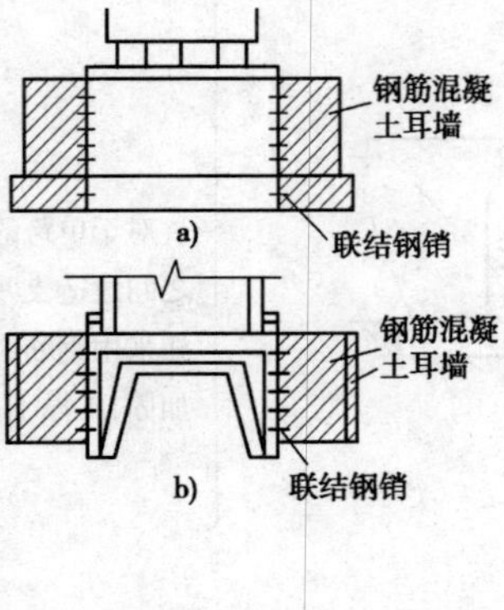	在桥台两侧加设钢筋混凝土实体耳墙,并将耳墙与原桥台用钢销联结起来,从而达到增大桥台基础面积,提高桥台承载力的目的。加固后耳墙与原桥台联结在一起,因此,既增加了竖向承压面积,又由于耳墙的自重而增加了抗水平推力的摩阻力

续上表

方法	简图	说明
桥台前加建新的扩大基础加固法	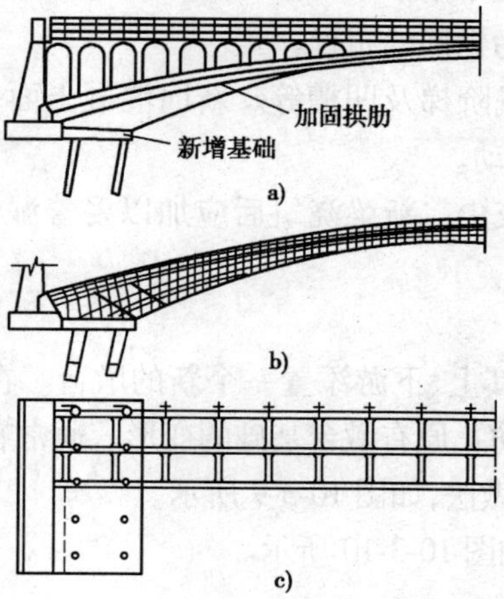	当拱脚前有一定的填土时，可在台前加建新的扩大基础，并将改建为变截面的拱肋支承到新基础上。新老基础之间用钢销进行联结，有条件时在台前新基础下设法增加几根短桩，以提高承载力。 此法的原理是加建的新基础既能增加竖向承载力和水平方向承载能力，又加强了拱肋断面使之成为变截面拱肋
桥墩设置临时支撑或加大墩台截面加固法	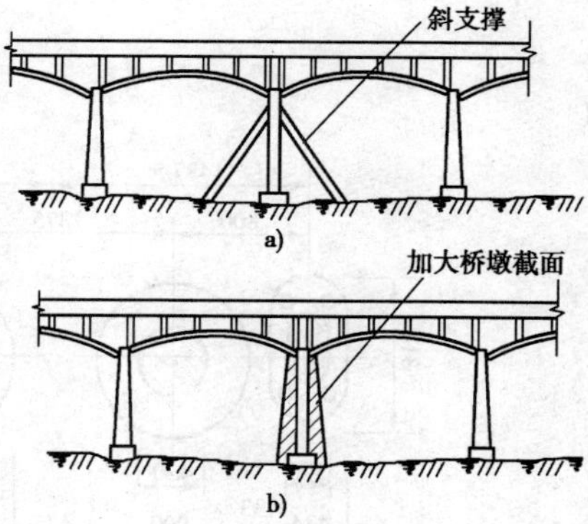	对于多跨拱桥，为预防因其中某一跨遭到破坏使整体失去平衡而引起其他拱跨的连锁破坏，可根据具体情况，对每隔若干拱跨中的一个支墩采取加固措施。其方法是在支墩两侧加斜向支撑，或加大该墩截面，使得在一跨遭到破坏时，只影响若干拱跨而不致全部毁坏

四、桥梁墩台、基础的改建

为了提高桥梁的通过能力，往往需对旧桥采取拓宽措施。随着上部结构的拓宽，必将要求加宽原有墩台、基础。同时，由于设计考虑不周、台背高填土和基础承载力不足等因素，使桥台或桥墩产生不同程度的沉陷，从而影响桥跨结构的正常使用。为此，亦需相应加高桥梁墩台。对桥梁墩台、基础采取的拓宽、加高措施，通常称为墩台、基础的改建。

1. 墩台、基础的加宽

墩台、基础的加宽改建，一般可采取下述两种方法。

1)接长盖梁法

利用旧桥的基础，靠墩台盖梁挑出悬臂加宽部分，以便安装加宽的上部桥跨，如图 10-3-8 所示。仅加宽桥墩和桥台的上部，基础和墩台体则不必予以加固。利用此法加宽墩台时，旧桥墩台基础必须完好、稳定，且需经过承载力验算后才能采用。

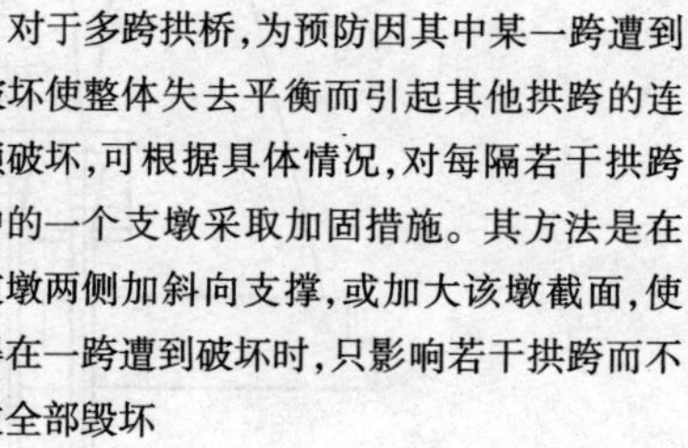

图 10-3-8　利用挑出悬臂盖梁加宽墩台

墩台盖梁采用悬臂式加宽施工时应注意如下几个问题：

(1)应先凿除旧盖梁连接部的混凝土保护层，使钢筋露出，并在原主筋上焊接新主筋。采用搭接焊形式而用两条焊缝时，其焊缝长度应不小于5d；用一条焊缝时，其焊缝长度应不小于10d。接长部分的钢筋需经计算确定，并注意剪力钢筋的布置。

(2)新旧混凝土连接表面应粗糙，做成阶梯及凹槽等。新旧混凝土面一般不采用沿斜面连接，否则，将使新旧连接部有可能沿斜面滑动。

(3)施工时，应清除连接部混凝土的灰尘。新梁浇筑后应加以妥善湿治保养并不使其受外力震动。

2)旧墩台附近设置新墩台法

直接靠近原有墩台或稍离开一些，在其上、下游添置一个新的墩台。在此情况下，必须巩固与围护原有桥台基础周围的土基，并设法防止原有墩台基础的变形。通常有两种做法；

(1)采用离开旧墩台设置新结构物的做法，如图10-3-9所示。

(2)靠近旧墩台构筑新墩台的做法，如图10-3-10所示。

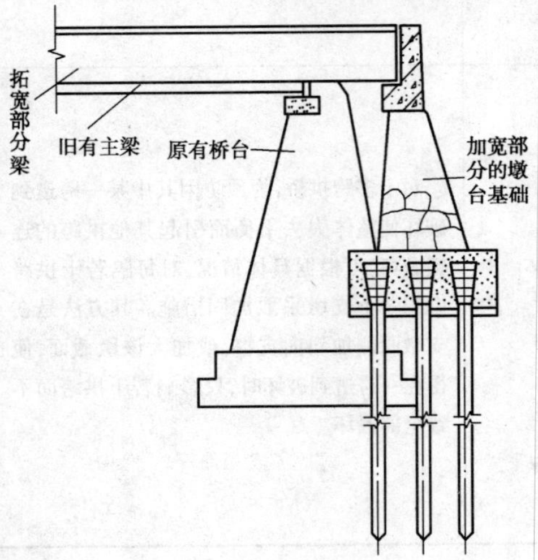

图10-3-9　旧墩台附近设置新加宽墩台

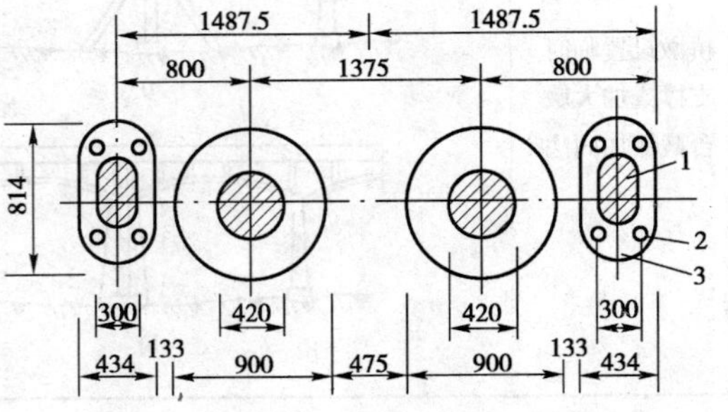

图10-3-10　新旧桥墩靠近的平面布置

1-新桥墩；2-桩；3-新建基础

用此法加宽墩台时，需考虑到新加宽部分墩台的沉降量和旧墩台不一致的情况。使用多年的旧桥墩台，一般趋于稳定，即使继续沉降也是极为微小的。因此，新加宽的部分墩台和旧桥墩台之间，可采用设置沉降缝的办法而避免相互牵制。沉降缝的设置要求使新拓宽部分沉降对旧桥墩台不发生重大影响。为此，设计施工中必须加以注意。

2. 墩台、基础的加高

桥梁墩台产生沉陷，严重时影响桥下净空，甚至会阻碍通航，由于墩台的沉降，使桥梁产生不均匀受力，出现局部破坏，恶化了上部结构的受力状态，影响桥梁的正常使用。为此必须及时进行改建加高。通过顶升桥梁上部结构来加高墩台、基础的方法则是修复桥梁基础沉陷的一种既经济而又简便易行的施工方法。

顶升桥梁加高墩台的施工技术要求如表10-3-9所示，顶升矫正梁位施工顺序如表10-3-10所示。

顶升桥梁加高墩台的施工技术要求 表 10-3-9

项　　目	顶升施工图示及技术要求
顶升施工示意图	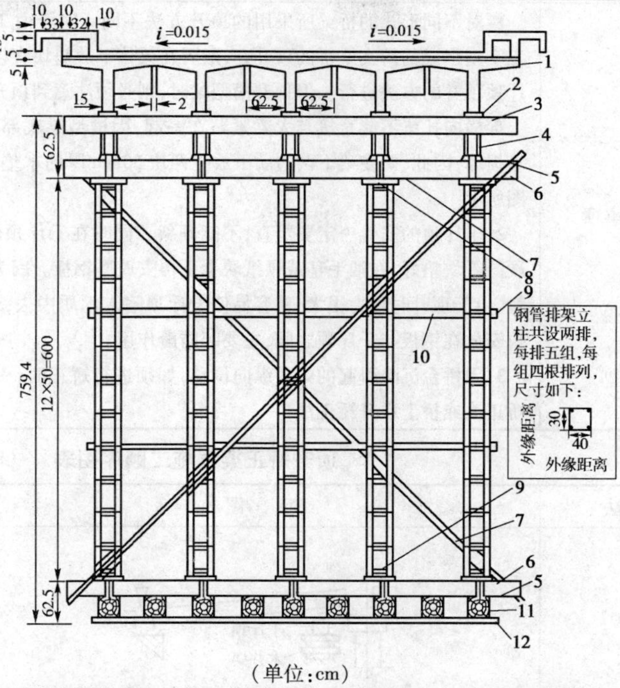 （单位：cm） 1-原桥钢筋混凝土 T 梁；2-橡皮垫子；3-枕木 710×30×30；4-螺旋千斤顶，15t；5-钢板，300×300×10；6-枕木，730×30×30；7-排架斜夹钢管；8-U 形夹板，60mm×8mm；9-螺栓，ϕ20mm；10-立柱间水平联系梁；11-枕木，100×30×30；12-钢板，6400×1000×18
施工准备	1. 进行详细的调查研究，测定沉降量，了解旧桥墩台的下沉情况，从而确定施工方案。 2. 根据确定的施工方案，做好施工场地及施工机具的准备工作。 3. 浇筑预制钢筋混凝土垫块。垫块的高度应根据墩台所需加高的高度而定，混凝土应采用 30.0号以上。 4. 桥台上有公用事业单位的各种管线，如过桥电缆、煤气管和自来水管等，必须事先与其所属单位取得联系，采取相应原配合措施。 5. 把边孔桥面两端、桥台与桥墩两处的伸缩缝处凿开，并清扫干净。 6. 搭设井架，安放油泵 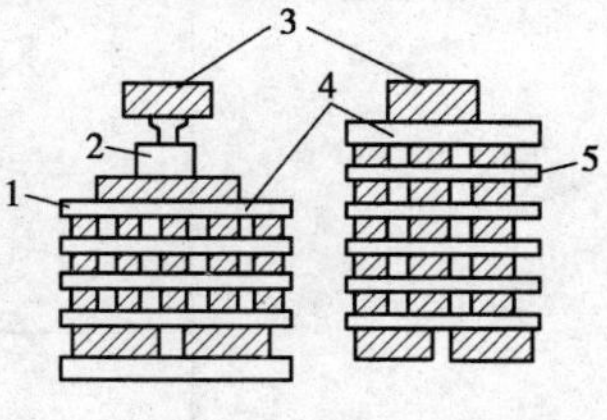 1-安放千斤顶的井架；2-千斤顶；3-梁下横木；4-横木；5-临时保险小井架
顶升施工程序	1. 全桥同时顶升到位。施工中由于受千斤顶行程限制，一般分多次顶升完成到位，如每顶一次上升 15cm，然后均在靠千斤顶近处塞入钢板和木块防止回落，再倒一次千斤顶后进行第二次的循环，如此多次往复将梁体顶升到位。 2. 安放预制垫块。全桥顶升到位后，再超顶 5～10cm，然后用人工放入预制的钢筋混凝土垫块，一般每片梁下放 1～2 块，再垫付上橡胶支座。垫块下要填水泥砂浆稳固。 3. 桥梁主体下落就位。全部垫块放好后，即可分排下落梁体就位，注意要分排交叉放松千斤顶，不能同时放松，以防桥面断裂或压坏千斤顶

续上表

项　　目	顶升施工图示及技术要求
施工注意事项	1. 对不同形式的桥梁所采用的顶升方法不同。对于由T梁或工字型组成的简支梁桥的顶升，一般可在梁体下放垫块直接用千斤顶顶升的方法进行。但顶升槽型梁时，则必须注意到顶升用的上部横向托梁不能直接与大梁紧贴在一起，因槽型梁底部较薄，易损坏，因此，要在梁下两边肋下放上两块50mm厚的木垫板，如图所示。 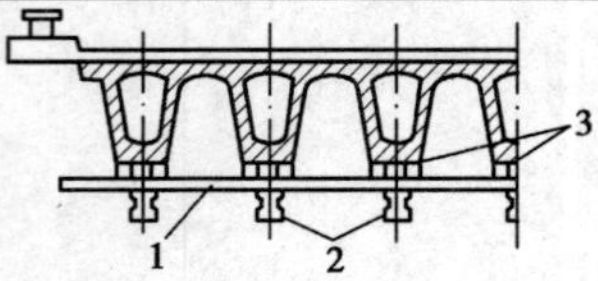 1-横木；2-千斤顶；3-木垫板 2. 千斤顶的安置一定要竖直，不能倾斜。同时在千斤顶的上下两面一定要用油毛毡或用其他硬的纸块垫好，在油毛毡或硬纸块上下再安放厚钢板。因为，千斤顶如直接与木井架或木横梁接触，由于顶升时顶力很大，就容易使千斤顶陷入木质中去，使顶升工作不易进行。油毛毡或硬纸块安放在钢板与千斤顶之间，主要起防滑作用。 3. 因桥台沉降引起的梁的纵向位移，如须进行矫正时，一般可采用桥下顶升矫正法、扒杆起吊矫正法或桥上顶升矫正法

顶升矫正梁位施工顺序图表　　表10-3-10

方　　法	简　　图	工　作　内　容
桥下顶升矫正法	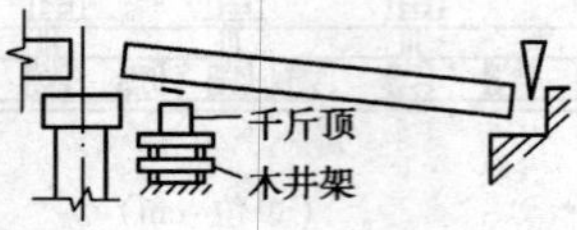 	搭设井架，在靠墩端顶升起主梁
	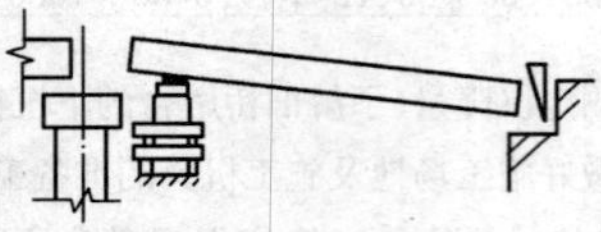	在靠台处打进硬木楔，使主梁向墩向移动
	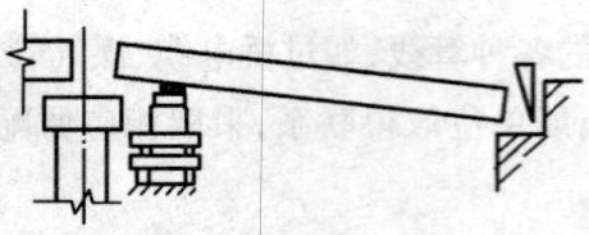	打进硬木楔后，主梁向墩向纵向移动
	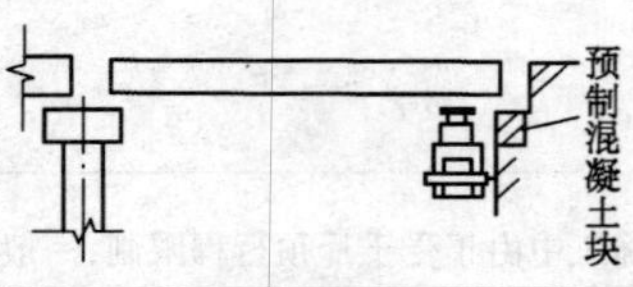 	在桥台处顶起主梁，垫入预制混凝土块，加高盖梁
桥上顶升矫正法	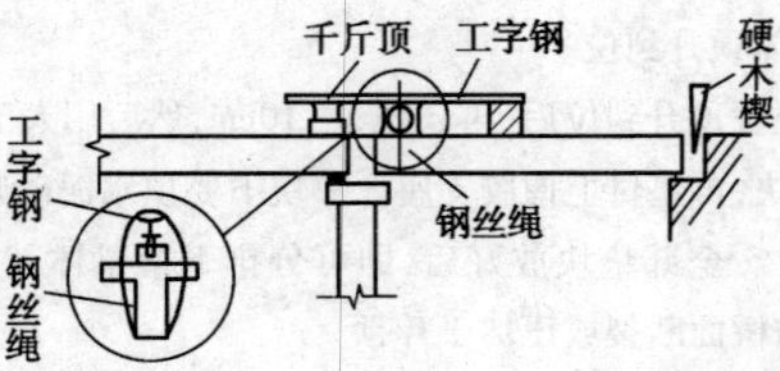 	在桥下水位较深，车行道较宽，或铁路立交等情况下，无法在桥下搭设脚手时采用

思考与练习

1. 简述桥梁基础的主要类型和常见缺陷。
2. 简述墩(台)身的缺陷及其产生原因。
3. 桥梁墩台、基础养护的目的和任务是什么？其养护工作内容有哪些？
4. 简述梁桥墩台、基础的加固方法及其加固原理。
5. 简述拱桥墩台、基础的加固方法及其加固原理。
6. 墩台、基础的加宽改建一般采用什么方法？试述其原理。
7. 简述墩台、基础加高改建的施工方法及其注意事项。

课题四 涵洞养护

【内容提要】 本课题主要介绍涵洞的检查与日常养护，涵洞常见病害的处治及涵洞的加固与改造。

【教学要求】

应知：掌握涵洞检查与日常养护的内容。

应会：N 能进行涵洞常见病害的处治，能参与涵洞的加固与改造。

【教学建议】 本课题宜采用理论讲解与放映录像相结合的方法进行授课。有条件可进行现场教学或组织现场参观。

涵洞养护应保证涵洞的洞身、洞底、进出水口、护坡和填土完好，清洁、不漏水、经常处于完好状态；使水流在任何情况下都能够顺畅通过洞孔，排到适当地点，确保涵洞行车安全。因此，必须认真进行经常的和定期的技术检查，对于发现的病害和隐患，应分析其产生的原因，采取适当的工程技术措施，及时处治，并提高涵洞的使用质量和抗灾能力。

涵洞养护工作内容包括：经常检查和定期检查，日常养护、维修、加固与改建。

一、涵洞的检查

涵洞检查分为经常检查和定期检查。

1. 经常检查

(1)经常检查每月至少进行两次，在洪水、冰雪前后及行洪期间应加强检查。

(2)经常检查内容包括：进水口是否堵塞、沉砂井有无淤积、洞内有无淤塞及排水不畅；洞口周围是否有杂物堆积，涵洞是否清洁、漏水；周围路基填土是否稳定和完整；涵洞结构是否有损坏。

(3)经常检查中发现有排水堵塞或有较大损坏需要进行维修的，应做好记录并及时报告。

2. 定期检查

(1)定期检查每年至少进行一次，在接到较大损坏情况的报告后应增加检查。

(2)定期检查内容包括：

①检查涵洞的过水能力，包括涵洞的位置是否适当，孔径是否足够，涵底纵坡是否合适。若过水能力明显不足，经常造成内涝及路基损毁的，应考虑改造。

②进水口铺砌、翼墙、护坡、挡水墙、沉砂井等是否完整，洞口连接是否平整顺适。

③出水口铺砌、挡水墙、翼墙、护坡等是否完整，排水是否顺畅。

④涵体侧墙是否渗漏水、开裂、变形或倾斜，墙身砌体砂浆是否脱落，石块是否松动，基础是否冲刷淘空。

⑤涵身顶部盖板或拱顶是否开裂、漏水、变形下挠，拱顶砌块是否松动脱落。

⑥涵底是否淤塞阻水，涵底铺砌是否完整。

⑦洞口附近填土是否有渗水、冲刷、空洞，填土是否稳定。

⑧涵洞顶路面是否开裂、下沉。行车是否安全。

(3)定期检查中，检查人员应当场填写“涵洞定期检查表”(表10-4-1)；实地查明损坏情况，根据涵洞的技术状况及排水适应状况，参照桥梁技术状况评定标准相关结构类型，对涵洞的技术状况综合作出好、较好、较差、差、危险等五个级别的评定，提出日常养护、维修、加固、改建等建议。

涵洞定期检查表

表10-4-1

1.路线编号		2.路线名称		3.涵洞桩号	
4.养护单位		5.涵洞类型		6.检查时间	
7.序号	8.部件名称	9.损坏或需维修情况描述		10.维修建议(方式、范围、时间)	
1	进水口				
2	出水口				
3	涵身两侧				
4	涵身顶部				
5	涵底铺砌				
6	涵附近填土				
11.涵洞技术状况总评	好	较好	较差	差	危险
12.养护方案	日常养护	维修	加固	改建	13.下次检查时间 年 月
14.备注					

主管负责人		检查人		检查时间	年 月 日

二、涵洞的日常养护

(1)涵洞的洞口应保持清洁，发现杂物堆积应及时清除。涵洞内应保持排水畅通，发现淤塞应及时疏通。

(2)洞口和涵洞内如有积雪应尽快清除，被清除的积雪应堆放在路基边沟以外。经常积雪或积雪较深的涵洞，入冬前可在洞口外加设栅栏，或用柴草捆封洞口，融雪时及时拆除。

(3)涵底铺砌、洞口上下游路基护坡、引水沟、汇水槽、沉砂井发生变形时,均应及时修理。

(4)涵底铺砌出现冲刷损坏、下沉、缺口应及时修复。路基填土出现渗水、缺口应及时封塞填平。

(5)涵底和涵墙出现渗漏水,应查明原因,分别采取下列方法处治:

①疏通水道,使洞口铺砌与上下游水槽坡道平齐顺适。

②保持洞内底面平顺,并有适当纵坡。

③用水泥砂浆对铺底和涵墙重新勾缝。

(6)涵洞出水口的跌水构造应与洞口结合成整体,若有裂缝应及时填塞。

(7)浆砌石拱涵的砌体表面风化、开裂、灰缝剥落,局部石块松动、脱落,或砌体渗漏水,可分别按下列方法处理:

①用水泥砂浆重新勾缝,或局部拆除后重砌。

②表面抹浆或喷浆。

③在砌体背后压注水泥沙浆或化学浆液。

④加设涵内衬砌。

⑤挖开填土,对砌体进行维修处治,并加设防水层。

(8)混凝土管涵的接头处和有铰接缝处发生填缝料脱落,引起路基渗水时,应及时封堵处理。可用干燥麻絮浸透沥青后填实,或用其他粘弹性材料封堵,不宜用灰浆抹缝以免再次脱落。

(9)压力式涵洞进水口周围路堤发现渗流、空洞、缺口或冲刷现象时,应及时进行修补处理。洞口周围路基可用不透水粘性土封堵,洞前作铺砌或修挡水墙。

(10)压力式涵洞或倒虹吸管的涵顶路面出现浸渍,应及时处理。可采用对涵内顶部表面抹浆,喷浆或衬砌的方法处理。

三、涵洞常见病害的处治

涵洞常因遭受各种自然灾害,反复承受车辆的荷载震动,设计和施工遗留缺陷,甚至人为破坏等产生的各种病害,这些病害均需认真分析原因,采取适当的技术措施,及时处治,恢复原结构应有的使用能力,提高其使用质量。

涵洞常见病害及处治方法如下:

1. 洞口洞底铺砌层破损漏水的处治

(1)一般的破损按原结构修复。

(2)破坏较为严重,且有漏水现象时,应按原结构先修复破损外,再用厚度为2cm的水泥砂浆抹面。

2. 基础局部冲刷悬空的处治

涵洞基础局部悬空,必须立即修补,可用水泥砂浆砌片石或片石混凝土填实,一般应比原基础加宽10~20cm,并修复或增设洞口,洞底铺砌层和端部截水墙。

3. 砖、石、混凝土端墙和翼墙外倾、膨胀或倾斜的处治

(1)由于填土夯实不足而沉落挤压,或填土中水分过大土压力增大而造成的外倾或鼓胀部分,更换土,认真回填夯实;

(2)因为基础不均匀沉陷而发生倾斜时,应先处理基础,一般可采用更换土壤或扩大基础

的方法加固，然后再修理倾斜部分。

4. 管涵错裂变形的处治

管涵错裂一般因基础沉陷造成，应挖开填土，采用扩大基础的方法进行加固，一般较原基础加宽 20cm 以上，必要时还应更换基底土壤，并重做砂砾垫层。

5. 涵洞排水口淤泥的处理

涵洞排水经常出现混浊或杂物时，很可能造成洞口、洞孔淤积，甚至堵塞，必危及涵洞的安全。因此，应在进水口增设沉淤井(图 10-4-1)，以沉淀泥沙杂物，并经常清理，尤其要在每次洪水过后立即清除。

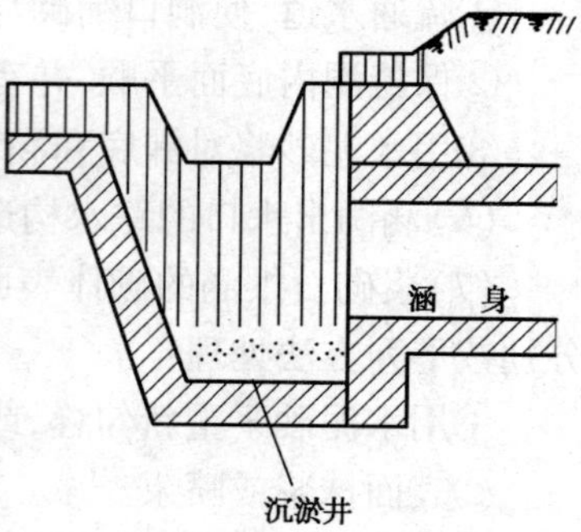

图 10-4-1 深于涵底的沉淤井

6. 砌体勾缝松动、脱落的处治

砌体勾缝松动、脱落，易引起多种病害，必须及时处治。应做到：

(1)凿掉破损勾缝；

(2)凿毛结合处的旧勾缝；

(3)修补部分必须刷洗干净；

(4)按原结构修补，并注意材料质量和施工质量，保证坚固；

7. 砌体表面风化剥落的处治

砌体表面风化剥落，影响其结构强度的，必须及时处治，保持完好。

(1)清除酥松部分、刷洗干净；

(2)用原结构材料修补原剥落部分；

(3)凿毛、清洗(湿润)封闭表面；

(4)采用高强度水泥砂浆封面。一般喷浆厚度为 1 ~ 2cm，抹面厚度为 2cm，均应分 2 ~ 3 次进行，每天以 1 次为宜。

对较大涵洞，涵台的破损，面积较大且深度大于 3cm 时，可采用桥梁墩台的修理方法。

8. 砌体面层块石或混凝土预制块松动脱落的处治

圬工面层砌块因水流或漂浮物冲击、人为撞损、施工不良等，造成的砌体表面个别或局部砌块松动、脱落时，必须及时修补，以保持砌体结构应有的强度。

(1)消除松动脱落部分，冲洗干净；

(2)按原结构修补完整，如松动脱落部分内部有洞穴时，应先进行处理，将空洞清除干净，压注水泥砂浆，并用石块填实，再修理面层；

(3)修补勾缝。

9. 锥坡沉陷破损的处治

由于填土不实或基础不均匀沉陷而产生的锥坡沉陷破损，应根据不同情况作如下处理：

(1)对基础的不均匀沉陷，应挖开处理，一般可根据基底土质，采用扩大基础的办法，将原基础外侧洗刷干净，按原结构加宽 20 ~ 40cm，新旧部分必须结合牢固。也可采用更换基底土壤并重建基础的方法，修复锥坡，并应注意做好夯实填土、砂砾垫层、砌石和勾缝。

(2)由于填土不实引起的锥坡沉陷破损，修复时必须仔细夯实。如土质不好时，还应掺拌或更换较好的土质。

10. 砌体出现小洞穴的处治

由于施工时偷工减料，往往当勾缝脱落时，砌缝间出现小洞穴，甚至漏水，一般可作如下处理：

(1)砌体尚未发生变形时，先将洞穴的酥松部分凿除，冲洗干净，用压注法把水泥砂浆或混凝土注入洞穴填补密实，再修补勾缝。

(2)砌体已局部变形时，应将变形部分拆除，先处治洞穴，按原结构修复，再修补勾缝。

(3)砌体的某个部位已严重变形，已成险涵时，应拆除后，按原结构修复，并注意做好施工中的安全措施。

11. 涵头跳车的处治

涵头跳车是因涵顶两端或涵顶填土沉陷造成的，应分别视不同情况进行处理：

(1)路面轻度下沉，基层或土基较密实稳定时，可只加铺面层，采用原面层材料修理平整。

(2)因沉陷已造成面层或基层均已出现破损现象，但土层尚稳定时，可重做基层，并调整平整度，再铺面层。

(3)土基下沉，路面破损较严重时，必须先处理土层，再重铺基层和面层。

12. 裂缝的处治

涵洞各部位发生裂缝的原因诸多，主要有以下几种：

(1)由于涵基沉陷而引起的拱顶和拱脚处发生的裂缝；

(2)砖、石材料的强度不足，或质量不同，或砌筑不良，均会发生裂缝，甚至引起镶面砖、石外倾或膨胀；

(3)因涵洞通过超越设计荷载条件下的重型车辆，而引起的墩台正面裂缝；

(4)由于地震、爆炸等剧烈震动而引起的裂缝等等。

裂缝的处治方法如下：

(1)裂缝已不再发展：

将裂缝附近凿开，洗刷干净，用水泥砂浆修补密实、平整；裂缝较深时，冲洗干净后，把水泥砂浆压注缝内，并修理平整，必要时应压注环氧砂浆。

(2)裂缝仍继续发展且危及涵洞和行车安全：

拱涵基础已不再下沉，墩台完好，仅拱圈裂缝严重，且继续发展时，应拆除，重建上部。墩台已变形时，应拆除拱圈，先加固墩台，再重建上部。

四、涵洞的加固与改造

(1)涵洞进、出水口处如已严重冲刷，可采用下列方法维修：

①位于陡坡上的涵洞或直接受水流冲击的涵洞，其入口处应采取适当的防护措施。

②用浆砌块石铺底，并用水泥砂浆勾缝。铺砌长度视土质和流速而定，铺砌的末端应设置混凝土或浆砌块石抑水墙。

③流速特别大的涵洞，应在出水口加设消力设施，如消力槛、消力池等。消力槛的末端应设置混凝土或浆砌块石抑水墙，或设置三级挑槛。

(2)涵洞经常发生泥砂淤积时，可在进水口设沉砂井，以沉淀泥砂、杂物。

(3)管涵的管节因基础沉陷而发生严重错裂时,应挖开填土处理地基,再重建基础,也可直接采用对地基及基础压浆的方法处理。

如铰涵管变形大于直径的1/20时,应查明原因进行处理。

(4)波纹管涵发生涵管沉陷、变形,应挖开填土进行修理。管底应按土质情况做好垫层,管上加铺一层防水层,并注意对回填土分层夯实。

(5)涵洞的侧墙和翼墙,如有倾斜变形发生,应查明原因后加以处理。如因填土未夯实发生沉落,或填土中水分过多土压力增大而引起的,应更换透水性好的填土并夯实。如属基础变形引起的,则需要修理或加固基础。

(6)因加宽或加高路基涵洞长度不足时,应接长处理。一般可将原涵洞洞身接长,两端新建洞口端墙和路基护坡;当路基加高、加宽不多时,也可采用只加高两端洞口端墙或加高加长洞口翼墙的方法。

(7)承载力不足的涵洞应进行加固或改建。可分别采用下列方法:

①挖开填土,用混凝土或钢筋混凝土加大原涵洞断面。

②涵内用混凝土或钢筋混凝土预制块衬砌加固或用现浇衬砌进行加固。

③挖开填土,用新构件分段进行更换改建。

(8)当涵洞位置不当,过水能力不足时应进行改建。改造施工宜分段进行,并作好接缝的防水处理。

思考与练习

1. 涵洞养护的要求有哪些?
2. 涵洞检查的内容有哪些?
3. 涵洞日常养护工作的内容有哪些?
4. 涵头跳车的处治方法有哪些?
5. 承载力不足的涵洞如何进行加固与改造?

参考文献

1 中华人民共和国行业标准.公路桥涵施工技术规范(JTJ 041—2000).北京:人民交通出版社,2000

2 中华人民共和国行业标准.公路工程质量检验评定标准·土建工程(JTG F80/1—2004).北京:人民交通出版社,2004

3 中华人民共和国行业标准.公路桥涵养护规范(JTG H11—2004).北京:人民交通出版社,2004

4 中华人民共和国行业标准.公路养护安全作业规程(JTG H30—2004).北京:人民交通出版社,2004

5 杨文渊,徐犇.桥梁施工工程师手册(第二版).北京:人民交通出版社,2003

6 文德云.公路施工安全技术.北京:人民交通出版社,2003

7 李自光.桥梁施工成套机械设备.北京:人民交通出版社,2003

8 李世华,张建辉.道路桥梁养护手册.北京:中国建筑工业出版社,2002

9 李永珠.桥梁工程.北京:人民交通出版社,2002

10 刘吉士,阎洪河,李文琪.公路桥涵施工技术规范实施手册.北京:人民交通出版社,2001

11 高世清.桥涵施工与养护技术.北京:人民交通出版社,2001

12 郭贵平.高等级公路养护技术与养护机械.北京:人民交通出版社,2001

13 交通部第一公路工程总公司.公路施工手册·桥涵(上、下册).北京:人民交通出版社,2000

14 中华人民共和国行业标准.公路养护质量检验评定标准(JTJ 075—94).北京:人民交通出版社,1995

15 王廷武.公路桥梁施工与养护.北京:人民交通出版社,1999

16 杨文渊.桥梁维修与加固.北京:人民交通出版社,1997

17 王常才.桥涵施工技术.北京:人民交通出版社,2002

18 向中富.桥梁施工控制技术.北京:人民交通出版社,2001

19 邢凤岐.公路工程管理.北京:人民交通出版社,1997

20 聂让,许金良,邓云潮.公路施工测量手册.北京:人民交通出版社,2002

21 中华人民共和国行业标准.公路钢筋混凝土及预应力混凝土桥涵设计规范(JTG D62—2004).北京:人民交通出版社,2004